베테랑 저널리스트의 **팩트체크**

영화 속 저널리즘

베테랑 저널리스트의 팩트체크

영화 속 저널리즘

권순택 지음

Journalism in the Movies

차례 Contents

02 사실·진실·용기·특종 / 101

프롤로그Prologue

신문기자로 32년 동안 일한 나는 2014년 7월 말 정년퇴직했다. 새로운 인생을 살아보겠다고 했지만 언론과의 인연은 끊어지지 않았다. 언론중재위원회 중재위원으로 3년 동안 줄잡아 수백 건의 언론 보도에 대한 당사자들의 불만과 이의를 중재했다. 9학기 동안 5개 대학에서 기자 경험을 살려 글쓰기와 언론사 강의도 했다. 이런저런 '알바' 수준의 일도 꽤 했다. 나름대로 여행과 취미생활도 즐겼다.

그래도 시간은 무궁무진하게 남았다. 그 남는 시간에 영화를 많이 봤다. 특히 기자가 주인공이거나 언론 관련 사건을 다룬 저널리즘 영화journalism movie에 관심이 많았다. 그런 영화는 평소에도 챙겨보는 편이었다. 기자가 돼서 처음 본 저널리즘 영화는 1984년 말 뉴욕에서 막 개봉한 〈킬링 필드The Killing Fields〉로 기억한다. 오래전부터 저널리즘 관련 영화를 정리해 보고 싶었다. 자료를 모은 적도 있다. 하지만 현역일 때는 물리적·정신적으로 거의 '미션 임파서블'이었다. 그런데 우연찮은 기회에 2019년 상반기 관훈클럽신영연구기금의 저술 출판 지원 대상자로 뽑혔다.

이왕 하는 거 제대로 해보겠다고 마음먹고 저널리즘 영화를 선별하고 자료를 모으기 시작했다. 봐야 할 영화가 200편이 넘었다. 국내에서 구할 수 없는 약 20편의 영화는 아마존을 통해 DVD를 구했다. 저널리즘 영화에 관한 책도 주문해서 읽었다. 영화를 한 번씩 보는 것만도 시간이 꽤 걸렸다. 1차로 골라낸 130편 정도는 줄거리를 정리하고 특히 중요한 대사는 따로 기록해 나갔다. 상당한 인내심이 필요한 작업이었다. 몇 차례 선별 작업을 거쳐 분석 대상 영화를 60편 정도로 압축하고 본격적인 작업에 들어갔다. 최종적으로 이 책에 소개하는 영화는 37편이다. 관련 영화로 소개한 것까지 포함하면 50편 정도다.

나는 평소에 영화를 보면 제대로 이해하지 못하는 부분이 많았다. 한두 번 봐서는 줄거리도 정확하게 복기하기 어려웠다. 우선 아둔한 머리 탓일 수 있다. 그래도 핑계를 찾아보니 복잡한 스토리를 두 시간 정도의 분량으로 압축한 것이 문제인 것 같았다. 외국 영화는 자막 읽기도 바빠서 영화에 몰두하기 어렵다. 영화의 배경이 되는 사건 사고나 맥락을 잘 모르는 것도 이유일 수 있겠다 싶었다.

이 책은 일차적으로 저널리즘에 종사했거나 하고 있는 사람들, 장차 언론에서 일하려는 사람이나 저널리즘 전공자에게 도움이 될 만한 책을 써보자는 마음에서 집필을 시작했다. 하지만 여러 가지 이유로 영화를 보고 잘 이해하지 못하는 분들에게도 도움이 되었으면 하는 바람도 함께 있었다.

나는 기사를 쓰기 위해 영화를 취재한 적이 별로 없다. 문화부에서 하루도 근무하지 않았다. 영화 이론을 공부하지도 않았다. 그러니 영화 이론을 기반으로 영화평을 하거나 촬영 기술이나 연출, 영상미 같은 걸 논할 처지가 아니다. 개인적인 감상문을 쓸 생각도 물론 없었다. 그런 걸 기대하는 독자라면 이 책은 도움이 안 된다는 걸 미리 밝혀둔다.

나의 언론인 경력은 사회부 기자와 차장, 부장으로 15년, 국제부 기자와 워싱턴 특파원으로 7년 반, 사회 분야 담당 논설위원으로 6년 근무한 게 거의 전부다. 그 경험과 신문윤리위원(2년)과 언론중재위원(3년) 그리고 대학 강의 경험을 활용해 주로 저널리즘의 원칙과 이론, 관련 법률, 언론 윤리라는 관점에서 영화를 분석했다. 분석 대상 영화의 상당 부분이 미국 언론과 유관한 영화라서 미국 특파원(3년 반)을 포함해 5년 반의 미국과 영국 경험이 큰 도움이 되었다.

실화를 바탕으로 만든 영화를 볼 때 나는 영화 내용이 내가 책이나 언론 보도, 그리고 취재 경험으로 아는 것과 다른 걸 종종 발견했다. 실화를 영화로 만들어도 극적 구성이나 효과를 위해 내용을 바꿀 수 있다는 예술 창작의 자유artistic license는 알고 인정한다. 그런데 막상 영화와 실화를 비교해 보니 실화를 바탕으로 만든 영화라고 말하기 어려운 영화도 많았다. 나는 그런 걸 독자와 공유할 필요가 있다고 생각해 '팩트체크'에 소개했다.

팩트체크에서, 영화의 바탕이나 배경이 된 사건 사고나 인물을 영화 속 대사나 장면과 비교하고 확인하는 과정을 거쳤다. 독자가 이미 아는 것도 있을 것이고 새롭게 알게 되는 것도 적지 않을 것이다. 나 자신도 몰랐거나 잘못 알고 있던 것도 아주 많았다.

영화 〈해리슨의 꽃Harrison's Flowers〉에는 중국 천안문(톈안먼) 광장 "탱크 맨Tank man" 사진이 퓰리처상을 받은 것처럼 나온다. 사실이 아니다. 워터게이트 사건의 극비 취재원인 딥 스로트가 기자에게 "돈을 추적하라Follow the money"라고 말한 것으로 아는 기자도 많을 것이다. 나도 그런 사람 중 한 명이었다. 그러나 팩트체크 해보니 사실이 아니었다. 그런 사례는 다 열거할 수 없을 정도로 많다.

내가 이 책을 읽기를 바라는 언론인이나 언론인 지망자라면 가짜 뉴스fake news나 마찬가지인 영화 속 허구를 사실로 알고 글에 인용하는 일은 없기를 바란다. 그런 일이 반복되면 가짜가 진짜로 둔갑할 수 있다. 요즘은 판타지 드라마를 보고 역사 공부를 하는 사람도 있지 않나. 최소한 기자는 '팩트'와 '픽션'과 '팩션'을 가릴 수 있었으면 한다.

팩트체크를 위해서 기자 경험을 최대한 이용했다. 기자는 뭐든지 의심을 하고 확인하는 습관이 몸에 배야 한다. 고의적인 사기나 속임수가 아니라도 언제 어디서든지 실수가 있을 수 있다는 걸 유의해야 한다. 그게 바로 직업적 회의주의professional skepticism다. 사실 영화를 보면서 의심하고 확인하는 건 재미를 반감하는 일일 수 있다. 하지만 나의 직업병 같은 회의주의는 영화를 보면서도 발동했다. 팩트체크는 거기서 출발했다.

팩트체크와 자료 수집은 CARComputer Assisted Reporting 기법을 주로 이용했다. 가능하면 원자료를 찾아서 확인하려고 했다. 영화의 토대가 된 회고록, 전기, 소설, 신문 기사, 논문, 책을 찾아 구글Google의 바다를 끝없이 헤엄쳤다. 당사자나 전문가에게 직접 취재도 했다. 신성하다는 팩트를 확인하는 작업이 참으로 어렵다는 걸 새삼 느꼈다.

영화의 시놉시스(줄거리)를 정리하는 데 품이 많이 들었다. 쉽지 않은 작업이었다. 내게는 영화를 보고 와서 얘기해 주면 친구들이 영화를 직접 보는 것보다 더 재밌다고 좋아할 만큼 탁월한 얘기꾼 누님이 있다. 이번 책을 쓰면서 그게 참 부러운 재주라는 걸 알았다. 줄거리는 저널리즘과 관련된 대사와 맥락을 중심으로 정리했다. 국내에 줄거리가 소개되지 않았거나 잘못 알려진 것은 좀 더 자세히 썼다.

아는 것만큼 보인다고 하지 않는가. 영화를 한 편씩 보면서 나름대로 많이 공부했다. 대여섯 번은 기본이고 열 번 이상 본 영화도 많다. 볼 때마다 새로운 게 보일 때도 있었다. 감독과 각본가가 영화에 숨겨놓은 보물을 찾아내는 듯한 재미가 쏠쏠했다. 많은 사람이 그렇게 힘들여 만든 영화를 두어 시간 만에 보고 끝내는 건 예의가 아니라는 생각도 들었다.

은퇴하고 책을 쓸 생각은 원래 없었다. 책을 쓰는 게 힘든 일이라는 걸 잘 알고 있었으니까. 세상에 별 의미 없는 책을 내 이름으로 남기는 것도 부담스러웠다. 좋은 영화를 보는 건 즐겁지만, 영화를 보고 글을 쓴다는 건 일이 아닌가. 일은 별로 하고 싶지 않았다.

우연인지 필연인지는 몰라도 이 책을 쓰는 건 "내가 해야 할 일이구나" 하면서 1년 반을 보냈다. 책 쓸 기회를 준 관훈클럽신영기금에 깊이 감사드린다.

2021년 5월

서울 광화문 인왕산 자락에서　권 순 택

일러두기

1. 영화와 책 등의 제목은 국내에 소개된 제목을 우선하여 원제목과 함께 실었고, 국내에 소개되지 않은 작품은 원제목을 번역하여 실었습니다.
2. 영화·연극·방송 프로그램 제목은 홑화살괄호(〈 〉), 단행본은 겹낫표(『 』), 정기간행물은 겹화살괄호(≪ ≫)로 표기했습니다. 정기간행물의 경우 정식 명칭과 함께, 약칭을 작은따옴표(' ')로 표기해 쓰기도 했습니다. 예: ≪뉴욕타임스≫ 또는 '타임스'.

01

기자·언론·저널리즘

더 프런트 페이지

The Front Page, 1931

감독 루이스 마일스톤 | **출연** 아돌프 멘주(월터 번스), 팻 오브라이언(힐디 존슨) | **각본** 바틀릿 코맥, 찰스 데이비스 레더러 | **원작** 벤 헥트, 찰스 맥아더 | **상영 시간** 101분

약 1세기 전 미국 언론과 기자들의 취재 활동과 삶은 어땠을까? 이게 궁금하면 1931년 미국 영화 〈더 프런트 페이지〉를 권한다. 문화비평가 리처드 슬롯킨Richard Slotkin 웨슬리언대 교수는 이 영화를 '저널리즘 영화 장르의 원형prototype'으로 평가했다(Ehrlich, 2004: 20). 이 영화는 초저녁부터 밤까지 불과 서너 시간 동안 법원 기자실을 중심으로 벌어진 다양한 사건과 일화를 교직해 흥미진진한 내용으로 만들었다. 기자와 언론인이 가장 많이 등장하고 역할도 중요하다. 시장, 주지사, 보안관, 경찰 간부, 죄 없는 사형수, 교도관 등 다양한 인물이 나온다. '프런트 페이지'는 신문 1면이지만 중요한 뉴스나 특종기사가 주로 1면에 실리기 때문에 영화 제목을 '특종기사'로 번역한 경우도 있다.

• 시놉시스 •

▌〈더 프런트 페이지〉 포스터.

교도관들이 다음 날 아침 교수형을 집행하기 위해 교수대를 점검한다. 사형장에 붙어 있는 형사법원 건물의 기자실에서 기자들이 카드놀이를 하고 있다. 밴조를 연주하는 기자도 있다. 전화로 취재하는 기자도 있는데 취재 내용이 야한 농담 수준이다. "부인이 몰래 훔쳐보기의 피해자라는 게 맞아요? 사실을 알고 싶을 뿐입니다." 카드놀이 하는 기자들이 거든다. "훔쳐볼 만한지 물어봐." "이리 오라고 해, 재연해 보게." 기자실로 ≪모닝포스트≫ 힐디 존슨 기자를 찾는 월터 번스 편집국장 전화가 계속 걸려온다. 기자들은 취재에 관심이 없고 카드놀이나 하며 시간을 보낸다.

번스 국장은 사형 집행을 취재시키기 위해 경력 15년의 에이스 기자인 힐디를 애타게 찾는다. 그는 50달러를 걸고 수배령을 내려도 못 찾자 화재경보기를 고의로 울려 소방차를 출동시킨다. 힐디가 사이렌 소리를 들으면 나타날 것을 알고 한 짓이다.

힐디는 오늘 기자를 그만두고 밤에 약혼녀와 뉴욕에 가서 내일 결혼할 예정이다. 번스는 힐디를 술집으로 데려간다. 힐디를 놓치기 싫은 번스는 냉소적인 반응을 보인다. "결혼하면 존경받는 시민이 되지. 온종일 바보처럼 뛰어다니지 않고. 오후 5시 15분에 조용한 교외의 집으로 퇴근해서 7시에 집밥을 먹고 10시에 잠자리에 들고…. 자넬 비난하지 않네. 멋지지.”

힐디는 번스를 따돌리고 작별 인사를 하러 기자실에 나타난다. 힐디가 자신을 부러워하는 기자들에게 한 말. “누가 신문사에서 일하겠어. 비듬투성이 떠돌이들과 싸구려 청바지. 새 직장은 영화사 광고부인데 주급이 150달러야.” 당시 기자 봉급의 두 배가 넘는다. 한 기자는 “상상이 되냐? 출근 카드 찍고 격식이나 차리는 사람들과 둘러앉아 통계나 얘기하고…”라며 비아냥댄다.

힐디의 반박은 당시 기자들의 일상이 어땠는지를 보여주기에 충분하다. “사람들이 기자들에 관해서 얘기하는 거 들어봐. 기자들이란 열쇠 구멍으로 들여다보고, 소방차나 쫓아다니고, 무솔리니를 어떻게 생각하냐고 물어보려고 잠자는 사람 깨우고, 나이 든 여자들한테서 공원에서 폭행당한 딸 사진이나 슬쩍하고, 구멍 난 바지 입고 돌아다니며 바보 같은 말참견이나 하고….” 그가 덧붙인 말. “당신들 머리 허예지고 허리 구부정한 게으름뱅이 부차장 되고 아흔 살 되면 빚쟁이 피해 다니다가 인생 끝날 거야.”

경찰 간부가 기자실에 나타나 사형수 윌리엄스가 결백을 주장했다고 해도 관심을 보이는 기자가 없다. 그가 사형수 얘기를 하면 “햄버거나 사 와”라면서 막아버린다. 전형적인 구악 기자들의 모습이다.

하트만 보안관이 기자실에 등장하자 기자들은 사형 집행 시간을 오전 7시에서 오전 5시로 앞당기라고 요구한다. 아침 배달판 신문에 기사를 싣기 위해서다. 보안관은 “신문 좋으라고 잠자는 사람 깨워서 사형시킬 수는 없다”라며 거부한다. 기자들은 선거 앞두고 사형을 집행하는 건 선거용이라며 시비를 건다. 한 기자는 “언제 아쉬워서 부탁할 때 보자"라며 벼른다. 회사에 기사를 전화로 부르면서 보안관 이름을 안 쓰고 그냥 '보안관'으로만 쓰는 거로 치사하게 보복하는 기자도 있다.

윌리엄스가 범행을 재연하다 의사에게 총을 쏘고 탈옥하는 돌발 상황이 벌어진다. 기자실을 나서다 총소리를 들은 힐디는 거금 260달러로 형사를 매수해 특종을 건진다. 다른 기자들은 사실과 다른 내용의 기사를 전화로 회사에 불러준다.

주지사의 사형 집행 연기 메시지가 시장에게 전달된다. 선거 때문에 사형을 집행하려는 시장은 주지사의 메시지를 가져온 핀커스에게 차가 막혀 메시지를 못 전달한 거로 하자고 부탁한다.

힐디가 혼자 있는 기자실에 탈옥한 윌리엄스가 나타난다. 힐디가 잠가놓은 기자실 문을 기자들이 두드리자 힐디는 특종 욕심에 윌리엄스를 덮개 달린 책상 속에 숨긴다. 힐디와 번스는 윌리엄스가 숨은 책상을 자기네 신문사로 옮기려고까지 한다.

힐디가 기사를 쓰는데 약혼녀 페기가 나타나 "나랑 결혼하긴 할 거예요?"라고 따진다. 페기는 "당신은 항상 거짓말만 하고, 강도 같은 사람, 감정도 없는 이기적 동물"이라고 비난한다.

번스는 윌리엄스를 숨겨놓은 책상의 주인인 다른 신문사 벤싱거 기자가 나타나자 책상 덮개를 못 열게 하기 위해서 주급 인상과 해외 특파원 발령을 미끼로 그를 회유해 자기 회사에 보내버린다.

기자들이 기자실로 돌아오고 페기의 어머니가 나타나 번스가 윌리엄스를 숨겼다고 폭로한다. 힐디와 번스는 살인범을 숨겨준 혐의로 수갑을 찬다. 그러나 주지사의 사형 연기 메시지를 갖고 온 핀커스가 등장하는 바람에 시장이 선거에 이기려고 무고한 사람을 사형시키려고 한 게 들통난다. 약점을 잡힌 시장과 보안관은 번스와 힐디의 수갑을 풀어주고 타협한다.

힐디의 체포 소식을 듣고 달려온 페기에게 힐디는 한 번만 더 기회를 주면 술도 끊고 신문을 읽지도 않겠다고 약속한다. 번스는 힐디에게 "자넨 훌륭한 기자"라며 덕담을 건넨다. 두 사람은 과거 에피소드를 회상한다. 실종된 여자를 양배추 공장에 숨긴 일, 부검한 시체의 위胃를 훔쳐 숨기고 독살된 걸 증명한 일 등. 모두 특종을 위해 한 짓이다.

페기는 힐디에게 "당신이 가정을 갖고 인간이 될 기회"라며 뉴욕행을 재촉한다. 번스는 힐디가 탈 기차 시간을 확인하고 자기 회중시계를 선물로 주고 작별한다. 영화는 번스가 측근 더피에게 전화로 이렇게 지시하는 걸로 끝난다. "뉴욕행 12시 40분 기차의 첫 번째 정차역이 어디지? 거기 경찰서장한테 힐디 존슨을 체포해서 데려오라고 전보 쳐요. 내 시계를 훔쳐갔다고 전보에 자세히 쓰세요."

• 저널리스트의 관점 •

영화에 나오는 기자들은 중절모에 넥타이를 매고 트렌치코트를 입었다. 기자실에서 그들은 담배를 피우며 취재에는 관심도 없고 카드놀이나 하고 야한 농담을 일삼는 사람들처럼 보인다.

기자라는 직업의 특성이 평범한 사람의 삶과 많이 다르고 결혼 생활에도 적합하지 않다는 걸 보여준다. 실제로 바쁘고 직업병 같은 다양한 생활 습관을 갖게 되는 기자 직업의 특성은 100년 전이나 지금이나 크게 다르지 않다. 1910년대 시카고에는 영어 일간신문만 8개가 나왔다. 경쟁이 워낙 심해 신문사들이 살아남기 위해 범죄조차 마다하지 않을 정도였다고 한다.

≪뉴욕타임스≫ 편집국장을 지낸 칼럼니스트 제임스 레스턴James Reston(1909~1995)은 퓰리처상을 두 번(1945, 1957년)이나 받았다. 그는 회고록 『마감시간Deadline』에서 "워싱턴에서 퓰리처상을 타고 동시에 '올해의 아버지'로 뽑힐 가능성은 크지 않다"라면서 세 명의 아들이 자랄 때 많은 시간을 함께하지 못한 걸 후회했다. 그는 "이혼 통계를 보면 신문기자는 독신 남녀에게 어울리는 것 같다"라고도 했다(Reston, 1992: 253~254).

1920~1930년대 ≪뉴욕헤럴드트리뷴≫의 전설적인 사회부장 스탠리 워커Stanley Walker(1898~1962)도 "취재기자는 일하는 시간이 길거나 불규칙하고 박봉이라서 가정을 꾸려야 하는 유부남에게 적합하지 않다"라고 말했다.

영화가 당시 기자들의 행태를 얼마나 그대로 재연했는지는 알 수 없다. 영화에 나오는 기자들은 누구도 취재 수첩을 사용하지 않는다. 취재한 걸 적는 모습도 나오지 않는다. 그냥 듣고 기억해서 전화로 신문사에 보고만 한다.

많은 저널리즘 영화에 기자가 취재하는 걸 수첩에 적는 모습이 나오지 않는다. 이는 현실과는 거리가 멀다. 인간의 기억에는 한계가 있다. 팩트와 발언을 정확하게 전달하기 위해서는 메모나 녹음이 필수다. 아주 드물게 기억력이 비상해서 들은 걸 생생하게 기억하는 기자들이 있다. 그러나 기억은 시간을 이길 수 없다. 법적 분쟁이 발생하면 취재 수첩의 기록이나 녹음은 증거로 인정될 수 있지만 기억은 그렇지 않다.

영화에서 힐디가 경찰관에게 수사 정보를 매수하는 장면이 나온다. 현실에서 기자가 취재원을 매수하는 경우가 전혀 없다고 말할 수 없다. 귀중한 자료를 입수하거나 증언을 듣기 위해 어느 정도 돈이나 대가를 주기도 한다. 외국의 타블로이드 신문은 파파라치가 찍은 사진을 거액을 주고 사는 경우가 많다. 파파라치라는 직업 자체가 그런 시장이 있기에 가능하다.

한국 영화 중에 기자들의 세계를 제법 잘 다룬 영화로 꼽히는 박인제 감독의 〈모비딕〉(2011년)에서도 신문사 사회부 기자 이방우(황정민 분)가 경찰관에게 돈을 주고 수사 정보를 빼낸다. 개인적으로 그렇게 정보를 입수하는 기자가 있을 수 있다. 그러나 한국에서는 공적으로 회사 비용으로 수사 정보를 사는 일은 없다고 본다. 다만 기자들이 취재원 관리 차원에서 식사나 술을 사는 경우는 있다.

〈더 프런트 페이지〉는 기자 출신 벤 헥트Ben Hecht(1894~1964)와 찰스 맥아더Charles MacArthur(1895~1956)가 1927년 여름 자신들의 경험을 살려서 희곡으로 쓴 작품이다. 연극은 1928년 8월 14일부터 다음 해 4월까지 뉴욕의 타임스스퀘어극장에서 278회나 공연했을 정도로 인기를 끌었다. 형사법원 기자실이라는 세트에서 약 90분 동안 기자들이 사형 집행을 기다리며 포커를 치면서 재치 있게 잡담하는 장면으로 시작한다. 라디오 드라마, 영화, 뮤지컬 〈윈디 시티Windy City〉로도 제작돼 호평을 받았다.

하워드 호크스Howard Hawks(1896~1977) 감독의 1940년 영화 〈연인 프라이데이His Girl Friday〉는 〈더 프런트 페이지〉의 남자 기자 대신 여자 기자 힐디를 주인공으로 내세웠다.

헥트는 1910년 17세부터 시카고의 석간신문에서 일했다. 맥아더는 1915년부터 조간신문에서 주로 활동했다. 맥아더가 사건기자가 되었을 때 헥트는 화제성 피처 기사를 쓰는 부로 옮겨, 시카고에서 둘은 가깝게 지낼 수 없었다. 맥아더가 1924년, 헥트가 1925년 뉴욕으로 옮기면서 가까운 친구가 되었다. 두 사람이 희곡에 쓴 에피소드는 대부분 실화를 윤색한 것이다.

맥아더는 1920년 여름 ≪헤럴드 앤드 이그재미너≫ 월터 크로퍼드 하우이Walter Crawford Howey(1882~1954) 국장이 자신에게 한 농담들을 활용했다(Hilton, 2002: 111). 맥아더는 같은 신문사 여기자 캐럴 프링크Carol Frink와 결혼하기 위해 실제로 뉴욕에 갔다.

탈옥 사건은 1921년 12월 교수형 집행을 앞두고 발생한 토미 오코너Tommy O'Connor 탈주 사건을 활용했다. 오코너는 검거되지 않았고 조국 아일랜드에 돌아간 것으로 알려졌다. 오코너의 범죄도 두 건의 살인과 강도 납치여서 영화와 다르다. 헥트와 맥아더는 오코너 탈주 사건을 직접 취재해 기사도 썼기에 내용을 잘 알고 있었다고 한다.

영화의 등장인물은 대부분 두 원작자의 동시대 동료 기자나 시카고에서 알던 실제 인물들이다. 이름이나 소속 언론사의 이름은 조금씩 바꿨다. 명예훼손 소송을 피하고 실제와 다른 에피소드나 사건을 만들기 위한 것이 아니었을까 싶다.

영화에 나오는 기자들과 이름, 소속, 성격, 행태가 아주 비슷한 인물들이 실제로 있었다(Hilton, 2002: 39~52). 그들은 1900년대 초부터 기자로 활동해 영화 속 기자 행태가 약 100년 전 미국 기자들과 비슷하다고 봐도 무리가 없을 것 같다.

영화의 배경인 20세기 초에는 희곡이나 소설의 소재를 구하기 위해 기자로 활동한 작가 지망생이 많았다. 〈더 프런트 페이지〉 원작자인 헥트와 맥아더도 그런 인물들이다.

이 영화의 각본을 썼고 1927년 브로드웨이 연극 무대에 처음 오른 뒤 1928년 루이스 마일스톤 감독이 연출한 무성영화 〈더 라켓The Racket〉의

원작자이기도 한 바틀릿 코맥Bartlett Cormack(1898~1942)도 기자 출신이다. 코맥은 시카고대 2학년 때 잦은 결석으로 퇴학당하고 ≪시카고이브닝저널≫에서 5년 동안 기자 생활을 했다. 그때 교수형, 인종 폭동, 자동차 파업 등 다양한 사건 사고 현장을 취재했다. 그는 재입학해 졸업한 뒤에는 신문사에서 흥미 위주의 화제 기사와 연극 비평을 썼다.

코맥과 함께 〈더 프런트 페이지〉 각본을 쓴 찰스 데이비스 레더러Charles Davis Lederer(1910~1976)는 13세에 버클리대에 들어간 수재였다. 그는 신문기자로 일하려고 중퇴했다.

지금은 영화와 뮤지컬로 더 유명하지만 〈시카고Chicago〉는 1926년 12월 연극으로 뉴욕 브로드웨이에 처음 등장해 172회 공연 기록을 세웠다. 이 연극의 희곡을 쓴 작가 모린 댈러스 왓킨스Maurine Dallas Watkins(1896~1969)도 기자 출신. 왓킨스는 1924년 ≪시카고트리뷴≫에서 6개월 동안 기자로 일한 뒤 관두고 희곡 『시카고』를 썼다. 『시카고』에 나오는 살인 사건은 그가 기자 때 재판을 취재한, 여성이 저지른 살인 사건 두 건이 활용되었다. 『시카고』는 1927년 프랭크 어슨Frank Urson 감독의 무성영화, 1942년 윌리엄 웰먼William Wellman 감독의 영화 〈록시 하트Roxie Hart〉, 1975년 뮤지컬로 제작돼 좋은 반응을 얻었다. 롭 마셜Rob Marshall 감독의 2002년 뮤지컬 영화 〈시카고〉(주연 러네이 젤위거, 캐서린 제타존스, 리처드 기어)는 1975년 뮤지컬을 토대로 만들었다.

〈더 프런트 페이지〉는 유튜브에서도 볼 수 있다. 대사가 너무 빠르고 양도 워낙 많아서 영어 자막이 있는 걸 봐도 이해하기가 쉽지는 않다.

• 관련 영화 •

연인 프라이데이(His Girl Friday, 1940)

감독 제작 하워드 호크스 | **각본** 찰스 데이비스 레더러 | **원작** 벤 헥트, 찰스 맥아더 | **출연** 캐리 그랜트(월터 번스), 로절린드 러셀(힐디 존슨), 랠프 벨러미(브루스 볼드윈) | **상영 시간** 92분

〈연인 프라이데이〉 포스터.

〈연인 프라이데이〉는 〈더 프런트 페이지〉의 1940년 버전. 원작의 주인공 힐디를 같은 이름의 에이스 여기자로 바꿨다. 전체 구성은 거의 그대로지만 세부 내용은 조금씩 다르다. 힐디의 전남편인 편집국장 월터는 보험회사 직원인 힐디 약혼자를 괴롭혀 파혼하게 만든다. 힐디가 월터와 신혼여행을 가기로 하고 영화가 끝난다.

경찰 영화의 굿 캅good cop과 배드 캅bad cop처럼 저널리즘 영화에도 굿 저널리스트와 배드 저널리스트가 자주 등장한다. 굿 저널리스트는 진실과 정의를 위해 희생을 감수하고 권력의 협박을 이겨낸다. 배드 저널리스트는 특종을 위해서라면 수단과 방법을 가리지 않거나 기사를 조작하고 권력에 굴복하거나 야합한다.

월터는 "탈옥범 특종기사를 유럽에서 전쟁이 나도 상관하지 말고 1면에 깔아"라고 지시할 정도로 특종에 집착한다. 그는 힐디의 재혼을 막기 위해 수단과 방법을 가리지 않는다.

▌〈연인 프라이데이〉에 나오는 기자실 장면.

영화 곳곳에 당시 기자들의 행태를 보여주는 대사가 나온다. 결혼하면 신문사는 최대한 멀리하겠다는 힐디가 "저널리즘이 뭐 하는 거죠"라며 빈정대는 말. "남들 뒷얘기 캐고, 소방차 뒤쫓아 다니고 인터뷰하자고 자는 사람 깨우고, 애인 사진 훔치는 거요? 기자들 일은 다 알아요. 돈도 안 나오는데 죽어라 남의 일에 참견하죠. 국민도 알 권리가 있다, 이거죠?"

힐디가 약혼자를 자랑하는 대사는 어떤가. "그이는 일 때문에 날 내팽개치지도 않고 심부름꾼 취급도 하지 않아요. 여자로 봐줘요. 친절하고 부드럽고 사려 깊고 가정과 아이를 원해요." 힐디가 약혼자와 월터를 비교한 말인데 당시 기자 직업의 특성이 그대로 드러난다. 보험회사 직원 연봉이 5000달러인데 월터가 힐디에게 기자를 계속하라며 주급 25달러를 35달러로 올려준다고 한 데서 기자들 보수 수준도 알 수 있다.

각본을 쓴 찰스 데이비스 레더러는 원작자 중 한 명인 벤 헥트와 나이 차이가 컸지만 친구로 지냈다. 레더러는 〈더 프런트 페이지〉 각본 작업에도 헥트의 요청으로 참여했다. 힐디를 원작과 달리 남자에서 여자로 바꾼 것은 〈연인 프라이데이〉 각본을 헥트와 함께 쓴 레더러의 아이디어였다.

국내에서 번역한 영화 제목 '연인 프라이데이'는 연인 이름이 프라이데이인 것처럼 보인다. 그런데 영화에는 본명이든 가명이든 애칭이든 프라이데이가 안 나온다. 왜 그럴까?

'걸 프라이데이'는 영국 소설가 대니얼 디포Daniel Defoe(1660?~1731)의 소설 『로빈슨 크루소의 모험』에 나오는 남자 하인 이름에서 비롯되었다. 크루소는 어느 금요일 자신이 식인종한테서 구해준 남자를 프라이데이로 불렀다. 프라이데이는 유능하고 헌신적이었다. 영어 제목 'His Girl Friday'는 힐디를 월터의 '유능한 여자 심복'이란 뜻으로 쓴 것이다.

영화 마지막에 힐디가 큰 가방과 코트와 다른 짐을 두 팔로 간신히 안고 걷는 걸 보고 월터가 한 말이 두 사람 관계를 상징적으로 보여준다. 월터는 힐디에게 "그 가방은 손에 들지 그래"라며 혼자 빈손으로 계단을 내려간다. 당시 신문사 간부들의 남성우월주의(마초이즘)를 비판하려는 의도가 깔려 있다는 해석이 있다.

이 영화는 로맨틱 스크루볼 코미디 역사상 대사가 가장 빠른 영화로 꼽힌다. 힐디와 월터는 현란하고 코믹한 대사를 속사포처럼 교환하며 재미를 극대화한다. 헥트는 일상에서 두 사람이 대화하거나 말다툼할 때 말이 겹치는 걸 각본에 반영했는데 연기자들이 제대로 보여주었다.

위키피디아에 따르면, 이 영화의 1분당 평균 대사는 240단어나 된다. 미국인이 말하는 속도가 1분에 140단어 정도라 하니 이 영화 대사가 얼마나 빠른지 알 수 있다. 필자는 영화를 보면서 대사를 따라잡을 수 없어서 『더 프런트 페이지』 희곡 원문을 구해 읽어보고 내용을 파악했다.

더 페이퍼

The Paper, 1994

감독 론 하워드 | **각본** 데이비드 켑, 스티븐 켑 | **출연** 마이클 키튼(헨리 해킷), 글렌 클로스(얼리샤 클라크), 로버트 듀발(버니 화이트), 머리사 토메이(마사 해킷), 랜디 퀘이드(맥두걸) | **상영 시간** 112분

〈더 프런트 페이지〉와 〈연인 프라이데이〉의 시대 배경은 1920년 전후. 〈더 페이퍼〉는 1990년대를 배경으로 하고 있다. 약 70년이란 차이에도 불구하고 기자들의 삶과 일이 본질적으로 달라진 게 없어 보인다. 영화는 오전 7시부터 다음 날 같은 시간까지 24시간 동안 미국 뉴욕의 가상의 타블로이드 신문사 ≪뉴욕선≫에서 신문 제작과 관련해 벌어지는 다양한 모습을 실감 나게 보여준다. 기사를 낙종하고 편집국에 비상이 걸리고 낙종을 만회하기 위해 온갖 수단과 방법을 동원하는 장면이 기자 출신인 필자에게는 낯설지 않았다. 이 영화에 나오는 에피소드 중에는 한국은 물론 미국에서도 실제로 있을 수 없을 만한 것도 많다. 〈더 프런트 페이지〉나 〈연인 프라이데이〉는 기자실을 중심으로 스토리를 만들었지만 〈더 페이퍼〉는 편집국이 중심이라는 차이가 있다.

• 시놉시스 •

〈더 페이퍼〉 포스터.

≪뉴욕선≫의 일중독자 사회부장 헨리는 오전 4시에 귀가해 옷을 입은 채 자다가 오전 7시 자명종 소리에 일어난다. 조간신문들을 살펴보니 자기 신문만 두 명의 백인 피살 사건 기사가 빠졌다. 총에 맞아 숨진 백인 두 명이 승용차 안에서 발견된 사건이다.

헨리는 30대 후반의 유부남. 같은 신문사 기자인 아내 마사는 출산을 앞두고 휴직 중이다. 헨리의 근무시간은 길고 월급은 적다. 늘 바빠서 가정에 소홀하다. 사위와 저녁을 먹으려고 두 시간이나 차를 몰고 온 장인 장모는 얼굴만 비추고 일하러 가는 사위에게 "자네 회사는 저녁 먹을 시간도 안 주는가"라고 불평한다. 마사는 칼퇴근에 일은 덜 하고 월급은 더 많이 받고 남들 보기에 그럴듯한 신문사로 옮기라고 헨리에게 채근한다.

헨리는 경쟁지 ≪센티널≫의 간부를 만나 면접을 본다. 간부가 잠시 의자를 뒤로 돌리는 사이, 헨리는 책상 위의 살인 사건 메모를 훔쳐본다. 피살자들 이름과 세도나저축은행 이사회라고 적혀 있다.

헨리의 신문사 사회부 맥두걸 기자는 살인 사건 용의자로 체포된 흑인 소년들이 죄가 없다는 경찰 내 불평을 경찰 무전을 듣고 알게 된다. 마사는 휴직 중이고 만삭인데도 과거 출입처 취재에 나선다. 피살자들이 누구 돈을 관리했는지 알려면 투자자 명부가 필요했다. 결국 피살자들이 마피아가 투자한 500만 달러를 관리하다가 날린 걸 알아낸다.

버니 국장은 편집회의 때 사전에서 'deadline(마감시간)'을 찾아서 간부들에게 '어떤 일을 마무리해야 할 시간이나 날짜'라고 뜻풀이를 해주며 스트레스를 준다. 회의는 자유분방한 분위기에서 진행된다.

두 번 이혼한 전립선암 환자인 버니는 "36년 동안 매일 빈 페이지를 채우며 살았어. 이건 완전히 육체노동이야"라며 투덜댄다. 검사인 딸 이름이 기사에 나온 걸 보고 식사나 하자고 전화를 걸지만 거절당한다. 딸의 직장에 무작정 찾아간 버니가 "나를 미워하니?"라고 묻지만 딸은 "미워할 만큼 아버지를 잘 몰라요"라고 말하며 등을 돌린다.

헨리는 기자를 데리고 직접 취재에 나선다. 경찰서 화장실에서 출입문을 잠근 채 경찰관을 구슬려, 체포된 소년들은 무죄로 풀려날 거고 마피아의 보복 살인이라는 걸 확인한다.

헨리는 1면 톱기사를 바꾸려 하지만 얼리샤 부국장은 마감시간이 지나 9만 부나 인쇄된 상태라며 거부한다. 얼리샤는 일단 오늘은 흑인 소년들 체포 기사를 쓰고 새 기사는 내일 싣자고 주장한다. 헨리는 얼리샤와 몸싸움까지 하며 윤전기를 세우지만 얼리샤가 다시 돌린다. 얼리샤는 "기사가 잘못됐다는 걸 알면서도 신문에 낸 적은 한 번도 없어요!"라는 맥두걸의 말에 결국 윤전기를 세우기로 결심한다.

얼리샤는 술집에서 우발적으로 다리에 총을 맞고 수술실에 실려 가면서도 끝내 전화로 기사를 바꾼다. 아침에 배달된 신문의 1면 기사 제목은 "잡았다Gotcha!"에서 "그들은 죽이지 않았다They Didn't Do It"로 바뀌어 있다.

• 저널리스트의 관점 •

영화에는 위계질서가 엄격한 신문사에서 상상할 수 없는 에피소드가 많이 나온다. 부장이 부국장과 몸싸움까지 하면서 윤전기를 강제로 세운다? 편집국에서 기자가 '조용히 하라'고 권총을 발사한다? 한국은 물론 미국에서도 있을 수 없는 일이다. 재미와 극적 분위기를 위한 설정일 뿐이다.

부장이 직접 경찰서에 취재하러 가는 건 한국에서는 비현실적인 설정이다. 부장이라고 취재하지 말라는 법은 없다. 전화로 자기 인맥을 이용해 취재하거나 따로 만날 수 있다. 하지만 선배도 후배 출입처에 특별한 이유 없이 가지 않는 게 한국 언론계 불문율. 하물며 부장이나 차장이 취재를 위해 현장에 가는 일은 없다고 봐도 된다.

헨리는 자기 신문이 기사를 낙종했는데도 열을 받지 않는다. 기사 낙종과 특종이 신문사에서 늘 있지만 나름대로 자기 신문에도 특종기사가 있었기 때문이다. 그래도 물먹고 화가 안 나면 기자가 아니다. 특종으로 만회하겠다고 벼르지 않는다면? 역시 기자가 아니다.

영화에서 사회부 맥두걸 기자는 살인 사건 용의자로 체포된 흑인 소년들이 죄가 없다는 경찰 내 불평을 경찰 무전을 듣고 알게 된다. 경찰의 무전을 엿듣는 장면을 미국 영화에서는 종종 볼 수 있다. 불법일 수도, 아닐 수도 있다. 주에 따라 차이가 있다고 한다. 지금은 경찰 통신을 들을 수 있는 앱도 있다. 알아낸 정보를 어떻게 이용했느냐에 따라 처벌 여부가 갈릴 수도 있다. 영화에는 기자가 자동차 지붕에 비상등을 켜고 꽉 막힌 도로를 통과하는 장면이 나온다. 한국에서도 과거엔 기자들이 급할 때 종종 써먹은 수법이다.

면접을 보러 간 헨리가 처음부터 뭔가 훔쳐올 생각을 했다는 것도 황당한 설정이다. 영화에서 헨리의 태도는 면접인지 취재인지 구분이 안 된다. 비윤리적이고 비현실적인 설정이지만 경쟁과 특종 욕심이 어느 정도인지 보여주려는 의도였을 거라고 이해한다.

기자가 취재하러 갔다가 사무실 책상에 있는 서류를 훔쳐보는 건 흔한 일이었다. 서랍을 뒤지는 기자도 있었다. 기자가 나타나면 책상 위 서류를 서랍에 쓸어 넣는 공무원도 많았다. 책상 위에 기자가 봐주기를 바라는 가짜 정보를 놔두고 자리를 비워 골탕을 먹이거나 여론 조작에 이용할 때도 있다.

영화 속 편집국 회의는 '봉숭아 학당' 분위기다. 한국 신문사의 편집국 회의는 회사 분위기나 국장 스타일에 따라 다르겠지만 대체로 진지하고 실무적이며 일방적으로 진행된다. 이견이나 의견 제시는 가능하지만 진지한 토론이 이루어지는 경우를 필자는 별로 경험하지 못했다.

편집국장 버니는 일만 죽자고 하다가 가정과 자식 관계에 실패한 인물로 설정되었다. 검사인 딸은 아버지와 말도 하지 않으려고 한다. 1920년대 전후의 저널리즘 영화에서와 마찬가지로 기자가 결혼이나 가정생활에 적절치 않은 직업이라는 걸 보여주려는 의도로 보인다.

오락용 저널리즘 영화로 봐야겠지만 현실과 너무 멀고 지나치게 과장된 설정이 많다. 신문사가 진짜로 이럴 거라고 오해하면 곤란하다.

이 영화의 각본은 〈더 프런트 페이지〉와 〈연인 프라이데이〉와 달리 기자 출신이 쓰지 않았다. 각본을 쓴 데이비드 켑David Koepp과 스티븐 켑Stephen Koepp은 형제. 데이비드는 영화 〈쥬라기 공원〉, 〈미션 임파서블〉, 〈스파이더맨〉의 각본도 쓴 감독이다. 동생은 잡지사 ≪타임≫과 ≪포천Fortune≫에서 편집 책임자를 지냈지만 취재기자는 아니었다.

기자라는 직업은 여전히 장시간 노동과 저임금을 감수해야 한다. 인터넷 사이트 페이스케일(payscale.com)에서 검색해 보니 미국 기자의 평균 급여는 2020년 현재 연봉 4만 420달러 수준이다. 시간당 14.65달러. 최상위 10퍼센트의 평균 연봉은 7만 2000달러, 최하위 10퍼센트는 2만 6000달러. 지역과 언론사 규모, 경력에 따라 기자 급여는 상당한 차이가 있을 수 있다. 일부 스타급 기자나 칼럼니스트의 경우 저서 판매나 강연, 방송 출연 등으로도 엄청난 수입을 올린다. 고정된 언론사나 급여 없이 기사의 분량이나 내용, 건당으로 돈을 받는 프리랜서는 수입이 훨씬 적은 편이다.

한국의 경우는 어떨까? 한국언론진흥재단에서 2019년 전국 언론사 기자직 언론인 1956명을 대상으로 조사한 결과에 따르면, 2018년 기준 평균 연봉은 5127만 원이었다. 10년 전인 2009년의 4718만 원보다 약 400만 원이 올랐다. 공중파 방송과 일부 신문을 제외하면 대기업 사원 임금 수준과 비교하기 곤란한 수준일 것이다. 1980년대 주요 신문사 기자의 보수는 초임은 대기업보다 많았지만 10~15년 후에는 역전했다는 것이 필자의 개인적인 경험이다.

주 5일제와 주 52시간 근무제로 근무 여건은 필자의 현역 시절보다는 많이 개선되었다. 2019년 조사 결과를 보면 일주일 평균 근무시간은 5.3일, 하루 평균 근무시간은 약 9시간 13분(553.3분)이었다. 하루 평균 근무시간이 10시간 5분(604.9분)이었던 2017년과 비교하면 52분이 줄었다. 1980년대 필자의 사회부 기자 시절은 일주일에 7일 '월화수목금금금' 일할 때가 많았다. 초년 기자 시절의 하루 근무시간(회식 포함)은 오전 5~6시부터 다음 날 오전 1~2시까지일 때가 매달 3분의 1은 되었다. 물론 아주 오래된 옛날 얘기다.

기자의 근무 여건은 분명히 나아졌지만 직업에 대한 만족도는 그렇지 않은 모양이다. 2019년 한국 기자의 직업 만족도는 11점 만점에 6.19점이었다. 이는 2009년의 6.27점보다 낮아진 것이다. 기자들이 사기 저하 이유로 많이 꼽은, 언론인으로서의 비전 부재, 낮은 임금과 복지, 업무를 통한 성취감 및 만족감 부재, 언론인에 대한 사회적 평가 하락, 언론의 사회적 영향력 축소 등과 관련이 있다고 봐야 할 것이다.

시민 케인

Citizen Kane, 1941

감독 오슨 웰스 | **각본** 허먼 맹키위츠, 오슨 웰스 | **출연** 오슨 웰스(찰스 포스터 케인), 도러시 코민고어(수전 알렉산더), 에버렛 슬론(번스틴), 조지프 코튼(제드디아 릴런드), 조지 콜러리스(월터 파크스 대처), 윌리엄 앨런드(제리 톰프슨), 폴 스튜어트(레이먼드) | **상영 시간** 119분

천재 연출가이자 연기자 오슨 웰스Orson Welles(1915~1985)가 할리우드에 진출한 26세 때 처음 각본과 연출에 주연까지 맡은 영화로 언론을 소재로 한 고전 영화로 평가된다(웰스는 연극과 라디오 드라마 연출로 시작했다). 주인공인 언론 재벌 찰스 포스터 케인은 거대한 저택 재너두Xanadu의 침실에서 '로즈버드Rosebud'라는 말을 남기고 죽었다. 영화는 기자가 로즈버드라는 말의 의미를 알아내기 위해 인물 탐구 기사를 쓰듯 케인의 주변 사람들을 찾아다니며 취재하는 형식으로 구성되었다. 과연 로즈버드가 무엇일지 생각하면서 영화를 보노라면 한 거인의 한평생을 통해 많은 걸 느낄 수 있을 것이다.

이 영화 주인공의 모델로 알려진 언론 재벌 윌리엄 랜돌프 허스트William Randolph Hearst(1863~1951)는 〈시민 케인〉이 완성된 뒤 자신 소유의

신문들이 영화를 소개하는 기사는 물론 광고도 못 싣게 했다. 영화관에도 압력을 넣어 상영하지 못하게 만들었다. 허스트가 영화 상영과 흥행을 어떻게 방해했는지를 기록한 다큐멘터리 영화 〈시민 케인과의 전투 The Battle Over Citizen Kane〉(1996년)가 있다.

• 시놉시스 •

〈시민 케인〉 포스터.

언론 재벌 찰스 포스터 케인이 거대한 저택의 침실에서 로즈버드라는 말을 남기고 혼자 죽으면서 영화는 시작한다. 그의 손에서 빠져나온 스노글로브snowglobe가 바닥에 떨어져 부서진다. 그가 죽을 때 나온, 시골집에 눈이 내리는 장면은 스노글로브 속 세상, 바로 케인이 떠나온 고향의 모습이다.

TV에 케인의 일대기를 소개하는 뉴스가 나온다. 그의 저택은 몽골 황제 쿠빌라이의 궁전 같은 재너두. 짓는 데 나무 10만 그루와 대리석 20만 톤이 들어갔다. 박물관 10개를 채울 정도의 소장품. 골프장과 노아의 방주 이후 최대라는 개인 동물원까지 있다.

장례식 기사는 케인을 시대의 영웅, 사상 최대 언론 거물로 평가한다. 전 세계 신문이 그의 죽음을 1면 톱으로 다루었다. 콜로라도 광산

촌 여관 주인 아들로 태어난 케인은 50년 동안 성장을 거듭해 세계 3위의 금광을 소유했다. 37개 신문과 2개 신디케이트, 다수의 라디오 방송 등 언론도 가졌다. 잡화점, 제지 공장, 아파트 빌딩, 공장, 목재소, 여객선까지 보유했다. 그는 여덟 살 때 어머니의 유산을 관리해 줄 은행가 월터 파크스 대처에게 맡겨졌다.

케인은 자기만의 사회적 믿음을 지닌 채 사유제라든가 성장을 추구하는 창업과 기회를 공격해 공산주의자라는 평가를 받았다. 본인은 "나는 현재도 과거도 미래도 늘 하나일 뿐입니다, 바로 미국인 I am, have been, and will be only one thing — an American"이라고 말했다. 그의 행적도 소개된다. 대통령 조카와의 결혼과 이혼, 오페라 가수와의 재혼과 결별, 주지사 선거에서 불륜 스캔들로 낙선한 일, 대공황으로 신문사 12개가 합병 해체된 일까지. 그의 말년은 사진기자도 찾지 않을 정도로 쓸쓸했다.

잡지사 기자 제리 톰프슨은 케인이 죽을 때 남겼다는 로즈버드가 뭔지 취재하라는 지시를 받는다. 편집장은 "한 사람의 70 평생은 뉴스에 담기엔 너무 길다"라면서 "그가 뭘 했느냐만 얘기하는 건 충분치 않고 그가 누구였는지 말해야 한다"라고 말한다.

영화는 톰프슨이 로즈버드의 의미를 알아내기 위해 케인과 가까웠던 다섯 사람을 찾아다니며 취재하는 형식으로 진행된다. 다섯 사람은 각자 케인의 다양한 인간적 면모를 말해준다.

톰프슨이 맨 처음 찾은 사람은 케인의 두 번째 아내인 오페라 가수 수전 알렉산더. 그는 술에 취해 "내 사생활은 나의 것"이라며 취재를 거부한다. 톰프슨은 케인의 유산 관리자였던 대처의 기념 도서관에서 대처가 남긴 회고록 원고를 읽는다. 케인이 고향을 떠날 때부터 25세에 자산 6000만 달러의 세계 6위 부자가 신문사 사장이 된 사연이 나온다.

그의 재산은 어머니의 하숙집 손님이 숙박비 대신 남긴 광산이 대박 나면서 유산으로 물려받은 것이다. 1929년 대공황으로 케인은 많은 재산을 잃었다. 여기서도 톰프슨은 로즈버드가 무엇인지 알아내지 못한다.

톰프슨은 케인의 측근이었던 번스틴을 찾아간다. 번스틴은 "케인이 원한 건 돈이 아니었다"라며 케인의 신문 ≪인콰이어러≫의 성공 비화를 들려준다. 케인은 사무실에 침대를 들여놓고 하루 24시간 일하는 체제로 선정적인 신문을 만들었다. 실종자 남편에게 기자를 보내 경찰관을 사칭해서라도 취재하라고 시켰다. 신문 1면에 신문 제작 '원칙 선언문My Declaration of Principles'을 실었다. 케인의 친구 릴런드는 "선언문이 독립선언문이나 헌법처럼 중요한 것이 될 것"이라며 원문을 보관한다.

당시 신문 한 부는 2센트. ≪인콰이어러≫는 2만 6000부, 경쟁지 ≪크로니클≫은 49만 5000부로 시작했다. 6년 만에 ≪인콰이어러≫는 뉴욕 신문 최대 부수인 68만 4000부를 기록한다. ≪크로니클≫ 편집 간부들이 ≪인콰이어러≫에 스카우트된다. 유럽 여행을 떠났던 케인은 각종 골동품을 사들이고 대통령 조카와 결혼한다.

번스틴의 권유로 톰프슨은 노환으로 입원 중인 릴런드를 만난다. 그는 "케인은 결코 자신을 내보이지 않았다"라면서 "관대했지만 알아주는 사람이 없었다"라고 말해준다. 자신 이외에는 믿지 않았고 가책도 없었다는 것. 케인의 부인 얘기도 해준다. 케인은 일중독자였고 그래서 대통령 조카인 부인과 소원해졌다. 정치적 야망 때문에 정치에 도전하지만 우연히 만난 가수 수전과의 스캔들이 터져 좌절한다. 부인과 이혼한 케인은 가수 재능이 부족한 수전을 위해 오페라하우스를 짓고 전국 순회공연도 시켜주는 등 지원한다. 릴런드가 수전의 공연을 혹평하는 기사를 쓰다가 잠든 사이에 케인이 그걸 보고 두 사람은 결별한다. 릴런드는 초심을 잃은 케인에게 그가 쓴 '원칙 선언문' 원본을 보낸다. 케인은 그걸 찢어 초심이 사라졌음을 보여준다.

수전은 다시 찾아간 톰프슨에게 케인과의 관계를 들려준다. 자신의 능력 부족 때문에 좌절한 수전에게 케인은 "내가 만족하기 위해서야, 당신은 계속 노래해"라며 강요한다. 수전이 자살을 기도하고, 공연은 멈춘다. 수전은 재너두에서 퍼즐이나 맞추고 뉴욕을 그리며 산다. 마침내 수전은 케인을 떠난다. "당신은 내게 평생 해준 게 없어요. 내게 해준 건 당신이 필요해서예요"라는 마지막 말을 남기고.

톰프슨이 마지막에 만난 재너두 집사 레이먼드는 로즈버드에 관한 에피소드를 들려준다. 수전이 떠난 뒤 케인이 침실 집기를 부수다 스노글로브를 발견했을 때와 죽을 때 로즈버드를 말했다는 것.

로즈버드 수수께끼를 풀지 못한 톰프슨은 '케인이 잃어버린 무엇이거나 퍼즐의 사라진 한 조각 같은 것'이라고 추측했다. 재너두의 소장품 정리가 끝나고 벽난로에 버릴 물건들이 들어갈 때 썰매 하나가 화면에 등장한다. 케인이 시골에서 타고 논 그 썰매에 '로즈버드'라는 상표가 붙어 있다. 재너두 굴뚝으로 검은 연기가 흩어지며 영화는 끝난다.

• 저널리스트의 관점 •

이 영화를 언론 재벌 윌리엄 랜돌프 허스트의 전기 영화로 이해하는 사람이 꽤 있는 것 같다. 과연 그럴까?

영화 주인공 찰스 포스터 케인은 허스트와 비슷한 면도 많지만 다른 것도 많다. 케인의 인생에는 신문왕 조지프 퓰리처Joseph Pulitzer(1847~1911),

조지프 퓰리처(왼쪽)와 윌리엄 랜돌프 허스트(오른쪽).

시카고 시빅 오페라하우스를 지은 시카고 전력 재벌 새뮤얼 인설Samuel Insull(1859~1938), 사업가 해럴드 파울러 매코믹Harold Fowler McCormick(1872~1941), ≪시카고트리뷴≫ 발행인 로버트 러더퍼드 매코믹Robert Rutherford McCormick(1880~1955) 등 당대의 여러 유력 인사의 인생과 인간적 면모가 혼재해 있다.

우선 인설은 45층 규모의 거대한 오페라하우스를 지은 실제 인물이다. 1929년 11월 4일 오페라하우스 개관 때 오페라 〈아이다〉가 공연되었는데 인설이 작품과 출연자를 직접 골랐다. 웰스도 영화에 인설 스토리가 들어갔다고 인정한 적이 있다.

웰스는 영화 속 케인의 두 번째 아내인 가수 수전 알렉산더의 모델이 인설의 아내인 배우 글래디스 월리스Gladys Wallis(1875~1953)라는 건 부인했다. 인설은 1899년 40세 때 24세의 월리스와 결혼했다. 두 사람이 나이 차가 많은 건 케인-수전 커플과 닮았다. 하지만 수전과 달리 월리스는 연기력을 인정받았고 인기도 많았다.

웰스와 함께 이 영화의 각본을 쓴 허먼 맹키위츠Herman Mankiewicz(1897~

1953)는 윌리스가 56세 때 26년 만에 무대에 복귀했을 당시 직접 쓴 연극평을 영화 각본에 이용했다. 웰스가 늙은 케인의 메이크업 모델로 이용하라고 콧수염이 있는 인설의 사진을 제공했다는 일화도 있다. 인설은 대공황 때 망해서 해외로 도피했다가 소환돼 재판을 받았지만 유력 변호사 덕분에 무죄판결을 받았다.

해럴드 파울러 매코믹은 1895년 석유 재벌 존 록펠러John Rockefeller(1839~1937)의 막내딸 이디스 록펠러Edith Rockefeller(1872~1932)와 결혼했다. 하지만 1921년 이혼하고 1923년 폴란드 출신 오페라 가수 간나 월스카Ganna Walska(1887~1984)와 재혼했다. 매코믹은 월스카가 가수로서 실력이 별로였지만 경력 관리를 위해 엄청난 돈을 썼다. 그런 점에서 매코믹과 월스카는 영화 속 케인-수전 커플과 닮았다.

영화 〈연인 프라이데이〉와 〈더 프런트 페이지〉의 각본을 쓴 찰스 데이비스 레더러는 어릴 적 부모가 이혼한 뒤 이모인 배우 매리언 데이비스Marion Davies(1897~1961)와 살았다. 데이비스가 허스트의 캘리포니아 샌시메온San Simeon의 '허스트 캐슬'에서 허스트의 연인으로 동거했기에 레더러도 그곳에서 지냈다. 〈시민 케인〉의 각본이 완성된 뒤 맹키위츠가 한 부를 레더러에게 주었다. ≪뉴요커≫ 영화 평론가 폴린 케일Pauline Kael(1919~2001)은 1994년 저서 『영원히For Keeps』에서 레더러가 대본을 데이비스와 허스트에게 갖다주었다고 주장했다. 그래서 허스트가 〈시민 케인〉의 시사회를 취소시키고 영화관 상영도 방해하게 되었다는 것.

하지만 레더러는 원고를 읽고 돌려주었더니 맹키위츠가 "데이비스가 기분 나쁘지 않겠어?"라고 묻길래 "그렇게 생각하지 않는다"라고 말했다고 반박했다. 그는 자신이 읽은 각본에 데이비스와 허스트의 분위기는 없었다며 "〈시민 케인〉은 ≪시카고트리뷴≫ 발행인 매코믹에 관한 것이었다"라고 주장했다.

영화 속 수전의 모델이 데이비스라는 주장 때문에 그녀는 '재능 없는 기회주의자' 이미지를 갖게 되었다. 하지만 웰스는 "수전은 케인의 아내지만 데이비스는 허스트의 정부였다"라면서 "아내는 꼭두각시이자 죄수였지만 정부는 공주나 마찬가지였다"라며 수전과 데이비스의 관련성을 부인했다.

웰스는 영화감독 피터 보그다노비치Peter Bogdanovich(1939~)에게 인설의 시카고 시빅 오페라하우스 건축과 매코믹의 두 번째 아내의 오페라 경력을 위한 아낌없는 후원이 〈시민 케인〉 각본에 영향을 주었다고 털어놓았다.

〈시민 케인〉이 허스트와 케인을 근거 없이 너무 유사한 인물로 만들었다는 비판을 받을 여지는 있다. 할리우드 칼럼니스트 헤다 호퍼Hedda Hopper는 〈시민 케인〉을 "위대한 인간에 대한 악의적이고 무책임한 공격"이라고 비판했다.

결국 당대의 여러 인물을 참고해서 케인이란 인물을 창작한 것으로 볼 수 있을 것 같다. 필자는 결론적으로 〈시민 케인〉을 허스트를 중심 모델로 한 '유사 전기 영화'로 본다.

• 팩트체크 •

케인-허스트-퓰리처 윌리엄 랜돌프 허스트는 1863년 미국 샌프란시스코에서 태어났다. 1941년 〈시민 케인〉이 개봉되었을 때 허스트는 78세였다. 찰스 포스터 케인의 영화 속 나이는 분명치 않다. 소년 케인[폴 버디 스완(1929~1993) 분]이 1871년 은행가 월터 파크스 대처를 처음 만났을 때 8세였다니 케인을 허스트와 같은 1863년생으로 추정할 수 있다. 다만 케인은 영화에서 1941년 사망했지만 허스트는 영화가 개봉된 뒤에도 10년을 더 살고 1951년 88세에 세상을 떠났다.

케인은 어머니로부터 막대한 재산을 물려받았다. 허스트는 백만장자 아버지(1820~1891)가 놀음으로 받을 돈 대신 망해가던 신문사를 인수했다. 허스트는 24세 때 그 신문사를 맡아 경영을 시작했다. 케인은 하숙집을 하던 어머니가 하숙비로 광산 문서를 받았는데 금광이라도 발견되었는지 대박이 났다. 케인은 25세 때 재산이 6000만 달러나 되었고 인콰이어러 신문사를 인수해 사장이 되었다.

두 사람은 비슷한 점이 많다. 영화에서 케인은 하버드, 예일 등 명문대에서 쫓겨났다고 나온다. 허스트도 하버드대에 다니다가 비행 때문에 퇴학당했다. 아버지가 상원의원(1886~1891년)을 지낸 허스트는 정치적 야망이 컸다. 그는 1902년과 1904년 뉴욕주에서 연방 하원의원에 당선했다. 그러나 1904년 민주당 대통령 후보 지명전에서 패배한 뒤 1905년과 1909년 뉴욕 시장, 1906년 뉴욕 주지사 도전에서 모두 실패했다. 케인도 정치적 야망이 컸다. 그는 1916년 주지사 선거에 출마해 당선될 수도 있었다. 그러나 수전과의 불륜 스캔들이 터져 낙선했고 평생 한 번도 당선하지 못했다. 도전했다가 실패했다는 건 두 사람의 공통점이다.

조지프 퓰리처도 정치에 관심이 많았지만 주로 신문을 통해 정치적 영향력을 행사했다. 본인 의사와 무관하게 1869년 12월 미주리주 하원의원 보궐선거에 출마해 의원이 되었으나 다음 선거에서 낙선해 의원 경험은 1년에 불과했다.

한편 허스트의 신문은 제목을 크게 쓰고 일부만 진실인 과장된 기사를 많이 실었다. 정부의 부정부패나 공공기관 비리도 많이 폭로했다. 영화 속 케인의 신문 ≪인콰이어러≫와 비슷한 점이 있다. 두 사람은 모두 옐로 저널리즘(선정주의 언론)을 주도한 인물이다. 허스트가 쿠바 해방을 위해 민주당이 반대하는 스페인과의 전쟁을 지지한 것도 영화 속 케인과 비슷한 점이다. 케인의 영화 대사에 허스트가 실제로 했다는 말이 거의 그대로 나오기도 한다.

허스트는 대학 시절 자신의 우상이었던 퓰리처를 경쟁자로 보았다. 그는 1895년 퓰리처가 소유했던 뉴욕의 조간신문 ≪모닝저널≫을 인수했고 1896년에는 석간신문 ≪이브닝저널≫을 발행했다. 퓰리처의 ≪이그재미너≫와 같은 편집 방침으로 신문을 제작하고 신문 가격을 1센트로 인하했다. 허스트는 퓰리처의 신문 ≪월드≫의 간부들을 월급 인상과 승진 등을 조건으로 많이 데려갔다. 허스트의 두 뉴욕 신문 부수는 1897년 150만 부로 퓰리처의 신문을 눌렀다.

1903년 허스트는 21세의 뉴욕 쇼걸 밀리슨트 윌슨Millicent Wilson(1882~1974)과 결혼했다. 윌슨의 어머니가 뉴욕의 민주당 권력 중심과 연결되어 있었기 때문이다. 두 사람은 아들 다섯을 낳았다. 정치를 그만두고 신문업에 전념한 허스트는 1917년 만나기 시작한 브로드웨이 뮤지컬 〈지그펠드 폴리스Ziegfeld Follies〉의 쇼걸 매리언 데이비스와 1919년부터 동거했다.

허스트가 1919년 사망한 어머니로부터 물려받은 유산에는 캘리포니아주 샌시메온의 거대한 목장도 있었다. 허스트는 수십 년 동안 목장을 넓히고 성을 건축했다. 유럽의 예술품과 골동품으로 성을 채우고 이국적인 동식물로 주변을 둘러쌌다. 이것도 영화 속 케인과 비슷한 점이다. 다만 영화에서 케인은 플로리다주에 대저택 재너두를 만들었고 거기에서 재혼한 수전과 살다가 수전이 떠난 뒤 죽었다.

허스트는 부인 윌슨과 이혼하지 않고 데이비스와 샌시메온의 허스트 캐슬에서 동거하다 죽었다. 데이비스는 허스트가 죽고 78일 뒤 선장인 호레이스 브라운과 결혼해 사람들을 놀라게 했다. 데이비스는 허스트의 부인이 이혼을 거부해 20세 때부터 34년 동안 결혼은 못 하고 동거했다. 영화에서 케인은 수전이 22세 때 만났고 스캔들이 터진 뒤 아내와 이혼하고 수전과 재너두에서 살았다.

허스트는 배우인 데이비스가 영화에 출연할 수 있도록 지원했지만 별로 도움은 안 되었다. 케인은 가수인 수전을 위해 오페라하우스를 지어주고 전국 순회공연도 지원했다. 닮은꼴이라고 볼 수 있다. 다만 데이비스는 연기력을 인정받았는데 수전은 가수로서 능력이 부족했다.

허스트의 신문이 1920년대 미국인 네 명 중 한 명꼴로 읽을 정도였다가 대공황으로 큰 타격을 입은 것도 영화 속 케인의 상황과 비슷하다. 허스트는 1934년 독일 베를린을 방문해 아돌프 히틀러를 인터뷰해서 그의 독일 내 리더십 합법화에 기여했다는 비난을 들었다. 영화에서 케인이 1935년 유럽 지도자들을 만나고 기자들에게 "전쟁은 없을 것"이라고 말하는 대목이 허스트를 연상시킨다.

케인이 경쟁 신문사의 편집 간부들을 스카우트해 신문 1면에 신문 제작에 관한 '원칙 선언문'을 실은 장면은 퓰리처를 떠오르게 한다. 퓰리처는 36세 때인 1883년 5월 10일 ≪뉴욕월드≫를 인수한 뒤 ≪월드≫로 제호를 바꿔 신장개업했다. 그때 동생 앨버트의 뉴욕 신문사인 ≪모닝저널≫의 편집국장, 논설위원, 대표 기고가 등 핵심 세 명을 빼갔다 (모리스, 2016: 354).

≪뉴욕월드≫에 출근한 첫날 앨버트의 ≪모닝저널≫ 편집국장을 관두고 퓰리처를 따라온 E.C. 행콕의 조언을 받아 퓰리처는 선언문을 작성해 실었다.

"독립 신문이라도 공공의 이익과 관련된 문제에 무관심하거나 중립적인 입장을 취해서는 안 된다. ≪뉴욕월드≫는 진정한 민주주의를 굳게 믿는다. 정치의 도구가 되는 민주주의가 아니라, 정적을 무너뜨리고 공직을 독점하려는 민주주의가 아니라, 모든 시민의 권리를 증진하기 위해 애쓰고 처음 설립한 자유로운 제도를 지켜나가는 민주주의를 믿는다"(모리스, 2016: 357). 허스트가 자기 신문을 처음 발행할 때 영화 속 케인처럼 퓰리처를 벤치마킹했을 수도 있다.

퓰리처의 ≪월드≫는 5년 만에 판매 부수가 30만 부가 되었다. 영화에서 케인의 신문은 부수가 2만 6000부에서 6년 만에 68만 4000부로 늘었다.

허스트는 가족의 부와 신문을 물려받았다는 점에서 금수저 출신 언론사 사주였다. 하지만 퓰리처는 헝가리 출신 유대인으로 미국 남북전쟁 때인 1864년 17세 나이를 20세로 속여 미국 정부가 모집한 외국인 용병으로 미국에 갔다. 전쟁이 끝난 뒤 어렵게 미국에 정착해 법률사무소 직원과 독일 교포 신문 기자로 시작해 신문왕이 된 흙수저 출신.

영화에서 케인은 대통령 조카와 결혼했다. 그런데 정작 대통령과 인연이 있는 사람은 허스트가 아니라 퓰리처다. 퓰리처의 아내 케이트 데이비스Kate Davis의 아버지 윌리엄 워딩턴 데이비스William Worthington Davis는 미국 남부연합 대통령(1862~1865년)을 지낸 제퍼슨 데이비스Jefferson Davis(1808~1889)와 친척 사이였다. 1878년 6월 19일 워싱턴에서 열린 퓰리처 결혼식에 다수의 연방 상하원 의원이 참석했다.

퓰리처는 케인과 달리 이혼 경력이 없고 정부情婦도 없었다. 그는 영화가 나오기 30년 전인 1911년 10월 29일 자신의 요트에서 사망했다. 1887년 오른쪽 눈에 이어 1889년 12월 왼쪽 눈까지 망막 박리 때문에 시력을 완전히 잃은 퓰리처는 불행한 말년을 보냈다.

• 로즈버드와 스노글로브 •

영화 〈시민 케인〉의 주인공이 죽을 때 말했다는 로즈버드는 도대체 무얼 상징할까? 팩트체크를 하자면 케인이 자신의 침대에서 운명할 때 로즈버드라고 말하는 걸 본 사람은 영화 화면에는 나오지 않는다. 그가 숨을 거둘 때 방에는 아무도 없었다. 간호사는 그가 로즈버드라고 말하고 숨을 거둔 뒤 방에 들어갔다. 다만 재너두 집사 레이먼드는 케인이 로즈버드라고 말하는 걸 두 번 들었다고 제리 톰프슨 기자에게 말해준다.

영화에는 로즈버드와 스노글로브가 다섯 번이나 나온다.

첫 번째는 케인이 죽는 장면(00:02:35). 케인이 혼자 침대에 누워 "로즈버드"라고 말하고 눈을 감는 순간, 손에서 스노글로브가 빠져나간다. 그리고 침대 아래 바닥에 떨어져 부서진다.

두 번째는 콜로라도의 케인 집에 은행가 월터 파크스 대처가 보호자로서 케인을 데리러 갈 때다. 케인은 어머니와 떨어지기 싫어서 타고 놀던 썰매로 대처를 밀친다. 케인이 떠난 뒤 내리는 눈이 마당에 남겨진 썰매 위에 쌓인다. 이 장면은 스노글로브 속의 눈 내리는 모습과 닮았다. 이 장면에서 썰매의 상표는 보이지 않게 처리돼 영화의 마지막까지 관객이 로즈버드의 정체를 알 수 없게 연출되었다.

▌케인이 들고 있던 스노글로브(왼쪽)와 로즈버드 상표가 보이는 썰매(오른쪽).

세 번째는 지나가던 차에서 튕긴 오수에 양복을 버린 케인을 치통 때문에 약국에 갔다 오던 수전이 뜨거운 물이 있다며 자기 방에 데려갈 때다. 그때 수전의 화장대에 스노글로브가 있다(00:57:00). 이때는 스노글로브에 관한 대사는 없다.

네 번째는 수전이 재너두에서 케인과 싸우고 떠나자 케인이 침실의 장식과 집기를 던지고 부수다가 화장대에 있던 스노글로브를 발견할 때다. 수전의 방에 처음 갔을 때 본 그것이다(01:50:00). 케인이 스노글로브를 집어 들자 그 속에서 눈이 내린다. 케인은 그걸 보며 '로즈버드'라고 독백한다. 그리고 양복 상의 오른쪽 주머니에 스노글로브를 넣는다.

다섯 번째는 케인이 죽고 재너두 소장품을 모두 정리한 인부들이 잡동사니들을 벽난로에 던질 때다(01:55:40). 카메라는 인부가 로즈버드 상표가 보이는 눈썰매를 집어 벽난로에 던지고 로즈버드 상표가 인쇄된 스텐실이 타는 장면을 천천히 클로즈업한다.

썰매는 한 번 더 나온다(00:23:09). 케인이 고향을 떠나 도시에 와서 대처로부터 썰매를 크리스마스 선물로 받는다. 이 썰매는 화려한 장식이 달렸고 상표가 '더 크루세이더The Crusader'다. 케인은 비싼 썰매 대신 고향에 두고 왔던 로즈버드 썰매를 평생 보관했다.

스노글로브는 공이나 돔 모양의 투명 용기에 투명한 액체를 채우고 작은 집이나 인형 모형을 집어넣어 만든 장난감이나 장식품이다. 용기를 흔들면 액체에 들어 있던 작은 조각들이 흩어지면서 눈이 내리는 듯한 모양이 연출된다.

결국 영화에서 로즈버드는 장미꽃 봉오리가 아니라 케인이 타고 놀던 썰매였다. 어린 시절의 추억, 고향, 어머니, 순수함, 그리움 등을 상징하는 것으로 볼 수 있을 것이다.

영화에서는 로즈버드를 어떻게 해석하고 있을까? 케인의 측근으로 신문사 총지배인General manager으로 일한 번스틴. 그는 처음에는 "여자 이름이 아닐까"라고 말한다. 나중에는 "케인이 잃어버린 어떤 것일지도 몰라. 케인은 자신이 가진 거의 모든 걸 잃은 사람이니까"라고 자기 생각을 털어놓는다(00:30:31-00:48:33).

케인을 11년이나 모신 집사 레이먼드는 케인이 로즈버드라고 말하는 걸 두 번 들었다면서도 그 의미는 알지 못한다. 취재를 마친 톰프슨이 내린 결론은?

"로즈버드는 케인이 잃지 않은 그 어떤 것일지도 몰라. 그건 아무것도 설명할 수 없어. 인생을 설명할 그 어떤 말도 없어. 아냐, 로즈버드는 마치 직소 퍼즐 같은 것인지도 몰라. 잃어버린 한 조각." 톰프슨은 로즈버드가 케인이 어린 시절 타고 놀던 눈썰매의 상표라는 걸 모르는 상태에서 이렇게 말했다.

로즈버드는 스릴러 영화의 긴장감과 호기심을 유지하기 위한 장치일 수도 있다. 영화감독이자 주연배우인 오슨 웰스도 영화 개봉을 앞둔

1941년 1월 15일 이렇게 설명했다.

"케인이 죽어가며 말한 로즈버드가 던진 수수께끼를 관객이 조금씩 풀어가도록 유도하는 것이 나의 의도였다. 로즈버드는 케인이 집과 어머니를 빼앗긴 그날 타고 놀았던 값싸고 작은 썰매의 상표다. 그의 잠재의식 속에 그것은 천진난만함, 편안함, 그리고 무엇보다 자기 집에서의 책임감 결여를 의미했으며, 케인이 잃어버린 적이 없는 어머니의 사랑도 상징했다."

그런데 웰스가 죽고 4년이 지난 1989년 소설가 고어 비달Gore Vidal(1925~2012)이 서평 잡지 ≪뉴욕 리뷰오브북스≫에 짧은 회고록을 썼다. 비달은 여기서 〈시민 케인〉의 로즈버드가 허스트가 정부 매리언 데이비스의 '은밀한 부위'를 부르는 별명이었다고 주장했다. 비달은 허스트가 〈시민 케인〉의 상영을 반대한 진짜 이유가 이것이라고 설명했다.

〈시민 케인〉이 개봉될 때 허스트는 78세의 나이로 정치적 야망도 갖고 있지 않았다. 그런데도 왜 그렇게 영화 개봉을 막으려고 했는지 이해하기 어렵다는 사람도 있다. 비달의 주장이 이 의문을 푸는 데 도움이 될 수 있을까?

비달은 출처를 밝히지 않았지만 데이비스와 잘 아는 사이였다. 허스트의 샌시메온 저택에서 데이비스와 함께 산 조카 찰스 레더러는 〈시민 케인〉의 각본을 쓴 허먼 맹키위츠나 웰스와 가까운 사이였다. 각본에서 케인의 대사는 맹키위츠가 허스트의 글이나 연설에서 거의 그대로 인용해서 썼기 때문에 로즈버드도 맹키위츠가 썼다고 전문가들은 추정한다. 물론 비달도 레더러, 맹키위츠, 웰스와 잘 아는 사이였다.

2020년 개봉한 맹키위츠의 전기 영화 〈맹크Mank〉에도 로즈버드에 관한 내용이 나온다(01:33:53). 맹키위츠(게리 골드먼 분)의 동생(톰 펠프리 분)이 형에게 "어떤 사람들은 로즈버드가 윌리엄(허스트)이 매리언의 그곳에 붙인 별명이라던데"라고 묻는다.

비달이 로즈버드에 관한 새로운 주장을 내놓았지만 증언할 수 있는 사람은 모두 세상을 떠난 뒤였다. 비달 자신이 직접 증거를 제시하지도 않아 진위가 확인되지 않은 상태로 남았다.

• 옐로 저널리즘의 역사 •

영화 〈시민 케인〉에는 역사적 사실과 배경을 모르면 그냥 흘려보낼 내용들이 나온다. 1898년 미국-스페인(미-서) 전쟁과 옐로 저널리즘yellow journalism의 역사도 그런 것이라고 할 수 있다.

영화에는 미-서 전쟁과 관련 있는 장면이 두 번 나온다. 첫 번째, 케인과 대처가 신문사에서 대화할 때 케인의 사무실에 측근 번스틴이 들어와 쿠바에 파견된 휠러가 보내온 전보를 읽는다. "쿠바에 있는 매력적인 여성들. 풍경에 대한 기사는 보내겠지만 당신 돈을 쓰고 싶지는 않다. 쿠바에 전쟁은 없다." 이에 케인은 "휠러 씨, 당신은 기사를 만들어요, 나는 전쟁을 준비할게요"라는 답신을 보내라고 지시한다(24:56-25:34). 영화에 나온 케인의 영어 대사는 이렇다. "You provide the prose poems, I'll provide the war."

케인의 대사는 그의 모델일 수도 있는 ≪뉴욕저널≫ 발행인 윌리엄 랜돌프 허스트가 했다는 말을 약간 바꾼 것이다. 예일대 출신 화가인 프레더릭 레밍턴Frederic Remington(1861~1909)이 1897년 1월 쿠바에서 "전쟁은 없을 것There will be no war"이라는 전보를 보냈을 때 허스트가 보냈다는 답신은 이렇다. "You furnish the pictures and I'll furnish the war." 케인은 'pictures' 대신 'prose poems'를, 'furnish' 대신 'provide'를 썼다. 레밍턴은 당시 허스트의 요청으로 쿠바에 들어가서 반군과 지내며 신문에 실을 삽화와 스케치를 그리기 위해 리처드 하딩 데이비스Richard Harding Davis(1864~1916) 기자와 함께 파견되었다. 실제로 그는 1월 9일부터 15일까지 쿠바에서 그림을 그리고 자료를 수집했다.

두 번째. 케인이 ≪인콰이어러≫를 인수하고 6년 만에 뉴욕 최대 신문 발행 부수인 68만 4000부를 기록하고 경쟁지 ≪크로니클≫의 간부들을 스카우트해 환영 파티를 할 때다. 케인이 "스페인에 선전포고를 할까 말까"라고 묻자 릴런드가 "≪인콰이어러≫는 벌써 했잖아"라고 답한다(00:41:50-00:42:30).

두 장면에 나온 대사와 맥락은 이해하기가 쉽지 않다. 과연 실체가 있는 걸까?

먼저 첫 번째 에피소드는 옐로 저널리즘의 해악을 상징하는 대표적 일화로 한 세기도 넘는 역사가 있다. 허스트의 전보는 ≪뉴욕저널≫이 주도한 옐로 저널리즘이 어떻게 미국을 1898년 스페인과의 전쟁으로 몰아넣었는지를 보여주는 근거로 자주 인용되었다. 신문의 선정주의sensationalism는 너무나 강력해서 한 국가가 원치도 않는 전쟁을 하게 만들 수도 있다는 식이었다.

레밍턴과 허스트가 문제의 전보를 주고받았다는 일화는 캐나다계 미국인 제임스 크릴먼James Creelman(1859~1915)의 1901년 회고록 『그레이트 하이웨이에서: 특파원의 방랑과 모험On the Great Highway: The Wanderings and Adventures of a Special Correspondent』에 처음 등장했다. 크릴먼은 허스트가 그런 전보를 보냈다는 1897년에 ≪뉴욕저널≫의 유럽 특파원이었다.

회고록에 나온 레밍턴의 전보는 네 문장으로 되어 있다. "모든 게 조용합니다. 여긴 아무 문제 없습니다. 전쟁은 없을 겁니다. 돌아가고 싶습니다Everything is quiet. There is no trouble here. There will be no war. I wish to return." 허스트의 답신은 더 짧았다. "그냥 있어요. 당신은 그림만 보내요. 나는 전쟁을 준비할게요Please remain. You furnish the pictures, and I'll furnish the war."

크릴먼의 회고록이 나온 뒤 아무도 이의를 제기하지 않았다. 이 일화는 1907년 9월 30일 영국 ≪더 타임스≫ 기자가 뉴욕에서 쓴 기사 때문에 뒤늦게 문제가 되었다. ≪더 타임스≫는 "미국 언론은 미쳐가고 있나Is the Press of the United States Going Insane?"라는 제목의 기사에서 크릴먼이 1906년 잡지 ≪피어슨스 매거진≫에 쓴 허스트 관련 글을 인용했다. ≪더 타임스≫ 기사는 '허스트가 쿠바에 있는 특파원에게 보낸 전보("You provide the pictures and I will provide the war")는 허스트가 미-서 전쟁에 중요한 책임이 있음을 시사한다'는 내용이었다. 이에 허스트는 ≪더 타임스≫에 '그 에피소드가 완전히 거짓이고frankly false 멍청하지만 영리한ingeniously idiotic 것'이라는 항의 편지를 보냈다.

허스트의 부인에도 불구하고 "나는 전쟁을 준비할게요"는 1930년대 여러 번 인용되면서 언론의 객관성 부족과 편견의 사례로 자리 잡았다. 그걸 대중의 인식에 기정사실처럼 굳힌 게 바로 영화 〈시민 케인〉이라는 주장이 있다.

언론인 경력 20년의 조지프 캠벨Joseph Campbell 아메리칸대 교수는 2000년 발표한 논문("Not likely sent: The Remington-Hearst 'telegrams'")에서 주요 근거들과 맥락을 검증한 결과 '허스트-레밍턴 전보 교환 에피소드'는 가능성이 매우 낮다고 결론지었다.

그가 제시한 근거는 다음과 같다. ▲ 크릴먼의 주장을 뒷받침할 수 있는 문서나 전보 원본이 없다. 크릴먼은 평소 출처를 밝히지 않고 글을 썼다. ▲ 당시 크릴먼은 유럽에 있었기 때문에 두 사람의 전보 교환을 직접 알 수 없었다. ▲ 1897년 초 쿠바 상황과 맞지 않는다. 쿠바에서 1895년 2월 시작된 스페인군과 쿠바인의 격렬한 충돌 때문에 스페인이 20만 명을 파병했는데 '전쟁이 없을 것'이라는 전보 내용은 맞지 않는다. ▲ ≪뉴욕저널≫에 실린 레밍턴의 스케치들을 보면 당시 쿠바 상황이 전보 내용과 달리 전혀 '조용하지quiet' 않았다. ▲ 1897년 1월 ≪뉴욕저널≫ 사설 내용과 안 맞는다. 당시 사설은 스페인의 전쟁 노력이 좌절돼 결국 쿠바 반군이 독립할 것을 기대했다. 충돌을 끝내기 위한 미국의 무력 개입을 기대하거나 찬성하지 않았다. ▲ 당시 쿠바에서 스페인의 검열이 철저해서 그런 전보를 주고받았다면 적발되었을 것이다. 쿠바에서 전쟁을 보도하던 기자들이 검열 때문에 배를 타고 플로리다에 가서 전보를 쳤을 정도다. ▲ 평소 전보에 구체적인 지시를 많이 하던 허스트의 습관과 문제의 전보 내용은 다르다. ▲ 레밍턴과 함께 쿠바에 파견된 데이비스 기자가 가족에게 보낸 편지에 '전쟁이 없을 것이기 때문에 레밍턴이 귀국한다'는 내용은 없었다. ▲ 허스트가 더 있으라고 했는데 레밍턴이 무시하고 귀국했으면 ≪뉴욕저널≫이 그의 삽화와 스케치를 그렇게 돋보이게 보도하지 않았을 것이다.

캠벨 교수의 주장이 미국 언론계나 학계에서 공인된 것은 아니다. 상당한 근거를 들어 반박하는 글도 있다. 켄 로런스Ken Lawrence가 쓴 장문의 글을 보면 과연 누구의 주장이 맞는지 판단하기가 쉽지 않다(https://www.rfrajola.com/2k19/Hearst_telegram_2019.pdf).

두 번째 미-서 전쟁 관련 장면은 어떤가? 여기서 케인의 ≪인콰이어러≫는 허스트의 ≪뉴욕저널≫이라고 할 수 있다. 경쟁지 ≪크로니클≫은 퓰리처의 ≪월드≫와 유사한 점이 많다. 케인이 "스페인에 선전포고를 할까 말까"라고 묻자 릴런드가 "≪인콰이어러≫는 벌써 했잖아"라고 답했다.

미국 헌법은 의회에 전쟁 선포권을, 대통령에게는 총사령관으로서의 전쟁 수행권을 부여하고 있다. 실제로는 대통령이 의회의 선전포고나 동의 없이 전쟁을 수행해 왔다. 당연히 신문이 선전포고를 하는 건 아니다. 그러니 '≪인콰이어러≫는 이미 선전포고를 했다'라는 건 전쟁을 찬성했다거나 선전포고를 촉구했다는 의미가 아닐까 싶다.

1898년 미-서 전쟁 당시 ≪뉴욕저널≫과 ≪월드≫가 모두 전쟁을 지지했다. 특히 1898년 2월 쿠바 아바나만에서 발생한 미 해군 함정 메인호 폭발 사건을 계기로 미국 신문은 공공연히 전쟁을 부추겼다. ≪뉴욕저널≫이 더 적극적이고 더 선정적으로 보도했다는 평가가 있다.

퓰리처의 전기를 쓴 제임스 맥그래스 모리스(2016: 600)는 당시 미국 신문의 입장을 이렇게 비교했다. "≪뉴욕저널≫은 전쟁을 하지 못해 안달이 난 상태였고 ≪뉴욕선≫은 전쟁이 임박했다고 보도했다. 뉴욕의 주요 신문들 대부분은 전쟁에 찬성하는 입장이거나 스페인이 미국의 요구에 응하지 않으면 그에 상응하는 보복을 해야 한다는 입장이었다. (≪월드≫의) 퓰리처도 그 대열에 동참하기로 마음먹었다."

전쟁 시작 전 ≪월드≫와 ≪뉴욕저널≫의 부수는 각각 41만 9000부와 27만 부였다. 전쟁 후에 ≪월드≫는 7만 8000부가 줄고 ≪뉴욕저널≫은 4만 6000부가 늘어났다(모리스, 2016: 605). 경영 능력도 변수였겠지만 ≪뉴욕저널≫이 더 선정적으로 보도한 게 영향을 미쳤을 수 있다.

옐로 저널리즘이란 말이 생긴 배경에 바로 ≪뉴욕저널≫과 ≪월드≫

'옐로 저널리즘'이란 말이 생겨난 배경이 된 리처드 아웃콜트의 연재만화 '호건의 골목길' 주인공인 미키 두건. 두건은 노란색 잠옷을 입어 '노란 꼬마'라는 별명이 붙었다.

의 치열한 경쟁이 있었다. 만화가 리처드 아웃콜트Richard Outcault(1863~1928)는 퓰리처의 ≪월드≫에 1895년 2월부터 만화 "호건의 골목길Hogan's Alley"을 연재해 큰 인기를 끌었다. 원래 잡지에 그렸는데 미국 신문에서는 ≪월드≫가 최초로 만화를 실었다. '노란 꼬마The Yellow Kid'라는 별명이 붙은 만화 주인공 미키 두건Mickey Dugan은 노란색 긴 잠옷을 입은 민머리 장난꾸러기 소년이다. 아웃콜트는 1896년 10월 허스트의 ≪뉴욕저널≫에 스카우트돼 계속 만화를 그렸다. 퓰리처는 만화가 조지 룩스George Luks(1867~1933)를 데려다가 '노란 꼬마'를 계속 그리게 했다. 당시 '노란 꼬마'는 저작권 등록이 되어 있지 않아 경쟁 관계의 두 신문이 약 1년 동안 주인공이 같은 만화를 실었다.

허스트와 퓰리처의 신문들은 1895년부터 1898년까지 '노란 꼬마' 만화뿐만 아니라 범죄와 간통 사건, 추문들을 선정적으로 보도하면서 치열하게 경쟁했다. 이에 어빈 워드먼Ervin Wardman(1865~1923) ≪뉴욕프레스≫ 편집국장이 1897년 1월 처음 '황색 언론yellow press'이란 표현을 썼고 이게 황색 저널리즘yellow journalism을 낳았다. 캠벨 교수는 1897년 1월 31일을 옐로 저널리즘이란 단어가 처음 생긴 날이라고 주장한다. 그는 바로 그날 ≪뉴욕프레스≫ 사설면의 작은 제목과 가십 칼럼인 "혀끝에 뱅뱅 도는On the Tip of the Tongue"에 'the Yellow Journalism'이 나왔다고 근거를 제시했다. 사실 죄 없는 만화 주인공 '노란 꼬마'가 죄 많은 '황색 저널리즘'을 낳았다니 아이러니가 아닐 수 없다.

온라인 백과사전 위키피디아wikipedia.org를 비롯한 인터넷에는 어빈 워드먼을 어윈 워드먼Erwin Wardman이라고 쓴 자료도 많다. 그러나 한 문헌에 실린 워드먼의 사진(https://dp.la/primary-source-sets/fake-news-in-the-1890s-yellow-journalism/sources/1771) 아래에는 Ervin Wardman이라고 적혀 있다. 또한 아마존닷컴amazon.com에 올라와 있는 워드먼의 책 두 권의 저자도 모두 Ervin Wardman으로 되어 있다.

데드라인 USA

Deadline-U.S.A., 1952

감독 각본 리처드 브룩스 | **출연** 험프리 보가트(에드 허치슨), 에설 배리모어(마거릿 개리슨), 킴 헌터(노라), 마틴 게이벨(토머스 리엔지) | **상영 시간** 87분

1950년대 미국 언론의 분위기를 알고 싶다면 이 영화를 보라고 추천하고 싶다. 뉴욕의 일간지 ≪데이The Day≫는 사주가 죽고 매각을 앞두고 있다. 철저한 자유 언론 신봉자인 에드 허치슨 편집국장이 신문사 매각을 앞두고 기사를 통해 범죄 조직 보스 토머스 리엔지에 맞서 전면전을 벌이는 내용이다. 에드 국장은 범죄 조직의 기자 테러와 자신에 대한 살해 협박에도 불구하고 끝까지 진실 보도를 포기하지 않는다. 당시 미국 언론이 그렇지 못했다는 걸 역설적으로 보여주는 건 아닐까 싶기도 하다.

• 시놉시스 •

〈데드라인 USA〉 포스터.

뉴욕주 상원에서 범죄 조직 보스인 토머스 리엔지에 대한 청문회가 열린다. 지방선거에서 리엔지가 저지른 범죄 혐의를 조사하기 위한 것. 연간 소득이 얼마냐는 의원의 질문에 리엔지는 2만~3만 달러라고 대답한다. 의원은 "마이애미 겨울 별장과 메인의 여름 별장에 6만 달러를 가져갔고 리무진 두 대와 요트가 5만 달러인데 3만 달러로 어떻게 이걸 하나"라며 추궁한다. 리엔지는 "나도 가끔 이상하다"라며 거만을 떤다. ≪데이≫는 "리엔지가 선거에 영향을 주기 위해 20만 달러의 보너스를 받았다"라는, 청문회에서 나온 증언을 기사화한다.

미국의 최고 신문 중 하나인 ≪데이≫가 팔린다는 AP 기사가 텔렉스에서 나온다. 신문 설립자 고故 존 개리슨 사장의 상속자들은 신문 매각에 의견이 엇갈린다. ≪데이≫의 경쟁지 ≪스탠더드≫의 로런스 화이트가 ≪데이≫를 사기로 했다. 새로운 형식의 저널리즘을 보여준 남편의 뜻을 이어온 마거릿은 신문을 팔고 싶지 않다. 그러나 최대 주주가 된 딸들은 신문사 경영에 관심이 없어 이미 팔기로 계약했다.

신문사가 매각된다는 소식에 기자들이 술집에 모여 각자 추억을 말한다. 한 기자는 개리슨 사장과 면접 때 나눈 대화를 회고한다. 저널리스트와 리포터의 차이가 뭔지 묻더니 "저널리스트는 자신을 스토리의 주인공으로 만들고 리포터는 오직 승자일 뿐"이라고 말했다고 들려준다. 에드 국장은 기자가 되겠다고 찾아온 젊은이에게 "직업profession이 뭔지 아는가"라고 묻는다. 그는 '직업은 공공선을 실행하는 것'이라며 '그게 바로 신문 일이 직업인 이유'라고 말해준다. 그는 "기자는 가장 오래된 직업은 아닐지 몰라도 최고의 직업이니 마음 바꾸지 마라"라고 충고한다.

에드는 전처 노라를 찾아가 신문사가 팔렸다면서 다시 결혼하자고 한다. 광고 일을 하는 노라는 신문만 생각하는 에드를 여전히 좋아하지만 재결합은 원치 않는다. 에드는 노라 집에서 자다가 새벽에 전화벨이 울리자 대뜸 '사회부'라며 받을 정도의 일중독자. 조지 버로스 기자가 리엔지 부하들한테 폭행당했다고 보고하는 전화였다. 리엔지의 범죄 증거를 갖고 있는 버로스가 그걸 기사화하는 걸 막기 위한 테러였다. 에드는 1면 톱기사와 만화, 사설 등으로 리엔지를 공격했다. 리엔지는 내연녀인 쇼걸 베시 슈미트를 살해한 혐의로 검찰 조사를 받고 있었다. 에드는 기자 테러를 계기로 전면적인 리엔지 규탄에 나섰다.

마거릿의 ≪데이≫ 매각 반대로 재판이 열린다. 판사는 개리슨의 유언장과 증언을 읽었지만 ≪데이≫를 못 팔게 한 내용은 찾지 못했다. 마거릿은 신문 매각 서류에 사인했지만 마음을 바꿨다고 밝힌다. 매각에 찬성하는 딸들이 대주주라서 계약을 뒤집기 어렵지만 마거릿은 신문사가 팔려도 완전히 없어지는 줄 몰랐다고 주장한다. 화이트는 ≪데이≫를 폐간할 예정이다. 자신의 대중지 ≪스탠더드≫를 더 많이 팔아 광고 수익을 더 올리려는 것이다. 영화에서 신문 한 부 가격은 ≪데이≫는 7센트, ≪스탠더드≫는 5센트로 나온다.

한편 에드는 베시의 오빠 허먼 슈미트에게 돈을 주고 증언을 듣는다.

베시는 리엔지의 돈 20만 달러를 보관하고 있었는데 그 돈을 돌려주지 않아 살해되었다는 것. 진술서에 서명하려는 슈미트를 경찰관으로 위장한 리엔지 부하들이 나타나 총으로 살해한다.

법정에서 에드는 ≪데이≫ 매각을 반대하는 소신을 밝힌다. 판사는 '≪데이≫가 뉴욕의 유일한 신문은 아니지 않느냐'고 지적한다. 에드는 "리엔지의 범죄를 폭로하려는 유일한 신문"이라고 답한다. 판사는 화이트가 신문사를 산 뒤에 어떻게 할 것인지는 이 재판의 대상이 아니라면서 '신문 매각 계약이 유효하며 내일부터 화이트가 ≪데이≫를 지배한다'고 판결한다.

에드는 "47년 동안 발행한 ≪데이≫가 팔렸다"라는 기사를 전화로 불러준다. 리엔지의 살해된 내연녀 베시의 어머니가 신문사에 찾아온다. 그녀는 현금 20만 달러와 리엔지의 악행을 기록한 베시의 일기장을 가져왔다. 에드가 '왜 경찰에 신고하지 않았느냐'고 묻자 "나는 경찰은 모르고 신문, ≪데이≫만 안다"라면서 "미국에 와서 좋은 시민이 되려고 했는데 신문이 그걸 가르쳐줬다"라고 ≪데이≫에 신뢰를 보낸다.

에드가 베시 어머니에게 "당신이 이러면 아들처럼 위험해질 수 있다"라고 한다. 그녀는 "당신이, 당신 신문이 두려워하지 않는다면 나도 두렵지 않다"라고 말한다. 베시 어머니가 신문사에 찾아간 걸 안 리엔지가 에드에게 전화를 걸어 자기에 관한 기사를 실으면 죽이겠다고 협박한다. 에드는 "내가 문제가 아니라 전국의 모든 신문을 멈추게 해야 할 거야. 당신은 그걸 할 수 있는 거물이 아니야"라고 응수한다.

밤 10시 반, 에드가 윤전기 스위치를 올리라고 고개를 끄덕이자 리엔지의 범죄를 폭로하는 특종기사들이 실린 신문이 인쇄되기 시작한다. '예스냐 노냐'를 다그치는 리엔지에게 에드는 전화로 윤전기 소리를 들려주는 걸로 답변을 대신한다. 리엔지 관련 기사들이 1면을 가득 채운 ≪데이≫ 종간終刊호가 나오면서 영화는 막을 내린다.

• 저널리스트의 관점 •

이 영화는 리처드 브룩스가 각본을 쓰고 연출했다. 주인공인 에드 편집국장은 정도를 걸어가는 용기 있는 언론인의 표상으로 설정되었다. 현실에서 상업주의 언론이라면 기자와 국장이 중대한 위험에 빠질 수 있는 범죄 조직 관련 기사를 싣는 게 쉽지 않을 수도 있을 것이다.

범죄 조직이 기자나 언론사를 협박하고 실제로 행동에 옮기는 경우는 한국에서는 잘 알려지지 않았지만 외국에서는 종종 있다. 멕시코에서는 마약 밀매 조직 등 범죄 조직이 매년 10여 명의 언론인을 살해해 왔다. 언론인이나 언론을 공격하는 것은 언론 자유라는 민주주의의 기본에 대한 도전으로 볼 수 있다. 아울러 여론에 도전하는 것과 마찬가지라서 득보다 실이 많다고 생각할 수 있을 것이다.

에드가 법정에서 밝힌 매각 반대 이유는 명대사로 꼽을 만하다.

> "≪데이≫는 큰 건물로 구성돼 있고 나는 그걸 갖고 있지 않다. 타자기, 텔레타이프, 윤전기, 신문 용지, 잉크, 책상도 있지만 나는 그것도 소유하고 있지 않다. 그러나 신문은 그것 이상이다. ≪데이≫는 빌딩 이상이다. 거기서 일하는 남녀 1500명의 기술과 마음과 두뇌, 경험이 좋은 신문을 만들 수 있게 한다. 우리는 이 회사 가구의 막대기 하나도 갖고 있지 않다. 그러나 우리는 29만 독자와 함께 신문이 사느냐 죽느냐에 사활적 이해를 갖고 있다."

화이트가 신문사를 산 뒤에 어떻게 할 것인지는 재판의 대상이 아니라는 판사. 에드가 한 반박도 다양한 언론이 왜 필요한지를 설득력 있게 설명하고 있다는 점에서 의미가 크다.

> "화이트가 신문을 사든, 2개의 신문을 경영하든, 20개 신문을, 100개 신문을 경영하든, 이 나라 최고 신문들을 체인으로 경영하든, 나는 관심 없다. 그러나 신문 사업을 못 하게 하려고 신문사를 산다면 진짜 걱정된다. 왜냐면 경쟁이 없다면 언론의 자유도 없을 수 있다. 나는 자유기업에 관해 말하고 있다. 아이디어, 뉴스, 의견의 시장에 대한 대중의 권리는 한 사람이나 한 명의 리더, 심지어 정부의 권리도 아니다."

사주가 죽은 뒤 자식들이 신문사를 경영하지 않고 매각하는 ≪데이≫는 20세기 초 미국 신문을 주도한 조지프 퓰리처의 신문 ≪월드≫의 사례를 활용한 것으로 보인다. 퓰리처는 1860년 창간된 ≪뉴욕월드≫를 1883년 인수해 ≪월드≫로 제호를 바꾸고 성공적으로 키웠다. 하지만 퓰리처 사후 20년 만인 1931년, ≪월드≫는 미국 전역의 수십 개 신문을 체인 형식으로 경영하는 스크립스하워드신문그룹Scripps Howard Newspapers에 넘어갔다. 퓰리처 자녀들은 기자와 편집자들이 신문을 인수하겠다고 설득했지만 500만 달러를 받고 ≪월드≫와 자매지인 석간 ≪이브닝월드≫를 팔아버렸다. 영화의 ≪데이≫가 매각될 때 47년 동안 발행되었는데 퓰리처의 ≪월드≫는 비슷한 48년 만에 매각되었다.

≪월드≫의 매각은 새로운 타블로이드 신문들이 급성장하고 ≪뉴욕타임스≫와 ≪뉴욕헤럴드트리뷴≫과의 경쟁에서 밀려 위기를 맞았기 때문이었다. 퓰리처의 세 아들이 ≪월드≫를 계속 경영하기에는 역량

이 부족했고 1929년 대공황으로 손실이 크게 불어난 것도 이유였다.

퓰리처는 아들과 후손이 ≪월드≫를 더욱 완벽하게 만들어 후대에 길이 남길 의무가 있다는 유언을 남겼다. 그러나 세 아들은 아버지 유언을 지키지 않아도 된다는 법원 판결을 받은 뒤 팔았다. 퓰리처 부부는 모두 3남 4녀를 낳았다. 퓰리처가 죽었을 때는 부인과 3남 2녀만 살아 있었다. 퓰리처의 신문 제호 ≪월드≫는 여러 차례 인수 합병으로 ≪뉴욕월드-텔레그램≫과 ≪뉴욕월드-텔레그램 앤드 선≫을 거쳐 1967년 폐간된 ≪뉴욕월드저널트리뷴≫까지 명맥을 이어갔다.

베로니카 게린

Veronica Guerin, 2003

감독 조엘 슈마허 | **출연** 케이트 블란쳇(베로니카 게린), 제러드 맥솔리(존 길리건), 키애런 하인즈(존 트레이너 '코치') | **상영 시간** 98분

아일랜드 일간지 ≪아이리시 인디펜던트≫의 일요판 신문인 ≪선데이 인디펜던트≫ 여기자 베로니카 게린의 실화를 바탕으로 제작한 영화. 마약 조직의 협박에 굴하지 않고 집요하게 추적 취재한 게린은 1996년 6월 26일 범죄 조직 하수인들의 총격을 받고 살해되었다. 게린의 죽음은 아일랜드 정부와 민간의 마약과의 전쟁에 결정적 전기를 마련했다는 평가를 받았다.

• 시놉시스 •

1996년 6월 26일 아일랜드의 수도 더블린의 한 성당. 미사가 끝난 뒤

〈베로니카 게린〉 포스터.

베로니카 게린의 어머니가 신부에게 딸의 운전면허가 취소되게 해달라고 부탁하는 장면으로 영화는 시작한다. 게린은 상습 과속 운전자. 재판에 넘겨진 그의 전력은 놀랍다. 주차 위반이 약 1200건, 3월 10일 시속 174킬로미터 운전으로 적발, 5월에는 시속 167킬로미터 운전. "기잔데 운전을 못 하면 일을 못 한다"라는 그에게 판사는 "당신이 누군지는 알지만 그게 면책 사유는 안 된다"라면서 100파운드 벌금형으로 풀어준다. 운전면허가 취소되지 않아서 신이 난 게린은 시속 150킬로미터로 차를 몬다. 어머니와 남편에 이어 친한 경찰관에게 전화로 수다를 떨다 신호등에 걸려 멈춰 선다. 그 순간, 오토바이를 타고 뒤따라온 두 명의 괴한의 총격이 시작되고 게린은 현장에서 숨진다.

영화는 아일랜드의 불법 마약 거래가 가장 극심했던 1994년으로 돌아간다. 하루에 1만 5000명이 헤로인 주사를 맞았다. 열네 살짜리 중독자도 있었다. 교회와 기업의 부정 비리 보도로 유명한 게린은 그 무렵부터 갱들과 직접 상대했다. 조직을 취재하면서 그들이 마약 장사도 한다는 걸 알게 되었다.

취재 과정에서 10대 청소년들이 조직적으로 마약을 판매하는 걸 알았다. 길거리에 일회용 주사기가 널려 있고 어린이들이 그 주사기를 장난감처럼 갖고 논다. 게린은 10대가 마약주사를 맞고 있는 변두리에 혼자 들어가 마약 유통 경로를 취재한다. 게린은 마약상이 5파운드짜리 일회용 마약을 팔아서 벤츠를 굴리는 걸 보면서 얼마나 많은 아이가 마약에 중독되었을지를 고민한다. 심각한 마약 문제에 관심 있는 사람도, 기자도 없다는 현실에 분개한 게린. 누군가는 그 조직을 파헤쳐야 한다고 말하는 게린이 남편은 걱정된다. 하지만 취재에 나선 게린은 밑바닥부터 서서히 범죄 조직에 접근한다.

게린은 마약 밀매 조직 두목인 마틴 카힐을 취재하려고 정보원인 존 트레이너 '코치'에게 부탁한다. 카힐 집에도 찾아간다. 위험을 느끼는 DNA가 없는 듯 거침없다. 회계사 자격도 있는 게린은 친한 형사에게 '우린 같은 편'이라며, 자료를 보여주면 놈들을 추적할 수 있다고 끌어들인다.

범죄 조직 두목 존 길리건은 게린을 만나는 코치를 협박한다. 길리건과 카힐은 빌려준 돈 50만 파운드 때문에 사이가 나쁘다. 길리건은 카힐과 조직원들을 살해하고 코치는 반발한다. 게린은 카힐의 장례식에서 조직 핵심을 파악한다.

게린은 코치로부터 게리 허치가 카힐 암살을 지시했다는 제보를 받는다. 실은 코치가 던진 미끼였다. 허치를 찾아가 물었지만 부인한다. 그래도 기사를 썼지만 오보였다. 그레고리 더블린시 하원의원이 신문사에 찾아와 항의하는 소동이 벌어진다. 그는 폭력 조직과 유착된 정치인. "이 여자는 무모하고 선동적이야. 소문을 사실처럼 써놨어. 이런 기사를 내보낸 당신네 신문도 무책임한 거야."

신문사 간부는 "자넨 경찰보다 조건이 더 나쁘지. 수색영장이나 도청 장치도 없이 모든 걸 증명해야 하니까"라고 게린을 거든다. "맞아 자네 취재원이 얼마나 믿을 만한지도 확인해야 되고…." 게린은 코치가 남부와 북부의 갱들이 싸우도록 허위 정보를 주었음을 간파하고 찾아가 항의한다.

게린은 기자 모임에 참가하지 않는다. 기자로서의 경험이 없다, 마약 문제를 너무 과장되게 다룬다, 취재원이 신빙성이 없다는 등의 비판도 받았다. 본인도 잘 알고 있다고 인정한다. 허치를 집까지 찾아가고 쫓아다니자 게린의 집에 총알이 날아든다. 부모와 동생도 위협을 느낀다. 게린은 아랑곳하지 않는 강심장. 남편이 불만을 표시하자 설득한다. "이해 좀 해줘요. 내가 좋아서 하는 일이에요. 결국엔 세상을 바꿀 만한 큰일을 해낼 거예요." 남편은 묻는다. "그럼 당신을 필요로 하는 나는 뭐요?" 게린은 남편과 춤을 추면서 기어이 웃게 만든다. 참으로 집요하다.

게린은 길리건을 추적한다. 길리건은 자신의 승마장을 아일랜드에서 가장 크고 훌륭한 승마장으로 만들려고 한다. 코치는 "게린이 암스테르담에서 찍힌 우리 사진을 갖고 있다"라고 길리건에게 보고한다. 길리건은 흥분해 날뛴다. 길리건의 부하가 게린의 집에 찾아가 다리에 총을 쏴 경고한다. 신문사도 게린에게 아무거나 써도 좋으니 이번 일은 그만두라며 말린다. 게린의 답은 간단하다. "패션쇼나 원예 칼럼 쓰는 건 생각하기도 싫어요."

게린은 퇴원하자마자 목발을 짚고 취재에 나선다. 말리는 남편에게 게린은 말한다. "내가 이 일을 하고 싶어서 이러는 줄 알아요? 하고 싶지 않아요. 해야만 하기에 이러는 거예요." 남편은 "당신은 기자야. 글만 쓰면 돼. 경찰이 수사하게 하면 된다고"라며 말리지만 소용없다. 게린은 "나를 공격한 게 당신인가?"라는 질문만 쓴 편지를 자신이 의심하는 조폭원들에게 보낸다. 게린에게 총을 쏘도록 지시한 코치는 게린이 허치의 소행으로 알기를 바란다. 허치는 자기가 시켰다면 총알이 비껴가게 했을 리가 없다고 말한다.

게린은 ≪선데이 인디펜던트≫의 "성녀 베로니카"가 되었다. 그는 막무가내로 승마장 안에 있는 길리건의 집으로 차를 몰고 찾아간다. 벨을 누르고 문을 두드리자 나타난 길리건에게 신분을 밝힌 뒤 곧장 돌직구 질문을 날린다. "당신 재산에 의문점이 있어서 왔습니다. 승마장까지 포함해서 자금 출처부터 말씀해 주시죠." 화가 난 길리건이 포악한 성격을 어쩌지 못하고 게린을 무자비하게 폭행한다. 게린은 간신히 차를 몰고 집에 돌아와 엉망이 된 얼굴을 촬영한다. 길리건이 전화로 "한 번만 더 허튼짓하거나 경찰에 고발하거나 내 기사를 쓰면 아들을 납치해서 성폭행하고 당신은 총을 쏴 죽이겠어"라고 협박한다.

게린도 겁이 났다. 그래도 포기할 그가 아니다. 남편에게 자신이 두려워했다는 걸 적들이 알게 하고 싶지 않다며 절대 말하지 말라고 당부한다. 길리건이 코치를 통해, 고소하지 않는다면 10만 파운드를 주겠다고 제의한다. 게린은 30만 파운드를 요구하며 매수할 생각하지 말라고 경고한다. 코치의 애인이 게린을 총으로 쏘라고 시킨 건 코치라고 폭로한다.

게린은 결국 길리건을 고소한다. 재판이 진행되는 동안에도 게린의 마약 조직 취재는 중단되지 않는다. 코치를 만나, 코치가 마약상이며 허치가 자신을 쏘게 했다고 코치가 거짓말한 것도 쓸 거라고 압박한다. 코치는 길리건의 제의를 받아들이라고 압박한다. 게린의 동료 사진기자가 둘이 만나는 걸 몰래 사진 찍는다. 설득에 실패한 코치는 길리건에게 게린이 다음 날 법원에 간다고 알린다.

다음 날 재판에서 벌금 100파운드를 선고받고 기분이 좋아서 차를 몰고 돌아오던 게린은 결국 길리건과 코치가 보낸 하수인들에게 살해된다. 사랑하는 남편과 어린 아들을 남겨둔 채.

• 저널리스트의 관점 •

게린은 TV 인터뷰에서 길리건을 고소한 이유를 설명하면서 이렇게 말한다. "암살자에게 굴복했다면 많은 것을 잃었을지 모릅니다. 그래서 그러지 않기로 했어요. 왜냐하면 저와 저널리즘에 악영향을 미치니까요. 저를 포함한 어떤 기자라도 협박을 받게 된다면 범죄자들이 이기는 셈이죠. 그들이 이기게 놔두진 않을 겁니다"(00:21:00-00:21:25).

기자와 언론이 범죄 조직의 협박을 받았을 때 어떤 자세를 취해야 할지를 보여주는 모범 답안 같은 말이다. 현실에서 과연 그럴 수 있는 언론과 언론인이 얼마나 될지는 의문이다.

범죄 조직의 협박, 그것도 말뿐인 협박이 아니다. 게린은 실제로 무자비한 폭행을 당하고 총에 맞기도 했다. 어린 아들을 납치해 강간하겠다는 협박도 받았다. 그래도 게린의 투철한 직업 정신과 의지를 꺾지는 못했다. 결국 38세의 젊은 나이에 남편과 여섯 살짜리 아들을 남겨둔 채 게린의 취재는 중단되었다. 너무 무모하지 않았느냐고 말할 수도 있다. 하지만 피해자에게 책임을 묻는 발상은 위험하다. 게린은 그야말로 살신성인의 기자였다고 할 만하다.

게린은 늦깎이 기자였다. 대학에서 회계학을 전공한 그는 처음에는 회계사인 아버지 회사에서 일했다. 3년 후 아버지가 죽자 1983년부터 7년 동안 홍보회사를 직접 경영했다. 타고난 정의감과 기자 기질을 어쩔 수 없었던지 1990년 32세의 나이에 기자가 되었다. 일요판 신문 두 군데를 거쳐 1994년부터 ≪선데이 인디펜던트≫ 기자로 활약했다.

그는 개인의 신변 안전은 신경 쓰지 않고 위험한 취재원도 직접 상대하는 저돌적인 방식으로 취재했다. 그랬기에 짧은 기간에 검찰, 경찰과 긴밀한 관계를 구축했다. 범죄 조직과 조직원들에게도 존재감을 보여주었다. 무모할 정도로 겁이 없던 그는 신문사의 24시간 경호 제의도 취재에 방해된다며 거부했다. 결국 범죄 조직의 보스가 고용한 킬러들의 총격을 피하지 못했다. 어려서부터 축구도 좋아하고 남자아이들에게 지지 않으려고 했던 성격과 기질을 타고난 게린. 고교와 대학 때는 아일랜드 여자 농구와 축구 선수로 활약했다.

게린의 희생이 헛되지는 않았다. 영화 마지막에 자막으로 나오는 게린 사후에 벌어진 일을 보면 그렇다.

> "게린의 기사는 마약과의 전쟁에 새 장을 열었다. 그녀의 암살은 아일랜드 국민을 행동하게 했다. 수천 명이 매주 거리에 나와 마약 반대 행진을 했다. 그로 인해 마약상들은 더블린에서 추방되고 마약으로 엄청난 돈을 번 부호들은 지하로 숨게 되었다. 게린이 죽고 일주일이 지난 뒤 국회가 소집되었고, 아일랜드 정부는 헌법까지 고쳐 대법원에서 마약 범죄자 재산 압류를 승인했다. 그리고 같은 해 발족한 범죄자산관리국(CAB)이 범죄자들의 출처 불명 재산을 조사하고 몰수할 수 있게 되었다. 게린 살해범은 종신형을 선고받고 재산을 몰수당했다. 존 트레이너는 포르투갈로 도주해 아일랜드 정부의 본국 송환 요구에 불응했지만 재산은 몰수되었다. 존 길리건은 영국에서 아일랜드로 송환돼 28년 형을 받고 재산을 몰수당했다."

게린 사망 후 6년간(1996~2002년) 전 세계에서 196명의 저널리스트가 업무 중에 살해되었다. 실제로 인종 분쟁, 내전, 국가 간 전쟁은 물론이고 전쟁이 아닌 상황에서도 범죄 조직에 희생되는 언론인이 많다.

조폭 같은 범죄인들을 상대로 취재할 때는 아주 신중하고 조심해야 한다. 그들에게 진실을 기대하는 건 위험하다. 그들은 기자를 이용하기 위해 상대한다고 봐야 한다. 그들의 주장이나 제보 내용은 수사기관이나 베테랑 수사관들을 통해 검증해서 기사에 쓸지를 판단해야 한다.

사기꾼을 상대로 취재할 때도 조심해야 한다. 한국에는 정치권력과 손을 잡고 기자를 이용하는 사기꾼도 있는 것으로 보인다. 그런 사기꾼에게 속는 기자도 문제가 있을 수 있지만 사기꾼인 줄 알면서도 그들과 손을 잡고 공작 취재를 하는 건 있을 수 없는 일이다.

게린의 삶과 죽음을 다룬 영화로는 2000년 존 매켄지 감독의 〈하늘이 무너질 때When the Sky Falls〉도 있다. 조앤 앨런이 게린 역을 시네이드 해밀턴이란 이름으로 연기했다.

혜밍웨이와 겔혼

Hemingway & Gellhorn, 2012

감독 필립 코프먼 | **출연** 니콜 키드먼(마사 겔혼), 클라이브 오언(어니스트 헤밍웨이), 데이비드 스트러세언(존 더스패서스), 몰리 파커(폴린 파이퍼), 파커 포지(메리 웰시), 로드리고 산토로(파코 자라), 라스 울리히(요리스 이벤스), 산티아고 카브레라(로버트 카파) | **상영 시간** 154분

평생 전장을 쫓아다니며 글을 쓴 작가이자 종군기자인 마사 겔혼 Martha Gellhorn(1908~1998)과 노벨 문학상과 퓰리처상 수상자인 어니스트 헤밍웨이Ernest Hemingway(1899~1961). 두 사람은 스페인 내전을 함께 취재했고 1940년부터 5년 동안 쿠바에서 결혼 생활을 했다. 겔혼은 헤밍웨이의 세 번째 부인. 겔혼은 "헤밍웨이를 만나기 전에도 작가였고 45년 동안 작가였다"라면서 헤밍웨이의 아내로 기억되는 걸 거부한다. 이 영화는 헤밍웨이와 겔혼의 만남부터 이별까지를 스페인 내전과 제2차 세계대전, 중일전쟁 등을 배경으로 다루고 있다.

• 시놉시스 •

▌〈헤밍웨이와 겔혼〉 포스터.

영화는 마사 겔혼이 일생을 회고하는 TV 인터뷰 형식으로 시작한다.

"아마 난 세계 최악의 잠자리 상대일 거예요. 어리석게도 평생을 섹스란, 그걸 간절히 원하는 사내에게 빵으로 약을 올리듯이 쉽게 주면 안 된다고 생각했어요. … 살아오면서 내가 항상 몰두한 건 밖에서 벌어지는 일들이었어요. 행동하는 것, 그건 공유해야 하는 것들이었죠. 난 항상 그런 어려운 곳이 편하게 느껴졌어요. 하지만 사랑은? 난 종군기자였어요."

영화는 겔혼이 미국 플로리다주 키웨스트에 가족 여행을 갔다가 헤밍웨이를 처음 만난 과거로 돌아간다. 겔혼은 술집에서 우연히 만난 헤밍웨이의 집을 방문한다. 집에는 헤밍웨이가 1929년 발표한 소설로 만든 영화 〈무기여 잘 있거라〉(1932년) 포스터가 보인다. 그는 30대 중반에 세계적 명사가 되어 있었다. 그의 집에서 미국 작가 존 더스패서스 John Dos Passos(1896~1970)가 요리스 이벤스Joris Ivens(1898~1989) 감독의 영화를 틀어놓고 스페인 내전을 설명한다.

미국과 유럽의 지식인과 노동자의 스페인행에 헤밍웨이와 겔혼도 동참한다. 겔혼은 잡지 ≪콜리어스Collier's≫ 소속. 헤밍웨이는 북미신문신디케이트NANA 소속으로 갔지만 스페인 공화 정부를 지원하는 선전 영화 〈스페인의 대지The Spanish Earth〉 제작에 참여하기로 하고 갔다. 헝가리 출신 사진가 로버트 카파Robert Capa도 스페인에 있었다.

헤밍웨이와 겔혼은 스페인에서 재회해 연인이 된다. 카파와도 가깝게 지낸 겔혼은 사진 잘 찍는 비결을 묻는다. 카파는 “비결 같은 거 없어요. 장면이 나타나면 그냥 찍는 거죠. 사진이 만족스럽지 못한 이유는 충분히 가까이 가지 않았기 때문이에요”라고 답한다.

당시 마드리드 플로리다호텔에는 공화군을 지원하러 온 외국 지식인이 많았다. 거기엔 술과 노래와 춤이 있었다. 전쟁도 군대도 잘 모르는 겔혼은 글이 안 써져서 고생한다. 헤밍웨이는 보통 사람과 전쟁, 마드리드를 쓰라고 조언한다.

공화군과 프란시스코 프랑코 장군의 파시스트 반란군의 전투가 벌어진다. 현장에 간 카파는 병사가 총 맞고 쓰러지는 장면을 찍는다. 전쟁 사진으로 유명한 〈쓰러지는 병사The Falling Soldier〉다. 겔혼과 헤밍웨이도 현장에 있다. 헤밍웨이는 쓰러진 병사의 총을 대신 들고 싸운다. 겔혼은 “헤밍웨이가 총에 맞은 남자를 안고 있는 걸 본 게 그를 사랑하게 된 순간”이라고 회고한다.

〈스페인의 대지〉가 개봉한 뒤 헤밍웨이와 겔혼이 함께 찍힌 사진이 신문에 실린다. 헤밍웨이의 아내 폴린은 “당신 사랑은 벽에 걸린 허울일 뿐”이라며 저주하고 결국 이혼한다. 헤밍웨이와 겔혼은 쿠바에 보금자리(핀카 비히아)를 마련한다.

스페인 내전은 프랑코의 승리로 끝난다. 세계 각국에서 몰려온 의용군 조직인 ‘국제여단’도 해산한다. 헤밍웨이는 겔혼과 쿠바에 살면서 스페인 내전을 소재로 소설을 쓴다. 1940년 발표된 『누구를 위하여 종은 울리나For Whom the Bell Tolls』가 바로 그 작품.

겔혼은 러시아의 침공을 받은 핀란드에서 무고한 사람들이 죽어간다며 취재하러 떠난다. 헤밍웨이에겐 겔혼이 없는 삶은 고통. 두 달 뒤 겔혼이 돌아오자 헤밍웨이는 폴린과 이혼했다며 겔혼과 결혼한다.

결혼 생활에 안주하지 못하는 겔혼은 장제스蔣介石 초청으로 중일전쟁을 취재하러 중국에 가게 된다. 겔혼은 공짜 신혼여행이라며 헤밍웨이와 함께 가서 장제스 부부와 저우언라이周恩來를 인터뷰한다.

쿠바에서 보트 놀이나 하고 지내는 헤밍웨이를 보며 권태감을 느끼던 겔혼은 연합군의 노르망디 상륙작전 취재를 ≪콜리어스≫에 요청한다. 그러나 ≪콜리어스≫는 헤밍웨이를 보내기로 결정한다. 포기를 모르는 겔혼은 간호사들 기사를 쓴다고 둘러대고 병원선을 타고 간다. 여기자로는 유일하게 상륙작전을 현장에서 취재한다. 1944년 7월 12일자 ≪콜리어스≫에 겔혼의 기사가 실리고 헤밍웨이는 특종을 놓친다.

헤밍웨이는 취재하러 온 여기자 메리 웰시를 "남자를 잘 보살피고 챙겨주는 내가 좋아하는 유형의 여자"라며 유혹한다. 두 사람은 음주 운전 사고를 내 함께 입원하고 겔혼이 알게 된다. 헤밍웨이는 '겔혼은 전쟁과 결혼했다'고 비난하고 겔혼과 헤어진다.

헤밍웨이는 1951년 발표한 『노인과 바다The Old Man and the Sea』로 1952년 퓰리처상을 받고 1954년에는 노벨 문학상까지 받는다. 1954년 아프리카 여행 중 비행기 사고로 다친 후유증 때문에 그는 노벨상 시상식에 가지 않았다. 영화에는 당시 스웨덴 주재 미국 대사가 대독한 헤밍웨이의 수상 연설문의 일부가 나온다(02:24:48). "글을 쓴다는 것은 아무리 좋을 때라도 고독한 삶입니다. 작가가 대중적 명망이 높아지면 외로움을 떨칠 수 있습니다. 하지만 그의 작품은 종종 더 나빠집니다. 작가는 혼자 작업하기 때문에 정말 훌륭한 작가라면 날마다 영원성 또는 영원성의 부재를 직면해야 합니다."

1955년 이후 병고에 시달리던 헤밍웨이는 쿠바를 떠나기로 하고 미국 아이다호주 케첨에 메리와 정착할 집을 마련한다. 그러나 건강 악화로 병원 신세를 지며 고통스러운 날들을 보내던 헤밍웨이는 1961년 62세 생일을 앞두고 엽총으로 생을 마감한다.

겔혼은 '헤밍웨이에게 진 빚은 무엇이냐'는 질문에 이렇게 답한다. "30년 전에 죽은 사람이에요. 남보다 자기 자신을 더 괴롭힌 사람이었죠. 나는 다른 사람 인생의 각주가 되긴 싫어요." 인터뷰 녹화가 끝나고 겔혼은 서랍에서 헤밍웨이의 편지를 꺼내 읽는다. "당신이 알아둘 게 있어. 사랑이 미움보다 훨씬 더 오래 지속되지." 겔혼이 어딘가로 취재하러 가기 위해 배낭을 메고 집을 나선다. "나 아직 안 죽었어"라고 말하며.

• 저널리스트의 관점 •

이 영화를 헤밍웨이와 겔혼의 러브스토리 이상으로 이해하려면 스페인 내전과 반파시즘 전선에 뛰어든 지식인들의 활동을 알아야 한다. 주요 등장인물들의 삶과 그들의 관계도 알면 도움이 될 것이다. 영화에는 헤밍웨이와 겔혼 외에도 전설적인 사진기자 로버트 카파, 작가 존 더스패서스, 영화감독 요리스 이벤스 등이 등장하지만 이들을 자세히 다루지는 않았다. 헤밍웨이의 여인들도 마찬가지다.

스페인 내전은 1936년 2월 스페인 총선으로 공산주의자, 무정부주의자, 노동자 등이 주축인 인민전선이 집권하자 프란시스코 프랑코 장군이 7월 17일 모로코에서 반란을 일으키면서 시작되었다. 독일 히틀러와 이탈리아 무솔리니가 프랑코의 반란군을 지원하고 소련이 스페인 정부군인 공화군을 지원했다. 하지만 영국, 프랑스, 미국은 볼셰비즘의 확산과 국제전으로의 비화 등을 우려해 개입하지 않았다. 1936년 10월부터 소련과 프랑스 좌파가 중심이 된 53개 국가의 4만~5만 9000여 명이 국제여단International Brigades을 결성해 반파시스트 대열에 나섰다. 국제여단의 사망자는 1만 5000명이나 된다.

당시 다양한 방식으로 지식인들이 반파시스트 진영에 참여했다. 헤밍웨이를 비롯해 프랑스 소설가 앙드레 말로(1901~1976), 스페인 화가 파블로 피카소(1881~1973), 미국 소설가 존 스타인벡(1902~1968), 영국 소설가 조지 오웰(본명 에릭 아서 블레어, 1903~1950) 등이다. 내전은 소련의 지원 축소와 공화군의 무능과 훈련 부족 등으로 1939년 3월 28일 프랑코의 승리로 끝났다. 프랑코는 1975년 죽을 때까지 독재자로 군림했다. 3년 9개월에 걸친 내전 동안 군인과 민간인 약 50만 명이 희생되었다.

영화에 나오는 영화 〈스페인의 대지〉는 1937년 스페인 정부를 지원하기 위해 제작된 선전용 다큐멘터리 영화다. 프랑코가 주도한 반란군에 맞선 스페인 정부군의 투쟁을 담았다. 이 영화는 네덜란드 출신 좌파 영화감독 이벤스가 헤밍웨이, 미국 작가 더스패서스 등과 함께 만들었다. 헤밍웨이와 미국 영화감독 오슨 웰스(1915~1985), 프랑스 영화감독 장 르누아르Jean Renoir(1894~1979)가 각각 내레이션을 맡은 영어와 프랑스어 버전이 있다. 이벤스는 아버지의 사업을 물려받기 위해 경제학을 공부했으나 계급 문제에 관심이 많아 영화를 만들게 되었다. 스탈린 시절 소련에서 선전용 영화도 제작했다.

영화 〈헤밍웨이와 겔혼〉에는, 겔혼이 헤밍웨이 집에 처음 갔을 때

파코 자라Paco Zarra라는 인물이 등장한다. 파코는 스페인 내전 때 형이 프랑코 반란군의 대령이라는 사실 때문에 프랑코 측 스파이로 몰려 소련 측에 의해 제거된 거로 나온다.

파코의 실제 인물은 스페인 출신의 좌파 작가 호세 로블레스Jose Robles (1897~1937). 로블레스는 1920년대 미국에 망명해서 존스홉킨스대에서 강의도 했다. 그는 하버드대 출신의 더스패서스의 작품을 스페인어로 번역했다. 영화에는 파코와 더스패서스가 애인 사이였다는 대사가 나온다. 로블레스가 처형되었는지는 공식 확인된 바가 없다. 이 때문에 로블레스라는 실명 대신 가명인 파코 자라를 쓰지 않았을까 싶다.

더스패서스는 제1차 세계대전 경험과 소련 여행을 통해 사회주의에 기울었다. 그러나 그는 스페인 내전 때 좌파 정치에 환멸을 느껴 우파로 돌아섰다. 영화 초반에 헤밍웨이와 가까운 인물로 나오던 더스패서스가 스페인에서 파코가 실종된 이후와 미국에서 〈스페인의 대지〉를 편집하는 과정에서 헤밍웨이와 결별하는 배경에는 이런 사연이 있었다.

이벤스 감독은 헤밍웨이와 겔혼과 함께 1937년 7월 8일 프랭클린 루스벨트 대통령 부부 초대로 백악관에서 만찬을 한 뒤 〈스페인의 대지〉를 상영해 대통령 부부의 호평을 받았다. 이벤스 감독 일행의 백악관 초대 및 영화 상영은 겔혼과 루스벨트 대통령 부부의 특별한 관계 덕분이었을 것이다. 엘리너 루스벨트 여사와 겔혼의 특별한 관계를 보여주는 대목은 영화 〈헤밍웨이와 겔혼〉에도 나온다. 겔혼은 "장제스 초청으로 중국에 다녀온 뒤 엘리너 루스벨트 여사에게 보고 온 그대로 전했고 여사가 깊이 공감했다"라고 말한다(02:04:21-02:04:43).

겔혼과 루스벨트 부부의 인연은 훨씬 전으로 거슬러 올라간다. 겔혼은 1927년 기자가 되려고 명문 여대인 브린모어Bryn Mawr 칼리지를 중퇴했다. ≪뉴리퍼블릭≫에 처음 기사를 썼지만 그만두고 1930년 프랑스에 가서 2년 동안 통신사 UP에서 일했다. 그곳에서 성희롱을 신고했다가 오히려 해고되고 유럽을 여행했다. 1934년 미국에 돌아온 겔혼은 연방긴급구조청FERA 현장 조사원으로 전국을 돌아다녔다. 겔혼은 악덕사장에 대한 관심을 끌게 하려면 FERA 사무소 창문을 깨라고 노동자들에게 조언한 게 문제가 되어 해고되었다. 이후 루스벨트 대통령 부부의 요청으로 백악관에서 살게 된 그는 엘리너 여사의 편지와 여성 잡지 칼럼을 도와주었다. 겔혼은 여성 참정권 운동가인 어머니와 엘리너 여사가 아는 사이여서 전부터 인연이 있었다. 겔혼은 FERA 조사원으로 직접 보고 들은 미국 국민의 비참한 삶의 현장을 1936년 저서 『내가 목격한 고통The Trouble I've Seen』에 담았다. 이 책은 겔혼이 작가로 성공하는 데 중요한 발판이 되었다.

• 팩트체크 •

카파의 사진 〈쓰러지는 병사(The Falling Soldier)〉 '20세기의 가장 위대한 전쟁 사진가'라는 로버트 카파(1913~1954). 본명이 엔드레 프리드만Endre Friedmann인 그는 헝가리 부다페스트에서 출생한 유대인. 영화 〈헤밍웨이와 겔혼〉에는 스페인 내전 당시 카파의 활약과 헤밍웨이 및 겔혼과의 관계도 나온다. '가장 유명한 전쟁 사진'으로 꼽히는 〈쓰러지는 병사〉를 찍는 장면도 연출되었다.

〈쓰러지는 병사〉는 1944년 6월 6일 연합군이 독일이 점령한 프랑스 노르망디 해안에서 감행한 상륙작전을 찍은 사진 〈카파의 손은 떨리고 있었다〉와 함께 카파의 가장 유명한 사진이다. 영화에서는 카파가 〈쓰러지는 병사〉를 찍을 때 헤밍웨이와 겔혼이 현장에 함께 있었다. 헤밍웨이는 쓰러진 병사를 안고 기도하고 병사의 총을 대신 들고 싸운다. 겔혼은 "헤밍웨이가 총에 맞은 남자를 안고 있는 걸 본 게 그를 사랑하게 된 순간이었다"라고 회고한다(01:02:25-01:04:11).

▌진위 여부가 논란이 된 로버트 카파의 유명한 사진 〈쓰러지는 병사〉.

그러나 〈쓰러지는 병사〉가 스페인 내전 때 찍은 사진이라는 것 말고는 모두 지어냈거나 확인되지 않은 내용이다. 『그때 카파의 손은 떨리고 있었다』(카파, 2006)와 『로버트 카파: 그는 너무 많은 걸 보았다』(커쇼, 2006)에도 영화에 나온 내용은 없다. 카파, 헤밍웨이, 겔혼이 스페인 내전 당시 현장에 갔고 아는 사이였던 건 사실이다. 그러나 〈쓰러지는 병사〉를 찍을 때 현장에 함께 있지는 않았다. 당시 카파는 헤밍웨이나 겔혼을 아직 만나지도 않았다. 알렉스 커쇼의 책에는 카파가 1937년 3월 말 마드리드 플로리다호텔에서 헤밍웨이를 처음 만났다고 나온다(커쇼, 2006: 86~87). 겔혼은 그 뒤에 만났을 것이다.

〈쓰러지는 병사〉는 1936년 9월 5일 스페인 세로무리아노Cerro Muriano 전투 때 촬영했다는 것이 오랫동안 정설로 되어 있었다. 사진은 9월 23일 프랑스 사진 잡지(주간지) ≪뷔Vu≫에 처음 실렸다. 사진에는 "1936년 9월 5일 세로무리아노, 공화파 민병대원의 죽음의 순간"이라고 적혀 있다.

이 사진은 1937년 7월 12일 자 미국 보도사진 잡지 ≪라이프≫에 실리면서 더욱 유명해졌다. ≪라이프≫ 사진에는 "로버트 카파의 카메라가 코르도바 전선에서 한 스페인 병사가 머리에 총알이 관통돼 쓰러지는 순간을 포착했다"라는 설명이 붙었다. 사진 속 병사는 보도 당시에는 무명이었지만 1995년 아마추어 역사가 마리오 브로톤스Mario Brotons가 알코이Alcoi 출신의 24세 노동자인 페데리코 보렐 가르시아Federico Borrell Garcia라고 주장해 처음으로 특정되었다. 스페인 내전 기록보관소 자료를 근거로, 사진을 찍었다는 그날 세로무리아노 전투에서 죽은 유일한 사람이 가르시아였다는 것. 브로톤스는 사진을 본 가르시아의 동생도 확인했다고 주장했다.

그러나 이 유명한 사진은 찍은 사람, 사진 속 병사의 신원, 촬영 장소와 상황 등 거의 모든 것이 진위 논란에 휩싸였다. 사진이 처음 보도되었을 때 스페인 극우 정당 팔랑헤 당원들이 조작되었다고 주장했지만 넘어갔다. 1975년 호주 언론인 출신 논픽션 작가 필립 나이틀리Phillip Knightley(1929~2016)가 저서 『최초의 사상자The First Casualty』에서 사진에 의문을 제기해 논란이 본격화했다. 나이틀리는 사진에 전투 열기가 없다는 점, 총알이 머리를 관통했다는데 두개골 파열이 없고 모자를 그대로 쓰고 있는 점 등 많은 의문을 제기했다. 그는 같은 시기에 찍힌 사진들 속의 군인들이 카파를 위해서 또는 스스로 훈련하고 있는 것 같다고도 주장했다.

카파는 사진을 찍을 당시 상황에 대해 두 번 밝혔는데, 일관성이 없었다. "참호에서 머리 위로 카메라를 치켜들고 보지도 않고 찍었다"라고 말한 적이 있다. "사진 속 병사와 며칠 동안 함께 지냈으며 총을 맞을 때 바로 옆에 있었다"라고도 했다. 카파는 병사가 저격병의 총에 맞았다고도 했고 기관총 사격에 당했다고도 했다.

2007년 다큐멘터리 〈빙산의 그늘La Sombra del Iceberg〉에서는 사진이 연출된 것이며 병사가 가르시아가 아니라는 주장이 나왔다. 호세 마누엘 수스페레기Jose Manuel Susperregui 스페인 파이스바스코Pais Vasco대 교수는 2009년 저서 『사진의 그림자Shadows of Photography』에서 〈쓰러지는 병사〉의 사진 배경을 조사한 결과 코르도바 북쪽의 세로무리아노에서 남쪽으로 약 50킬로미터 떨어진 에스페호Espejo로 확인되었다고 밝혔다. '사진 속 병사라는 가르시아는 세로무리아노에서 나무 뒤에 숨었다가 총에 맞아 죽었으며 사진 속 병사는 가르시아와 닮지 않았다'는 주장도 나왔다. 1995년 브로톤스가 기록을 확인했다고 한 기록보관소는 가르시아에 관한 기록도 없고 브로톤스가 찾아온 적도 없다고 반박했다.

카파가 찍은 사진이 아니라는 주장도 나왔다. 당시 카파는 애인인 최초의 여성 전쟁 사진기자 게르다 타로Gerda Taro(1910~1937)가 찍은 사진에도 자신의 이름을 썼다. 고타로 사와키 일본 논픽션 작가는 '컴퓨터 이미지 분석 결과, 〈쓰러지는 병사〉는 타로가 찍었다'고 주장했다. 그는 '병사는 죽지 않았고 훈련 중 발을 헛디뎌 넘어진 것'이라고 했다. 타로는 스페인 내전을 취재하던 1937년 7월 25일 타고 있던 차를 탱크가 실수로 받는 바람에 중상을 입고 하루 만에 숨졌다.

스페인 내전 당시 기자들이 전투 현장 접근이 차단되고 이동의 자유가 제한되어 병사들이 연기하는 사진을 찍는 경우가 흔했다고 한다. 심지어 병사가 사진을 찍기 위해 포즈를 취하다가 총에 맞았다는 주장도 있다. 〈쓰러지는 병사〉는 가장 유명한 전쟁 사진이면서 진위 논란이 가장 뜨거운 사진이다. 이 사진에 대한 진위 논란에도 불구하고 카파가 위대한 사진가라는 걸 부인하는 사람은 별로 없다. 그가 찍은 수많은 훌륭한 사진이 있기 때문일 것이다.

카파는 1986년 영화 〈살바도르Salvador〉에서 암살단 희생자 처리장에 찾아간 사진기자 리처드 보일과 존 캐서디의 대화(00:28:26-00:29:35)에도 등장한다.

캐서디　사진기자의 전설인 카파의 위대한 점이 뭔 줄 알아? 돈을 좇지 않고 인간 고통의 숭고함을 담았다는 점이지.

보일　스페인에서 찍은 사진 멋지지. 하늘을 나는 사진 말이야.

캐서디　그 사진은 사체 그 자체보다는 죽음의 이유를 담고 있었지. 카파는 죽음의 순간을 포착했던 거지.

보일　자네도 못하지 않아. 최고야!

캐서디　진실을 잡으려면 좀 더 가까이 가야 해. 너무 가까이 가면 죽겠지만…. 언젠가 나도 카파처럼 찍고 싶어. 언젠가. 언젠가.

카파는 여자들한테 인기가 많았다. 당대 최고 여배우 중 한 명인 잉그리드 버그먼Ingrid Bergman(1915~1982)은 결혼한 상태로 카파에게 청혼까지 했지만 거절당했다. 카파는 연애만 하고 전장을 찾아다니다 1954년 5월 25일 베트남에서 지뢰를 밟아 41세에 생을 마감했다.

카파의 연인이었던 패션모델 베티나 그라지아니Bettina Graziani(1925~2015)는 카파의 매력을 이렇게 말했다. "그는 대단히 매력적이었다. 그의 외모, 집시 같은 생활 방식, 직업이 가진 매력, 사진의 명성 그리고 생명의 위협 때문이었다."

• 헤밍웨이의 여인들 •

헤밍웨이는 네 번 결혼하고, 세 번 이혼했다. 결혼한 부인 말고도 여러 여성과 관계가 있었다. 영화 〈헤밍웨이와 겔혼〉에는 두 번째 부인 폴린 파이퍼Pauline Pfeiffer(1895~1951)부터 마사 겔혼(1908~1998), 메리 웰시Mary Welsh(1908~1986)까지 나온다.

첫 번째 아내는 여덟 살 연상의 해들리 리처드슨Hadley Richardson(1891~1979)이다. 리처드슨이 시카고에 있는 친구를 만나러 갔다가 당시 시카고에서 잡지기자로 일하던 헤밍웨이와 만나게 되었다. 1921년 결혼해 프랑스 파리에서 살았다. 당시 헤밍웨이는 프리랜서로 일했기에 수입이 일정하지 않았다. 장인이 부자여서 처가의 도움을 받은 것으로 알려졌다. 첫 결혼은 헤밍웨이가 패션 잡지 ≪보그≫의 파이퍼 기자와 1926년 파리에서 바람을 피워 1927년 끝났다. 헤밍웨이는 리처드슨과의 사이에 아들 하나를 두었는데 평생 연락하며 지냈다.

파이퍼도 헤밍웨이보다 네 살 연상이다. 그는 1918년 미주리대 저널리즘스쿨을 졸업하고 신문·잡지 기자로 일하다가 1926년 파리에서 헤밍웨이를 만났다. 헤밍웨이는 파이퍼와 불륜 관계를 이어가다 리처드슨이 알게 돼 이혼했다. 헤밍웨이는 파이퍼와 결혼해 1928년 미국 플로리다주 키웨스트에 보금자리를 마련했다. 가톨릭 신자인 파이퍼는 스페인 내전 때 공화파를 지지한 헤밍웨이와 달리 프랑코 편을 들어 갈등이 있었다. 파이퍼와의 결혼 생활은 헤밍웨이가 1937년 스페인 내전을 취재하러 갔다가 겔혼을 만나 위기를 맞았다. 헤밍웨이는 한동안 겔혼과 혼외 관계를 유지하다 1940년 파이퍼와 이혼하고 결혼했다. 파이퍼와의 사이에도 아들 둘을 두었다.

겔혼과의 결혼은 5년 동안 유지되었다. 네 번의 결혼 중 가장 짧았다. 겔혼과의 보금자리는 쿠바에 있었다. 헤밍웨이는 겔혼의 주체적 삶의 자세와 해외 취재 욕심을 견뎌내지 못했다. 이 결혼도 헤밍웨이가 1944년 연합군의 노르망디 상륙작전을 취재하러 영국에 갔다가 여기자 웰시를 만나면서 깨졌다.

헤밍웨이가 겔혼과 사진기자 카파의 관계를 의심하고 질투한 것도 결혼 생활 실패에 영향을 주었다. 겔혼은 카파에 대한 애정을 숨기지 않았다. 카파와 비밀을 털어놓는 사이였다. 헤밍웨이는 겔혼이 자신과 카파 사이에서 카파 편을 든다며 질투했다. 헤밍웨이와 웰시가 깊은 관계라고 겔혼에게 알려준 사람이 카파다.

웰시는 당시 호주 기자와 재혼한 상태였는데 헤밍웨이를 만난 뒤 이혼하고 1946년 쿠바에서 헤밍웨이와 결혼했다. 헤밍웨이는 웰시의 세 번째 남편. 영화 〈헤밍웨이와 겔혼〉에서 헤밍웨이는 웰시에게 작업을 걸 때 "남자를 잘 보살피고 챙겨주는 내가 좋아하는 유형의 여자"라고 말한다. 웰시가 그런 여자라는 뜻이지만 겔혼에 대한 불만을 표시한 것일 수도 있다. 웰시는 헤밍웨이의 네 번의 결혼 중 가장 긴 15년 동안 혼인 관계를 유지했다.

헤밍웨이는 결혼한 상태에서 불륜 관계를 시작하고 이혼한 뒤 재혼하는 패턴을 반복했다. 네 명의 부인 중 세 명이 글 쓰는 사람이었다. 그는 첫 부인을 제외한 세 명의 부인에게 성질을 부리고 거칠게 대했다고 한다. 그는 몇 명의 여성과는 결혼까지 가지 않은 관계를 가졌다.

카파는 "헤밍웨이가 자신의 여자들 그 누구한테도 만족하지 못할 것이며, 그래서 이 대륙 저 대륙을 떠도는 것"이라고 작가 피터 비어텔에게 말한 적이 있다(커쇼, 2006: 221). 지나친 음주와 말년으로 갈수록 더 심해진 피해망상이 결국 헤밍웨이가 1961년 스스로 생을 마감하게 만들었다고 볼 수도 있다.

• 영화 속 저널리스트 헤밍웨이 •

노벨 문학상과 퓰리처상을 받은 헤밍웨이는 작가 이전에 기자였다. 그가 약 25년에 걸쳐 쓴 기사와 칼럼은 400여 편이다. 고등학생 때 학생신문기자였던 그는 대학에 가지 않았다. 왼쪽 눈이 근시라서 군에 못 간 그는 1917년 10월부터 미주리주 일간지 ≪캔자스시티스타≫에서 6개월 동안 기자로 활동했다. 이때 배운 단순하고 명료한 글쓰기는 그의 문체의 기초가 되었다고 할 정도로 영향을 미쳤다.

이 신문 웹사이트에 들어가면 1999년 6월 29일 헤밍웨이 탄생 100주년 기획 기사들을 볼 수 있다(헤밍웨이의 실제 출생일은 1899년 7월 21일). 헤밍웨이가 '내가 글 쓰는 일을 위해 배운 최고의 규칙들'이 들어 있다고 인정한 『캔자스시티스타 스타일북』 내용이 거기에 소개되어 있다. 예를 들면 단문短文을 쓰라, 첫째 단락은 짧게 쓰라, 활기 있는 영어를 쓰라, 낡은 속어를 쓰지 말라, 불필요한 단어를 모두 없애라, 수식어는 피수식어 가까이 쓰라 등이다. 비법이라고 할 것은 없지만 글 쓸 때 참고하면 좋을 내용이다.

헤밍웨이는 작품이 가장 많이 영화로 만들어진 작가다. 그는 자기 소설을 바탕으로 하지 않은 영화에도 몇 군데 등장했다. 그의 실제 삶과 연애담을 보여주는 영화도 있고 실제와 거리가 먼 것도 있다.

그는 제1차 세계대전 때 미국 적십자 구급차 운전사를 자원해 이탈리아에 배치되었다. 그러나 두 달 만인 1918년 7월, 참호에 박격포탄이 터져 입원했다. 그때 만난 미국인 간호사 애그니스 폰 쿠로스키Agnes von Kurowsky(1892~1984)가 소설 『무기여 잘 있거라A Farewell to Arms』의 주인공인 간호사 캐서린 바클리를 만든 영감을 주었다. 그러나 이 소설과 동명의 영화 두 편(1932년 프랭크 보제즈 감독, 1957년 찰스 비더와 존 휴스턴 감독)의 주인공들의 스토리는 헤밍웨이의 실제 삶과는 거리가 멀다.

헤밍웨이의 실제 경험을 가장 닮은 영화는 리처드 애튼버러 감독의 〈러브 앤 워In Love and War〉(1996년)라고 할 수 있다. 주연은 크리스 오도넬과 샌드라 불럭. 이 영화는 헨리 빌라드Henry Villard(1900~1996)와 제임스 네이절James Nagel(1940~)이 쓴 『사랑과 전쟁 속 헤밍웨이: 애그니스 폰 쿠로스키의 잃어버린 일기장Hemingway in Love and War: The Lost Diary of Agnes Von Kurowsky』을 바탕으로 만들었다.

구급차 운전사였던 빌라드도 헤밍웨이와 같은 병실에서 쿠로스키의 간호를 받으며 간염 치료를 받았다. 빌라드는 당시 두 사람이 연애하는 걸 몰랐고 귀국한 뒤 연락도 끊어졌다. 그런데 1961년 헤밍웨이가 자살한 뒤 전기 작가 칼로스 베이커Carlos Baker(1909~1987)가 빌라드에게 쿠로스키 주소를 알려주었다. 전직 대사인 빌라드는 쿠로스키가 알링턴 국립묘지에 묻히는 걸 도와주었다. 1984년 그녀가 죽은 뒤 남편이 감사의 뜻으로 빌라드에게 그녀의 일기와 사진, 편지들을 주었

〈러브 앤 워〉 포스터.

다. 빌라드는 헤밍웨이 전문가인 네이절과 함께 1989년 책을 쓰고 자료를 공개했다.

영화 〈러브 앤 워〉에서 이탈리아 전방 참호에서 적십자 완장을 찬 주인공 헤밍웨이는 자신을 ≪캔자스시티≫ 종군기자라고 소개한다. 그는 병사들에게 커피와 담배를 나눠주고 취재도 한다. 참호에서 폭격을 당한 그는 밀라노 병원에 후송되고 간호사 애그니스를 만난다. 애그니스가 헤밍웨이보다 일곱 살 연상. 이는 헤밍웨이의 1차 대전 경험이나 쿠로스키와의 연애 스토리와 닮았다.

영화에서는 헤밍웨이가 귀국 명령을 받은 뒤 애그니스와 싸구려 여인숙에서 사랑을 나눌 만큼 두 사람은 깊은 관계였다. 애그니스는 이탈리아 의사의 청혼을 받지만 결혼하지 않고 귀국해 헤밍웨이를 찾아간다. 두 사람은 사랑의 결실을 보지 못한 채로 영화는 끝난다.

실제로는 두 사람이 이탈리아에서 헤어진 뒤 만난 적이 없다. 두 사람 관계가 어땠는지는 분명치 않다. 쿠로스키의 편지에는 헤밍웨이와의 관계가 대단히 뜨거웠다고 볼 내용도 있다. 케네스 린Kenneth Lynn 존스홉킨스대 교수는 전기 『헤밍웨이Hemingway』에 두 사람이 병원에서 선호한 체위까지 묘사했다. 그러나 쿠로스키의 일기에는 반대로 추정되는 내용도 나온다. 그녀는 일기와 편지에서 헤밍웨이를 '키드Kid'라고 불렀다. 일곱 살 어린 헤밍웨이가 당시 19~20세에 직업도 없는 상태였던 것도 두 사람이 헤어진 변수가 아니었나 싶다.

쿠로스키는 빌라드에게 "나는 그런 여자가 아니었다"라며 헤밍웨이와의 깊은 관계를 부인했다. 작가 조이아 딜리베르토Gioia Diliberto는 헤밍웨이 첫 부인 리처드슨의 전기 『해들리Hadley』를 썼다. 그는 "두 사람의 관계가 어땠는지는 중요하지 않지만 헤밍웨이의 여자관계나 그의 작품 속 여성 묘사에 영향을 미쳤다"라고 평가했다. 그는 〈러브 앤 워〉 개봉 직후인 1997년 1월 26일 자 ≪뉴욕타임스≫ 기고문에서 소설 『무기여 잘 있거라』의 주인공 캐서린 바클리가 "헤밍웨이의 감성적인 첫 부인 리처드슨과 열정적인 두 번째 아내 파이퍼를 더 닮았다"라고 주장했다.

헤밍웨이는 1920년대에 시카고와 프랑스 파리에서 기자로 활동했다. 1921~1922년 그리스-터키 전쟁과 1937~1938년 스페인 내전, 1944년 6월 연합군의 노르망디 상륙작전을 취재했다. 그는 종군기자 신분으로 파리 해방 작전 때 레지스탕스를 비공식 지휘하고 기관총으로 독일군을 사살했다고 전해진다. 그의 유럽에서의 기자 활동은 20~40대에 걸쳐 간헐적으로 이루어졌다. 당시 그는 작가로서 이미 유명했다.

필립 코프먼 감독의 2012년 작품 〈헤밍웨이와 겔혼〉은 스페인 내전과 제2차 세계대전 때인 1940년대의 저널리스트 헤밍웨이를 보여준 영화다. 1940년 발표된 그의 소설을 바탕으로 1943년 샘 우드 감독이 만든 영화 〈누구를 위하여 종은 울리나〉는 헤밍웨이의 스페인 내전 종군기자 경험이 영향을 미쳤을 것이다. 그러나 이들 소설과 영화는 구체적인 내용에서 저널리스트로서의 헤밍웨이와는 무관하다.

『더 저널리스트: 어니스트 헤밍웨이The Journalist Ernest Hemingway』는 저널리스트로서의 헤밍웨이의 활동과 모습을 그가 쓴 기사와 칼럼과 함께 정리한 책이다. 헤밍웨이가 1921~1926년 기자와 작가로 살았던 파리에서의 젊은 시절을 회고하며 1957~1960년에 쓴 수필집으로 『파리 스케치』가 있다. 당시 파리에는 많은 문인과 예술가가 활동했다. 헤밍웨이는 스콧 피츠제럴드, 파블로 피카소 등과 교류했다.

100년 전 기자와 언론

영화 〈더 프런트 페이지〉를 보면서 필자는 1980년대 후반 일선 기자 시절에 체험한 한국 경찰서의 기자실이 떠올랐다. 그 시절 많은 기자의 기자실 내 행태가 100년 전을 배경으로 한 〈더 프런트 페이지〉에 나오는 것과 별로 다르지 않아서 솔직히 조금 놀랐다.

1980년대 경찰서 기자실에서는 기자들이 틈만 나면 고스톱을 쳤다. 포커를 친 기자들도 있다. 기자실에서 흡연은 당시의 다른 관공서나 민간 사무실에서와 마찬가지로 전혀 문제가 되지 않았다. 1950년대를 배경으로 한 미국 영화에는 TV 진행자가 담배를 피우면서 프로그램을 진행하는 모습도 나온다.

다른 행태 면에서도 100년 전 미국과 약 30년 전 한국의 기자가 별로 다르지 않다는 걸 보고 그 이유가 궁금했다. 왜 그럴까? 기자의 직업 특성이 70년의 시차에도 불구하고 크게 달라지지 않았기 때문이 아닐까 싶었다.

기자, 특히 사건을 담당하는 사회부 기자들은 항상 바쁘고 무엇에 쫓기듯 산다. 일의 특성 탓도 있지만 기자 수가 절대적으로 부족하기 때문이다. 언제든지 현장에 달려갈 수 있도록 '5분 대기조'처럼 준비하고 있어야 한다. 기자 생활은 경쟁이 심해서 스트레스도 많이 받는다. 매일 신문이 나올 때마다 특종과 낙종이라는 경쟁의 승패를 눈으로 확인

▌약 100년 전 미국 기자실을 배경으로 한 영화 〈더 프런트 페이지〉의 한 장면.

한다. 그런 핑계로 술도 많이 마신다. 그러니 가정과 가족에게 소홀해지는 악순환이 벌어진다.

기자와 타자기

100년 전 미국 저널리즘 영화에서 한국과 달라서 눈에 띈 것이 타자기였다. 미국에서는 기자들이 언제부터 기사를 타자기로 쳤을까? 미국에서 타자기가 처음 특허를 받은 것은 1829년이다. 처음에는 자판도 없는 피아노 건반 같은 게 달린 대형 타자기여서 실용성이 없었다. 수십 차례에 걸쳐 사용 가능한 디자인으로 바뀌어 실용적인 타자기가 나온 것은 1867년. 그러고도 상업용 타자기가 나오는 데 7년이 더 걸렸다. 1880년대 중반에는 작가들이 타자기로 글을 썼다고 한다. 타자기로 비즈니스 편지를 작성하기 시작한 것도 이 무렵이다.

미국 저널리즘 영화에는 타자기가 필수적으로 등장한다. 〈더 프런트 페이지〉는 1931년에 나왔지만 1910년대를 전후한 시기에 기자 생활을 한 작가들이 쓴 극본으로 만든 영화다. 이 영화에 타자기가 등장한 것은 100년 전에도 미국 기자들이 타자기로 기사를 썼음을 보여준 것이라 할 수 있다. 1940년대 미국 최초의 흑인 메이저리거 재키 로빈슨의 인생을 조명한 영화 〈42〉(감독 브라이언 헬걸런드, 주연 채드윅 보즈먼, 해리슨 포드)에는 주간지 ≪피츠버그쿠리어≫의 스포츠 기자 웬들 스미스(안드레 홀랜드 분)가 나온다. 그는 야구장에도 타자기를 들고 다니며 기사를 썼다. 타자기 케이스가 있는 걸 보면 휴대용 타자기일 텐데 지금 노트북과는 비교가 안 될 정도로 컸다.

최초의 타자기 중 하나로 꼽히는 1864년 타자기.

미국에서는 1980년대까지 타자기가 없는 사무실이 별로 없었다. 타자기는 1970년대 말부터 1980년대 초에 워드프로세서로 교체되었다. 1990년대에는 개인용컴퓨터PC가 워드프로세서를 밀어냈다. 2000년대 들어서 워드프로세서는 노트북 컴퓨터로 바뀌었다. 아직도 후진국이나 전기 사정이 나쁜 나라에서는 타자기를 사용한다.

미국에서 타자기로 친 원고는 읽기 쉬워서 신문·잡지·출판사 편집자들에게 더 매력적이었다. 그래서 신문이나 잡지의 외부 기고가들은 편집자가 자기 원고를 채택하는 데 도움이 되도록 원고를 타자기로 쳐서 보냈다. 신문사 사무실에서도 타자기가 급속히 일반화하고 타자기를 칠 줄 아는 기자는 내부에서 훨씬 유리했다. 1990년대 이후 한국 언론사에서 컴퓨터를 잘 다루는 기자가 유리한 것과 비슷했던 것 같다.

초기의 타자기 발명가들은 타자기를 시각장애인을 위한 인공장기처럼 개발한다고 생각했다. 보통 사람은 펜으로 쓰면 되었으니까. 총기 제조사인 레밍턴암스는 미국 남북전쟁이 끝나고 1870년대에 총기 수요가 줄어들자 타자기를 만들어 시장에 내놓았다.

독일 철학자 프리드리히 니체(1844~1900)는 편두통을 막고 시력 상실에 대비하기 위해 타자기를 샀다고 한다. 미국 소설가 마크 트웨인(1835~1910)은 가장 먼저 타자기로 친 원고를 출판업자에게 제출한 작가로 알려졌다. 당시 작가들은 비서에게 원고를 불러주면서 타자기로 치게 했다. 미국 소설가 헨리 제임스(1843~1916)는 레밍턴 타자기 소리에 익숙해져서 타자기를 수리하러 보냈을 때 다른 타자기를 빌려 사용하면 그 소리 때문에 미쳐버릴 지경이었다는 얘기가 전해지고 있다.

한국 기자는 무엇으로 썼나

한국의 최초 근대 신문인 ≪한성순보漢城旬報≫는 1883년 10월 31일(음력 10월 1일)에 처음 나왔다. 이때 기자들은 한복을 입고 붓으로 기사를 썼다. ≪한성순보≫는 정부에서 만든 기관지였다. 관보에 나온 내용과 국내 기사, 중국·일본 신문에 나온 기사를 번역해서 실었다.

〈더 프런트 페이지〉의 시대 배경인 100년 전의 한국에도 민간 신문들이 발행되었다. ≪조선일보≫, ≪동아일보≫가 바로 1920년 창간되었다. 당시 기자들은 무엇으로 기사를 썼을까? 1920년대 기자들은 펜촉을

펜대에 끼운 철필鐵筆을 잉크에 찍어서 기사를 썼다. 1924년 11월 19일 결성된 사회부 기자 친목단체 이름이 '철필구락부'였다. 1960년대 중반부터 기자들은 볼펜으로 원고지에 기사를 썼다. 모나미 볼펜은 1963년 5월 1일 한국 시장에 나왔다. 1960년대에도 붓으로 기사를 쓰기도 했다. 1965년에 신문기자가 된 전직 언론인은 당시 부장이 붓으로 기사를 손보았다고 회고록에서 밝혔다.

한국 기자들이 컴퓨터로 기사를 쓰기 시작한 것은 신문사에 따라 약간 차이가 있지만, 1980년대 말이다. 1988년 창간된 ≪한겨레신문≫을 시작으로 1994년까지 대부분의 일간지가 컴퓨터 제작 시스템CTS을 도입함으로써 기자들도 컴퓨터로 기사를 작성하게 되었다.

한국의 영어 신문사에서는 일찍이 영어 타자기로 기사를 작성했다. 한국의 최초 영어 신문은 1950년 ≪한국일보≫ 자매지로 창간된 ≪코리아타임스The Korea Times≫다. 1953년 창간된 ≪코리아리퍼블릭The Korea Republic≫은 1965년 제호가 ≪코리아헤럴드The Korea Herald≫로 바뀌었다.

요즘 기자들이 사용하는 노트북 컴퓨터는 부피가 작고 가볍다. 그러나 1990년대 초에 기자들이 사용한 노트북 컴퓨터는 부피도 컸고 무게도 꽤 나갔다. 어깨에 메면 몸이 약간 기울어질 정도였다.

필자가 근무한 동아일보사에서는 200자(20자×10행) 원고지와 65자(13자×5행) 원고지를 1993년까지 사용했다. 65자 원고지는 주로 스트레이트 기사를 쓸 때 사용했다. 스트레이트 기사가 아닌 화제 기사나 칼럼, 해설 기사는 200자 원고지에 썼다. 필기구는 볼펜, 플러스펜, 만년필 등이었다.

필자는 대학에서 영자신문 기자로 활동하면서 영어 타자기 치는 법을 먼저 배웠다. 그런데 졸업하고 신문사에 들어가니 타자기가 없었다.

요즘 기자들은 잘 모르겠지만 당시 기사는 보통 신문사 밖에서 종이에 써서 전화로 불러주면 내근하는 기자가 원고지에 받아 적었다. 컴퓨터는 물론이고 팩스도 없던 시대의 얘기다. 기자가 직접 원고지에 쓰는 기사도 물론 많았다. 당시 경찰서에서도 조서를 한글 타자기로 작성했는데 기자들은 타자기를 쓰지 않았다. 신문이 한글과 한자를 혼용했고, 세로쓰기 체제라서 타자기를 사용하기 어렵지 않았나 싶다.

두산백과 등에 따르면 한글 타자기는 1914년 재미교포 이원익 씨가 미국 레밍턴사 영문 타자기Smith Premier Typewriter NO10에 한글 활자를 붙여 만든 게 시초다. 이 타자기는 글자를 가로로 찍은 뒤 오른쪽으로 90도를 돌려 세로로 읽는 방식이었지만 실용화에는 실패했다. 1950년 안과 의사이자 발명가인 공병우 박사(1906~1995)가 고안한 세벌식 타자기가 실용화의 계기가 되었다. 정부는 1961년 모든 공문서를 타자기로 치도록 제도화했다. 1965년 신문 광고에 따르면 공병우 타자기의 당시 가격은 2만 9800원, 10개월 할부로 사면 3만 5000원이었다. 통계청 소비자물가지수 사이트에서 화폐 가치를 환산해 보니 당시 3만 원은 지금의 115만 원에 해당한다.

한국 기자의 탄생

1883년 창간된 한국 최초의 근대 신문 ≪한성순보≫는 정부의 외교통상 업무를 담당하는 통리아문統理衙門의 한 부서인 동문학同文學의 부속기구인 박문국博文局에서 만든 관보였다. 그런데 1884년 12월 4일 갑신정변 때 박문국 사옥과 인쇄 시설이 불타 발행이 중단되었다. 1886년

1월 25일 ≪한성주보≫로 다시 발행되었지만 이마저 1888년 7월 경영난으로 박문국이 없어지는 바람에 폐간되었다.

한국 언론사 연구의 권위자인 정진석 한국외대 명예교수에 따르면, ≪한성순보≫는 외국 특파원이나 기자를 중국 신문이 채방인採訪人, 탐사인探査人, 방사인訪事人이라고 쓴 걸 그대로 옮겨 적었다(정진석, 1995). 내근하는 사람은 박문국 관리인 주사主事와 사사司事들이었다. 1896년 창간된 한국 최초의 민간 신문인 ≪독립신문≫에는 밖에 돌아다니며 기삿거리를 찾는 탐보원探報員과 그걸로 기사를 쓰는 기재원記載員이 따로 있었다.

내근과 외근을 가리지 않고 모두 기자記者라고 부른 것은 대한제국 때인 1898년 일간신문인 ≪매일신문≫, ≪황성신문≫, ≪제국신문≫이 나올 무렵이었다. ≪독립신문≫에서도 사설에서 기자라는 말을 쓰긴 했다. 일본 신문은 1860년대부터 기자라는 용어를 썼는데 결국 기자라는 말은 일본에서 왔다고 할 수 있다.

일본인이 서울에서 1895년 발간한 국한문 혼용 신문인 ≪한성신보≫도 기자라는 말을 썼다. 하지만 ≪한성신보≫의 기사를 반박하는 ≪제국신문≫은 논설에서 기재원이라고 썼다. 당시에는 기재원과 기자가 혼용된 것으로 보인다.

한국인 최초의 기자는 ≪한성순보≫를 발행한 유길준(1856~1914)이라는 설과 ≪독립신문≫을 만든 서재필(1864~1951)이라는 설이 있다. 한국인으로는 최초의 국비 유학생으로 『서유견문』을 쓴 유길준은 ≪한성순보≫ 창간 작업을 하다가 중단했기 때문에 실제로 기사는 쓰지 않았다. 그런 의미에서 기자로 보기 어려운 부분이 있다.

정진석 교수는 구한말 언론인을 네 부류로 분류했다. 전통적인 한학자漢學者, 해외 유학 또는 해외 시찰을 다녀온 해외파, 국내에서 신학문을 공부한 지식인, 그리고 한국에 와서 신문을 발행하거나 신문 발행에 관계한 외국인이다(정진석, 1995: 45).

이들은 대체로 당대의 엘리트였다고 할 수 있다. 1919년 3·1운동 이후 등장한 ≪조선일보≫, ≪동아일보≫ 등 민간 신문을 비롯한 1920~1930년대 한국 언론의 중심에는 일본 유학파, 국내 신학문파, 독립운동가, 소설가·시인 등 문인, 사학자 등이 있었다.

채백 부산대 교수는 일제강점기 한국 언론인은 '지사'를 자처하며 활동했다고 밝혔다. 1920년대 중반까지는 기자 중 상당수가 민족운동가들로서 합법적 공간인 언론계를 자신들의 기반으로 삼았고 직업적 전문성보다 민족적 저항 의식이 더 중요했다는 것이다(채백, 2015: 203~204). 한 세기 전 한국 언론의 중심은 당대를 대표하는 지식인과 엘리트, 민족운동가였던 셈이다. 식민지 시대, 나라 잃은 지식인이 할 수 있는 일이 많지 않았던 탓도 있었을 것이다.

이에 비해 당시 미국 신문은 질적·양적으로 크게 앞선 상태였지만 저널리즘 영화들을 보면 간부들은 몰라도 기자는 고졸 정도의 학력자가 많이 한 것으로 보인다.

영어로 기자는 저널리스트journalist와 리포터reporter가 가장 일반적으로 사용된다. 리포터는 원래 법정에서 재판을 기록하는 속기사였다. 『지식의 사회사A Social History of Knowledge』의 저자인 피터 버크Peter Burke 케임브리지대 교수에 따르면, 리포터라는 말이 법정이나 의회, 주목할 만한 사건을 취재하는 신문사의 언론인에게 적용된 것은 18세기 후반의 일이다. 저널리스트도 원래 학술지에 글을 쓰던 문인들을 지칭하는 말로 17세기에 처음 생겼다.

한국 뉴스 미디어의 역사를 세계와 비교하면, 시작은 한국이 크게 뒤졌다. 한국의 최초 신문 ≪한성순보≫는 1605년에 발행된 세계 최초의 독일 신문 ≪렐라치온Relation≫보다 278년 늦었다. 한국의 초기 신문은 유럽과 미국의 초기 신문과 150~200년 정도 차이가 난다. 한국인이 만든 최초의 근대 잡지는 서양의 최초 잡지보다 233년 늦게 나왔다. 그래도 1920년대 이후 발행된 한국과 서양의 잡지는 시기적으로 큰 차이가 없었다. 한국과 서양의 첫 뉴스 통신사는 약 110년이나 차이가 있다.

1920년대 시작한 라디오는 한국이 서양보다 불과 6~7년 정도밖에 늦지 않았다. 이에 비해 TV는 한국(1956년)이 서양(독일 1935년, 영국 1936년, 미국 1941년)보다 약 20년 늦게 시작되었다. 그러나 인터넷 신문은 한국이 서양보다 불과 3년밖에 늦지 않았다. 포털과 검색, 소셜미디어는 아예 차이가 나지 않는다. 한국 미디어의 역사는, 시작은 미미했으나 결과는 나쁘지 않았다고 할 만하다.

02

사실·진실·용기·특종

모두가 대통령의 사람들

(또는 **대통령의 음모**)

All the President's Men, 1976

감독 앨런 J. 퍼쿨라 | **각본** 윌리엄 골드먼 | **출연** 로버트 레드퍼드(밥 우드워드), 더스틴 호프먼(칼 번스틴), 제이슨 로바즈(벤 브래들리), 마틴 발삼(하워드 사이먼스), 잭 워든(해리 로즌펠드), 할 홀브룩(딥 스로트) | **상영 시간** 139분

≪워싱턴포스트≫ 밥 우드워드와 칼 번스틴 두 기자가 리처드 닉슨 미국 대통령의 사임으로 끝난 워터게이트 사건을 취재 보도한 전말과 비화 등을 다큐멘터리 스타일로 만든 영화다. ≪워싱턴포스트≫의 워터게이트 보도는 탐사 저널리즘investigative journalism의 모범 사례로 꼽힌다. 워터게이트는 사건이 시작된 건물의 이름이지만 권력형 비리와 대형 스캔들에 '게이트gate'라는 접미어를 붙이는 선례가 될 정도로 유명한 정치 스캔들이다. 영화는 기자의 취재 과정과 기법, 언론 내부의 의사 결정, 신문 제작 과정도 보여준다.

번스틴과 우드워드는 취재 전말을 기록한 『모두가 대통령의 사람들All the President's Men』을 닉슨 사임 두 달 전인 1974년 6월 출판했다. 윌리엄 골드먼이 이 책을 토대로 영화 각본을 썼다. 우드워드 기자로 직접 출연

하고 제작까지 맡은 로버트 레드퍼드는 책 저작권료만 45만 달러를 냈다. 워터게이트 사건은 영어로 'Watergate Scandal', 'Watergate Affair', 'Watergate Incident' 등으로 표현하지만 그냥 'Watergate'라고도 많이 쓴다.

• 시놉시스 •

〈모두가 대통령의 사람들〉 포스터.

영화는 1972년 6월 1일 유럽 순방을 마치고 귀국한 닉슨 대통령의 상하 양원 합동회의 연설로 시작된다. 이어서 6월 17일 오전 2시 반 워싱턴 시내 백악관에서 서쪽으로 2킬로미터도 안 떨어진 워터게이트빌딩 내 민주당전국위원회DNC 사무실에 침입한 범인 다섯 명이 경찰에 붙잡힌다. 출입문 자물쇠에 접착테이프가 붙어 있는 걸 수상하게 여긴 경비원이 경찰에 신고한 결과였다.

정장 차림에 수술용 장갑을 끼고 도청 장치를 설치하러 사무실에 침입한 범인들의 지갑에서는 빳빳한 100달러 지폐가 여러 장 나왔다. 우드워드 기자는 토요일 아침 침대에서 전화로 해리 로즌펠드 수도권부장의 취재 지시를 받는다. 법원에 간 우드워드는 범인들이 모두 변호사가 있는 걸 보고 놀란다. 그리고 범인 중 한 명이 전직 중앙정보국CIA 요원인 걸 알게 된다. 나머지 네 명은 쿠바계 미국인.

범인의 수첩에서 백악관 소속 하워드 헌트의 이름과 전화번호가 나온다. 헌트는 찰스 콜슨 대통령특별고문 밑에서 특수 임무를 수행했다. 하워드 사이먼스 '포스트' 부국장은 사건이 정치와 관련 있으니 전국부에 넘기라고 한다. 로즌펠드의 반발로 우드워드와 칼 번스틴이 취재를 맡게 된다. 우드워드보다 경험이 많은 번스틴은 우드워드의 초고를 고쳐 쓰면서 "백악관 고문이니까 콜슨 이름이 앞에 나와야 한다"라고 기사 리드의 중요성을 알려준다. 둘은 처음부터 잘 아는 사이는 아니었지만 점점 경쟁과 협조 관계를 유지한다.

두 기자는 헌트가 백악관에서 에드워드 케네디 상원의원에 관한 조사를 했다는 걸 알고 백악관과 의회 도서관으로 취재를 확대한다. 의회 도서관에서는 종일 도서 대출카드를 뒤졌지만 허탕을 친다. 취재가 벽에 부닥치자 우드워드는 행정부에서 일하는 극비 취재원인 딥 스로트Deep Throat에게 연락한다. 딥 스로트는 꼭 필요하면 아파트 발코니에 빨간 깃발을 꽂은 화분을 내놓으라고 둘만의 비밀 연락 방법을 정해준다. 둘은 오전 2시에 지하 주차장에서 스파이처럼 만난다. 우드워드는 어떤 방식으로도 취재원을 밝히지 않는다는 '딥 백그라운드deep background' 조건으로 취재하기로 약속한다. 헌트의 변호사가 2만 5000달러를 종이봉투에 넣어 다닌다고 우드워드가 말하자 딥 스로트는 "돈을 추적하라Just follow the money"라고 조언한다. 딥 스로트는 "나는 취재한 걸 확인해주고 옳은 방향으로 가도록만 해주겠다"라고 한다. 범인 중 한 명이 닉슨대통령재선위원회CRP에 15회나 전화를 걸었다는 특종기사가 ≪뉴욕타임스≫에 나온다. 번스틴은 마이애미로 가서 CRP 자금이 범인들에게 들어간 걸 추적한다.

취재가 진척을 보이지 않고 다른 신문들이 워터게이트 사건을 보도하지 않자 '포스트' 내부에서 회의적인 반응이 나온다. 벤 브래들리 편집국장은 "돈 얘기 말고 기사 없어"라며 기자들을 압박한다. 두 기자는 CRP 직원 명단을 입수해 밤마다 집으로 찾아가 취재한다. 직원들은 누군가가 감시한다며 말을 하지 않는다.

대배심 결정이 나오면 범인 다섯 명과 그들의 배후인 헌트와 고든 리디만 처벌되고 사건이 끝날 거라는 말이 나온다. 뭔가 돌파구가 필요한 시점. 두 기자는 끈질긴 설득 끝에 CRP 내부자와 전직 회계 책임자 휴 슬론의 협조를 얻는다. CRP에 막대한 비자금이 현금으로 있다는 걸 알아낸다. 비자금 지출 승인 권한이 워터게이트 사건이 터진 직후 CRP 선거 본부장campaign director에서 물러난 존 미첼 전 법무장관 등 다섯 사람에게 있다는 것도 확인한다. 두 기자는 그 다섯 명이 누군지를 확인해 간다. 미첼이 현직 장관일 때 약 1년 동안 비자금을 관리한 사실도 취재했다.

1971년 선거운동 때 야당인 민주당 후보들의 약점을 수집하고 조직적으로 선거운동을 방해한 사실이 드러난다. 비자금을 관장한 핵심 다섯 명에 밥 홀드먼 대통령비서실장이 포함된 걸 확인한다. 취재원 세 명의 확인을 거쳐 홀드먼이 다섯 명에 포함되었다고 슬론이 대배심에서 증언했다는 기사를 10월 25일 자 1면 톱으로 터트린다.

하지만 슬론의 변호사가 그런 사실이 없다고 밝히자 '포스트'는 충격에 휩싸인다. 의사소통 과정에 실수가 있었다. 홀드먼이 포함된 건 맞지만 슬론은 대배심에서 아무도 물어보지 않아 그 이름을 말하지 않았던 것. 론 지글러 백악관 대변인은 워터게이트 사건을 백악관과 연결한 데 격분해 '포스트'와 브래들리 국장을 30분에 걸쳐 비난한다. "출처도 밝히지 않으면서 모함 기사를 1면에 싣는 건 '포스트'가 의도적으로 백악관과 워터게이트를 연결한 것이다. 공정을 내세운 '포스트'가 편파적이라는 게 드러났다."

이 오보로 '포스트'는 사건 발생 4개월 만에, 대통령 선거를 불과 10여일 앞두고 중대 위기를 맞는다. 우드워드는 위기를 수습하기 위해 딥스로트를 만난다. 딥 스로트는 "홀드먼을 빠져나가게 했다. 지난 몇 달이 헛수고가 됐다"라며 아쉬워한다. 그는 정보기관이 모두 관련되었다며 전체 사건의 규모가 엄청나다고 말해준다. 그리고 "모두가 위험해졌다"라고 경고한다. 우드워드는 번스틴과 함께 브래들리를 집으로 찾아간다. 딥 스로트의 말을 전해 들은 브래들리는 '헌법 문제, 언론 자유와 국가 장래의 문제'라고 말한 뒤 헤어진다.

워터게이트 기사가 사라진 상태에서 치러진 선거에서 닉슨은 압승을 거두고 1973년 1월 취임한다. 이후 영화는 약 3분 동안 닉슨이 탄핵 위기에 몰려 1974년 8월 9일 사임할 때까지 워터게이트 관련자들의 재판 결과와 주요 사건 일지를 타자기로 쳐서 보여주면서 끝난다.

• 저널리스트의 관점 •

이 영화는 워터게이트가 시작된 1972년 6월부터 닉슨이 재선에 성공해 취임한 1973년 1월까지 6개월을 주로 다루었다. 영화의 바탕이 된 책 『모두가 대통령의 사람들』(Berstein and Woodward, 1976)의 3분의 2는 워터게이트 사건 발생부터 1972년 11월 닉슨의 재선까지 약 5개월 동안 저자들의 취재와 보도 과정을 자세히 기록한 것이다. 책의 나머지는 1973년

3월 닉슨의 핵심 참모들이 모두 기소될 때까지 4개월 동안 있었던 일을 정리한 것이 내용이다. 전적으로 두 기자의 경험과 관점에서 사건을 구성한 것이다. 객관성이라는 기준에서는 한계가 있을 수 있다.

영화와 책의 내용은 두 기자가 직간접 경험한 것이 대부분이다. 이 영화는 워터게이트 사건 전모를 다룬 것이 아니다. 닉슨 사임의 직접적 원인과 계기가 된 사건 은폐 공작, 대배심, 상하원 조사와 탄핵 추진, 특별검사 해임 파동, 백악관 녹음테이프 발견 및 공개를 둘러싼 문제와 대법원의 결정, 사임 과정 등은 다루어지지 않았다. 이 영화는 워터게이트의 기승전결起承轉結 가운데 기와 승의 일부만 보여준 셈이다. 이 영화만 보고 워터게이트를 다 안다고 말하면 안 되는 이유다.

이 영화는 두 기자가 어떻게 취재하고 팩트(사실)를 확인하기 위해 얼마나 힘든 과정을 거치는지를 실감 나게 보여준다. 반세기 전에 발생한 사건인데 당시 저 정도 수준의 취재윤리를 지켰다는 게 다른 저널리즘 영화들과 비교하면 믿기지 않을 정도다. 기자들이 철저한 사실 확인과 완벽한 기사를 위해 정보를 이중, 삼중으로 확인하고 부장, 국장도 그걸 요구하는 걸 보면서 필자는 부럽고 부끄러웠다. 당시 미국 언론도 치열한 경쟁 체제였는데 특종 경쟁보다 철저한 확인과 언론의 책임을 중시했다. 취재원 한 명에게서 들은 한마디에 온갖 추측과 해석을 덧붙여 기사를 만드는 한국 언론 현실과 너무나도 비교되었다.

브래들리 국장은 기자들이 취재해 온 중요한 내용은 반드시 다른 취재원에게 이중으로 확인시킨다. 두 명 이상의 서로 다른 조직의 취재원한테 같은 정보를 확인하게 하는 '투 소스 룰two-source rule'을 원칙으로 했다. 두 기자는 다양한 취재원한테서 작은 조각을 모아 서서히 큰 그림을 그려나가는 탐사보도 기법을 구사했다. 그들이 얼마나 신중하게 확인하고 증거를 확보하려고 애썼는지 알 수 있다. 두 기자는 경쟁과 공조로 환상의 팀이 된다. 특히 고위층, 백악관 관계자, 전직 장관의 혐의를 기사에 쓸 때 얼마나 신중하게 확인에 확인을 거듭하는지 잘 보여 준다.

브래들리 국장은 끝까지 재확인을 지시한다. 기자들도 잘못된 기사를 내보낼 수 없다며 취재원을 설득한다. 국장은 특종기사라도 때로는 1면에 2단 크기로 작게 보도할 정도로 신중했다. 닉슨대통령재선위원회CRP 선거 본부장인 존 미첼 전 법무장관이 CRP 비자금을 장관 재직 중에도 관장한 사실을 확인한 특종기사를 놓고 브래들리는 이렇게 말한다. "전직 법무장관을 악당이라고 하는 데 틀림이 없어야 돼"(사실 책에는 그렇게 말한 내용이 없다).

"미첼이 공화당 비자금을 관장했다Mitchell Controlled Secret GOP Fund"라는 제목의 기사는 1면에 겨우 2단으로 보도되었다. 한국 언론에서는 특종기사라면 실제 기사 가치보다 과도하게 편집하는 경우가 많다. 기자의 사기 진작을 위한 측면도 있다.

영화에서 기자들은 취재원을 직접 만나거나 전화로 통화할 때 반드시 신분을 먼저 밝힌다. 취재 과정에서 메모할 때도 미리 양해를 구한다. 취재 과정에서 오가는 대화를 꼼꼼히 기록하는 자세는 놀라울 정도였다. 그렇게 철저히 기록했기에 취재 과정을 녹화라도 해놓은 것처럼 자세히 정리된 책을 쓸 수 있었을 것이다.

우드워드 기자가 집에서 자다가 전화로 워터게이트 사건을 취재하라는 지시를 받을 때 자다가 일어났는데도 취재 수첩을 집어 들고 메모한다(00:07:28). 그 정도는 메모하지 않아도 되는데 연출이 아니었을까 싶다.

딥 스로트를 비롯한 취재원과의 약속을 철저히 지키는 모습도 인상적이다. 미국 기자들은 취재원 보호를 대단히 소중히 여긴다. 어떤 이유로든지 취재원과의 약속을 깨거나 신분을 노출하면 기자로서의 활동이 어렵다는 것이 미국 언론계의 불문율이다. 그러기에 미국 언론인들은 취재원과의 비밀을 지키기 위해 감옥에 가는 것도 감수한다. 이 영화에 나오는 우드워드의 비밀 취재원이 마크 펠트 전 연방수사국FBI 부국장이었다는 사실은 2005년 펠트가 스스로 딥 스로트라고 밝힐 때까지 33년 동안 비밀이 유지되었다.

영화에는 취재원이 누구인지 구체적으로 묻는 장면이 나오지 않는다. 책에는 1973년 1월 초 캐서린 그레이엄 '포스트' 발행인이 하워드 사이먼스 부국장과 우드워드를 점심에 초대해 비밀 취재원들이 누군지 묻는 내용이 나온다(Berstein and Woodward, 1976: 262~263). 발행인이 "이름보다 그들의 직책에 관심이 있다"라고 하자 우드워드는 "누구한테도 딥 스로트의 이름을 말하지 않았다"라며 난감해한다. 잠시 후 발행인이 "누군지 말해요"라고 하자 긴장한 우드워드가 "정말 원하시면 말해줄 수 있다"라며 물러선다. 우드워드는 속으로 제발 그러지 않기를 바라고 있는데 발행인이 웃으면서 농담이었다고 말해 위기를 넘겼다고 자신의 책에 적었다.

'포스트'에서 펠트가 스스로 딥 스로트였다고 밝힐 때까지 그의 이름과 직책을 모두 안 사람은 우드워드와 번스틴, 브래들리 국장, 렌 다우니 주니어 수도권부 담당 부국장(브래들리의 후임 편집국장) 정도였다고 한다. 브래들리는 1995년 출판한 자신의 회고록 『≪워싱턴포스트≫ 만들기A Good Life』에서 딥 스로트의 이름이 필요하다고 느낀 것은 닉슨이 사임한 후, 우드워드와 번스틴의 두 번째 책 『마지막 날들The Final

Days』이 출간되었을 때뿐이었다고 썼다. 이 책은 1976년 5월에 나왔다. 그는 펠트의 이름을 그레이엄 발행인에게도 말하지 않았고 1979년 발행인이 된 그레이엄의 아들 돈 그레이엄에게도 말하지 않았다고 역시 회고록에서 밝혔다(Bradlee, 1995: 365). 리처드 피어스 감독은 1989년 『마지막 날들』을 바탕으로 TV용 영화를 만들었다. 레인 스미스가 닉슨 대통령을 연기한 상영 시간 150분짜리 이 영화는 유튜브에서도 볼 수 있다.

영화에 나오는 '포스트' 편집회의(00:54:12-00:58:33)의 자유로운 분위기는 필자에게 몹시 인상적이었다. 브래들리 국장이 구두를 신은 발을 회의용 테이블에 올려놓고 담배까지 피우면서 뒤로 길게 누운 자세로 회의에 참석한 파격적인 장면은 과연 정말일까 궁금했다. 지금 한국에서 국장이 그랬다간 '탄핵'이라도 당하지 않을까? 1980년대 한국의 신문사 편집국에서 흡연은 당연했다. 책상에 신발을 신은 채 발을 올리는 것도 드물긴 하지만 볼 수 있었다. 편집국에 회사 고위 간부가 나타나도 그런 자세를 유지하는 부장도 보았다. 에티켓은 시대와 조직에 따라 기준이 다를 수도 있다.

이 영화는 현실감을 살리기 위해 미국 캘리포니아 버뱅크의 워너브러더스 촬영소에 '포스트'의 편집국을 최대한 사실적으로 재현해 찍었다. 책상 250개를 '포스트' 편집국에 있는 책상과 모양은 물론 색깔까지 맞춰 제작했다. 편집국에서 나온 각종 서류와 휴지통 쓰레기까지 실어 가서 소품으로 활용했다. 편집국 재현에 45만 달러가 들어갔다니 얼마나 공을 들였는지 알 만하지 않은가.

• 팩트체크 •

영화 〈모두가 대통령의 사람들〉은 번스틴과 우드워드가 같이 쓴 동명의 책을 바탕으로 만들었다. 그렇다면 영화는 책 내용에 얼마나 충실했을까?

책은 워터게이트 발생부터 닉슨의 백악관 녹음테이프 문제의 일부까지 다루었다. 기간은 1972년 6월부터 1974년 3월까지 약 21개월에 해당한다. 영화는 1973년 1월 닉슨의 2기 취임까지 약 19개월을 중심으로 다루었다. 나머지는 마지막에 일지처럼 처리되었다.

영화 시작 부분(00:07:25-00:07:37)에서 우드워드에게 전화로 취재를 지시한 사람은 해리 로즌펠드 수도권부장이다. 그러나 책에서는 지시한 사람이 영화에는 아예 나오지 않는 배리 서스먼Barry Sussman 워싱턴 D.C. 담당 부장이다. 영화에는 로즌펠드가 알프레드 루이스 기자의 보고를 받고 우드워드에게 지시하는 장면까지 나온다.

우드워드와 번스틴의 책(Berstein and Woodward, 1976: 13~15)과 브래들리 편집국장 회고록(Bradlee, 1995: 324~325) 내용은 다르다. 처음 사건을 제보한 사람은 '포스트' 고문변호사 조 칼리파노였다. 그날 브래들리 국장은 전화 통화가 안 되는 산장에서 주말을 보내고 있었다. 칼리파노의 제보를 받은 하워드 사이먼스 부국장은 로즌펠드에게, 로즌펠드는 서스먼에게 내용을 전달했다. 서스먼은 우드워드와 경찰만 35년 취재한 '반半경찰 반半기자'인 루이스에게 각각 전화로 지시했다(Berstein and Woodward, 1976: 13~15). 번스틴은 뒤늦게 취재에 합류했다.

영화에서 딥 스로트가 우드워드를 처음 지하 주차장에서 만났을 때 두 번이나 "돈을 추적하라Follow the money"라고 취재 방법을 말해준다

(00:40:30-00:40:58). 이 말은 이 영화의 명대사 중 하나로 꼽힌다.

그런데 책에는 그런 말이 없다. 우드워드가 딥 스로트와 만난 뒤 적어 놓은 노트에도 그런 표현은 나오지 않는다. 다만 브래들리 자서전에 '돈을 추적하라'는 말이 나온다(Bradlee, 1995: 328). "'여자를 추적하라Cherchez la femme'는 탐사보도 기자들에게 좋은 충고다. '돈을 추적하라'는 더 좋은 충고다. 칼은 그걸 본능적으로 이해했고 자체적으로 워터게이트를 조사하기 시작한 마이애미의 검사와 만나게 자신을 보내달라고 우리를 설득했다." 영화에서는 딥 스로트가 우드워드에게 "돈을 추적하라"라고 말하지만 실은 번스틴이 스스로 그걸 깨닫고 돈을 추적하던 검사를 만나서 취재했다는 걸로 이해된다.

또 영화 개봉 약 2년 전인 1974년 6월 19일 미국 상원 인준 청문회에서 워터게이트 수사를 감독한 법무부 차관보 헨리 피터슨Henry E. Petersen은 워터게이트 사건 수석검사 출신 얼 실버트Earl J. Silbert에게 "돈을 추적하라"라고 말했다고 밝혔다. 2012년 예일대 출판부가 발행한 『현대격언사전The Dictionary of Modern Proverbs』에도 '돈을 추적하라', 즉 'follow the money'의 출처가 피터슨으로 되어 있다.

그러나 영화 각본에 그 대사를 쓴 윌리엄 골드먼은 자기가 지어낸 건 아니고 누구한테서 들었는지 기억나지 않지만 우드워드한테서 들은 걸로 추측한다고 말한 적이 있다. 말의 출처에 관해 침묵해 온 우드워드는 워터게이트 발생 45주년인 2017년 6월 16일 미국 ABC 뉴스가 방송한 〈워터게이트—진실과 거짓말Watergate—Truth and Lies〉 프로그램에서 이렇게 말했다. "딥 스로트는 돈은 추적할 수 있는 흔적이 있기 때문에 중요하다는 걸 분명히 했다. 칼은 2만 5000달러짜리 수표가 워터게이트 범인의 은행 계좌에 들어간 걸 실제로 입증했다." 그는 또 2017년 12월 영화 〈더 포스트The Post〉를 본 소감을 밝히면서 "펠트가 우리(우드워드와 번스틴)에게 사실상in effect '돈을 추적하라'고 말했다"라고 언급했다. 그의 말은 펠트가 "돈을 추적하라"라고 말한 건 아니지만 그런 취지로 말했다는 정도로 해석된다. 결국 명대사 '돈을 추적하라'는 골드먼의 작품으로 봐야 할 것 같다.

영화에서는 번스틴이 동료인 스튜어트 기자에게 백악관의 찰스 콜슨 밑에서 일한 여직원 이름(섀런 마이어)을 알아내 레스토랑의 야외 테이블에서 만난다(00:23:26-00:24:55). 그러나 책에는 콜슨 밑에서 일한다고 생각되는 여성과 만난 적이 있는 동료의 도움으로 번스틴이 전화로 그 여직원에게 콜슨과 헌트에 관해 취재한 것만 나온다(Berstein and Woodward, 1976: 31~32).

영화에는 번스틴이 마이애미에 다디스 검사를 만나러 갔는데 아무리 기다려도 만나게 해주지 않자 여비서를 속여 밖으로 유인한 뒤 사무실에 들어간 걸로 보이는 장면이 나온다(00:43:45-00:45:38). 취재윤리 위반에 해당하는 행동이다. 책에는 그런 내용이 없다. 복잡하고 우연까지 겹쳐 검사를 만났지만 여비서를 속인 건 아니었다(Berstein and Woodward, 1976: 38~42).

영화(00:12:20-00:13:15)에는 우드워드가 1972년 6월 17일 법원에서 범인들 예비심리를 취재한 뒤 로즌펠드 부장 사무실에서 취재 결과를 얘기하는 장면이 나온다. 이때 사무실 입구에 팔짱을 끼고 서 있는 기자가 바친스키다. 그는 6월 18일 밤, 범인 두 명의 수첩에서 'W. House'와 'WH'라고 표기된 하워드 헌트Howard Hunt의 사무실과 집 전화번호를 발견한다. 그날 밤 그의 전화 연락을 받은 우드워드는 다음 날 이를 추적해 6월 20일 자 신문 1면에 "백악관 컨설턴트가 도청 인물과 연결됐다

White House Consultant Tied to Bugging Figure"라는 제목의 특종기사를 바친스키와 공동 바이라인으로 보도한다. 이 기사는 워터게이트 사건을 백악관과 연결한 최초의 중요 기사가 된다. 그러나 바친스키는 오후 6시 반부터 오전 2시 반까지 야간에 경찰을 취재하는 기자였다. 그가 토요일 오후에 편집국에 있었는지도 의문이고 책에도 그가 사무실에 있었다는 내용은 없다.

영화 초반에 우드워드가 콜슨이 누군지를 묻자 로즌펠드가 설명해주는 장면이 나온다(00:14:43-00:15:25). 그러나 책에서는 백악관을 담당하는 전국부 알렉산더 차장이 설명했다(Berstein and Woodward, 1976: 24). 알렉산더는 콜슨이 대통령특별고문이고 백악관의 '궂은일을 하도록 고용된 사람hatcht man'이라고 말했다.

영화에는 닉슨대통령재선위원회CRP 직원들 이름과 구내 전화번호가 적힌 번호부를 입수하는 과정이 나온다(01:01:37-01:03:42). 우드워드가 입사 동기 여기자의 애인이 CRP에 있다는 걸 알고 명단을 입수해 달라고 부탁한다. 여기자는 애인과 헤어진 상태였는데 무례한 부탁이었다. 사정을 알고 우드워드가 '관두라'고 했지만 여기자는 명단을 입수해서 준다.

그러나 책에는 명단을 '포스트' 조사원이 친구한테서 입수했다고 나온다(Berstein and Woodward, 1976: 60). 우드워드가 실제로 입사 동기 여기자(칼린 바커)한테 부탁한 것은 다른 것이다. 백악관에 있는 서던캘리포니아대USC 출신들을 아는 친구를 소개해 달라고 했다. 바커는 몇 시간 만에 그들의 명단을 건네주었다(Berstein and Woodward, 1976: 131).

영화에는 두 기자가 CRP 전화번호부를 이용해 직원들을 집으로 찾아가 취재하는 내용이 나온다. 대부분 취재를 거부하는데 유독 호의적인 여성이 있다. 한참 얘기하던 기자가 '언제부터 CRP에서 일했느냐'고 묻자 '아무 관계가 없다'고 한다. 이름이 '주디스 애버트'냐고 묻자 그녀는 '캐럴린 애버트'라고 한다. 이름이 비슷한 사람을 잘못 찾아간 해프닝이었다(01:08:52-01:10:00).

책에는 이런 내용은 없고 비슷한 에피소드가 나온다. 1972년 11월 '포스트'의 한 부장이 워터게이트 배심원으로 보이는 사람이 얘기하고 싶어 한다는 말을 이웃 사람한테 들었다고 우드워드에게 전한다. 우드워드는 그 여성을 찾아가 10분쯤 얘기하다 워터게이트가 아니라 다른 사건의 배심원이란 걸 알게 된다(Berstein and Woodward, 1976: 232~233). 맥락이 전혀 다른 일화를 윤색한 것이다.

두 기자는 이 일을 계기로 배심원들을 취재하기 위해 공을 들였지만 실패한다. 오히려 배심원이 신고하는 바람에 판사한테 경고를 받았다. 배심원을 취재하는 건 위법이지만 상대방이 스스로 얘기하는 걸 듣는 정도는 위법이 아니라는 변호사 조언을 듣고 취재를 시도했던 것이다. 결국 취재도 못 하고 심각한 문제만 일으킬 뻔했다.

번스틴이 미첼 전 장관한테서 장관 시절 CRP 비자금 지출을 직접 승인했다는 기사의 코멘트를 받았다. 잠자다 전화를 받은 미첼은 캐서린 그레이엄 '포스트' 발행인을 모욕하는 말을 한다. 영화에서는 브래들리 국장이 편집국에서 그 기사를 보고 '가족 신문'이라는 이유로 '그녀의 유두her tit'라는 표현은 빼라고 한다(01:32:27-01:34:30).

그런데 책에는 빌 브래디 야간 수도권부장이 미첼의 코멘트를 어떻게 처리할지 결정하지 못하자 번스틴이 집에서 잠자리에 든 국장에게 전화를 걸어 지시를 받은 걸로 나온다(Berstein and Woodward, 1976: 109~111). 신문에는 문제의 미첼 코멘트가 이렇게 처리되었다. "Katie Graham

(Katharine Graham, publisher of The Washington Post) is gonna get caught in a big fat wringer if that's published." 원래 get과 caught 사이에 있던 'her tit'이 빠진 것이다.

영화에서는 이 지시에 이어 브래들리가 과거에 에드거 후버 FBI 국장 후임을 물색 중이라는 특종기사를 쓴 적이 있는데 린든 존슨 대통령이 다음 날 후버를 국장으로 재임명해 오보를 낸 경험을 들려준다(01:34:35-01:35:07). 그는 '그녀의 유두'를 삭제하는 이유를 이 에피소드를 들어 설명했다.

그런데 맥락이 전혀 닿지 않는다. 그럴 수밖에 없다. 브래들리가 인사 기사를 오보한 경험을 말한 건 다른 맥락에서 나왔다. 책에서는 우드워드가 밥 홀드먼 대통령비서실장과 존 딘 대통령법률고문이 곧 사임한다는 기사를 썼다. 그런데 기사가 신문에 나가면 닉슨이 사임을 늦춰버릴 수 있다며 고민하는 대목에서 브래들리가 한 말이다(Berstein and Woodward, 1976: 318~319). 그렇다면 맥락이 닿는 에피소드가 아닌가.

'포스트'의 워터게이트 보도 기사 중에 중요한 오보가 하나 있었다. CRP 회계 책임자였던 휴 슬론이 대배심에서 홀드먼이 CRP 비자금 지출 허가권자 다섯 명 중 한 명이라고 증언했다는 1972년 10월 25일 자 기사다. 책에서는 슬론의 변호사가 CBS 라디오에서 기사 내용을 부인한 걸 에릭 웬트워스 기자가 듣고 우드워드에게 알려주었다. 우드워드와 번스틴은 로즌펠드 부장 방에서 TV로 확인한 뒤 국장 방에 들어간다(Berstein and Woodward, 1976: 206~207).

그런데 영화에서는 국장이 TV 뉴스를 먼저 보고 편집국이 떠나갈 듯 큰 소리로 '우드스틴Woodstein'을 부른다. 우드스틴은 우드워드와 번스틴을 합쳐 부르는 애칭이다. 영문도 모른 채 국장실에 불려간 두 기자는 TV를 보고서야 오보를 알게 된 것으로 되어 있다(02:00:55-02:03:22).

이 오보는 책에는 취재원 네 명의 확인(Berstein and Woodward, 1976: 203), 영화에는 세 명의 확인(01:53:37-02:00:11)을 거쳐 쓴 것이다. 기사의 핵심 내용은 맞지만 취재원과 전화로 대화하는 과정에 혼선이 있어서 결국 오보가 되었다. 슬론이 대배심에서 홀드먼을 지명한 것은 아니었다.

영화 마지막 부분에 홀드먼 기사 오보 직후인 10월 27일 딥 스로트가 우드워드에게 홀드먼 기사 오보로 "모두가 위험하다"라고 말하는 장면이 나온다. 우드워드는 번스틴과 함께 한밤중에 브래들리를 집으로 찾아가 보고한다(02:05:27-02:12:46).

이는 책에 나온 내용과 다르다. 책에는 우드워드가 딥 스로트를 1972년 10월 27일(Berstein and Woodward, 1976: 219~221)과 1973년 5월 16일(Berstein and Woodward, 1976: 347~351)에 만나 대화한 내용이 각각 자세히 나온다. 두 기자가 5월 17일 밤에 국장 집에 찾아간 것도 나온다. 그런데 영화의 해당 내용은 7개월 전에 있었던 일을 끌어와 하룻밤의 일처럼 각색한 것이다. 더구나 1972년 10월 27일과 1973년 5월 16일은 사태의 국면이 너무 달라져 하나로 묶는 것은 무리다.

브래들리가 두 기자의 설명을 듣고 한 말은 이 영화의 명대사로 꼽힌다. 그러나 두 기자는 브래들리가 그런 말을 하지 않았고 "도대체 우리가 지금 뭘 하고 있지What the hell do we do now?"라고 했다고 인터뷰에서 털어놓았다. 책에는 브래들리가 "더는 언론의 문제가 아니다"라면서 "국가와 나라의 미래에 관해 뭔가 언급했고 아침에 핵심 부장과 기자들 회의를 소집하겠다"라고 말한 것으로 나온다(Berstein and Woodward, 1976: 350~351).

전체적으로 영화에서는 두 기자의 비중이 절대적이다. '포스트'의 워터게이트 보도에 결정적인 역할을 한 서스먼 부장은 영화에서 아예 삭제되었다. 보도 초기의 역할이 브래들리 국장보다 컸다는 사이먼스 부국장의 기여와 역할은 너무 소홀히 다루어졌다. 이 때문에 이들은 정신적 상처를 입었고 원래 아주 좋았던 브래들리와 사이먼스의 인간관계가 영원히 비틀리고 말았다(셰퍼드, 2009: 249~251).

368쪽 분량의 책에 담긴 복잡한 내용을 약 두 시간 분량의 영화로 만들었으니 압축과 생략, 단순화가 불가피했을 것이다. 그러니 영화 내용에는 맥락이 맞지 않거나 이해가 안 되는 대목이 있을 수밖에 없다. 저널리즘 분야에서 일하거나 관심 있는 사람이라면 영화를 보는 걸로 끝내지 말고 책을 읽어보라고 권하고 싶다.

• 신화(神話)인가 실화(實話)인가 •

"≪워싱턴포스트≫ 기자들이 딥 스로트라는 극비 취재원의 도움을 받아 워터게이트 사건의 진실을 특종 보도해 탄핵 위기에 몰린 닉슨 대통령이 물러났다."

많은 사람이 아는 워터게이트 사건의 개요를 압축하면 이 정도가 아닐까 싶다. 정도의 차이는 있겠지만 26개월에 걸친 대하드라마 수준의 사건 전말과 비화를 제대로 아는 사람은 많지 않을 것이다. 필자가 평소 갖고 있던 의문은 과연 '포스트' 보도가 닉슨 대통령을 실각시켰는지, 정말 '포스트'만 워터게이트를 보도했는지, 딥 스로트가 '포스트' 보도에 미친 영향은 어느 정도였는지 등이었다.

'포스트'의 지속적인 보도와 특종기사들이 이 사건에 대한 수사와 국민의 관심을 살아 있게 하는 데 기여한 것은 사실이다. 그것이 닉슨의 사건 은폐 공작에 영향을 미쳤고 결과적으로 탄핵 위기에 몰린 닉슨을 사임하게 했다는 평가가 많다. 그러나 미국에서 나온 이 사건 보도에 대한 분석 자료를 보면, 학계에서는 '포스트'를 비롯한 미국 언론의 보도는 닉슨 사임에 큰 영향을 미치지 않았다는 평가가 만만치 않다.

영화에서처럼 과연 '포스트'가 거의 홀로 이 사건을 보도했을까? 2004년 ≪아메리칸저널리즘리뷰AJR≫에 실린 탐사보도 기자 출신 마크 펠드스타인Mark Feldstein 메릴랜드대 교수의 리뷰를 보면 '포스트'가 가장 많이 보도한 건 사실이다. 리뷰에 소개된 루이스 리보비치Louis Liebovich 일리노이대 교수의 양적 분석 결과 사건 초기 6개월 동안 '포스트'는 약 200건의 기사를 실었다. ≪뉴욕타임스≫가 보도한 기사 건수의 두 배가 된다. '포스트'에는 탐사보도 성격의 기사가 많았고 '타임스'와 달리 기사를 1면에 많이 실었으며 특종기사도 많았다.

다른 분석도 있다. 워터게이트를 취재한 ≪디모인레지스터The Des Moines Register≫의 퓰리처상을 받은 클라크 몰렌호프Clark Mollenhoff(1921~1991) 기자는 워터게이트에 대한 성공적인 조사에 우드워드와 번스틴만큼 기여한 기자 30여 명의 명단을 만들었다. 그는 우드워드와 번스틴의 역할이 과장되었다고 주장했다. 래리 새버토Larry Sabato 버지니아대 정치학 교수는 "≪워싱턴포스트≫는 칭찬을 너무 많이 받았고 다른 기자들은 칭찬을 너무 조금 받았다"라고 말했다.

닉슨 대통령의 법률고문 존 딘은 백악관에 가장 파괴적인 기사들을 쓴 기자로 ≪뉴욕타임스≫ 시모어 허시Seymour Hersh 기자를 꼽았다. ≪워싱턴스타≫ 제임스 포크James Polk 탐사보도 기자는 "≪로스앤젤레스타임스LAT≫도 우드워드와 번스틴 같은 수준의 특종을 많이 했다"라면서 "'LAT'는 워싱턴에서 읽는 사람이 별로 없어서 영향력이 없었다"라고 평가했다. 실제로 우드워드와 번스틴이 쓴 책에도 ≪타임≫, ≪뉴욕타임스≫, ≪로스앤젤레스타임스≫ 등이 중요한 특종을 많이 한 거로 나온다.

'포스트'와 우드워드·번스틴 기자의 신화myth가 만들어진 데는 두 기자의 책 『모두가 대통령의 사람들』과 이 책을 바탕으로 만든 영화가 큰 영향을 미쳤다는 분석이 많다. 브래들리 국장처럼 워터게이트 기사를 대담하게 1면에 배치한 신문이 미국의 수도 워싱턴에 있었던 것을 신화 탄생의 중요 원인으로 꼽는 기자도 있다. 특히 닉슨 사임을 두 달 앞둔 1974년 6월 두 기자의 책이 나와 베스트셀러가 되었고 1976년 이 책을 바탕으로 만든 영화까지 성공하면서 두 기자의 활약이 실제보다 부풀려져 신화가 되었다는 분석이 있다.

당시 '포스트' 내부에도 자사의 워터게이트 보도에 대한 비판과 회의적인 반응이 있었다. 영화에는 스콧 외신부장이 편집회의에서 워터게이트 기사가 위험하다고 말하는 부분이 나온다. 스콧은 회의가 끝난 뒤 국장이 "무엇이 위험하냐?"라고 묻자 이렇게 답한다. "익명의 취재원을 이용하는 것도 신경이 쓰이지만 백악관은 우리 기사를 전부 부인하고 다른 신문도 대부분 다루지 않고 있어. 워싱턴에 기자가 2000명 이상 있는데 워터게이트 취재는 다섯 명이 하던가? 우리가 어디서 갑자기 지혜를 독점했지? 공화당원들이 왜 그런 짓을 했을까? 난 그 기사 안 믿어. 말이 안 돼"(00:57:46-00:58:33).

이 에피소드가 책에는 나오지 않는다. 그러나 책과 제임스 페리James Perry(1927~2016) 전 ≪월스트리트저널≫ 기자가 작성한 컬럼비아대 저널리즘스쿨의 강의 자료인 「워터게이트 사례 연구Watergate Case Study」를 보면 '포스트' 내부에 실제로 회의적인 시각이 있었다. 우드워드가 밥 홀드먼 대통령비서실장 관련 오보를 낸 뒤 속은 게 아닐까 걱정하는 부분이 있다. 정치 담당 기자들은 "조심하고 너무 빠지지 마라. 이런 일은 선거 때 늘 있다"라며 주의를 주었다.

우드워드와 번스틴을 포함한 기자들의 기사가 대부분 FBI의 수사를 좇아갔고 FBI와 법무부 검사들이 흘려준 걸 대중에게 조금 미리 알린 것이라는 인색한 평가도 있다. FBI는 수사 착수 일주일 만에 언론의 도움 없이 범인들이 백악관과 연결되었다는 것과 그들의 돈이 CRP 자금이라는 것을 파악했다. FBI와 검찰이 언론과 유착해 닉슨을 낙마시켰다는 프레임도 가능하다. 한국식으로 표현하면 '경언警言 유착', '검언檢言 유착'이라고 할 수도 있을 것이다. 물론 '포스트'의 워터게이트 보도를 그렇게 비판하는 건 보지 못했다.

백악관이 사건을 은폐했다는 관련자들의 진술이나 증언이 나와도 이를 입증할 수 있는 증거 확보가 관건이었다. 닉슨을 사임하게 만든 결정적 증거인 '스모킹 건smoking gun'이 백악관 자동녹음장치로 닉슨과 참모들의 대화를 녹음한 테이프라는 데는 별로 이견이 없다. 의회와 특별검사가 그 테이프를 확보하지 못했거나 닉슨이 테이프를 없애버렸다면 닉슨이 물러나지 않아도 되었을 것이라고 주장하는 사람이 많다. 브래들리 국장조차 "닉슨은 사적인 대화가 녹음되지 않았다면 결정적 증거가 없어 살아남았을 것"이라고 자신의 회고록에서 밝혔다(Bradlee, 1995: 361~363).

사건 발생 초기에 백악관 출입기자들은 대체로 백악관의 '뉴 닉슨New Nixon' 이미지에 넘어가 '백악관이 사건에 관련되었을 리가 없다'고 오판했다. '포스트'의 캐럴 킬패트릭Caroll Kilpatrick 당시 백악관 출입기자조차 우드워드와 번스틴이 쓴 많은 기사에 회의적이었다.

'포스트'의 보도가 닉슨 사임의 단초를 제공했다고 볼 수는 있다. '포스트'의 적극적인 보도에도 불구하고 사건 발생 약 5개월 뒤인 11월 7일 대통령 선거에서 닉슨은 재선에 성공했다. 조지 맥거번 민주당 후보를 520 대 17(선거인단 수 기준)이라는 압도적 차이로 이겼다.

냉정하게 본다면 닉슨 사임은 미국의 사법 시스템과 의회, 언론이 모두 제대로 작동했기에 가능한 결과였다. 특히 상하원 조사 활동의 TV 생중계로 관심이 높아진 가운데 닉슨의 특별검사 해임 자충수도 큰 영향을 미쳤다. 하원이 탄핵 절차에 들어가고 대법원이 닉슨의 백악관 녹음테이프를 제출하라고 결정해 닉슨의 사법 방해와 사건 은폐 행위가 드러났다. 닉슨은 하원 사법위원회가 사법 방해, 권력 남용, 의회 무시 등 3개 혐의를 의결해 탄핵 위기에 몰리자 1974년 8월 8일 전격 사임을 발표해 탄핵은 면했다.

2012년 "워터게이트 사건 40주년" 토론회에서 상원 워터게이트특별위원회의 공화당 수석고문을 지낸 프레드 톰슨 상원의원(테네시주)은 이렇게 평가했다. "공격적인 언론, 딥 스로트, 청문회에서 대통령과의 대화 내용을 기꺼이 증언한 존 딘 백악관 고문 그리고 백악관 자동녹음장치가 없었다면 닉슨 대통령의 사임이라는 결과를 얻지 못했을 것이다."

그레이엄 '포스트' 발행인의 답변이 모범 답안일지도 모른다. "정부를 무너뜨리는 건 신문의 몫이 아니다. 우리가 그걸 한 것도 아니다. 우리는 기사를 살아 있게 한다는 신문의 정해진 일을 했을 뿐이다. 닉슨을 물러나게 한 절차는 헌법에 따른 것이었다."

브래들리 국장이 자서전에서 정리한 '포스트'의 역할을 요약하면 이렇다(Bradlee, 1995: 363). "워터게이트 사건을 국가적 의제로 유지하는 데 초기 9개월 동안은 거의 고군분투했다. 1972년 6월 17일 사건 발생부터 존 시리카John Sirica(1904~1992) 판사가 백악관이 사건 은폐에 연루되었다는 제임스 매코드James McCord(1924~2017)의 폭로 편지를 공개한 1973년 3월 23일까지 워터게이트 뒤에 감춰진 진실을 찾는 데 엔진 역할을 했다. 매코드의 폭로 이후에는 상원 워터게이트위원회와 청문회, ≪뉴욕타임스≫, ≪로스앤젤레스타임스≫, ≪타임≫, ≪워싱턴스타뉴스≫, ≪뉴스위크≫ 등 다른 언론들, 최종적으로 하원 사법위원회와 위원회의 극적인 탄핵 청문회 등 다른 엔진들이 작동했다." 브래들리는 워터게이트 사건 25주년인 1997년 TV 인터뷰에서도 "닉슨은 닉슨이 잡았다. ≪워싱턴포스트≫가 닉슨을 잡은 게 아니다"라고 말했다.

우드워드는 2006년 언론 인터뷰에서 이렇게 말했다. "언론이 닉슨을 무너뜨렸다고 말하면, 그건 허풍이다To say that the press brought down Nixon, that's horseshit."

그레이엄, 브래들리, 우드워드의 말은 겸손일까 진심일까?

• 우드워드와 번스틴 •

우드워드는 예일대 출신으로 ROTC 장학금으로 대학을 다녔으며 해군 통신 장교로 5년 근무했다. 그는 워터게이트 사건이 발생했을 때 주간지 1년과 일간지 9개월 경력의 신참 기자였다. 번스틴은 메릴랜드대 중퇴자로 16세부터 편집국 사환으로 일하다 19세에 정식 기자가 되었고 1966년부터 ≪워싱턴포스트≫에서 일했다. 우드워드는 공화당원, 번스틴은 인권운동가인 부모가 1940년대 공산당원이었다. 하버드대 출신인 브래들리 국장은 존 F. 케네디 전 대통령과 친구 사이였다. 취재와 보도의 핵심 주역 세 사람의 배경이 이질적이지만 젊은 두 기자에게 취재를 맡긴 건 결과적으로 '신의 한 수'였다. 당시 우드워드는 29세 이혼남, 번스틴은 28세 별거남이었다. 모두 일중독자였고 가정이 없어 취재에 전념할 수 있었던 것도 '포스트'로서는 행운이었다고 그레이엄 발행인은 말한 적이 있다.

두 기자는 원래 같이 일한 적이 없었다. 워터게이트 사건을 취재하면서 처음에는 경쟁의식 때문에 분위기가 어색했다. 1972년 8월 1일부터 기사에 두 사람 이름이 같이 들어가는 공동 바이라인을 달면서 서로에 대한 불신과 의심이 줄었다. 이후 공동 취재와 정보 공유가 원활해졌다. 그래도 단어 하나, 문장 하나를 놓고 15분 동안 공개적으로 격한 논쟁을 마다하지 않을 정도로 완벽을 지향했다. 한 사람이 반대하는 기사는 싣지 않는다는 원칙도 있었다. 실제로 한 사람이 이의를 제기해 보충 취재를 거쳐 뒤늦게 기사를 내보낸 적도 있다.

이 영화는 인터넷도 휴대전화도 없던 1970년대 초 기자들이 얼마나 힘들게 퍼즐 조각을 하나씩 찾아서 맞춰가는지를 생생하게 보여준다. 기자들이 사실을 확인하는 과정은 엄청난 시간과 노력, 무한한 인내심이 필요할 때가 많다. 두 기자의 워터게이트 취재 노트와 인터뷰 사본, 기사 원고, 두 권의 저서 집필 자료, 각종 문서 등은 미국 텍사스대 기록보관소 겸 도서관인 해리랜섬센터Harry Ransom Center가 500만 달러를 주고 확보해 보관하고 있다.

두 기자는 '포스트'의 워터게이트 특종 보도에 가장 큰 공로자다. 그렇다면 퓰리처상을 받았을까? 아쉽게도 두 기자는 퓰리처상 개인상은 받지 못했다. 1973년 워터게이트 보도의 공로로 워싱턴포스트사에 공공 서비스public service 부문 퓰리처상이 돌아갔다. 공공 서비스 부문상은 주로 언론사에 주어진다. 2002년에도 9·11테러 보도의 공로가 인정되어 워싱턴포스트사가 국내보도 부문 퓰리처상을 받았다. 이때도 우드워드는 큰 기여를 했지만 개인상은 못 받았다. 우드워드는 퓰리처상 이외의 미국의 주요 언론상은 대부분 받았다. 그는 1974년 『모두가 대통령의 사람들』부터 2020년 『격노Rage』까지 20권의 책을 썼다. 두 권은 번스틴과의 공저. 13권이 베스트셀러가 되었다. 우드워드는 '포스트'에서 계속 일하면서 많은 베스트셀러를 출판한 유명인사가 되었다.

번스틴은 1976년 '포스트'를 떠나 방송 출연과 잡지 기고, 책 집필 등 다양한 활동을 계속하고 있다. 브래들리는 1968년부터 1991년까지 23년 동안 전설적인 편집국장으로 일한 뒤 무임소 부사장으로 물러났다. 그의 국장 시절 '포스트'가 받은 퓰리처상은 모두 18개였다. 그는 말년에 알츠하이머병으로 고생하다 2014년 10월 21일 사망했다.

백악관을 무너뜨린 사나이

Mark Felt, the Man Who Brought Down the White House, 2017

감독 각본 피터 랜즈먼 | **출연** 리엄 니슨(마크 펠트), 마턴 초카스(패트릭 그레이), 토니 골드윈(에드 밀러), 브루스 그린우드(샌디 스미스), 줄리언 모리스(밥 우드워드), 마이카 먼로(조앤 펠트), 마이클 홀(존 딘), 노아 와일(스탠리 포틴저) | **상영시간** 103분

마크 펠트 전 미국 연방수사국FBI 부국장은 ≪워싱턴포스트≫가 1972년 워터게이트 사건을 보도할 때 밥 우드워드 기자의 비밀 취재원이었다. '포스트' 내부에서 딥 스로트라는 별명으로 불린 펠트는 우드워드가 취재한 내용을 확인해 주거나 기사 방향을 결정하는 데 도움을 준 '전설적인 익명의 취재원'이었다. 펠트는 사건 발생 33년 만인 2005년 미국 잡지 ≪배니티 페어Vanity Fair≫에 실린 존 오코너John O'Connor 변호사와의 인터뷰를 통해 자신이 딥 스로트라고 털어놓았다. 펠트는 우드워드와 칼 번스틴 기자의 책 『모두가 대통령의 사람들All the President's Men』과 동명의 영화에 딥 스로트로 등장했다. 그를 두고 "미국 역사상 가장 유명한 익명의 존재"라는 말도 있다. 이 영화는 펠트가 딥 스로트로 공식 확인되고도 12년이나 지난 2017년 제작되었다.

• 시놉시스 •

▌〈백악관을 무너뜨린 사나이〉 포스터.

1972년 11월 7일 미국 대통령 선거를 약 7개월 앞둔 4월 11일 백악관 앞에서 반전시위가 한창이다. 마크 펠트 FBI 부국장은 백악관에서 시위대 체포를 놓고 존 딘 대통령법률고문과 이견을 보인다. 5월 2일, 48년 동안 FBI를 지배한 에드거 후버 국장이 갑자기 뇌졸중으로 죽는다. 닉슨 대통령은 해군사관학교 출신 패트릭 그레이(1916~2005) 법무부 차관보를 국장 대행으로 임명한다. 펠트는 그레이에게 말한다. "FBI는 세계에서 가장 존경받는 기관으로 미국을 이끌어가는 2개 기관 중 하나입니다. 누구의 간섭도 받지 않았기 때문입니다. 국장님이 FBI를 먼저 지키려고 하는 한 항상 도움을 드릴 겁니다." FBI 독립에 대한 펠트의 소신이 드러난다.

6월 17일 오전 2시 반, 워터게이트빌딩 내 민주당전국위원회DNC 사무실에 도청 장치를 설치하러 들어간 범인들이 경찰에 붙잡힌다. 펠트는 전직 FBI와 중앙정보국CIA 요원이 포함된 걸 알고 심각한 사안임을 감지한다. 그런데 딘 고문이 다녀간 뒤 그레이는 펠트에게 백악관과 CIA 사람을 조사하지 말 것과 48시간 내 수사 종결을 지시한다. 펠트는 주간지 ≪타임≫의 샌디 스미스 기자를 은밀하게 만나 지시 내용을 얘기해 준다. ≪워싱턴포스트≫에도 공중전화로 알려준다.

≪타임≫에는 그레이가 사건을 백지화하려 한다는 제보를 받았다는 기사가 나온다. 6월 20일 월요일 자 '포스트' 1면에 "도청 사건으로 체포된 5명에 공화당 보안책임자 있다GOP Security Aid Among 5 Arrested In Bugging Affair"라는 제목의 특종기사가 실린다. 펠트가 백악관의 수사 방해를 막기 위해 정보를 흘린 것.

백악관은 기사 출처로 FBI를 지목한다. 펠트는 백악관일 수도 있다고 반박한다. 당장 조치가 필요하다는 딘 고문에게 펠트가 한 말. "백악관은 FBI에 어떤 권한도 없고 제안도 할 수 없습니다."

법무부와 백악관이 수사에 개입하고 그레이가 사건 종결을 압박하자 펠트는 고립된다. 펠트가 핵심 요원들에게 말한다. "지난 이틀 동안 법무부의 엉터리 정의를 보았다. 워터게이트에 침입한 사람이 누군지 우린 안다. 이게 끝이 아니고 시작이다. 우리는 이것이 대통령 재선운동을 위한 비밀정보 작전이며 불법이란 걸 안다. … 증거를 따라가는 것이 우리 일이다. 그 증거들은 백악관과 그곳에서 일하는 사람들을 가리킨다. 우리가 쫓던 모든 조사를 종결하라는 명령을 받았다. … 누구도 FBI 수사의 추진력을 멈출 수 없다. 우리 자신조차도." 그는 언론사에 전화로 수사 정보를 흘린다.

선거 29일 전. 펠트는 '포스트' 기자 우드워드를 한밤중에 지하 주차장에서 만난다. "상세한 부분에서 길을 잃었다"라는 우드워드에게 펠트는 "그게 그들의 계획"이라며 "진실은 행정부를 파멸시킬 수 있다"라고 말해준다. 펠트는 재촉한다. "대통령 선거날인 11월 7일 전에 알려지면 대중은 경악할 거요."

1972년 10월 10일 화요일 '포스트' 1면에 "FBI가 닉슨 보좌관들의 민주당원 방해 행위를 적발했다FBI Finds Nixon Aides Sabotaged Democrats"라는

제목의 기사가 나온다. 하지만 한 달 뒤 닉슨은 재선에 성공한다.

그레이는 정보 유출이 백악관을 미치게 한다면서 펠트도 거론된다고 말한다. 백악관은 펠트가 기사 출처라고 확신했다. 빌 설리번이 FBI 부국장 후보로 유력시된다. 펠트는 ≪타임≫ 기자에게 설리번이 과거 백악관 직원들과 기자 다섯 명을 도청하고 사찰했다고 알려준다. 1973년 3월 5일 자 ≪타임≫에 사건이 폭로된다.

상원 FBI 국장 인준 청문회에서 의원들은 펠트가 흘려준 정보로 쓴 기사를 근거로 그레이에게 질문한다. 그레이는 FBI의 워터게이트 파일을 대통령 지시로 딘에게 넘겼다고 답변한다. 딘을 포함한 대통령 참모들이 물러나고 그레이는 인준에 실패한다. 새 국장 대행이 임명되자 펠트는 1973년 6월 22일 FBI를 떠난다.

4년 후 펠트는 FBI의 과거 인권침해 사건을 조사하는 대배심에 불려 간다. 그는 1972년 좌익 과격 단체 '웨더 언더그라운드' 조직원들의 친척과 친구 집에 불법 침입해 도청하도록 지시한 사실을 시인한다. 펠트는 백악관에 자주 출입한다는 이유로 사람들이 자신을 딥 스로트일 거라고 말했다고 한다. 이에 한 배심원이 "당신이 딥 스로트였나요?"라고 묻는다. 펠트가 답변하지 않은 채로 영화는 끝난다.

• 저널리스트의 관점 •

이 영화는 펠트가 1979년 쓴 회고록 『FBI 피라미드: 내부로부터The FBI Pyramid: From the Inside』와 잡지 ≪배니티 페어≫ 인터뷰, 우드워드의 저서 『시크릿 맨: 워터게이트 딥 스로트 이야기The Secret Man: The Story of Watergate's Deep Throat』(2005년) 등을 바탕으로 만들었다. 펠트의 시각이 많이 반영된 셈이다.

영화 마지막에 나온 "펠트는 미국 역사상 가장 영향력 있는 내부 고발자whistleblower 중 한 명으로 그의 유산은 엄청나다"라는 자막은 이 영화가 펠트를 영웅으로 그렸음을 보여준다. 영화의 영어 제목 '마크 펠트, 백악관을 무너뜨린 사람'부터 그렇다.

과연 펠트는 백악관을 무너뜨린 사람일까? ≪워싱턴포스트≫는 펠트의 도움이 없었으면 워터게이트 스캔들을 제대로 보도할 수 없었을까?

우드워드와 번스틴은 이 영화의 각본을 쓰고 연출한 피터 랜즈먼에게 2016년 10월 보낸 편지에서 "펠트를 백악관을 무너뜨린 사람으로 규정하는 건 명백한 잘못"이라고 지적했다. 펠트는 자신들의 보도에 도움을 준 수십 명의 취재원 가운데 한 명이었다는 것. 심지어 '이 영화가 역사와 워터게이트의 교훈을 왜곡한다'고 비판하기도 했다. 우드워드는 AP 인터뷰에서 "펠트가 기여도 했고 가끔 용감한 역할을 했지만 그를 백악관을 무너뜨린 사람으로 묘사한 것은 정확하지 않다"라고 말했다. 우드워드가 워터게이트를 취재하면서 펠트를 직접 만나거나 전화로 통화한 것은 모두 열여섯 번이다. 그중 일부는 특별한 내용이 없었다. 워터게이트는 사건 발생부터 닉슨 사임까지 26개월이 걸렸다.

우드워드와 번스틴은 2012년 6월 11일 워싱턴에서 열린 "워터게이트 40주년" 토론회에서 '펠트가 없었어도 사건을 파헤쳤을 것으로 생각하느냐'는 질문에 이렇게 답했다. "펠트는 우리가 맞는지 확신하지 못한 사안들을 확인해 줌으로써 취재에 큰 도움을 주었다. (그가 없었더라도) 파헤칠 수 있었을 것이다."

워터게이트 보도 당시 '포스트'의 취재 지휘를 전담했고 『거대한 은폐The Great Cover-up』를 쓴 배리 서스먼은 워터게이트 25주년이던 1997년 6월 17일 쓴 글에서 펠트가 거인이 된 것은 '신화의 힘' 덕분이라고 주장했다. 자신은 딥 스로트가 누구인지 알지 못했고 '포스트'의 보도에서 중요하지도 않았다는 것. 그는 "부장 이상은 통상 취재원의 이름을 알고 비밀을 약속했다면 신문에 쓰지 않는다"라면서 "부장들에게 취재원을 모르게 한다는 뜻은 아니다"라고 밝혔다. 그는 "우드워드가 브래들리 국장에게 딥 스로트가 누군지 말해준 것은 닉슨이 사임한 뒤인 1975년이나 그 후일 것"이라며 "브래들리가 그렇게 오랫동안 그가 누군지 묻지 않은 것은 관심이 없었기 때문이었다"라고 주장했다. 그는 "사이먼스 부국장이나 로즌펠드 부장이 딥 스로트가 누군지 묻지 않은 것도 그가 우리 보도에 중요하지 않다는 나와 같은 이유 때문이었다"라고 덧붙였다.

브래들리는 회고록에서 딥 스로트의 이름을 안 것은 1976년 5월 출판된 우드워드와 번스틴의 두 번째 책 『마지막 날들The Final Days』이 나왔을 때였다고 썼다.

• 팩트체크 •

영화에는 펠트의 FBI 부국장 시절 인권침해 사건을 조사하는 대배심에서 있었던 내용이 나온다(01:36:58-01:38:34). 펠트는 자신이 백악관에 자주 출입한다는 이유로 사람들이 자신을 딥 스로트일 거라고 말했다고 한다. 존 스탠리 포틴저John Stanley Pottinger 검사가 관례에 따라 배심원에게 "질문할 게 있습니까?"라고 묻자 한 배심원이 "당신이 딥 스로트였나요?"라고 묻는다. 영화는 펠트가 답변하지 않은 상태로 끝난다.

우드워드는 2005년 출판한 펠트에 관한 책 『시크릿 맨』에 포틴저한테서 들은 얘기를 공개했다. 배심원이 묻자 펠트가 몹시 당황해서 "노"라고 말했다. 포틴저는 속기사에게 기록을 중단하게 한 뒤 펠트에게 "선서한 상태니까 정직하게 답해야 한다"라고 주의를 주었다. 질문이 공식 조사 범위에 포함되지 않으니 원한다면 질문을 철회시키겠다고 하자 펠트도 철회를 원해서 끝났다는 것.

포틴저는 1976년에 이미 펠트가 딥 스로트라는 사실을 알고 우드워드에게 말한 적이 있다. 포틴저가 펠트의 답변을 철회하도록 유도한 것은 그가 딥 스로트인 걸 알았기에 아니라고 답변하면 위증으로 처벌받을 수 있어서 배려한 것으로 볼 수 있다.

영화에서 우드워드는 펠트를 지하 주차장에서 만나 "우리끼리는 당신을 '딥 스로트'라는 별명으로 부른다"라고 말해준다(01:03:30-01:06:12). 책에는 그런 내용이 없다. 우드워드는 펠트에게 그런 낯간지럽고 창피한 이름으로 책에 등장할 거라고 미리 알리지 않았다(셰퍼드, 2009: 187). 책과 영화에 딥 스로트라는 별명이 나오자 펠트는 '그런 비속한 호칭이 역사 속 자신의 자리에 꼬리표처럼 붙는다는 것 때문에 충격을 받았다'고 우드워드가 말한 적도 있다.

영화 마지막 부분에 펠트 부부가 반문화운동에 참여해 가출한 뒤 공동체 생활을 하던 딸 조앤과 재회하는 장면이 나온다(01:29:50-01:31:02). 펠트는 치마를 입고 아들을 안은 딸과 포옹한다. 당시 조앤은 친구와 함께 나체로 있다가 아버지 차가 오는 걸 보고 급히 닭장을 개조한 숙소에 들어가 옷을 걸치고 부모와 만났다고 ≪타임≫ 인터뷰에서 털어놓았다.

영화에는 펠트가 '포스트'에 알렉스 시플리에 관해 전화로 알려주면서 시플리에게 접근한 로스앤젤레스 변호사가 세그레티라고 말해준다(01:01:17-01:02:14). 그러나 『모두가 대통령의 사람들』 책에는 변호사를 자처한 사람이 번스틴에게 전화해서 자기 친구 시플리가 1971년 여름에 군대 친구로부터 닉슨 선거운동에 참가하라는 제의를 받았다고 했지만, 군대 친구가 세그레티라고 말하지는 않았다(Berstein and Woodward, 1976: 117).

영화에는 펠트의 제보를 받고 쓴 기사가 실린 1972년 6월 20일 월요일 자 '포스트'가 나온다(00:36:16-00:36:32). 기사 제목이 "GOP Security Aid Among 5 Arrested In Bugging Affair"로 되어 있다. 제목에 Aid는 Aide보좌관의 잘못이다. 그런데 이 기사가 실린 진짜 신문은 6월 19일 월요일 자였다. 물론 진짜 신문에는 Aide로 되어 있다.

이밖에 사소한 것일 수도 있지만 실수인지 고의인지 판단하기 어려운 부분이 여러 군데 있다. 영화 시작 부분(00:03:59)에 펠트가 백악관에 들어간 날이 1972년 4월 11일이라면서 선거 203일 전이라는 자막이 나온다. 그러나 그해 대통령 선거일은 11월 7일이었으니 210일 전이다. 워터게이트 사건이 발생한 날은 1972년 6월 17일로 선거 143일 전이다. 그러나 자막(00:21:31)에는 선거 133일 전으로 나온다. 또 그날은 토요일이었는데 일요일(00:23:27)이라고 사실과 다르게 나온다.

• 펠트는 누구인가 •

마크 펠트(1913~2008)는 아이다호주 출신으로 1935년 아이다호대 졸업

후 워싱턴에서 민주당 상원의원 사무실에서 일했다. 이때 야간에 조지 워싱턴대 로스쿨을 다녀서 1941년 변호사가 되었다. 연방무역위원회FTC를 거쳐 1942년 1월 FBI에 들어갔다. 그는 1971년 7월 클라이드 톨슨Clyde Tolsen(1900~1975) 부국장을 보좌하는 부국장보로 승진했다. 1972년 5월 2일 에드거 후버 국장이 사망하고 이틀 뒤 톨슨이 건강 때문에 사임하자 그는 FBI 이인자인 부국장이 되었다. 그는 1972년 6월 17일 워터게이트 사건 발생부터 1973년 6월 FBI 수사가 끝날 때까지 모든 수사 정보를 알 수 있는 부국장이었다.

우드워드는 원래 펠트가 죽은 뒤 취재원을 공개하기로 약속했다. 그러나 펠트 본인이 2002년 봄에 확인해 준 걸 존 오코너 변호사가 본인과 가족의 동의를 얻어 2005년 7월 호 ≪배니티 페어≫에 쓴 글을 통해 펠트가 딥 스로트였다고 인정했다. 제목은 "내가 딥 스로트라고 불린 사람입니다I'm the guy they called deep throat". 2008년 세상을 떠난 펠트는 FBI 사람들이 자신을 배신자로 보지 않을지, 가족에게 불명예가 되지 않을지를 가장 고민했다고 한다.

오코너는 아치볼드 콕스 워터게이트 특별검사를 해임하라는 닉슨의 지시를 거부하고 사표를 낸 윌리엄 러컬스하우스William Ruckelshaus 법무부 부장관이 자신의 멘토였다는 검사 출신 변호사다. 오코너는 딸 대학 친구인 닉 존스와 얘기하다가 닉의 외할아버지가 펠트라는 걸 알게 되었다. 오코너는 펠트가 딥 스로트라는 말을 검사 때 들었다. 오코너가 닉에게 '할아버지가 딥 스로트라는 걸 아느냐'고 물었다. 닉의 답은? "최근에야 할아버지가 바로 그라고 생각하기 시작했어요."

그 뒤 닉이 오코너에게 펠트가 딥 스로트라고 인정하는 문제를 상의하자고 요청했다. 펠트는 사후 공개를 고집하다가 결국 생전에 공개하기로 마음을 바꾸었다. 펠트는 가족에게도 자신이 딥 스로트라는 걸 숨겨왔다. 오코너와 인터뷰할 무렵에 그는 지인들에게 자신이 딥 스로트라고 말하기 시작했다.

• 딥 스로트 맞추기 •

딥 스로트가 누구냐는 것은 수십 년 동안 추측과 관심의 대상이었다. 윌리엄 렌퀴스트 대법관, 헨리 키신저와 알렉산더 헤이그 국무장관, 팻 뷰캐넌 닉슨 연설문 작성자 등 숱한 사람이 거론되었다. 여러 사람의 합성이라거나 아예 가공의 인물이라는 주장도 있었다.

딥 스로트는 하워드 사이먼스 '포스트' 부국장이 지은 펠트의 별명. 당시 상영 중이던 포르노 영화 제목 〈목구멍 깊숙이Deep Throat〉와 저널리즘 용어인 딥 백그라운드deep background를 합쳐 만들었다.

펠트는 지미 카터 대통령 시절인 1980년 11월 6일, FBI가 1956~1971년 저지른 영장 없는 가택침입 등 불법 활동의 일부를 지시한 혐의로 벌금 5000달러를 선고받았다. 닉슨 대통령의 비서실장 밥 홀드먼은 1972년 10월 19일 닉슨에게 펠트가 언론에 정보를 흘린다고 보고했다. 그는 '펠트를 내보내면 모든 걸 털어놓을 것이기 때문에 아무것도 안 하는 게 낫다'고 판단했다. 홀드먼은 딘 고문에게 펠트를 처벌하자고 했지만 처벌할 만한 죄를 짓지 않았다는 답을 들었다. 딕 클라인딘스트Dick Kleindienst 법무장관도 백악관 참모들이 펠트를 '포스트'에 정보를 준 장본인으로 확신한다며 패트릭 그레이에게 그를 내보내라고 했다. 윌리엄 러컬스하우스 FBI 국장 대행은 ≪뉴욕타임스≫ 기자를 사칭한 사람으로부터 펠트가 정보 제공자라는 전화를 받았다. 국장이 추궁하자 부인한 펠트는 다음 날 사표를 냈다.

펠트가 딥 스로트라는 건 언론에 종종 보도되었지만 당사자들이 모두 부인해 왔다. 2002년 워터게이트 30주년을 계기로 타블로이드 신문 ≪글로브≫의 다나 코프만Dawna Kaufmann 기자가 펠트의 딸 조앤에게 "펠트가 딥 스로트냐?"라고 물었다. 조앤은 1999년 우드워드가 집에 다녀간 걸 얘기해 주었다. 코프만은 신문에 "딥 스로트가 드러났다Deep Throat Exposed!"라고 썼다. 코프만은 칼 번스틴 기자의 아들 제이콥이 1988년 여름 캠프에서 '엄마 노라 에프론Nora Ephron(1941~2012)이 펠트가 딥 스로트라고 말하는 걸 들었다'고 이야기한 제이콥의 친구 체이스 쿨먼벡먼Chase Culeman-Beckman을 취재 보도한 1999년 7월 28일 자 ≪하트퍼드 쿠란트Hartford Courant≫ 기사를 인용했다.

번스틴과 1976년부터 4년 동안 결혼 생활을 한 에프론은 영화 〈시애틀의 잠 못 이루는 밤Sleepless in Seattle〉(1993년), 〈유브 갓 메일You've Got Mail〉(1998년) 등의 각본을 쓴 유명인사. 그는 우드워드가 취재원을 'M.F.'라고 적은 걸 알고 그가 마크 펠트라고 확신했다. 당시 우드워드는 M.F.가 'My Friend'의 약자라고 말했다.

'포스트'에서 우드워드와 함께 취재했던 제임스 만 기자는 워터게이트 사건 발생 20주년인 1992년 월간지 ≪애틀랜틱≫ 5월 호에 "딥 스로트는 FBI 내 취재원이며 펠트일 가능성이 있다"라는 글을 실었다.

• 펠트와 우드워드의 인연 •

우드워드는 ≪배니티 페어≫에 펠트가 딥 스로트라는 오코너 변호사의 글이 나온 뒤 펠트와의 인연을 2005년 6월 20일 자 ≪워싱턴포스트≫ 기사[“마크 펠트는 어떻게 딥 스로트가 되었나(How Mark Felt Became ‘Deep Throat’)”]에서 밝혔다. 두 사람의 인연은 해군 장교로 5년 근무한 우드워드가 제대를 앞둔 1970년 백악관에 전달할 것이 있어서 갔다가 비슷한 용무로 거기에 간 펠트를 처음 만나면서 시작했다. 우드워드는 백악관에서 한 번 더 펠트를 만났고 FBI 사무실과 그의 집으로 전화를 걸어 대화도 했다. 전역하고 주간 신문 ≪몽고메리카운티센티널The Montgomery County Sentinel≫에서 1년 일할 때 우드워드는 펠트에게 자주 전화하고 집에도 찾아가 관계를 발전시켰고 펠트를 멘토로 삼았다. ‘포스트’ 기자가 된 뒤인 1972년 5월 조지 월리스George Wallace 앨라배마 주지사 암살 미수 사건 취재 때도 펠트가 정보를 주었다. 펠트는 ‘기사에 자신을 인용하지 말 것’과 ‘FBI에 취재원이 있다는 걸 누구도 알아선 안 된다’는 조건을 걸었다. 워터게이트 사건이 터지고 범인들이 도청 범죄에 관련돼 FBI가 수사하게 되면서 펠트는 우드워드의 딥 스로트가 되었으니 두 사람의 인연이 운명 같다.

• 영웅인가 배신자인가 •

펠트에 대해서는 긍정과 부정의 평가가 엇갈리고 있다.

‘고결한 정보 누설자의 이상형’, ‘완전한 애국자’, ‘헌신적으로 FBI에 일생을 건 사람', '대통령과 보좌관들이 백악관에서 범죄 작전을 편다고 믿고 자신의 모든 걸 걸고 기자들을 인도한 영웅' 등은 대표적인 긍정 평가다. FBI의 독립성을 유지하고 닉슨 행정부의 부정부패를 아무런 간섭을 받지 않고 원칙대로 수사하기 위해 용감한 행동을 한 '의인'이나 '영웅'으로 보는 시각이 많은 것은 사실이다. 미국 언론은 기본적으로 내부 고발자에게 우호적이다. 내부 고발의 순기능을 기대하고 기자와 언론으로서도 나쁠 것이 없기 때문이다.

부정적인 평가도 있다. 언론인이자 역사가인 맥스 홀랜드Max Holland는 2012년 저서 『누설: 마크 펠트는 왜 딥 스로트가 되었나Leak: Why Mark Felt Became Deep Throat』에서 펠트는 영웅이 아니라고 주장했다. 펠트는 국장이 되겠다는 야망을 위해 언론을 이용한 것이지 나라를 위해 언론을 도운 것이 아니라는 것이다. 그는 각종 자료를 근거로 책을 썼다.

펠트의 정보 누설은 고위 공직자로서 옳은 일이 아니었다는 비판이 있다. 펠트가 지속적으로 딥 스로트가 아니라고 거짓말을 한 것도 비겁한 행위로 지적된다. 펠트는 자신의 행위를 스스로 부정하는 발언도 했다. "FBI에 충성하는 직원이 정보를 누설하는 것은 나의 책임과 의무에 반하는 것이다." 닉슨 대통령 측의 불법 도청과 무단 침입을 수사하면서 자신도 좌익 단체 수사 때 불법 침입과 도청을 지시한 것은 이율배반이라는 비판도 있다.

프로스트 VS 닉슨

Frost/Nixon, 2008

감독 론 하워드 | **출연** 프랭크 란젤라(리처드 닉슨), 마이클 신(데이비드 프로스트), 샘 록웰(제임스 레스턴 주니어), 케빈 베이컨(잭 브레넌), 매튜 맥파디엔(존 버트), 올리버 플랫(밥 젤닉), 레베카 홀(캐럴라인 쿠싱) | **상영 시간** 122분

리처드 닉슨 미국 대통령이 사임 2년 반 뒤인 1977년 3~4월 영국 방송인 데이비드 프로스트David Frost(1939~2013)와 한 TV 독점 인터뷰를 소재로 만든 영화다. 영화 제목이나 포스터는 두 사람의 인터뷰 대결 같은 인상을 주지만 사실은 인터뷰 추진과 성사, 준비와 실제 인터뷰 과정에서 있었던 일화가 영화의 주요 내용이다. 각본은 2006년 영국 런던, 2007년 미국 브로드웨이 무대에 오른 연극의 극본을 쓴 피터 모건의 작품이다. 이 영화는 실화를 토대로 영화를 만들 때 생기는 극적 자유dramatic license와 인터뷰 대상에게 대가를 주는 이른바 '수표 저널리즘'의 관점에서 생각할 게 많다.

• 시놉시스 •

▌〈프로스트 VS 닉슨〉 포스터.

영화의 처음 5분 40초 동안 워터게이트 사건 발생부터 닉슨의 대통령 사임까지의 자료 화면이 나온다. 이어 호주에서 TV 토크쇼를 진행하는 영국 방송인 데이비드 프로스트가 등장한다. 그는 닉슨의 백악관 고별 방송을 4억 명이 지켜본 것에 주목해 닉슨 인터뷰를 생각한다.

프로스트는 닉슨과 90분짜리 4회 방송용 인터뷰를 하고 60만 달러를 주기로 계약한다. 닉슨은 230만 달러를 받고 회고록을 발간하기로 한 상태. 닉슨이 프로스트를 선택한 것은 돈도 많이 주고 상대하기 쉬울 것으로 보았기 때문이다.

영화는 프로스트가 인터뷰를 미국 공중파 TV 대신 신디케이트를 통해 방송하게 된 과정과 준비팀을 구성해 인터뷰 전략을 짜고 질문을 만드는 과정을 보여준다. 준비팀 멤버는 대학에서 강의하며 닉슨 관련 책을 쓰는 제임스 레스턴 주니어와 미국 방송인 밥 젤닉, 영국 방송인 존 버트. 닉슨의 참모는 잭 브레넌.

실제 인터뷰는 캘리포니아주 샌클레멘테의 한 저택에서 1977년 3월 23일 시작되었다. 영화 시작 55분 만에 나온 프로스트의 첫 질문. “왜 그 녹음테이프들을 불태우지 않으셨죠?” 약간 놀란 듯한 닉슨은 침착하게 답한다. “백악관 녹음 시스템은 전임자 린든 존슨 때 설치했습니다. 모든 회의에서 서기를 둬야 하는 걸 피하고 구두 합의도 기록이 남는다는 걸 보증하려고요. 즉흥적, 우발적인 것도요. 나는 (녹음 시스템을) 없애려고 했지만 존슨이 그걸 없애면 얼마나 어리석은 짓이 될지 계속 얘기했습니다. 그건 가장 좋은 방법이었다고요."

첫 질문과 답변에 대해 브레넌은 "(프로스트가) 자신이 상대할 사람의 그릇을 몰랐다면 각하의 첫 대답에서 확실히 알게 된 거죠"라며 만족한다. 답변이 길어지자 프로스트 팀이 인터뷰를 중단하고 전략회의를 한다. 심리 게임에 말려들었다며 프로스트에게 말려들지 말라고 조언한다.

3월 25일 인터뷰에서는 월남전과 캄보디아 침공 등 닉슨의 대외 정책을 다루었다. 프로스트는 자료 화면을 오래 틀어놓는다. 닉슨은 자신감과 확신에 찬 태도를 보여준다. 프로스트와 스태프들은 자중지란. 인터뷰가 끝난 뒤 닉슨은 자기 집 거실에 가족과 측근들을 모아놓고 피아노를 연주하며 여유를 부린다. 브레넌은 "11 대 0으로 닉슨의 완승"이라고 자평한다.

닉슨은 마지막 인터뷰 전날 밤 술에 취해 프로스트에게 전화를 걸어 넋두리를 늘어놓는다. 그러다가 "명심하게, 때가 되면 난 집중하고 전투에 임할 거야"라고 한 뒤 전화를 끊는다. 프로스트는 워터게이트 녹음테이프를 들으며 질문을 다듬는다.

드디어 4월 22일 마지막 인터뷰. 프로스트는 레스턴이 찾아낸 닉슨과 특별고문 찰스 콜슨의 비공개 대화 내용을 근거로 '워터게이트 범죄 은폐를 지시하지 않았느냐'고 압박한다.

닉슨 대통령 집무실에 있으면 많은 걸 해야 하고 때로는 엄격한 법적 감각에서 합법은 아니지만 그걸 해요. 그게 국가라는 대의를 위한 거니까.

프로스트 어떤 상황에선 대통령이 국익에 최선인지 아닌지 결정할 수 있고 그래서 불법인 것도 한다는 말입니까?

닉슨 내 말은 대통령이 하면 그건 불법이 아니란 거요. 난 그렇게 믿소.

프로스트 그렇다면 인정하시겠습니까? 각하께선 (워터게이트 사건) 은폐에 동참하셨고 법을 어기셨습니까?

닉슨이 곤혹스러워하는 순간 브레넌이 인터뷰를 중단시킨다. 휴식 후 재개된 인터뷰에서 프로스트와 닉슨의 질문, 답변이 영화의 절정을 향한다.

프로스트 미국인들이 듣고 싶어 하는 게 세 가지 있습니다. 하나는 아마 실수보다 더한 것이 있었을 것이다. 부정행위가 있었고 범죄도 있었을 것이다. 둘째, 난 대통령으로서 권력을 남용했다. 셋째, 난 미국 국민을 2년간 불필요한 고통으로 몰아갔고 난 그걸 사과한다. 국민은 그걸 들을 필요가 있습니다. 그 말을 안 하면 각하께선 평생 괴로움에 시달리실 겁니다.

닉슨 사실이오. 난 실수를, 끔찍한 실수들을 했어요. 대통령으로선 해선 안 되고 소년 시절 내가 항상 꿈꿨던 우수함의 기준에도 안 맞는 걸. … 네, 인정해요. 그런 적이 있어요. 난 충분히 책임지지 않았고 당신이 말한 그 은폐에 관여했어요. 그 모든 실수를 정말 깊이 후회해요. … 지금 내게 바닥에 무릎 꿇고 기라면 절대로 못 해요. 난 아직도 그게 마음의 실수지 머리의 실수는 아니라고 생각해요. 하지만 다 내 실수니 누굴 탓하겠어요. 내가 날 파멸시켰어요.

프로스트 그럼 미국 국민은요?

닉슨 내가 실망시켰죠. 난 친구들을 실망시켰고 나라를 실망시켰어요. 가장 나쁜 건 정부 체계를 망친 거예요. … 난 미국 국민을 실망시켰고 난 그 짐을 지고 가야 할 거예요. 내 정치생명은 끝났어요.

닉슨의 일그러진 표정은 고뇌와 침통함을 보여준다. 레스턴은 "마지막 날 닉슨의 붓고 초췌한 얼굴에는 외로움과 자기혐오와 패배감이 가득했다"라면서 프로스트의 승리라고 자평한다. 인터뷰는 그렇게 끝나고 프로스트는 새로운 연인 캐럴라인 쿠싱Caroline Cushing과 닉슨을 찾아가 작별 인사를 나눈다. 닉슨은 "자넨 훌륭한 적수였네"라고 덕담을 건넨다.

• 저널리스트의 관점 •

닉슨 대통령의 사임 후 2년 반 만에 이루어진 첫 TV 인터뷰를 다룬 영화라지만 사실은 인터뷰 뒷얘기 영화다.

그럴 수밖에. 실제로 인터뷰는 1977년 3월 23일부터 4월 22일까지 한 번에 약 두 시간씩 12회에 걸쳐 이루어졌다. 총 인터뷰 시간은 28시간 45분(1725분). 영화에는 인터뷰를 네 번 한 것처럼 나온다. 5월 4일부터 26일까지 매주 1회 90분씩 4회 방송된 인터뷰 분량만 360분이다. 9월 10일 방송된 추가분까지 포함하면 450분 분량이다. 그러나 영화에 재연된 인터뷰 장면은 전체 인터뷰의 1.3퍼센트밖에 안 되는 약 22분이다. 영화 상영 시간 122분 가운데 인터뷰 분량도 약 18퍼센트 정도다. 그러니 이 영화를 보고 닉슨 인터뷰를 보았다고 하면 안 된다.

영화에서 닉슨은 인터뷰 대가로 60만 달러를 받는다(1977년 60만 달러는 2021년 기준으로 약 250만 달러). 한 시간에 약 2만 달러(2021년 기준 약 8만 3300달러)를 번 셈이다. 그런데 닉슨은 인터뷰 방송 수익의 20퍼센트도 받기로 했다. 이 때문에 시청률이 높게 나오도록 닉슨이 협조할 수밖에 없었을 것이라는 뒷말이 나왔다.

기자나 언론사가 정보나 자료를 제공한 취재원에게 대가를 주는 관행을 수표 저널리즘checkbook journalism이라고 한다. 이것 때문에 미국 공중파 TV가 닉슨 인터뷰를 방송하지 않겠다고 한 것으로 영화에 나온다. 실제로 미국의 방송과 주류 신문은 취재의 대가를 지불하는 것을 비윤리적 행위로 본다. 예외가 없는 건 아니다. 가령 닉슨 인터뷰를 위해 CBS는 30만 달러를 제시했다고 영화에도 나온다. 타블로이드 신문이나 케이블 방송에서는 독점 인터뷰를 위해 돈을 주는 경우가 많다. 돈 대신 여행이나 호텔 비용 및 경비 명목으로 대가를 지불하기도 한다.

취재원에게 대가를 지불하면 어떤 문제가 생길까? 우선 돈을 주고 산 정보의 신뢰성과 객관성, 공정성에 문제가 제기될 수 있다. 정보를 대가를 받고 제공하게 되면 정보를 부풀리거나 심지어 조작해서라도 값을 올리려고 할 수 있다는 것. 재판과 관련된 증인이 돈을 받고 취재에 응하면 재판에 부정적인 영향을 미칠 수 있어 증인에서 배제되기도 한다.

돈을 주고 독점 인터뷰나 독점 기사를 쓰기 시작하면 선정주의 때문에 언론끼리 경쟁이 벌어져 비용이 갈수록 늘어날 수 있다. 정보를 특정 언론이 독점하면 보다 많은 사람이 정보를 알지 못하게 될 수 있다.

미국과 달리 영국과 유럽 언론들은 대체로 정보 제공의 대가를 지불하는 편이다. 2002년 미디어 재벌 루퍼트 머독 회장 소유의 영국 신문들이 유명인celebrity과 정치인, 심지어 영국 왕실 인사들의 전화를 돈 주고 해킹한 게 드러나 충격을 준 적이 있다. 경찰관에게 뇌물을 주고 정보를 빼낸 사건도 적발되었다.

수표 저널리즘에 대한 미국과 영국 언론의 차이를 극명하게 보여준 사례로 모니카 르윈스키Monica Lewinsky 인터뷰가 있다. 빌 클린턴 대통령과 부적절한 관계로 희대의 스캔들을 일으킨 르윈스키는 미국에서는 1999년 3월 3일 ABC TV 바버라 월터스와의 첫 TV 인터뷰 때 아무 대가를 받지 않았다. 그러나 3월 4일 영국 채널4 TV가 방영한 한 시간짜리 인터뷰는 66만 달러를 받고 했다. 외국에서 재방송으로 올리는 수익의 일부도 받기로 했다.

한편, 정보도 상품이기 때문에 정보를 갖고 있는 사람이 권리가 있고 원하면 팔 수 있다는 반론도 있다. 정보를 제공하고 소송을 당하면 법률 비용이나 다른 비용이 들어갈 수도 있어 정보 제공의 대가를 줄 수 있다는 논리다.

한국 언론에서는 취재원에게 대가를 지불하는 경우가 극히 드문 것으로 알고 있다. 개인적으로 취재 과정에서 대가를 줘본 적이 없다. 다만 식사나 술을 제공하는 경우는 있었다. 취재원에게 들어간 비용을 회사에 신고하고 청구하는 제도가 있는 언론사도 있다.

• 팩트체크 •

닉슨과 프로스트의 진짜 인터뷰는 영화에서 설정된 '다윗과 골리앗' 구도로 진행되지 않았다. 영화에서는 닉슨(골리앗)이 프로스트(다윗)에게 '은폐에 가담했다'며 모든 잘못을 인정하고 비참하게 패한 것처럼 나온다.

그러나 『워싱턴 저널: 워터게이트 보도와 리처드 닉슨의 몰락Washington Journal: Reporting Watergate and Richard Nixon's Downfall』 저자인 언론인 엘리자베스 드루Elizabeth Drew는 "실제 인터뷰에서 그런 일은 없었다"라고 ≪허프포스트≫ 기고문에서 지적했다.

닉슨이 인터뷰에서 실제로 한 발언은 이렇다. "당신은 내가 불법적인 은폐에 가담했다고 말해주기를 바라고 있다. 노!" 닉슨은 부인했는데 영화에서는 프로스트의 압박에 밀려 은폐에 가담했다고 시인한 걸로 되어 있다는 것.

영화의 마지막 인터뷰 도중에 '워터게이트 은폐에 동참하고 법을 어겼느냐'는 프로스트의 질문에 닉슨이 불편해하고 있을 때 브레넌이 인터뷰를 중단시킨다(01:38:42). 실제 인터뷰에서는 프로스트가 방송 신호cue card를 잘못 읽어서 중단시켰다.

영화에서는 레스턴이 찾아냈다는 닉슨과 특별고문 찰스 콜슨Charles Colson(1931~2012)의 대화 내용이 스모킹 건처럼 이용된다(01:33:53). 하지만 드루가 워터게이트 수사에 참여한 검사에게 확인해 보니 닉슨의 유죄를 입증할 확실한 증거가 너무 많아서 (레스턴이 찾았다는) 그 자료는 고려하지도 않았다.

닉슨을 인터뷰할 때 집 앞에 기자들이 많이 몰려온 것처럼 영화에 나온다(00:49:10-00:50:15, 01:29:40-01:30:22, 01:49:15-01:50:00). 인터뷰를 한 집은 출입이 통제되는 단지 안에 있어서 아무나 들어올 수 없었다. 실제로 기자가 몰려오지도 않았다. 정원사로 위장한 일부 기자가 촬영팀에게 접근해 인터뷰 녹화테이프를 8만~30만 달러에 사겠다고 제의했다는 후문은 있었다.

3월 25일 인터뷰 직전에 전구가 터졌는데 영화에서는 가벼운 소동으로 나온다(01:06:10-01:06:30). 실제로는 집 밖에 있던 프로덕션 감독이 전구 터진 소리가 너무 커서 집 안으로 달려갔다. 그는 닉슨이 총 맞은 게 아닌가 걱정했다. 경호원들은 집을 수색해 인터뷰한 거실 바로 아래 지하실에서 군용물자 창고를 발견했다. 총포상인 집주인이 무기 수집가였다. 경호팀은 사전 점검 때 이 창고를 놓쳤다. 그런데 소동이 벌어지자 누가 무기를 사용하지 않았나 의심했지만 결국 문제없다고 넘어갔다.

프로스트는 닉슨을 1977년 인터뷰를 위해 처음 만난 것처럼 영화에 나온다(00:24:04). 사실은 1968년 미국 TV의 주요 대통령 후보 인터뷰 때 이미 만났다.

영화를 보면 프로스트가 정치인 인터뷰라고는 처음 하는 코미디언 같은 인상을 준다. 하지만 프로스트는 1964년부터 2011년까지 영국 총리 여덟 명, 1969년부터 2008년까지 미국 대통령 일곱 명을 모두 인터뷰한 화려한 경력자다. 그는 21년 동안 영국 TV 프로그램 〈열쇠 구멍으로Through the Keyhole〉의 사회를 보았다. 1968~1980년 미국 TV에서 자신의 쇼를 주 3회 진행했다. 20년 동안 런던과 뉴욕을 연평균 20회 비행기 타고 다녔을 정도다. 40년 동안 주로 TV에서 활동한 그의 재산은 2억 파운드(약 2억 5000만 달러)나 되었다.

프로스트는 영화에서 마이클 신이 보여준 이미지보다 훨씬 지적이고 신중한 성격이라고 드루는 지적했다. 프랭크 란젤라가 연기한 닉슨은 밤중에 술에 취해 프로스트에게 전화로 넋두리를 한 거로 나온다. 그러나 드루나 닉슨의 공식 전기 작가인 조너선 에이킨과 프로스트 본인까지 그런 일은 없었다고 했다. 영화에서 닉슨은 너무 부드럽고 재미있는 성격으로 묘사되었다. 그러나 진짜 닉슨은 재미있지 않았고 호감 가는 스타일도 아니라고 드루는 주장했다.

영화에서 프로스트는 비행기에서 만난 캐럴라인 쿠싱을 유혹해 닉슨에게 데려가고 인터뷰가 끝날 때까지 연인으로 지낸다. 하지만 쿠싱은 이미 1974년 프랑스에서 열린 행사에서 프로스트를 처음 만나 프로스트의 외국 유명인사 인터뷰와 행사에 동행했다. 그가 프로스트와 처음 해외에 동행한 것은 1974년 10월 30일 아프리카 자이르(현 콩고)에서 열린 무하마드 알리와 조지 포먼의 세계 헤비급 복싱 챔피언 경기 때였다. 쿠싱은 1983년부터 1997년까지 잡지 ≪배니티 페어≫와 ≪뉴요커≫에서 일했다.

프로스트가 여성 편력이 화려했던 건 사실이다. 그는 결혼은 두 번 했지만 여배우, 가수, 모델 등 유명한 여성들과 많이 사귀었다. 쿠싱과 동행하며 닉슨을 인터뷰했을 때 그는 38세였고 당시에는 배우자가 없었다.

실화를 바탕으로 만든 영화인데 사실과 다른 부분이 너무 많았다.

스포트라이트

Spotlight, 2015

감독 토머스 매카시 | **출연** 마크 러펄로(마이크 레젠데스), 레이철 매캐덤스(사샤 파이퍼), 마이클 키튼(월터 '로비' 로빈슨), 리브 슈라이버(마티 배런), 존 슬래터리(벤 브래들리 주니어), 브라이언 다시 제임스(맷 캐럴) | **상영 시간** 129분

스포트라이트는 1872년 창간된 미국 매사추세츠주 보스턴에서 발행되는 일간지 ≪보스턴글로브≫의 탐사보도팀 이름이다. 이 영화는 팀장 포함 네 명으로 구성된 팀이 2002년 천주교 사제들의 아동 성 학대 사건을 취재 보도해 큰 충격을 던진 실화를 토대로 만들었다. 보스턴글로브사는 2003년 이 보도의 공로를 인정받아 공공 서비스public service 부문 퓰리처상을 받았다. 제작비 2000만 달러가 들어간 이 영화는 미국, 캐나다에서만 9830만 달러의 수입을 올려 흥행에 성공했다. 뿐만 아니라 아카데미상 6개 부문 후보에 올라 작품상과 각본상을 받았다. ≪워싱턴포스트≫의 워터게이트 보도를 다룬 영화 〈모두가 대통령의 사람들〉과 함께 기자의 취재나 편집국 회의 장면이 가장 자연스럽고 사실적으로 연출된 저널리즘 영화로 꼽을 만하다. 사제들의 성 학대 사건

자체보다 기자들의 취재 과정에 더 집중한 영화라서 언론인과 기자 지망생이 꼭 보아야 할 영화로 추천하고 싶다.

• 시놉시스 •

▌〈스포트라이트〉 포스터.

영화는 1976년 보스턴경찰서에서 천주교 신부의 아동 성 학대 사건이 경찰, 검찰, 언론의 비호 속에 조용히 처리된 사례를 보여주면서 시작된다. 25년 후인 2001년 7월 ≪보스턴글로브≫에 마티 배런Marty Baron이 편집국장으로 오면서 새 국면이 시작된다. 배런 국장은 취임 첫날 회의에서 보스턴 대교구 존 게오건John Geoghan(1935~2003) 신부가 6개 교구에서 30년 동안 아동 성 학대를 저질렀는데 버나드 로Bernard Law(1931~2017) 추기경이 알고도 가만있었다는 칼럼을 거론한다. "그걸 입증할 수 있다는 변호사가 있는데 지난 6개월 동안 기사 두 편밖에 안 썼어요. 그 문서를 보기라도 해야 하지 않나요?"

탐사보도팀 스포트라이트가 사건을 맡게 된다. '글로브'는 신부들의 성 학대 사건을 가끔 단발성으로 보도했지만 집중 취재를 한 적은 없다. 보스턴 출신에겐 새로울 게 없지만 유대인이고 외지에서 온 배런에겐 중대한 사건이다. 언론인 경력 25년의 배런은 칼럼 하나를 읽고 사건의 핵심을 간파할 정도로 감각이 탁월하다.

탐사보도팀이 실력을 발휘할 기회. 마이크 레젠데스 기자가 게오건 신부 사건 피해자 측 변호사인 미첼 개러비디언을 만난다. 녹음도 메모도 못 하게 하는 까다로운 변호사를 간신히 상대해 피해자들을 취재한다. 팀의 홍일점 기자인 사샤 파이퍼는 팀장 월터 로빈슨과 신부 성 학대 사건들을 맡았던 에릭 매클리시 변호사를 만난다. 맷 캐럴 기자는 자료 조사를 맡고 있다.

배런은 사장에게 추기경이 신부들의 성 학대 사건을 알고 있었다는 걸 입증할 문서를 공개하기 위한 소송을 내겠다고 보고한다. 사장은 "독자 53퍼센트가 가톨릭 신자"라며 걱정한다. 부임 인사차 찾아간 배런에게 로 추기경은 "도시가 번창하려면 큰 기관들의 공조가 필요합니다"라며 협조를 기대한다. 국장은 "신문이 제 기능을 수행하려면 독립적이어야 한다고 생각합니다"라는 말로 복선을 깐다. 추기경과 국장의 대화는 작은 도시가 어떻게 돌아가는지, 왜 이런 사건이 조용히 넘어갔는지 느끼게 한다.

취재는 자료 조사를 시작으로 관련 변호사와 피해자들, 전문가들을 상대로 정석대로 진행된다. 문제의 신부가 1명에서 3명, 13명, 50명으로 불어난다. 의심되는 신부들의 인사 패턴을 발견한 뒤 며칠 동안 신부 명부(디렉토리)를 뒤져 87명의 명단을 만든다.

취재 과정에서 과거 '글로브'에 제보가 있었지만 간단히 처리하거나 묵살한 사실도 드러난다. 직업윤리를 내세우며 협조를 거부하는 변호사에게 팀장 로빈슨은 "옳은 편에 서는 게 좋다"라며 압박한다.

2001년 9·11테러가 발생하면서 취재가 6주 동안 중단되었다가 재개된다. 우여곡절 끝에 추기경이 게오건 신부 사건을 오래전에 알았음을 입증하는 자료가 입수된다. 당장 기사를 쓰자는 레젠데스와 전체적인 체계를 보도하려면 더 취재해야 한다는 로빈슨이 격렬하게 충돌한다.

국장은 6주 동안 보충 취재를 시킨다. '기사에 코멘트하지 않겠다'는 추기경의 코멘트까지 받아 2002년 1월 6일 마침내 기사가 나간다. 우려했던 가톨릭의 항의는 없었다. 오히려 그동안 나서지 않았던 피해자들의 제보가 '글로브'에 쏟아졌다.

2002년 이후 스포트라이트팀은 신부들의 아동 성 학대 관련 기사를 약 600건 내보냈다. 보스턴 대교구에서 사제와 수도사 249명이 성 학대 혐의로 기소되었다. 로 추기경은 2002년 12월 사임하고 로마의 성당으로 재배치되었다. 사제의 성 학대는 미국 50개 주 가운데 43개 주와 전 세계 수많은 나라에서 밝혀졌다는 내용의 자막으로 영화는 끝난다.

• 저널리스트의 관점 •

영화의 상당 부분은 아동 성 학대에 관련된 사제가 몇 명이냐를 추적하는 내용이다. 게오건 신부에서 시작해 성 학대 관련 신부의 수는 3명, 4명, 13명, 90명으로 늘어난다. 다시 70명으로 줄기도 한다. 50명의 성추행 신부 명단이 확보된 뒤 팀원들은 기사를 쓰려고 한다.

그러나 배런 국장은 "50명의 신부 숫자보다 위에서 지시한 거라면 추기경이 알았다는 게 더 큰 기사라고 생각한다"라며 방향을 잡아준다. 국장은 "사제 개개인 말고 조직의 관행과 방침에 초점을 맞출 필요가 있다"라면서 전체적인 조직의 문제를 보아야 한다고 지적한다. 그러면서 '교회가 시스템을 조작해서 고소를 면했다는 증거를 가져오라'고 주문한다.

취재 목표가 사제 개개인의 문제나 사제의 규모에서 가톨릭교회 조직의 관행과 방침, 추기경이 언제부터 얼마나 알고 어떻게 조치했느냐로 바뀐다. 기사의 핵심과 방향, 틀, 스케일이 모두 바뀐 셈이다.

배런 국장의 경험과 감각이 만들어낸 결과라고 할 수 있다. 그는 '글로브' 2001년 7월 22일 자에 실린 칼럼 한 편을 읽고 취임 후 첫 편집회의에서 신부의 아동 성 학대 사건을 취재하도록 만들었다. 탁월한 감각이 아닐 수 없다.

실제로 일선 기자가 취재해 작성한 기사의 내용이 차장, 부장의 데스킹과 부국장, 국장 보고 과정에서 환골탈태하는 경우가 있다. 기사의 규모나 차원, 초점이 바뀔 수도 있다. 반대로 기자가 대단한 기사라고 판단했는데 아예 기사가 안 되거나 사소한 기사로 결론이 날 때도 있다. 이런 부분이 경험 많은 기자가 많은 전통 언론(레거시 미디어)을 소규모 인터넷 언론이나 1인 미디어가 넘어서기 어려운 부분이다.

스포트라이트 같은 탐사보도팀이 있는 언론사는 의외로 많지 않다. 영화에는 '글로브'에 1970년대부터 탐사보도팀이 있었다고 나온다. 그러나 ≪보스턴글로브≫에 나온 기사에 따르면 '글로브'는 1966년 첫 퓰리처상을 탐사보도로 받았다. 스포트라이트는 영국 ≪선데이타임스≫의 인사이트팀Insight Team을 모델로 만들었다.

영화에 나오지만 탐사보도는 보통 한 가지 주제를 가지고 몇 달씩 취재한다. 1년 이상 취재할 수도 있다. 취재 인력이 충분하지 않은 언론사가 이 정도의 기사 생산력을 가진 탐사보도팀을 운영하는 건 현실적으로 어렵다. 투자 대비 성과(가성비)가 낮기 때문이다. 더구나 인터넷의 생활화로 독자도 줄고 경영난으로 문 닫는 신문사가 늘어나는 시대에 탐사보도팀을 유지할 여력이 있는 언론사는 적을 수밖에 없다.

'글로브'는 아동 성 학대 사건 기사들을 2002년 1월 6일과 7일 이틀 동안 1부와 2부로 나눠 실었다. 1월 6일 자 1부 기사의 제목은 "교회가 수년 동안 신부의 아동 성 학대를 방조했다Church allowed abuse by priest for years". 부제는 "게오건 신부의 기록을 알면서도 대교구는 그를 이 교구저 교구로 이동시켰다Aware of Geoghan record, archdiocese still shuttled him from parish to parish". 1월 7일 자 신문에 실린 2부 기사 제목은 "게오건 신부는 성 학대 대상으로 가난한 어린이를 선호했다Geoghan preferred preying on poorer children".

아동 성 학대로 문제가 된 신부의 규모는 한참 뒤인 1월 31일 자 신문에 나왔다. 제목은 "신부 수십 명이 성 학대 사건에 연루됐다Scores of priests involved in sex abuse cases". 10년 동안 최소한 70명의 신부를 상대로 아동 성 학대 주장이 제기되었으나 조용히 해결되었다는 내용이었다.

영화에서는 잠깐이지만 기자들에겐 인상적일 수 있는 장면이 있다. 배런 국장이 출고된 원고를 보다가 '빨간펜'으로 뭔가에 표시하는 부분이다(01:51:48). 국장은 불필요한 형용사를 지우고 있었다. ≪조선일보≫ 2020년 1월 1일 자에 실린 ≪워싱턴포스트≫ 배런 국장 인터뷰에는 기자가 이 부분을 질문한 게 나온다(배런은 2013년 1월 '포스트' 편집국장으로 옮겼다). 배런의 답변은 이랬다.

> "아마 기자들만 관심 있는 부분일 것이다. 나는 그 기사가 팩트만으로도 강력한 사건이라고 느꼈다. 우리가 (꾸미기 위한) 어떤 형용사를 사용한다면 교회가 우리를 편파적이라고 지적할 것을 우려했다. 그래서 나는 마치 법정에 있는 것처럼 쓰고 사실을 나열해 보려 했다. (형용사와 같은) 언어는

공격할 수 있지만 팩트는 그렇지 않다."

팩트의 신성함을 일깨워 주는 말이다. 한국 언론은 팩트도 진영과 정파에 따라 달라질 수 있음을 보여준다. 배런은 ≪조선일보≫ 인터뷰에서 "진실과 팩트는 얻기 어렵다. 이를 찾는 것은 투쟁이다"라면서 "정치 집단이 믿는 것이 유일한 진실이라고 믿을 때 우리는 정말 위험한 지경에 이른다"라고 말했다.

인터넷, 유튜브, 스마트폰 덕분(또는 때문)에 지금은 '아무나 기자 시대'가 되었다. '1인 미디어'가 넘치고 아무나 'ㅇㅇㅇ TV'도 개국할 수 있다. 누구나 기자가 될 수 있는 게 사실일까? 조너선 먼로 영국 BBC 취재 및 보도 총괄 본부장은 2019년 3월 12일 서울에서 열린 "디지털 시대 저널리즘의 미래" 세미나에서 '아무나 기자'와 '진짜 기자'의 차이를 이렇게 말했다.

> "기자는 자료를 받고, 사실 여부를 확인하고, 정보를 수집하고, 분석을 더하는 전문적인(professional) 과정을 거친다. 시민들도 표현의 자유를 누릴 수 있고, 중간 단계인 언론을 배제하고 소식을 전할 수 있지만, 이는 개인의 능력이 확대된 것일 뿐, 그렇다고 시민이 기자가 되는 것은 아니다."

퓰리처상을 제정한 조지프 퓰리처는 1883년 5월 망해가는 ≪뉴욕월드≫를 인수해 ≪월드≫로 제호를 바꿔 뉴욕에서 신문을 발행하기 시작했다. 그는 기자들에게 가장 많이 요구하고 가장 중요하고 가장 시급하게 요구한 내용이 첫째도 정확, 둘째도 정확, 셋째도 정확이라고 친구에게 말했다.

퓰리처는 기자들에게 사람들을 취재할 때 세부적인 정보도 빠짐없이 취재하라고 주문했다. 그는 세부 사항에 집착했는데 단순하게 키가 큰 사람이라고 써서는 안 되고 키가 188센티미터인 사람이라고 쓰라고 했다. 아름다운 여성이라고 묘사해선 안 되고 적갈색 머리카락에 적갈색 눈동자, 때로 수줍은 듯 미소 짓는 품위 있는 입술을 가진 여성이라고 쓰도록 했다. 정확성이 신문의 신뢰도를 높이고 사설에 힘을 불어넣으며 결국 판매 부수를 높인다고 믿었다(모리스, 2016: 368~369).

퓰리처가 약 140년 전 기자들에게 요구한 것은 지금도 유효하다. 언론사에서 수습기자 때 많이 듣는 얘기가 기사에 형용사와 부사를 가급적 쓰지 말라는 것이다. 형용사와 부사는 기사의 객관성을 해친다는 점에서 절제하는 게 맞다. 필자는 기사를 읽다가 '심각한', '중대한', '엄청난', '강력한' 같은 형용사가 보이면 거부감을 느낀다. 심각한, 중대한, 엄청난, 강력한의 정도를 측정할 객관적 기준이 있는가? 누가 그걸 결정할 수 있나? 다만 누군가가 그렇게 주장하는 걸 인용해서 전하는 것은 가능할 것이다.

영화 〈스포트라이트〉에서 배런 국장의 형용사 삭제를 보면서 영화 〈모두가 대통령의 사람들〉의 한 장면이 떠올랐다. 벤 브래들리 '포스트' 편집국장이 칼 번스틴과 밥 우드워드 기자가 써온 기사를 훑어보는 장면이다(00:31:38-00:33:10. 〈스포트라이트〉에서 배런 국장이 기사를 보면서 형용사를 삭제하는 장면은 〈모두가 대통령의 사람들〉의 브래들리 국장의 기사 수정 장면을 '표절했다'고 필자는 의심한다).

해리 로즌펠드 수도권부장은 특종기사라며 1면에 실어야 한다고 말한다. 브래들리는 기사를 다 읽어본 뒤 "어디 안쪽에 실어요"라고 말한다. 번스틴이 "아주 중요한 기산데…"라고 이의를 제기한다. 국장은 "다음에는 좀 더 확실한 정보를 가져오게"라며 자리를 뜬다.

실제로 신문사에서 국장이 기사를 직접 읽고 수정하는 경우는 필자가 경험한 바로는 없다. 워낙 중요한 기사라면 국장이 볼 수야 있지만….

배런 국장은 1954년 플로리다주 탬파에서 태어난 유대계 미국인이다. 초중고 시절부터 학생기자로 활동했다. 리하이대에 다닐 때 대학신문 편집장을 했을 정도로 언론에 관심이 많았다. 1976년 ≪마이애미헤럴드≫를 시작으로 ≪로스앤젤레스타임스≫와 ≪뉴욕타임스≫에서 기자로 일했다. 처음 편집국장을 맡은 신문은 2000년 ≪마이애미헤럴드≫였다. 2001년 7월에는 ≪보스턴글로브≫ 국장으로 자리를 옮겼다. 2013년 1월부터 2021년 2월까지 ≪워싱턴포스트≫ 국장으로 일했다. 그가 국장으로 근무한 21년 동안 3개 신문이 받은 퓰리처상은 17개나 된다.

미국 신문사의 유능한 국장들은 10~20년 동안 장기 집권하기도 한다. 국장의 역할이 그만큼 크고 중요하기 때문일 것이다. 한국 신문사에서는 편집국장 재임 기간이 보통 2년 안팎이다. 취임 1년 후 중간평가를 하는 신문사도 있다. 3~4년 정도 한 국장도 있지만 예외적일 정도다. 최근에는 경영 실적 부진 때문에 교체되는 국장도 있다.

1920년 4월 1일 창간한 ≪동아일보≫는 지난 100년 동안 일제 총독부에 의해 강제 폐간되었다가 광복 후 복간한 기간(1940년 8월~1945년 12월)을 제외한 95년 동안 편집국장이 52명이다. 평균 재임 기간이 2년이 안 된다는 얘기다.

국장 임기가 길든 짧든 장단점이 있을 것이다. 한국에서는 기자들이 국장의 장기 집권을 원하지 않는 것 같다. 미국이나 영국에서는 유력지 편집국장이 바뀌면 중요 뉴스로 보도한다. 그만큼 영향력이 막강하기 때문일 것이다. 한국 신문은 편집국장 인사를 대체로 인사 동정 지면에 눈에 안 띄게 싣는다. 언론 스스로 편집국장을 하찮게 여기지 않고서야 이럴 수 없다. 한국과 미국, 유럽이 기본적으로 문화가 다르기 때문일 수도 있다.

1972~1974년 워터게이트 사건 때 '포스트' 편집국장이었던 벤 브래들리(1921~2014)는 전임자 제임스 러셀 위긴스James Russell Wiggins(1903~2000)가 1968년 8월 유엔 대사로 지명된 뒤부터 1991년 7월 31일까지 무려 23년 동안 국장으로 일했다. 그 23년 동안 '포스트'는 퓰리처상 18개를 받았다. 그의 《뉴욕타임스》 맞수는 A.M. 로젠탈A.M. Rosenthal(1922~2006)이었다. 로젠탈은 사실상 국장 역할을 한 부국장(1970~1976년)과 국장(1977~1986년) 자리에 16년 동안 있었다. 로젠탈은 당시 '미국은 물론 전세계에서 가장 막강한 언론인'이라는 말을 들었다. 그의 묘비명은 이렇다. "그는 뉴욕타임스를 올곧게 지켰다HE KEPT THE PAPER STRAIGHT." 편견 없는 뉴스를 전달하기 위한 그의 노력을 기리는 묘비명이라고 한다. 물론 로젠탈을 비판하는 사람도 적지 않다.

〈스포트라이트〉에 나오는 '글로브'의 진짜 부국장 벤 브래들리 주니어는 '포스트' 브래들리 국장의 아들이다. 아들은 10대 때 '글로브' 편집국에서 원고 심부름을 하는 '카피 보이'로 일하며 저널리즘이 체질에 맞는 걸 알았다고 한다. 피는 못 속인다고 부전자전인가 보다. 한 가지 추가. 브래들리 부자 모두 세 번씩 결혼했다. 브래들리 주니어는 첫 번째 부인과의 사이에서 태어난 첫아들이다.

하나 더 추가. 캐나다의 가난한 유대계 폴란드 이민자 가정에서 태어난 로젠탈 국장의 아들 앤드루도 언론인이다. 앤드루는 아버지가 특파원으로 활동한 인도에서 태어났다. 그는 AP에서 시작해서 1987년 아버지가 국장으로 있던 '타임스'로 옮겼다. 전국부장, 국제부장, 부국장을 거친 그는 2007년부터 10년 동안 한국 신문의 논설실장과 비슷한 여론면 편집장opinion page editor으로 일했다. 아버지는 두 번, 아들은 한 번 결혼했다. 부전자전이 아닌가? 모른다. 아들은 지금 60대여서 살아갈 날이 많이 남았다. 그의 아버지는 64세에 이혼하고 65세에 재혼했다.

• 팩트체크 •

〈스포트라이트〉도 실화를 바탕으로 만든 영화지만 극적 효과와 복잡한 내용을 압축하기 위해 사실과 다르게 각색한 부분이 많다. ≪보스턴 글로브≫ 관계자들의 언론 인터뷰와 언론 보도, 영화 내용 중 사실과 다른 부분을 찾아내 공유하는 인터넷 사이트(www.historyvshollywood.com)에 올라온 내용을 참고해서 정리했다.

영화에서는 사샤 파이퍼 기자가 로널드 파퀸 신부를 집으로 찾아가 현관에 선 채로 어린이를 성적으로 학대한 적이 있는지 질문한다. 파퀸은 순순히 시인한다. 그러고 갑자기 신부의 누나가 나타나 취재를 중단시키고 파퀸을 집 안으로 들여보낸다(01:15:02-01:16:24).

사실 그렇게 중요한 취재를 집 현관에 선 채로 하고 그렇게 쉽게 시인하는 게 믿기지 않았다. 역시 그런 식으로 취재한 게 아니었다. 거실에서 인터뷰했다. 누나가 인터뷰를 중단시켰다는 건 확인되지 않은 부분이다. 더구나 파퀸을 취재한 기자가 영화에서는 사샤지만 실제로는 스티브 커크지언Steve Kurkjian이었다. 다만 기사는 사샤가 스티브의 취재 메모를 받아서 썼다.

영화에는 지미 설리번 변호사가 여러 번 나온다. 월터 로빈슨 스포트라이트 팀장이 골프를 치면서 취재하고(00:25:05-00:27:08) 자선 행사장에서 만나고(00:58:06-00:59:33) 설리번의 집으로도 찾아간다. 설리번은 성 학대 신부들의 명단도 확인해 준다(01:47:50-01:50:57).

사실일까? 사실은 설리번이란 변호사는 없었다. 설리번은 교회와 신부들을 대리해 피해자들과 합의하는 과정에 관여한 변호사 여섯 명을 종합해서 만든 가상의 인물로 보면 된다.

추기경과 교회를 위해 신부들의 성 학대를 은폐하려는 가톨릭 자선회 이사 피트 콘리가 자선 행사장에 등장한다(00:54:41-00:55:01). 그는 로빈슨 팀장과 고교 동문으로 둘은 모교에서도 만난다(01:31:06-01:33:20). 술집에서 콘리는 로빈슨을 만나 "배런 국장이 업적이나 남기려 한다"라면서 "보스턴을 위해"라며 건배하고 '우리끼리'를 강조한다(01:40:37-01:42:52). 역시 콘리도 성 학대 신부들을 은폐하는 편에 선 사람들을 종합한 가상 인물이다.

레젠데스 기자가 9·11테러 취재 때문에 플로리다에 출장을 가자 개러비디언 변호사에게 다른 신문사 기자들이 게오건 신부 사건 문서에 접근하지 못하도록 부탁하는 장면이 있다(01:24:53). 봉인된 문서가 공개되었다는 연락을 받은 레젠데스는 플로리다에서 급히 돌아와 법원으로 달려간다. 그는 판사를 설득해 문서를 입수하고 83달러나 주고 복사한 뒤 택시를 타고 신문사로 달려간다(01:30:05-01:36:15).

상당히 박진감 넘치는 장면들이다. 그러나 이 부분도 사실이 아니고 연출되었다. 실제로는 신문사 변호사가 문서를 받아서 플로리다에 있던 레젠데스에게 보내주었다. 사실대로 영화를 만들었다면 그 중요한 문서를 입수하는 과정이 너무 순탄해서 재미가 없었을 것이다.

사소한 것이지만 배런 국장이 소집한 첫 편집회의에서 참석자들이 모두 긴장했는지 딱딱한 분위기가 연출된 것(00:08:58-00:11:30)이나 로빈슨 팀장이 호텔에서 국장과 처음 상견례 하는 장면(00:06:01-00:08:21)도 실제 분위기와는 달랐다. 실제로는 편안한 분위기였다.

배런 국장이 취임 첫날 편집회의에서 신부의 아동 성 학대 사건을 취재하도록 한 계기가 된 것은 '글로브' 2001년 7월 22일 자에 실린 아일린 맥너마라 칼럼 "익숙한 패턴A Familiar Pattern"이었다.

배런은 회의에서 이렇게 말했다. "게오건 신부가 6개 교구에서 30년 동안 아동 성 학대를 저질렀는데 로 추기경이 알고도 가만히 있었다." 그런데 아일린은 칼럼에 "28년 동안 5개 교구에서 아동을 착취했다는 주장이 있다"라고 썼다.

영국 데이터 저널리스트인 데이비드 매캔들리스가 만든 인터넷 사이트(informationisbeautiful.net)에 따르면, 〈스포트라이트〉의 내용을 실제와 비교한 결과 정확도가 76퍼센트였다. 분석 내용을 보니 핵심 내용에서 사실이 아닌 것은 실화를 바탕으로 만든 다른 영화에 비해서 훨씬 적었다.

미스터 존스

Mr. Jones, 2019

감독 아그니에슈카 홀란트 | **출연** 제임스 노턴(개러스 존스), 피터 사즈가드(월터 듀란티), 조지프 몰(조지 오웰), 케네스 크랜햄(데이비드 로이드 조지), 버네사 커비(에이다 브룩스) | **상영 시간** 119분

1930년대 초 소련 스탈린 정권의 정책 실패로 초래된 대기근을 취재해 서방 세계에 알린 영국 웨일스 출신의 야심만만한 기자 개러스 존스Gareth Jones(1905~1935)의 삶을 다룬 전기 영화. 존스는 영국 총리(1916~1922년)를 지낸 데이비드 로이드 조지David Lloyd George(1863~1945) 하원의원의 외교보좌관이었던 인재로, 만 30세의 나이에 일본이 점령하고 있던 중국 내몽골에서 살해되었다. 1930년대 초 세 차례나 소련에 들어가 취재했고 특히 우크라이나 대기근을 보도한 것으로 유명하다. 영국 공영방송 BBC Four는 2012년 7월 5일 존스의 죽음이 우크라이나 대기근 보도에 대한 보복과 추가 취재를 막기 위한 소련의 공작으로 추정된다는 다큐멘터리를 방영했다.

• 시놉시스 •

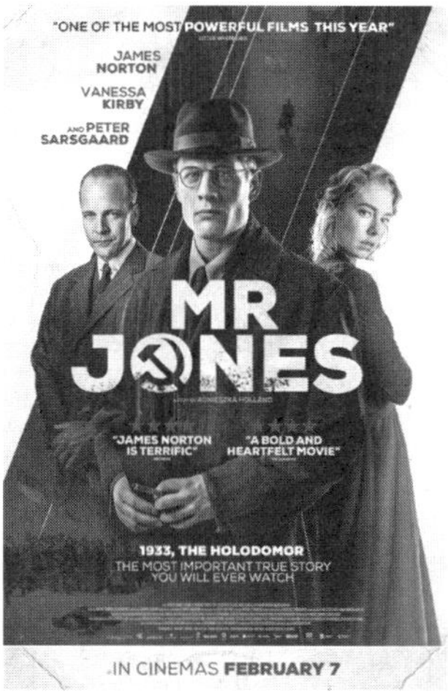

〈미스터 존스〉 포스터.

영화는 황량한 농장에서 조지 오웰George Orwell이 소설 『동물농장Animal Farm』을 집필하는 것으로 시작한다. 이어 개러스 존스가 런던에서 로이드 조지 등 영국 정치인들에게 독일의 아돌프 히틀러와 요제프 괴벨스를 만나고 온 소감과 히틀러가 전쟁을 준비하고 있다는 전망을 발표한다. 존스는 예산 부족으로 로이드 조지의 외교보좌관을 그만두고 모스크바에 취재하러 간다. 최우선 목표는 공산당 서기장 이오시프 스탈린 인터뷰. 그는 1933년 2월 히틀러를 단독 인터뷰해 유명해진다.

모스크바에 도착한 존스는 런던에서 통화한 폴 클렙 기자가 출입이 금지된 우크라이나에 가려다가 죽은 사실을 에이다 브룩스 기자를 통해 알게 된다. 월터 듀란티 ≪뉴욕타임스≫ 특파원 집에서 열린 파티에 초대받은 존스는 술, 마약, 여자, 섹스로 흥청대는 퇴폐적 분위기에 놀란다. 특파원들이 사실상 모스크바에 갇혀 있다는 것도 알게 된다.

존스는 기차로 우크라이나에 가다가 감시원을 따돌리고 혼자 현장 취재에 나선다. 열차에서 존스가 버린 귤껍질에 달려들고 겨울 코트를 빵과 바꾸는 사람들을 보면서 기근이 심각하다는 걸 감지한다. 곡식은 모조리 모스크바로 실려 가고 폐허가 된 마을에는 아사자들이 목격된다. 어린이들이 부르는 동요에서도 기근과 가난을 알 수 있다. 폐가에 남은 어린이들이 구워준 고기를 씹다가 인육이라는 걸 알고 충격을 받는다. 빵을 달라며 시위하는 사람으로부터 수백만 명이 사라졌다는 충격적인 말을 듣는다.

존스는 결국 체포돼 모스크바에서 추방된다. 존스가 취재한 걸 쓰지 않으면 소련 정부가 간첩 혐의로 체포한 여섯 명의 영국 기술자를 석방한다는 조건이 붙었다. 존스는 듀란티의 노력으로 자신이 석방된 걸 알고 듀란티에게 항의한다. "스탈린에게 얼마나 받나?" "그들을 위해 거짓을 말하며 여기엔 왜 있나?"

베를린에서 존스는 진실을 알리라는 오웰의 권유로 기자회견을 연다. 존스는 "소련은 약속된 노동자의 천국이 아니다"라며 우크라이나 대기근을 폭로한다. 듀란티는 존스의 주장은 거짓이라는 반박 기사를 '타임스'에 쓴다. 존스가 모신 로이드 조지마저 발언을 취소하라고 압박한다.

고립된 존스는 고향 웨일스에 돌아가 ≪웨스턴메일≫에 출근한다. 미국이 소련을 공식 인정했고 듀란티가 프랭클린 루스벨트 미국 대통령을 설득했다는 소식을 듣는다. 미국의 신문왕 윌리엄 랜돌프 허스트가 근처 여름 별장에 왔다는 소식을 들은 존스는 무조건 그를 찾아간다. 허스트를 설득해 그의 신문 두 군데에 우크라이나 대기근을 알리는 존스의 기사가 실린다.

에이다는 존스의 기사를 보고 '진실은 하나뿐이라고 한 당신이 옳았다'는 편지를 보내온다. 존스가 우크라이나에 갈 때 한 말에 대한 답이었다. "진실은 한 가지밖에 없어요. 저널리즘은 가장 고귀한 직업이에요. 사실이 이끄는 대로 따르죠. 편을 들지 않아요."

존스가 1935년 8월 내몽골에서 취재 중 산적들에게 납치되었고 소련 비밀경찰과 연결된 가이드와 함께 여행했으며 30세 생일 바로 전날 총에 맞아 사망했다는 자막으로 영화는 끝난다.

• 저널리스트의 관점 •

이 영화를 보면 존스가 그렇게 짧은 기간에 우크라이나 대기근의 실상을 얼마나 깊이 있게 취재할 수 있었을지 의문이 든다. 그의 취재 기간은 최대한으로 잡아도 1933년 3월 10일부터 19일까지 열흘에 불과했다. 영화에는 우크라이나 여성이 "그들이 우리를 죽이고 있어요. 수백만 명이 사라졌어요"라고 말하는 장면이 나온다. 존스가 그 말을 근거로 수백만 명이 아사했다는 기사를 썼을까? 당시에 아사자 공식 통계나 있었을까?

기자라면 제기할 수 있는 이런 합리적 의문은 ≪뉴욕타임스≫가 1933년 5월 13일 자에 실은 존스의 편지를 읽고 조금 풀렸다. 존스는 월터 듀란티Walter Duranty(1884~1957) '타임스' 모스크바 특파원이 존스의 기사를 비판한 기사를 읽고 '타임스'에 편지를 보냈다.

그는 이 편지에서 자신이 러시아를 세 번 방문했고 대학에서 4년 동안 러시아어와 역사를 공부했으며 세 번째 방문 때 20개 마을에 갔다고 밝혔다. 20~30명의 외국 영사 및 외국 대표와 러시아 상황을 토론했고 도시에 식량을 구하러 온 러시아의 비옥한 지역 농민들, 소련의 검열을 받지 않은 외국 신문 기사와 농촌의 기술자들로부터 기사의 근거를 모았다고 설명했다. 수백 명의 농민과 나눈 대화도 기사의 근거라고 했다. 존스는 자신이 죽은 사람과 가축을 못 보았다는 듀란티의 지적은 인정했다. 그러나 그는 "기근 지역에서도 죽은 사람은 묻고 죽은 동물은 먹는다고 이해하는 데 특별히 영리한 머리가 필요하지 않다"라고 반박했다.

이에 앞서 듀란티는 3월 31일 자 '타임스'에 존스가 쓴 기사가 사태를 과장했다고 비판하는 기사를 썼다. "계란을 깨지 않고 오믈렛을 만들 수는 없다"라고도 했다. 기사 제목이 꽤 유명한 "러시아인들은 배는 고프지만 굶어 죽고 있지는 않다Russians Hungry But Not Starving". 그는 존스가 소련의 극히 일부만 보았으며 굶어 죽은 사람이나 동물을 보지 못했다는 등 구체적인 내용을 들어 기사가 실제와 다르다고 비판했다. 당시 듀란티의 신뢰와 영향력은 상당했고 소련 정부도 존스를 비난했다. 존스는 요즘 식으로 말하자면 '가짜 뉴스fake news'를 퍼트렸다는 비난을 받았다. 그는 평소 알던 취재원들로부터도 외면당했다.

존스는 당시 모스크바에 있는 기자들이 '기근'을 '식량 부족', '아사'를 '영양 부족에 따른 질병으로 인한 사망'이라고 표현하는 등 진실을 말하지 않았다고 비판했다. 당시 기자들은 소련 정부가 보도하지 않기를 바라는 건 무시했다. 실제로 독재국가에서 취재하는 외국 특파원들은 현지 정부의 블랙리스트에 오를까 봐 신경을 쓴다. 중국에서는 2020년에도 그런 일이 있었다.

듀란티는 영국 출신으로 케임브리지대를 나온 엘리트. 1917년 러시아 혁명 후 내전(1918~1921년)을 취재한 뒤 1922년부터 1941년까지 '타임스' 모스크바 특파원으로 활동했다. 그는 1931년 6월 스탈린 시대 소련의 변화를 다룬 11회 시리즈 기사를 포함한 13건의 기사로 1932년 퓰리처상을 받았다.

듀란티가 받은 퓰리처상을 우크라이나 대기근 관련 기사 등에 문제가 많았다는 이유로 취소하라는 요구가 몇 번 있었다. 퓰리처상 이사회는 2003년 "고의로 속였다는, 분명하고 확실한 증거가 없다"라며 거부했다. 그러나 칼 마이어Karl Meyer(1937~2019) '타임스' 논설위원은 1990년 6월 24일 자 칼럼에서 "스탈린이 가장 좋아한 서방 기자로 '스탈린주의Stalinism'라는 말을 만든 듀란티가 스탈린의 성공을 장담하며 그에게 너무 편파적이어서 결과적으로 ≪뉴욕타임스≫에 나온 최악의 보도를 했다"라고 비판했다.

듀란티는 '모스크바를 취재한 가장 위대한 외국 특파원'(미국 저널리스트 윌리엄 사이러)이란 말도 들었지만 '볼셰비키들에게 봉사한 상류층 창녀'(미국 저널리스트 조지프 올솝), '내가 50년 동안 언론계에서 만난 가장 대단한 거짓말쟁이'(영국 저널리스트 맬컴 머거리지)라는 비판을 들었다. 영화에 듀란티는 다리를 저는 모습으로 나왔는데 실제로 그는 40세 때인 1924년 11월 열차 사고로 왼쪽 다리의 절반을 잃었다.

• 팩트체크 •

실화를 바탕으로 만든 영화지만 역시 픽션이 많이 들어갔다. 영화 시작과 중간 부분에 나오는 오웰의 우화寓話 소설 『동물농장』부터 사실과 거리가 멀다. 존스가 오웰의 권유로 우크라이나 대기근을 폭로하는 장면도 있다. 역시 사실이 아니다.

영화의 시대 배경은 1930년대 초반. 스탈린의 제1차 5개년 경제계획(1928~1933년)에 따른 집단농장 및 부농富農/kulak 청산 작업으로 우크라이나에서 수백만 명이 굶어 죽은 대기근[홀로도모르(Holodomor)]이 발생했다. 『동물농장』이 스탈린 독재와 정책 실패를 우화 형식으로 고발했다는 건 누구나 인정한다.

그런데 오웰은 『동물농장』의 중심 개념을 1937년에 구상해 1943년 말부터 3개월 동안 썼다. 책은 영국, 미국 출판사들이 소련을 의식해서 거부하는 바람에 1945년 8월에야 겨우 출판되었다. 존스가 죽고 10년이 지난 뒤였다. 영화에 존스가 취재한 우크라이나 대기근 때 오웰이 『동물농장』을 쓴 것처럼 나오지만 사실일 수가 없다.

존스(1905~1935)와 오웰(1903~1950)이 동시대 영국인이지만 교류한 흔적은 없다. 존스는 웨일스 출신으로 케임브리지대를 나왔다. 독일어, 러시아어, 프랑스어에 능했다. 1930년 1월부터 약 3년 동안 로이드 조지 영국 하원의원의 외교보좌관으로 일했다.

본명이 에릭 아서 블레어Eric Arthur Blair인 오웰은 영국 식민지 인도에서 태어나 영국에서 이튼칼리지를 졸업했다. 대학에 가지 않고 1922년 말부터 5년 동안 영국 식민지 미얀마(옛 버마)에서 경찰관으로 근무했다. 1927년 9월 이후 프랑스 파리와 영국에서 살았다.

영화에서 로이드 조지는 총리로 불린다. 그러나 그는 1916년부터 1922년까지 총리였다. 존스가 보좌관일 때 그는 하원의원(1890~1945년)이었다. 전직 총리도 총리라고 불렀을 수는 있겠다.

존스는 1929년부터 프리랜서로 기사를 썼다. 독일, 소련, 우크라이나에 관심이 많았다. 어머니가 우크라이나에서 영국 기업인의 가정교사를 한 인연도 있다. 존스는 1930년 여름에 3주일, 1931년 여름에 한 달 동안 소련에서 취재하고 기사를 썼다. 영화에 나오는 우크라이나 대기근 취재는 세 번째인 1933년 3월에 간 것이다.

영화에는 존스가 보좌관을 그만두고 곧장 모스크바에 간 것처럼 나온다. 그러나 존스는 유럽 여행을 하고 소련에 가려고 1933년 1월 말 독일부터 갔다. 그는 2월 23일 아돌프 히틀러 신임 독일 총리의 초대로 베를린에서 프랑크푸르트로 가는 히틀러 전용기[리히트호펜(Richthofen)]에 동승했다. 외국 기자로는 최초로 히틀러를 인터뷰해서 특종을 터트려 유명해졌다. 기사는 2월 28일 영국 ≪웨스턴메일≫과 ≪사우스웨일스뉴스≫에 실렸다. 비행기에서 썼다는 기사의 리드는 "(히틀러가 탄) 이 비행기가 추락한다면 유럽 전체 역사는 바뀔 것이다"였다. 영화 맨 처음에 존스가 로이드 조지를 비롯한 정치인들 앞에서 히틀러와 괴벨스에 관해 발표할 때 나온 바로 그 대사다. 존스의 발표 장면은 인터뷰 기사를 활용해 연출한 것으로 보인다.

3월 3일 베를린에서 기차를 타고 출발한 존스는 사흘 뒤 모스크바에 도착했다. 3월 10일 카르키프의 트랙터 공장을 보러 간다며 야간열차를 탄 그는 목적지를 약 70킬로미터 남겨둔 벨고로드에서 내렸다. 2박 3일 동안 기근과 추위에 허덕이는 약 20개 농촌 마을과 집단농장을 혼자 돌아다니며 취재했다. 그가 가는 곳마다 비명이 들렸다. "먹을 게 없어요." "저들이 우리를 죽이고 있어요." "사람들이 굶어 죽고 있어요." 그는 이들의 비명과 함께 굶주리는 농민들과 먹을 걸 나누며 들은 얘기를 모두 취재 수첩에 꼼꼼하게 기록했다.

영화에서는 존스가 취재 비자를 받고 감시원(?)과 동행한다. 소련은 1933년 2월 23일 기자들이 감시원 없이 자유롭게 여행하는 걸 금지했다. 하지만 존스는 영국 전직 총리의 보좌관이라는 점이 고려되어 외교관 비자를 받았다. 존스는 감시원 없이 우크라이나에 갈 수 있었다.

영화에는 존스가 체포되어 모스크바로 연행되었다가 추방된 걸로 나오지만 사실이 아니다. 그의 취재 수첩에 따르면 그는 걸어서 카르키프에

Friday, March 31, 1933 THE EVENING STANDARD

FAMINE RULES RUSSIA

The 5-year Plan Has Killed the Bread Supply

By GARETH JONES

Mr. Jones is one of Mr. Lloyd George's private secretaries. He has just returned from an extensive tour on foot in Soviet Russia. He speaks Russian fluently—and here is the terrible story the peasants told him.

A FEW days ago I stood in a worker's cottage outside Moscow. A father and a son, the father a Russian skilled worker in a Moscow factory, and the son a member of the Young Communist League, stood glaring at one another.

The father, trembling with excitement, lost control of himself and shouted at his Communist son: "It's terrible now. We workers are starving. Look at Chelyabinsk, where I once worked. Disease there is carrying

MR. GARETH JONES.

What did the peasants say? There was one cry which resounded everywhere I went, and that was: "There is no bread." The other sentence, which was the leitmotiv of my Russian visit, was: "All are swollen." Even within a few miles of Moscow there is no bread left. As I was going through the countryside in that district I chatted to several women who were trudging with empty sacks towards Moscow. They all said: "It is terrible. We have no bread.

If it is grave now and if millions are dying in the villages, as they are, for I did not visit a single village where many had not died, what will it be like in a month's time? The potatoes left are being counted one by one, but in so many homes the potatoes have long run out. The beet, once used as cattle fodder, may run out in many huts before the new food comes in June, July and August, and many have not even beet.

The situation is graver than in 1921, as all peasants stated emphatically. In that year there was famine in several great regions, but in most parts the peasants could live. It was a localised famine, which had many millions of victims, especially along the Volga. But to-day the famine is everywhere, in the formerly rich Ukraine, in West Russia, in Central Asia, in North Caucasia—everywhere.

What of the towns? Moscow as yet does not look so stricken, and no one staying in Moscow would have an inkling of what is going on in the countryside, unless he could talk to the peasants who have come hundreds and hundreds of miles to the capital to look for bread. The people in Moscow look warmly clad, and many of the skilled workers, who have their warm meal every day at the factory, are well fed. Some of those who earn very good salaries, or who have special privileges, look even well dressed, but the vast majority of the unskilled workers are feeling the pinch.

▌개러스 존스가 우크라이나 기근을 폭로하기 위해 직접 쓴 최초의 기사가 1933년 3월 31일 자 영국 신문 ≪이브닝스탠더드≫에 그의 사진과 함께 실려 있다.

도착해 트랙터 공장 방문 등 예정된 일정을 모두 소화했다. 3월 19일 모스크바에 돌아왔다가 3월 27일 베를린에 도착한 그는 로이드 조지 의원에게 우크라이나 상황을 알리는 편지를 보냈다. 그는 3월 29일 기자회견을 열어 우크라이나 기근 실태를 폭로했다. 당시 미국, 영국, 독일의 9개 언론이 그의 폭로를 보도했다. 존스 자신도 3월 31일부터 영국 런던의 ≪이브닝스탠더드≫에 21건의 기사를 썼다.

영화에는 존스가 웨일스에 있는 세인트도나츠성St. Donat's Castle에 휴가를 온 윌리엄 랜돌프 허스트를 설득해 허스트의 신문에 우크라이나 대기근 기사를 쓴 내용이 나온다. 영화에 나온 신문은 1934년 7월 10일 자 ≪모닝쿠리어≫와 ≪글로브앤드스탠더드≫.

이 내용도 실제와 다르다. 당시 존스는 웨일스에 돌아와 ≪웨스턴메일≫에서 일했다. 그때 허스트가 웨일스에 있는 여름 별장에 온 걸 알고 찾아가서 만났다. 이 인연으로 존스는 1934년 10월 26일 영국을 떠나 미국을 여행하던 12월 말 캘리포니아에 갔을 때 샌시메온에 있는 허스트의 저택에 초대받았다.

1935년 1월 1일부터 저택에 머무른 존스는 우크라이나 대기근 기사를 허스트 계열 신문인 ≪뉴욕아메리칸≫, ≪LA이그재미너≫, ≪선데이아메리칸≫의 1월 12일 자와 13일 자에 썼다. 이때 존스는 '인간이 만든 기근Man-made famine'이란 표현을 처음 썼다. 자연재해나 전쟁, 흉년 때문이 아니라 스탈린의 잘못된 정책으로 '대량 학살genocide' 같은 '대규모 기근', 즉 인재人災가 발생했다는 뜻이다.

영화에서 존스는 "퓰리처가 끔찍한 실수를 저질렀다는 기사가 있다"라며 허스트를 설득한다. 허스트는 "내가 당신 기사를 받으면 듀란티의 퓰리처와 맞서게 될 거요"라고 말한다.

허스트와 퓰리처의 대결 구도를 이용한 대사일 텐데 이상하다. 듀란티는 ≪뉴욕타임스≫ 기자였고 이 신문은 퓰리처의 신문이 아니었다. 허스트가 수백만 명의 아사자 발생을 외부 세계에 숨긴 소련을 고발하는 존스의 기사를 자신의 신문에 실은 것은 반공 캠페인을 위해서였다.

영화 제목과 관련해 흥미로운 주장이 있다. 『동물농장』에 나오는 매너Manor 농장의 주인 이름이 '미스터 존스'라는 사실이다. 이 존스는 러시아 황제 니콜라스 2세(1868~1918)를 패러디한 것이다. 그런데 존스 기자의 전기를 쓴 조카 마거릿 시리얼 콜리Margaret Siriol Colley(1925~2011)의 아들 나이절 콜리Nigel Colley(1960~2018)는 소설의 존스가 존스 기자의 이름에서 왔다고 주장했다. 그는 존스가 우크라이나 대기근을 폭로한 걸 오웰이 알고 존스의 이름을 소설에 넣었다면서 자신의 웹사이트(www.garethjones.org/soviet_articles/farmer_jones.htm)에 여러 근거를 제시했다. 물론 존스와 오웰이 서로 알았거나 편지를 주고받은 흔적은 발견되지 않았다.

왜 오웰을 영화에 등장시키고 영화 제목을 '개러스 존스'라고 하지 않고 '미스터 존스'라고 했을까? 필자의 이 의문은 콜리의 글을 읽고 풀렸다. 그의 주장이 설득력이 있다고 본다. 영화 〈미스터 존스〉를 만든 사람들은 콜리의 가설을 인정하지 않았을까? 러시아 혁명으로 폐위되어 볼셰비키에 의해 가족과 함께 처형된 니콜라스 2세. 우크라이나 대기근을 폭로하고 소련 비밀경찰에게 살해된 것으로 보이는 존스. 이들의 비극적인 공통점이 '미스터 존스'라는 영화 제목을 통해 표현되었다는 상상은 너무 절묘하고 그럴듯하지 않은가.

챔피언 프로그램

The Program, 2015

감독 스티븐 프리어스 | **각본** 존 호지 | **출연** 벤 포스터(랜스 암스트롱), 크리스 오다우드(데이비드 월시), 기욤 카네(미켈레 페라리), 제시 플레먼스(플로이드 랜디스), 일레인 캐시디(벳시 앤드루), 에드워드 호그(프랭키 앤드루), 로라 도널리(에마 오라일리) | **상영 시간** 103분

세계 최고 권위의 사이클 대회인 투르 드 프랑스Tour de France 7연패로 스포츠 영웅이 된 랜스 암스트롱. 고환암 말기라는, 운동선수로서는 최악의 진단을 받고 그걸 당당히 극복하고 세운 기적 같은 대기록이었으니 세계가 환호할 수밖에 없었다. 그런데 영국 ≪선데이타임스≫ 스포츠 기자 데이비드 월시David Walsh는 1999년부터 13년 동안 랜스의 도핑(금지 약물 복용)을 추적했다. 랜스는 수단과 방법을 가리지 않고 언론의 보도를 막았다. 꼬리가 길면 밟히는 법. 스포츠 영웅을 만들기 위한 치밀한 챔피언 프로그램의 실체가 드러난다. 랜스의 투르 드 프랑스 7연패 기록은 2012년 모두 취소되었다. 영화는 월시의 저서 『일곱 가지 대죄: 나의 랜스 암스트롱 추적Seven Deadly Sins: My Pursuit Of Lance Armstrong』과 미국 반도핑기구USADA의 「스포츠 도핑 보고서」를 토대로 제작되었다.

• 시놉시스 •

〈챔피언 프로그램〉 포스터.

1993년 데이비드 월시 기자가 투르 드 프랑스 출전 최연소 사이클 선수인 21세의 랜스 암스트롱을 처음 인터뷰하면서 목표를 묻는다. "완주요. 한두 스테이지 우승하면 참 좋고요." 이어지는 질문. "많은 선수가 이 투어를 여행에 비유하면서 고통과 괴로움, 인내의 여정이라며 거의 종교적인 경험이라더군. 궁극엔 한층 고조된 자의식에 도달한다는데 자네 생각도 그런가?" 랜스의 대답. "전 그냥 자전거 타는 게 좋아요."

랜스는 1994년 투르 드 프랑스에서 한 팀이 1, 2, 3위를 모두 차지한 걸 보고 의아해한다. 랜스는 미켈레 페라리 이탈리아 의사가 "건강 상태를 전문적으로 관리한 결과"라며 "어느 선수가 에포Epotein Alfa를 사용했다고 해도 충격받을 건 없다"라고 말하는 걸 듣고 그를 찾아간다.

1995년 에포를 사용한 랜스 팀은 단거리에서 성과를 낸다. 그런데 랜스가 고환암으로 고환 제거 수술과 항암 치료를 받게 된다. 병실에서 랜스가 의사 질문에 에포 등을 사용했다고 말하는 걸 동료 선수 부부(프랭키·벳시 앤드루)가 듣는다.

연습을 재개한 랜스는 페라리를 찾아간다. 페라리는 "과학적 방법으로 훈련을 다 하고 더 도약할 길이 없다고 여겼는데 하느님의 계시처럼 에포가 등장했다"라며 랜스를 훈련시킨다. 1999년 7월 랜스는 암을 극복하고 미국 연방우정국USPS팀 소속으로 대회에 복귀해 첫 구간과 산악 구간에서 우승한다.

윌시는 기자들과 식사 자리에서 의문을 제기한다. "지금까지 랜스의 산악 구간 최고 기록은 39위였는데 갑자기 최고의 등반가로 변신한 거야. 암을 치료하더니 슈퍼맨이 됐다고?" 다른 기자가 "왜 그렇게 집착해"라고 하자 윌시의 반응이 절묘하다. "왜 그렇게 안 집착해? 명색이 기자가?" "혹시 약물을 투여했다면 표가 났겠지. 라이더들이 알았을걸"이라는 지적에 윌시가 말한다. "모를까 봐? 서로 묵인한 거지. 축제 망치기 싫어서. 스폰서 오고 매스컴 떠들고 대중 속여 먹고. 우승자들이 사기꾼이건 말건 알 게 뭐야. 두려운 거야. 걸려 있는 게 많아서 모두 입 닫은 거지. 다는 아니네." 윌시는 사이클계의 구조를 꿰뚫고 있었다.

프랑스 선수는 윌시에게 말했다. "물론 도핑이 있죠. 빛의 속도로 가잖아요. 내리막길 가듯. 암스트롱이나 저나 같은 키에 같은 체중에 걔 VO2 맥스(최대 산소섭취량)는 83, 저는 85로 거의 쌍둥이예요. 근데 오늘 28분이나 빨랐다면, 어때요?" 윌시가 기사를 쓰자 랜스는 프랑스 선수에게 "기자들한테 그러는 거 사이클링에 안 좋아"라고 경고한다.

마사지를 받던 랜스가 도핑 검사에서 코르티손이 나왔다는 연락을 받는다. "의사한테 안장 통증 있다고 코르티손 크림 처방전 좀 달라고 해요. 며칠 전 날짜로. 그럼 해결되죠 뭐. 국제사이클연맹UIC이 깐깐해서 찜찜해하겠지만 어쩌겠어." 랜스는 여자 마사지사(에마 오라일리)에게 독백처럼 말한다. "나 끌어내릴 비밀 알게 됐네."

약물이 오토바이로 배달돼 미국 선수들 신발에 들어간다. '투르 드 프랑스'가 '투르 드 랜스'가 되었다고 할 정도로 랜스 팀은 성공한다. 대회 의료팀이 도핑 검사를 하러 랜스를 찾아가지만 혈액을 급속히 희석해 적발을 모면한다.

2001년 랜스는 암 연구를 위한 5000만 달러 모금에 성공하고 어린이 암 환자 돕기, 자서전 출판 등 활발한 활동을 펼친다. 그런데 이탈리아 경찰이 페라리의 집을 급습한다. 월시는 2001년 랜스를 단독 인터뷰해서 그가 1999년 페라리를 만난 사실을 확인하고 기사를 쓴다. 그러나 결정적 증거가 없다는 이유로 신문에 실리지 않는다.

랜스는 팀에 새로 들어간 플로이드 랜디스에게 검사에 안 걸리는 도핑 방법을 알려준다. 월시는 랜스가 2003년 5연패를 자축할 때 페라리가 이탈리아 수사망에 걸린 것과 증거도 수집되었고 소송도 준비되어서 증인들이 나서면 어떤 결과가 나올지 모른다는 기사를 쓴다.

랜스는 경기 중에 페라리에게 불리한 증언을 한 선수를 협박한다. 도핑에 거부감이 있던 랜디스가 반발한다. 랜디스는 랜스가 기자회견에서 거짓말하는 걸 보고 반감이 커진다. 그는 랜스와의 차별대우와 팀 차원에서 자전거를 팔아 약물 비용을 댄 걸 알고 분노한다.

월시에게 랜스의 전 동료의 부인(벳시 앤드루)에게 전화해 보라는 제보가 들어온다. 벳시는 '1996년 10월 랜스가 의사한테 경기력 향상 약물을 사용했다고 말하는 걸 들었다'고 얘기해 준다. 랜스 팀의 지원팀에 있었던 에마도 "랜스 팀에 도핑 문화가 있다"라고 말한다. 1995년 랜스와 함께 모토로라팀 소속이었던 스티븐 스와트도 "랜스가 약물을 하도록 부추겼다"라고 말하는 등 랜스의 도핑을 뒷받침하는 증언이 쏟아진다.

마침내 "랜스 암스트롱의 비밀LA Confidential"이란 제목의 랜스 도핑 의혹 기사가 신문에 실린다. 랜스는 월시와 ≪선데이타임스≫를 고소한다. 미국과 영국에서의 월시 책 출판도 막는다. 증언자와 기자를 협박한다. 사이클 기자들도 랜스 눈치를 보느라 월시를 따돌린다. 소송에서 불리해진 월시와 ≪선데이타임스≫는 '랜스가 경기력 향상 약물을 사용한 죄가 있다고 비난할 의도가 없었다. 근거 없는 비난으로 고통을 준 점을 인정하며 30만 파운드의 보상을 해주겠다'며 랜스와 합의한다.

랜스는 2005년 투르 드 프랑스 7연패 후 은퇴한다. 랜디스가 그의 은퇴 소감을 중계하는 TV 방송을 말없이 지켜본다. 랜디스는 2006년 투르 드 프랑스에서 우승하지만 소변에서 약물 양성 반응이 나온다. 랜스와 같이 약물을 사용했는데 자기만 걸렸으니 억울하다. 고향 필라델피아 파머스빌 집 액자가 복선을 암시한다. "의인은 주님과 영생하고 죄인은 주님과 떨어져 지옥에 간다."

은퇴 4년 만인 2009년 랜스가 선수로 복귀한다. "가장 완벽한 약물 검사하에 복귀합니다. 전 단념을 모르나 봅니다." 랜스는 3위에 그친다. 랜스 팀에 넣어달라고 했다가 거부당한 랜디스는 심경의 변화를 일으켜 미국 반도핑기구에 모든 걸 털어놓는다.

랜스는 2012년 10월 스포츠 영웅에서 '가장 정교하고 전문적인 도핑 프로그램의 리더', '사기꾼'으로 추락한다. 투르 드 프랑스 7개 타이틀을 박탈당하고 영구 출전 금지와 스폰서 계약 취소 등 최악의 상황에 몰린다. 랜스는 2013년 1월 〈오프라 윈프리 쇼〉에서 도핑을 시인한다.

• 저널리스트의 관점 •

랜스가 자신의 거짓말을 인정하는 데 왜 13년이란 긴 세월이 걸렸을까?

어떻게 랜스가 그렇게 오래 거짓말을 계속할 수 있었을까? 그 많은 기자는 뭘 했나? 영화를 보면서 어느 정도 그런 의문이 풀리는 듯했다. 그래도 완전히 이해할 수는 없었다. 그래서 자료를 찾아보았다.

사이클 취재기자 중에 랜스의 도핑을 의심한 기자는 꽤 있었다. 다만 월시 기자만큼 확신을 갖고 끈질기게 추적하고 글로 쓴 기자는 많지 않았다. 아일랜드 사이클 선수 출신으로 ≪선데이타임스≫에서 월시와 함께 일한 폴 키미지Paul Kimmage 기자, 월시와 함께 책 『랜스 암스트롱의 비밀LA Confidential』을 쓴 피에르 바예스테Pierre Ballester 프랑스 기자 정도를 꼽을 수 있다.

월시도 ≪선데이타임스≫에서 인정받는 기자였지만 부장은 '확실한 근거'를 확보하도록 요구했다. 정황 증거가 아닌 직접 증거. 월시는 자신은 스포츠 담당 기자지 탐사보도 기자가 아니라서 어떻게 할지를 몰랐다고 한다. 그러나 월시처럼 기사를 좇아다니고 단서를 추적하고 취재원과 신뢰를 구축하고 더 많은 취재원을 추적하는 게 바로 탐사보도의 기본이다. 그는 사실 정석대로 취재한 것이다.

영화 〈챔피언 프로그램〉에는 '왜 그렇게 집착하느냐'는 다른 기자의 지적에 월시가 "왜 그렇게 안 집착해? 명색이 기자가?"라고 말하는 게 나온다. 사실 의혹에 집착하는 건 기자로서 자연스럽고 당연한 자세다. 월시는 대부분의 사이클 기자가 진실을 외면하고 회피했다면서 그들은 "타자기를 든 팬fan with typewriter"이라고 비판했다. 다른 기자들의 그런 잘못된 자세 덕분에 월시가 덕을 본 게 사실이다. 월시가 혼자 기사를 쓰니까 랜스의 도핑 목격자나 내부 고발자가 월시를 찾게 된 것이다.

미국 스포츠 주간지 ≪스포츠 일러스트레이티드SI≫는 스포츠 기자들 사이에 '스포츠계 내부의 문제를 외부에 말하지 않는다'는 일종의

'오메르타Omerta(침묵의 계율)'가 있다고 지적했다. 그걸 어기면 스포츠 업계와 기자 사회에서 배척된다는 것. 월시도 기자회견에서 랜스에게 도핑에 관한 질문을 했다가 다른 기자로부터 차량 동승을 거부당한다. 그 기자는 1984년부터 월시와 차를 같이 타고 다녔다. "그는 랜스에 관한 책을 쓰려고 하는데 월시와 가깝게 지내다 랜스 눈 밖에 나면 취재가 어려워질 것을 걱정했다"라고 미국 신문은 전했다.

사실 가장 큰 문제는 랜스였다. 그는 워낙 강적이고 악랄했다. 무엇보다 '암을 이겨낸 우승자'라는 '슈퍼맨 스토리', '스포츠 영웅', '기적의 아이콘'이라는 서사가 막강한 무기였다. 기자들은 확실한 증거 없이 영웅을 비판했다가 예상되는 독자나 시청자의 격렬한 반발도 겁냈다.

랜스는 기자회견이든 방송 인터뷰든 어디서든 일관되게 도핑을 부인했다. 자신의 돈과 유명인사로서의 막강한 영향력을 이용해 기자와 언론을 상대로 소송, 압력, 회유 등 모든 수단과 방법을 동원했다. 특히 명예훼손 소송은 부정과 비리, 의혹을 취재할 의사도 용기도 없는 기자들에게는 좋은 핑계가 되었다.

월시의 경우를 보면서 "기자는 기사만 열심히 쓰면 먹고살 방법이 생긴다"라고 말한 어떤 선배가 생각났다. 월시의 경우가 그것을 증명했다. 기사를 쓰니까 제보가 들어오고 증인과 내부 고발자가 찾아와 책도 쓰고 다시 제보가 들어와 결국 진실이 밝혀지게 된 것이다.

기자는 무슨 사건이든 당연시하지 않고 합리적 의심을 해야 한다. 다만 의혹이나 의심을 철저히 취재해서 증거나 증언을 확보하지 않고 기사로 쓰는 것은 안 된다. 한국 언론계에는 '의혹'이란 단어만 붙이면 무슨 기사도 쓸 수 있다고 여기는 듯한 분위기가 있다. 특히 자기들과 생각이 다른 진영에 대해서는 더욱 그렇다. 면책특권 뒤에서 의혹을 남발하는 정치인들이 끼친 영향이 컸다고 생각한다. 한 언론학자는 이를 '의혹 저널리즘'이라고 비판한 바 있다.

지금 한국에도 수많은 의혹이 넘친다. 그러나 그걸 끈질기게 확인하려고 애쓰는 월시 같은 기자나 언론은 얼마나 될까? 진실은 언젠가 드러나는 법. 기자들의 분발을 기대한다.

• 팩트체크 •

랜스는 2012년 10월 투르 드 프랑스 7연패 타이틀을 모두 박탈당했다. 2013년 1월에는 TV 〈오프라 윈프리 쇼〉에 나와 약물 사용을 시인했다. 2013년 8월 개봉한 알렉스 기브니 감독의 다큐멘터리 영화 〈암스트롱의 거짓말The Armstrong Lie〉에서는 랜스가 직접 할 말을 한다. 스포츠 역사상 최대 사기극의 내막이 드러나는 데 중요한 역할을 한 앤드루 부부, 지원팀 에마 오라일리, 데이비드 월시 기자 등이 나온다. 이 다큐와 미국, 영국 언론의 보도를 참고해서 영화 〈챔피언 프로그램〉을 팩트체크했다.

영화에는 월시가 랜스의 도핑을 의심하기 시작한 계기로 프랑스 선수를 취재한 게 나온다(00:33:25). 그 선수가 랜스가 도핑했다고 주장한 게 보도되자 랜스가 그 선수를 괴롭히다 "꺼지라"고 한다. 그러나 월시가 랜스를 의심한 계기는 따로 있었다. 프랑스 사이클 월간지 ≪벨로Bello≫ 1996년 6월 호에 프랑스 사이클 선수 크리스토프 바송Christophe Bassons의 글이 실렸다. 도핑을 반대하는 바송은 '톱 사이클 선수가 모두 도핑하고 있다'고 주장했다. 바송은 1999년 투르 드 프랑스에 나와서도

'약물을 사용하지 않고는 톱 10에 들 수 없다'고 말했다.

월시는 랜스가 도핑에 반대한다는 바송을 괴롭히는 걸 보고 랜스의 도핑을 확신하게 되었다. 월시의 직관력은 남달랐다. 저널리즘 영화에서 뛰어난 기자들은 육감hunch이나 감정 반응emotional reaction이 남다른 경우가 많다. '촉觸이 발달했다'는 말을 듣는 기자도 있다. 기자의 감感이 중요한 역할을 할 때가 있는 건 사실이다.

영화에서 월시가 랜스를 인터뷰해서 쓴 기사를 알렉스 버틀러 체육부장이 '증거가 없다'는 이유로 싣지 못하겠다고 한다. 그러자 월시가 "저 대신 딴 사람 알아보세요"라고 말한다(00:47:33-00:48:09). 그러다가 갑자기 "랜스 암스트롱의 비밀"이란 제목의 맥락상 월시가 쓴 것처럼 보이는 기사가 실린다(01:09:22). 그러나 이 기사는 2004년 6월 13일 자 ≪선데이타임스≫에 체육부 차장 앨런 잉글리시Alan English 이름으로 실렸다.

사정은 이랬다. 월시는 2004년 프랑스 기자 바예스테와 공저『랜스 암스트롱의 비밀』을 프랑스에서 출판했다. 랜스의 소송과 방해 공작으로 미국, 영국에서는 출판을 못 했다. 책에는 랜스의 약물 사용에 관한 목격자들 얘기가 많이 실렸다.

월시는 책 출판에 맞춰 약 1만 1000단어 분량의 기사를 썼다. 변호사가 '너무 위험하다'고 반대해 기사가 못 나가게 되자 월시는 사표를 던지고 포르투갈로 떠났다. 월시를 높이 평가하는 존 화이트로 편집국장(2013년 ≪더 타임스≫ 편집국장으로 영전)과 버틀러 체육부장이 기사를 원래의 5분의 1인 2200단어 분량으로 줄여 신문에 싣기로 했다. 월시는 잉글리시 차장이 대신 쓴 원고를 포르투갈에서 마감시간 30분 전에 받아보고 말했다. "가치 없는 기사다. 원본에서 좋은 건 다 빠졌다. 안 실는 게 낫다."

그래도 기사가 신문에 실렸고 랜스는 명예훼손 소송을 걸었다. 영화에는 월시와 ≪선데이타임스≫가 30만 파운드(38만 달러)에 합의한 걸로 나온다. 다큐에는 랜스가 '150만 달러 상당의 승소를 했다'고 되어 있다. 60만 파운드(76만 달러)가 들어갔다는 영국 언론 보도도 있었다. 보상금과 자체 법률 비용을 합친 것일 수 있다. 도핑을 시인한 랜스는 2013년 8월 액수 비공개를 조건으로 ≪선데이타임스≫와 보상금에 합의했다. 합의금이 100만 파운드라는 보도가 있었다.

월시는 2010년 5월 히말라야를 트레킹하다가 랜스의 전 동료 랜디스가 랜스의 도핑을 고발했다는 부장의 전화를 받았다. 그는 여섯 시간을 걸어서 인터넷이 연결된 카페에 도착해 2004년에 쓰지 못한 기사를 결국 썼다.

영화에는 랜디스가 랜스를 침몰시킨 결정적인 증언자처럼 나온다. 그러나 다큐에는 랜스의 팀 동료였던 조지 힌캐피가 가장 큰 타격을 주었다고 되어 있다. 미국 반도핑기구 조사에서 26명이 랜스에게 불리한 진술을 했다는 내용도 나온다.

• 관련 영화 •

암스트롱의 거짓말(The Armstrong Lie, 2013)

감독 알렉스 기브니 | **출연** 랜스 암스트롱, 데이비드 월시, 프랭키·벳시 앤드루 | **상영 시간** 122분

알렉스 기브니 감독은 2009년 랜스의 4년 만의 현역 복귀를 계기로 홍

보성 다큐멘터리를 만들려고 했다. 랜스가 일부 투자도 했다. 그런데 기브니 말처럼 "기분 좋은 영화"가 완성되었는데 랜스의 전 동료들이 그의 도핑을 증언했다. 2012년 10월 마침내 미국 반도핑기구가 랜스와 그의 팀이 도핑했다는 보고서를 냈다.

결국 기브니는 영화의 구조를 바꾸었다. 제목도 '암스트롱의 복귀The Road Back'를 '암스트롱의 거짓말'로 고쳤다. 이 제목은 2005년 8월 23일 프랑스 스포츠 신문 ≪레키프L'Equipe≫가 '랜스의 1999년 도핑이 확인되었다'는 내용의 기사에 붙인 제목에서 따왔다.

랜스는 모든 것을 잃고 2013년 1월 14일 〈오프라 윈프리 쇼〉에 나왔다. 그건 랜스가 바라는 대로 된 인터뷰가 아니었다. 랜스는 인터뷰를 마치고 세 시간 뒤 기브니를 찾아갔다. 자신의 경력에 대한 기록을 바로잡기 위해서였다. 중단되었던 다큐 제작은 그렇게 재개되었다.

랜스가 다큐 제작에 돈까지 대고 출연한 것은 거짓말이 드러난 상황에서 자신의 주장을 보여주기 위해서였다고 기브니는 말했다. 다큐에는 랜스의 주장이 많이 반영되었다. 〈챔피언 프로그램〉과 〈암스트롱의 거짓말〉, 두 영화를 모두 보는 게 균형 잡힌 시각을 확보하는 데 도움이 될 것이다.

필로미나의 기적

Philomena, 2013

감독 스티븐 프리어스 | **출연** 주디 덴치(필로미나 리), 스티브 쿠건(마틴 식스미스), 애나 맥스웰 마틴(제인), 바버라 제퍼드(힐더가드 수녀) | **상영 시간** 98분

50년 전에 빼앗긴 아들을 찾는 애니 필로미나 리Annie Philomena Lee와 동행하며 특종기사를 쫓는 영국 기자의 감동적인 실화를 소재로 만든 영화. 어렵게 아들의 흔적을 찾았지만 그는 이 세상 사람이 아니었다. 생모를 잊지 않고 찾아다닌 아들의 얘기를 그의 동성애 파트너에게서 들은 어미는 가슴이 무너진다. 정의감 넘치는 기자는 자기 일처럼 종교의 위선에 분노한다. 영화는 마틴 식스미스Martin Sixsmith 기자가 직접 취재한 사연을 담은 책 『필로미나 리의 잃어버린 아이The Lost Child of Philomena Lee』를 바탕으로 만들었다. 구체적인 내용에서 영화는 실화와 많은 차이가 있다. 영화의 극적 구성을 위해 실화는 얼마나 각색되었는지 알아보는 것도 좋을 것이다. 영화 속 기자의 행동에 문제는 없었을까?

• 시놉시스 •

〈필로미나의 기적〉 포스터.

영국 교통부 공보관 마틴 식스미스가 장관과의 불화로 해고된다. 마틴은 파티장에서 일하는 필로미나의 딸 제인의 부탁을 받게 된다. 어머니가 10대 미혼모 때 수녀들이 아들을 강제로 입양시켰다며 취재해 달라는 것. 마틴은 "휴먼 드라마는 멍청한 인간들 얘기를 미화해서 더 멍청한 인간한테 팔아먹는 것"이라며 거절한다.

마틴은 뒤늦게 아내의 권유로 필로미나를 만나 사연을 듣는다. 임신한 필로미나를 아버지가 수녀원에 보냈다. 수녀원에서 출산하면 3년 동안 일해야 했다. 세탁실에서 종일 일하고 한 시간씩 아들 앤서니를 볼 수 있었다. 미국인 부부가 필로미나의 친구 딸을 입양하면서 단짝인 앤서니가 안 떨어지자 함께 데려갔다.

마틴은 필로미나가 사연을 얘기하는 동안 "잔인할수록 좋아요. 드라마가 필요하니까", "특종감이야. 극적인 게 좋다고요"라며 기자 본색을 드러낸다. 마틴은 그녀와 함께 아일랜드의 수녀원에 갔지만 수녀는 화재로 입양 서류가 사라져 아들을 찾을 수 없다고 한다. 이상하게 필로미나가 서명한 양육권 포기 서류는 남아 있다. 근처 술집에서 수녀들이 돈 받고 아이들을 미국에 보낸 게 부끄러워 서류를 불태웠다는 말을 우연히 듣는다.

마틴은 신문사에 있는 샐리에게 사연을 얘기하고 '아들도 내 생각을 했는지 알고 싶다'는 필로미나와 함께 미국으로 간다. 마틴은 앤서니가 미국에 입양될 때 찍힌 사진을 입수해 추적한다. 이름은 '앤서니 리 Anthony Lee'에서 '마이클 헤스Michael Hess'로 바뀌었다. 공화당전국위원회에서 수석법률 자문으로 일한 것도 알아낸다. 아뿔싸, 9년 전에 이미 사망했다.

귀국하려고 공항에 간 마틴은 "죽은 귀신 얘기라도 만들어서 와", "빈손으로 오면 안 돼"라는 샐리의 말을 듣고 취재를 계속하기로 한다. 필로미나도 '아들 친구들이라도 만나겠다'며 함께 미국에 남는다. 앤서니와 함께 일한 여자 동료를 찾아가 앤서니가 동성애자였고 피터라는 파트너가 있었다는 걸 알게 된다. 필로미나는 태도를 바꿔 가명으로 기사를 쓸 수 없느냐고 묻는다. 마틴은 이런 기사는 가명으로 안 쓴다고 말한다. 앤서니와 함께 입양된 매리를 만나 앤서니가 에이즈로 죽은 걸 알게 된다.

어렵게 만난 피터는 앤서니의 일생이 담긴 홈비디오를 보여준다. 그런데 앤서니가 아일랜드 수녀원에 간 장면이 나오는 게 아닌가. 필로미나에게 앤서니 소식을 모른다고 한 힐더가드 수녀가 어머니를 찾으러 간 앤서니를 만났던 것. 수녀들은 생모를 찾을 수 없다고 했고 앤서니는 죽은 뒤 수녀원에 묻혔다고 피터가 알려준다.

아일랜드 수녀원에 찾아간 마틴은 힐더가드 수녀에게 분노를 터뜨린다. "앤서니가 마지막 순간을 엄마와 보낼 수도 있었는데 당신들이 그 상처에 못만 더 박았잖소!" 마틴은 위선의 가면을 벗고 사과하라고 요구한다. 필로미나는 수녀들을 용서한다면서 "누굴 미워하며 살긴 싫다"라고 말한다.

두 사람이 찾아간 앤서니의 묘비에는 이렇게 적혀 있었다. "마이클 A. 헤스, 두 나라의 재주 많았던 아들, 1952년 7월 5일 로스크레아 숀로스 수녀원 출생, 1995년 8월 15일 미국 워싱턴 D.C. 사망Michael A. Hess/a man of two nations and many talents/born July 5, 1952 Sean Ross Abbey, Roscrea/died August 15, 1995 Washington, DC. USA."

필로미나가 "앤서니는 내가 올 줄 알았어"라고 하자 마틴은 두 사람의 얘기니까 기사를 쓰지 않겠다고 한다. 그러나 필로미나는 '마음을 정했다'며 "우리 얘기를 써서 세상에 알려줘요"라고 한다. 마틴의 차를 타고 수녀원을 떠나는 필로미나는 소설 얘기로 수다를 떤다.

• 저널리스트의 관점 •

영화 속 기자 마틴 식스미스는 정의감이 강해 자주 분노를 밖으로 드러낸다. 그는 필로미나의 사연을 취재해 달라는 부탁을 받고 자신은 러시아 역사에나 관심 있다면서 "휴먼 드라마는 멍청한 인간들 얘기를 미화해서 더 멍청한 인간한테 팔아먹는 것"이라며 거절한다. 실제로 그랬다면 참으로 인간미라고는 없는 기자라고 할 수 있다. 영화가 실화를 바탕으로 했지만 워낙 사실과 다른 내용이 많아서 마틴이 그런 반응을 보였으리라고 믿기는 어렵다. 설사 자신의 담당 분야가 아니고 자기가 적임자가 아니라고 해도 다른 기자를 소개할 수도 있었을 것이다. 그게 기자들이 일반적으로 일하는 방식이다.

영화에서 마틴은 앤서니가 9년 전에 죽었다는 걸 알고는 취재를 포기하고 귀국하려고 공항으로 간다. 앤서니가 죽었다고 취재를 중단할 기자는 없을 것이다. 공항에서 마틴이 샐리에게 한 발언은 수습기자라도 하기 어려울 정도로 비현실적이다. 둘의 대화를 보자.

샐리　왜 죽었는데?

마틴　그건 아직 몰라.

샐리　그럼 기사는?

마틴　죽었는데 뭘 써?

샐리　죽은 귀신 얘기라도 만들어 와. 파면 나올 거 아냐!

마틴　나 혼자는 자료 찾기 어려울 텐데.

샐리　할머니를 잡아둬.

마틴　뭐? 아들 죽은 거 알고 힘들어하시는데!

샐리　그걸 쓰면 되겠네. 우리 계약 잊지 말고.

마틴　진심이야?

샐리　빈손으로 오면 안 돼.

당시 상황을 고려하면 샐리의 발언이 지극히 현실적이다. 마틴은 처음부터 그렇게 판단하고 취재를 계속했어야 한다. 영화에서야 그렇지만 실제로 마틴은 취재를 포기하지 않았다.

마틴은 영화 마지막 부분에서 수녀원에 다시 찾아가 힐더가드 수녀에게 분노를 폭발시키며 사과를 요구한다. 그러나 이건 기자의 바람직한 태도가 아니다. 기자는 기본적으로 사건에 개입하지 않는 걸 원칙으로 한다. 당연히 분노할 만한 일이었지만 그건 기사를 통해 보여주어야 한다. 기사에 분노를 담거나 분노를 조장하는 기사를 쓰라는 말이 아니다. 객관적이고 공정하게 기사를 쓰고 분노는 독자의 몫으로 남겨야 한다.

이 영화는 필로미나 모자의 사연과 아일랜드 가톨릭계의 어두운 과거를 중심으로 만들었다. 기자의 취재는 그걸 보여주기 위한 보조 수단에 불과하다. 따라서 〈모두가 대통령의 사람들〉이나 〈스포트라이트〉 같은 본격적인 저널리즘 영화에 나오는 기자의 취재 과정이나 행동 양식을 기대하는 건 무리일 것이다.

마틴 기자(1954~)는 옥스퍼드대 뉴칼리지 출신으로 하버드대와 소르본대에서도 수학한 엘리트다. 1980년 BBC에 들어가 1997년까지 모스크바, 워싱턴, 브뤼셀, 바르샤바에서 특파원으로 활동했다. 1997년부터 2002년까지는 영국 정부에서 일했다. 2006년부터 BBC 라디오와 TV에서 일하면서 소설도 쓴 작가다. 2015년에는 BBC TV의 다큐멘터리 〈아일랜드의 잃어버린 아이들〉을 제작했다. 그는 영화 속 마틴과 달리 분노도 덜 하는 사람이라고 한다.

1980년대 한국 기자들은 새벽에 경찰서 보호실에 찾아가 "억울한 사람 있어요?", "억울한 사람 손 들어보세요"라고 했다. 대부분 경범죄 위반자들이었지만 가끔 억울한 사람도 있었다. 그들의 사정을 들어주고 경찰에 선처를 부탁하거나 기사를 쓰는 기자도 있었다. 신참 기자가 선배들로부터 배운 정의감을 과시하는 방법의 하나였다.

돌이켜보면 치기 어린 행동이었을 수도 있다. 하지만 경찰서에 잡혀간 경험이 없는 수습기자가 취재하러 경찰서에 들어가는 것도 겁나던 시절이었다. 선배 기자들이 수습기자의 배포를 테스트하기 위해 기자 신분증도 받지 않은 입사 첫날 전경이 보초를 서고 있는 경찰서 정문을 통과해 기자실까지 오라는 '미션'을 주기도 했다. 경찰서에 가본 적이 없는 수습기자가 경찰서 정문을 통과하는 건 쉽지 않았다.

• 팩트체크 •

이 영화는 베니스국제영화제 각본상과 영국 아카데미 각색상을 받은 작품답게 구성도 훌륭하고 스토리는 대단히 감동적이다. 그런데 현실이 드라마보다 더 재미있고 극적이란 말은 이 영화에는 적용되지 않을 것 같다. 영화는 실제와 많은 차이가 있다.

우선 영화에서는 필로미나가 앤서니의 흔적을 찾기 위해 마틴과 처음부터 끝까지 동행한다. 두 사람이 함께 다니지 않았으면 영화를 어떻게 만들었을지 걱정될 정도로 둘의 대화나 동행 과정에서의 에피소드들이 영화의 재미를 더한다.

그런데 필로미나는 마틴과 함께 미국에 가지 않았다. 혼자서 간 적도 없다. 1933년 태어난 필로미나는 18세에 임신했는데 아버지가 강제로 수녀원에 보냈다. 1950~1960년대 가난한 가톨릭 국가였던 아일랜드에서는 미혼모를 대단히 수치스럽게 여겼다. 미혼모는 도덕적으로 타락했다며 자녀도 키우지 못하게 할 수 있었다. 미혼모 수천 명이 양육권 포기를 강요당했다. 그들의 자녀는 외국의 가톨릭 신자 가족에게 입양되었다. 이른바 '아동 수출'이었다. 한국도 수십 년 동안 '고아 수출 대국'이란 오명을 감수했다.

영화에서는 마틴이 앤서니와 그의 지인들을 꽤 쉽게 찾아다닌 것처럼 보인다. 실제로는 마틴이 2004년 신년 파티에서 필로미나의 사연을 처음 알고 앤서니의 죽음을 확인하기까지 무려 5년이 걸렸다. 1955년 미국 미주리주 헤스 부부에게 입양된 '앤서니 리'가 '마이클 헤스'로 이름이 바뀌는 바람에 더 찾기 어려웠다.

마틴은 5년 동안 소설도 쓰고 BBC에서도 일하면서 계속 추적했다.

미국의 주와 교회의 기록보관소를 뒤지고 입양기관과 대학의 기록을 거쳐 공화당까지 추적해 마침내 앤서니의 죽음이란 가슴 아픈 결론에 도달했다.

영화에서는 마틴이 필로미나와 호텔 식당에서 인터넷 검색으로 앤서니가 죽은 걸 확인한 것으로 나온다(00:51:40-00:54:00). 필로미나가 미국에 가지 않았으니 당연히 그런 일은 없었다. 마틴은 1995년 8월 앤서니의 부음 기사가 중요한 단서가 되었다고 밝혔다. 마틴은 저서 『필로미나 리의 잃어버린 아이』 출판에 맞춰 영국 ≪가디언≫ 2009년 9월 19일자에 필로미나 모자의 가슴 아픈 사연을 직접 기사로 써서 소개했다.

영화에는 마틴과 필로미나가 피터의 얘기를 듣고 수녀원에 찾아갔을 때 수녀들이 모든 걸 털어놓은 것처럼 나온다. 여기에도 사실과 다른 부분이 있다. 마틴이 앤서니가 수녀원에 묻혔다는 걸 알려주자 필로미나 모녀는 수녀원에 찾아갔다. 수녀원은 앤서니에 관한 정보가 없다고 했다. 결국 1년 뒤 마틴이 앤서니의 미국 가족을 찾아내 다시 찾아가자 그때서야 수녀원은 관련 서류를 내놓았다고 ≪워싱턴포스트≫는 전했다.

앤서니의 파트너인 피터가 마틴을 만나지 않으려고 한 것으로 영화에는 나온다. 그러나 피터는 파트너의 생모인 필로미나를 몹시 만나고 싶어 했다. 피터는 연락을 받고 런던의 마틴 집에 직접 찾아가 필로미나를 만났다. 앤서니는 항상 생모를 찾으려 했고 25세 때인 1977년 처음 자신이 태어난 수녀원에 찾아갔다. 죽기 2년 전인 1993년에 피터와 함께 다시 수녀원에 찾아가 어머니를 찾게 해달라고 간청했지만 거절당했다. 사후에라도 어머니가 자신의 묘를 찾을 수 있도록 자세한 출생 정보가 들어간 묘비명을 남기고 수녀원에 묻힌 것은 아닐까?

영화에서 악역을 맡은 힐더가드 수녀는 두 번(00:30:41, 01:25:46)이나 마틴을 만난다. 그러나 힐더가드 수녀는 1995년 이미 사망했다. 2004년에 앤서니를 찾기 시작한 마틴이 만날 수는 없었다.

이 밖에도 영화에서는 필로미나의 딸이 마틴에게 직접 취재 요청을 한다. 실제로는 파티장에서 일한 딸의 친구가 부탁했다. 마틴이 앤서니를 찾았을 때 죽은 지 9년이 지났다고 영화에 나오지만 실은 최소한 12년이나 지난 뒤였다.

콜 노스사이드 777

Call Northside 777, 1948

감독 헨리 해서웨이 | **출연** 제임스 스튜어트(P.J. 맥닐), 리처드 콘트(프랭크 위첵), 리 J. 코브(브라이언 켈리), 헬렌 워커(로라 맥닐), 베티 가드(완다 스쿠트닉), 카샤 오자제프스키(틸리 위첵) | **상영 시간** 111분

미국 시카고는 1871년의 대화재를 계기로 현대식 도시로 거듭난다. '금주법Prohibition'이 시행된 1920년부터 1932년까지 온갖 범죄가 끊이지 않는 도시로 악명이 높았다. 갱들이 경찰관을 살해하고 경찰과 총격전까지 벌였다. 이 영화는 ≪시카고데일리타임스≫ 기자가 경찰관 살해범으로 몰려 99년 형이 확정된 억울한 시민의 결백을 밝혀낸 실화를 바탕으로 다큐멘터리 형식으로 만들었다. 기자를 '진실을 밝혀내는 의인이나 영웅'으로 그려낸 작품 중 하나다. 기자의 역할에 비중을 많이 두는 바람에 실제 사건의 배경은 거의 다루어지지 않았다. 1940년대 미국 언론의 일면을 엿볼 수 있는 영화로 추천할 만하다.

• 시놉시스 •

▌〈콜 노스사이드 777〉 포스터.

1932년 시카고에서는 365건의 살인 사건이 발생했는데 경찰관도 여덟 명이나 살해되었다. 12월 9일 몰래 술을 팔던 식품점에서 경찰관 번디가 두 명의 범인이 쏜 총에 맞아 죽었다. 경찰은 폴란드계 이민자 프랭크 위첵과 토멕 잘레스카를 범인으로 검거했다. 토멕이 위첵 집에서 잤다고 알리바이를 제시했지만 무시되었다. 식품점 여주인 완다 스쿠트닉의 목격자 진술을 유일한 증거로 두 사람은 징역 99년을 선고받아 형이 확정되었다.

사건이 발생한 11년 뒤인 1944년 10월 10일 ≪시카고타임스≫에 작은 광고가 실린다. "번디 경찰관 살해범들을 알려주면 5000달러를 드립니다. 낮 12시부터 오후 7시 사이에 노스사이드 777에 전화해서 틸리 위첵을 찾으세요."

브라이언 켈리 사회부장의 지시를 받은 P.J. 맥닐 기자가 틸리를 찾아간다. 노스사이드 777은 위첵의 엄마 틸리가 청소부로 일하는 건물의 주소. 당시에는 전화교환원에게 주소를 말하면 전화를 연결해 주었다.

틸리는 아들의 결백을 밝혀내기 위해 보상금을 내걸었다고 말한다. 11년 동안 하루도 안 쉬고 건물 바닥을 청소해서 3000달러를 모았고 계속 일해서 나머지 돈도 마련하겠다고 한다. 맥닐 기자는 돈만 사기당할 거라며 아들에게 담배나 캔디를 사서 보내라고 충고한다. 틸리는 "안 되면 11년을 더 일해서 1만 달러를 모으겠어요"라며 언젠가 아들을 구해내겠다고 한다. 틸리가 도와줄 수 있느냐고 묻자 맥닐은 "나는 기자예요. 기사를 쓸 뿐입니다"라고 겸손하면서도 소극적으로 답한다. 그러나 청소하는 틸리 사진과 함께 기사가 나가자 신문사에 전화와 편지가 쇄도할 정도로 반응이 뜨겁다.

맥닐은 교도소에서 위첵을 인터뷰한다. 맥닐은 위첵의 결백을 믿지 않고 취재도 소극적이다. 그러나 부장의 설득과 마음이 따뜻한 아내의 권유로 취재를 계속한다. 위첵은 배심원이 유죄 평결을 해서 판사가 징역 99년을 선고했지만 판결한 뒤에 오심誤審이라고 말했다고 주장한다. 그는 변호사와 목격자 증언에 문제가 있었다고 말해준다.

맥닐은 위첵의 아내를 찾아간다. 위첵의 간청으로 이혼하고 재혼했다는 그는 "위첵은 좋은 사람이고 결백해요"라고 주장한다. 신문에 기사와 함께 아내와 아들 사진이 실린다. 위첵은 아들 사진까지 실은 것에 항의하며 기사를 쓰지 말라고 한다. 그러나 마음을 바꾼 위첵은 판사가 자신이 무죄라고 말할 때 들은 사람과 증인들을 알려준다. 맥닐은 취재할수록 위첵이 무죄라는 생각이 강해진다.

하지만 기사에 반발한 경찰청장, 주지사 대리인, 법무부 관계자가 신문사 발행인에게 항의하러 온다. '모든 법적 절차를 통해 유죄가 확정되었다'는 법무부 주장에 사회부장은 "우리가 쓴 기사는 인터뷰와 취재를 근거로 한 겁니다. 거짓을 꾸며낸 건 없고 그럴 의도도 없었어요"라고 설명한다. 주지사 대리인은 '단순한 팩트에 감정과 색깔이 너무 많이 들어갈 수 있다'고 지적한다. 신문의 센세이셔널리즘을 비판한 것으로 볼 수 있다. 맥닐은 "위첵은 결백합니다. 우리가 여기서 멈추면 범죄가 됩니다"라고 항변한다. 양측은 결국 사면위원회의 청문회를 열기로 합의한다.

맥닐은 어렵게 찾아낸 유일한 목격자인 완다를 청문회에 불러내 증언을 번복시키려 하지만 실패한다. 청문회가 무산되기 직전에 맥닐은 완다의 증언이 거짓임을 입증할 결정적인 증거를 확보한다. 위첵과 완다가 함께 나온 사진에 찍힌 작은 신문의 날짜를 확대하니 12월 22일로 확인되었다. 완다가 12월 23일 전에 위첵을 본 적이 없다고 수사와 재판 때 증언했지만 바로 전날 함께 경찰서에 간 결정적 증거가 나온 것. 영화는 "어머니의 믿음과 신문의 용기, 그리고 패배를 모르는 한 기자 덕분에 위첵은 자유를 찾았다"라는 내레이션으로 끝난다.

• 저널리스트의 관점 •

이 영화에는 기자와 언론의 문제가 많이 나온다. 기자를 처음 만난 위첵의 어머니가 '도와줄 수 있느냐'고 묻자 맥닐은 "저는 기자예요. 기사를 쓸 뿐입니다"라고 대답한다. 사실 맥닐은 처음에는 사건에 대단히 부정적이고 소극적이었다. 실제로 기사를 쓴 제임스 맥과이어 기자가 그랬는지는 알 수 없다. 영화를 위해 각색되었을 수도 있다. 켈리 부장이 위첵을 인터뷰하라고 하자 맥닐은 반박한다. "경찰관을 죽인 범인이에요. 증인도 있어요. 대법원에서도 인정했습니다." 부장은 "그래도 얘기 들어봐서 나쁠 것 없잖아"라고 말한다.

부장 말이 옳다. 맥닐은 기사가 안 되는 쪽으로 생각하는 타입이다. 기자는 취재한 뒤에 판단해야 한다. 선입견이나 예단으로 안 되는 쪽으로 생각하기 시작하면 진실을 찾기 어렵다. 맥닐의 태도를 '사안을 냉정하고 객관적으로 보려고 했다'고 평가할 수도 있지만 기자로서는 결코 바람직한 자세가 아니다.

영화에서 맥닐이 인터뷰할 때마다 '앵글angle'을 잡는 데 신경을 많이 쓰는 걸 볼 수 있다. 독자의 관심을 끌어낼 수 있도록 '앵글'을 만들고 그렇지 않으면 뺀다. 한국 기자들이 자주 말하는 '야마'를 잡는 것과 비슷해 보인다. 사건을 어떻게 틀짓기[프레이밍(framing)] 하느냐의 문제로, 실체적 진실보다 감성에 호소하기 위해서 또는 억지로 기사를 만들기 위해서라면 문제가 있다.

'야마'는 기자들이 기사의 핵심 내용이나 주제, 특별한 관점이란 뜻으로 많이 사용한다. 예를 들면 이런 식이다. "기사를 잘 쓰려면 야마를 잘 잡아야지", "기사의 야마도 제대로 못 잡냐", "기사의 야마가 뭐야?", "야마가 빠졌다", "기사에 야마가 없잖아". 야마는 기사의 핵심 내용이 들어가는 리드lead를 결정한다. 그 리드에서 제목이 뽑히는 경우가 많아서 결국 제목이 기사의 야마일 때가 많다. 『고려대 한국어대사전』에는 야마를 기자들의 은어로 '기사의 주제나 핵심'을 이르는 말이라고 풀이해 놓았다. 야마는 산山의 일본어 やま에서 온 것으로 추정된다. 일본어 사전에는 야마에 절정, 정점, 고비, 클라이맥스라는 뜻이 있다고 나온다. 필자는 일제강점기부터 기자나 문인들이 사용해 온 일종의 전문어이자 은어인 야마가 여기서 유래한 것이 아닐까 추측한다.

사회부 기자인 맥닐이 항상 정장 차림을 하고 다니고 집에서 아내와 퍼즐 놀이를 할 때도 흰 와이셔츠에 넥타이까지 매고 있는 건 현실감이 떨어진다. 취재하러 다닐 때 수첩을 갖고 다니지 않고 실제로 메모도 하지 않는 것도 어색하다. 영화 〈스포트라이트〉나 〈모두가 대통령의 사람들〉 같은 저널리즘 영화에 나오는 기자들은 취재할 때 하나같이 취재 수첩에 꼼꼼하게 취재원의 말을 적는 걸 볼 수 있다. 그게 현실에 가깝다.

위첵은 자기 아들이 '살인자의 아들'이라는 말을 듣지 않게 하려고 아내와 이혼하고 아들 이름까지 바꾸도록 했다. 그런데 맥닐은 그 아내를 인터뷰한 기사에 엄마와 아들의 사진을 실었다. 위첵은 "이건 마음도 진실도 없는 기사요"라고 항의한다.

요즘 기준으로는 한국 신문이 살인범의 가족사진을, 그것도 미성년자의 사진을 싣는 건 상상하기 어렵다. 맥닐은 이렇게 반박한다. "당신이 도움을 원했고 사람들이 사건에 관심을 갖게 할 유일한 방법입니다. 당신 어머니가 신문에 낸 두 줄짜리 광고를 누가 보겠어요. 백만 명이 이 기사를 보고 있어요. 이제 살인범을 아는 누군가가 연락할 겁니다." 이에 위첵은 "엄마는 나를 위해서 하는 거지, 당신 신문 팔아주려고 하는 게 아닙니다"라고 기자에게 뼈아픈 말을 던진다.

맥닐은 위첵의 결백을 밝히겠다며 함께 실형을 선고받은 토멕 잘레스카를 면회한다. 맥닐은 "위첵은 당신과 같이 안 있었다고 생각합니다"라면서 "진범의 이름을 대면 우리 신문이 당신이 사면을 받도록 해주겠습니다"라고 회유한다. "그러면 당신은 몇 년 내에 나올 수 있어요. 당신은 잃을 게 없어요"라고 설득하지만 실패한다.

이는 기자의 바른 자세라고 보기 어렵다. 기자가 취재원에게 조건을 내걸고 흥정하거나 거래하는 건 바람직하지 않다. 당시 기자와 언론사의 힘이 어느 정도였는지 모르지만 사면은 기자가 약속할 수도 없다. 무엇보다 진실이 왜곡될 수 있기 때문이다.

맥닐은 위첵의 체포 기록 파일을 보기 위해 경찰 간부로 신분을 위장

하고 완다를 찾기 위해 술집에 찾아간다. '삼촌이 죽으면서 남긴 유산을 전달하기 위해서'라고 거짓말까지 한다. 이런 것은 언론 윤리가 제대로 정립되지 않은 1940년대에는 문제가 안 되었을 것이다. 현재 기준으로 본다면 언론 윤리 위반으로 비판받을 행동이다.

≪컬럼비아저널리즘리뷰CJR≫ 브렌트 커닝햄 편집장은 2011년 9월 9일 자 칼럼에서 영화에 나온 다양한 윤리 문제를 지적했다. 그는 "전통적으로 할리우드가 언론을 묘사할 때 대중의 태도를 반영하는 경향이 있다"라면서 '대중이 기자를 좀 더 관대하게 봐주던 시대에 만든 영화'라고 평했다. 그는 "제임스 스튜어트, 캐리 그랜트, 험프리 보가트 같은 인기 배우들이 기자 연기를 많이 해서 관중은 그들이 연기한 인물이 비도덕적인 행동을 해도 다 받아주었다"라고 분석했다.

기자라는 직업이 당시만 해도 전문 직업profession이 아니어서 학력 요구 수준이나 진입 장벽이 낮아서 요즘 기자들보다 훨씬 보통 사람이 기자로 많이 일했다고 볼 수 있다. 따라서 윤리 기준이 특별히 높거나 엄격하지는 않았다는 것이다.

• 팩트체크 •

영화 VS 실화 이 영화의 바탕이 된 실제 사건과 영화 내용은 얼마나 차이 날까? 두 가지 자료를 중심으로 파악한 실화를 소개한다. 자료는 노스웨스턴대 로스쿨 오심연구소Center for Wrongful Conviction 공동 설립자인 언론인 롭 워든Rob Warden이 1944년 사건을 취재한 기자를 1980, 1983년 인터뷰해서 쓴 글과 예일대 학술 잡지에 발표된 논문(Mnookin and West,

2001)이다.

억울한 옥살이를 한 사람은 폴란드 이민자인 조지프 마첵Joseph Majczek과 시어도어 마신키에비치Theodore Marcinkiewicz. 살해된 경찰관은 윌리엄 런디William Lundy, 진실을 밝혀낸 기자는 ≪시카고데일리타임스≫ 제임스 맥과이어James McGuire와 잭 맥폴Jack McPhaul이다. 맥과이어가 주로 취재하고 기사는 맥폴이 썼다. 당시 대부분의 미국 신문사에는 취재하는 기자와 기사를 작성하는 기자rewriteman가 따로 있었다.

1944년 10월 10일 자 '타임스' 30면에 실린 작은 광고가 발단이었다. 당시 수습기자가 우연히 광고를 보고 카린 월시Karin Walsh 사회부장에게 알렸다. 광고 전문은 이렇다. "1932년 12월 9일 경찰관 런디 살인범들을 알려주면 5000달러 보상. 낮 12시부터 오후 7시 사이에 Gro 1758로 전화 바람$5000 Reward for killers of Officer Lundy on Dec. 9, 1932. Call Gro, 1758 12-7 p.m." Gro 1758은 광고를 낸 마첵의 어머니 틸리가 청소부로 일하던 건물 주소. 영화 제목은 'Call Northside 777'이지만 사실은 'Call Gro 1758'이었던 것.

일리노이주 대법원은 1935년 유일한 목격자인 베라 월러시의 증언에 근거해서 두 사람의 유죄를 확정했다. 두 사람 모두 사건 발생 당시 다른 곳에 있었다는 증인을 내세워 현장에 없었다는 알리바이를 주장했지만 무시되었다. 틸리를 만나 사연을 들은 맥과이어 기자는 재미있는 휴먼 스토리가 되겠다고 생각했다. 그는 경찰관 살해범인데 전기의자로 사형을 시키지 않고 징역 99년을 선고한 걸 보고 판사가 확신이 없었을 가능성이 있다고 보았다. 기자는 마첵이 교도소에서 작성한 30쪽짜리 문건을 받아서 그의 주장을 확인했다. 찰스 몰스럽 판사가 오심이라며 재심을 약속했다지만 그는 이미 사망했다. 기자는 판사가 약속하는 걸 들었다는 살인 사건 목격자 자가타를 찾아내 마첵 주장이 사실임을 확인했다. 자가타는 재판에서도 경찰이 용의자 여러 명을 세워놓고 범인을 지목하도록 하는 라인업lineup 때 마첵을 자기가 목격한 범인이라고 지목하지 않았다고 증언했다고 밝혔다.

월러시의 증언이 두 사람의 유죄판결의 유일한 증거가 되었는데 그는 처음 라인업 때는 범인이 없다고 말했다. 그러나 몇 시간 조사받은 뒤 자기가 아는 테드가 범인 중 한 명일 수 있다고 말을 바꾸었다. 경찰은 테드를 마신키에비치로 지목했다. 그 후 밀주범 한 명이 체포되었는데 그가 자신의 불기소를 조건으로 마신키에비치가 마첵과 함께 있었다고 허위 진술을 했다. 경찰은 12월 22일 마첵, 다음 해 1월 23일 마신키에비치를 검거했다. 경찰은 22, 23일 라인업을 했는데, 두 사람이 유죄판결을 받게 된 결정적 증인인 월러시가 22일에는 마첵을 범인으로 지목하지 않았지만 23일에는 지목했다. 이상한 것은 경찰이 마첵을 23일 체포했다고 보고서를 허위 작성했다는 점. 월러시는 나중에 검거된 마신키에비치도 범인이라고 지목했다.

맥과이어 기자는 마첵의 주장을 입증할 체포 보고서 원본을 찾아냈지만 검찰은 재심을 거부했다. 영화에서는 신문에 실린 사진이 결정적 역할을 한 것으로 나오지만 실제로 그런 일은 없었다. 영화를 재미있게 만들기 위한 픽션이었다.

'타임스'는 유명한 일리노이주 상원의원인 워커 버틀러 변호사를 동원해 마첵의 사면을 신청했다. 마첵의 원래 변호사가 증인의 의심스러운 증언에 반대 신문도 하지 않는 등 엉터리 변호를 한 것도 제시했다. 결국 드와이트 그린 일리노이 주지사는 1945년 8월 15일 무죄가 확정된 마첵을 사면했다. 마신키에비치는 영화가 나오고 2년이 지난 1950년

2월 무죄판결을 받았다. 마첵과 마신키에비치가 받은 배상금은 각각 2만 4000달러와 3만 5000달러. 마첵은 이혼한 부인과 재결합하고 보험중개사로 일했다. 그러나 1979년 자동차 사고로 머리를 다쳐 요양소에서 지내다 1983년 73세에 세상을 떠났다. 마신키에비치는 73세 때인 1982년 요양시설에 가기 싫다며 자살했다. 세상은 끝까지 두 사람에게 우호적이지 않았던 셈이다.

영화는 기자의 역할에 집중하느라 사건 실체는 제대로 다루지 않았다. 실제로 이 사건의 핵심은 경찰이 정치적 목적으로 사건을 조작했다는 것이다. 1933년 5월 27일 개막하는 시카고 세계박람회를 앞두고 경찰관 피살 사건이 잇따르자 일리노이 주지사는 신속한 범인 검거를 독려했다. 이에 부응하기 위해 경찰은 범인들을 조작했다. 당시 미국 경찰에선 흔한 일이었다.

영화에서 경찰관 피살 현장은 금주법 시대에 불법으로 밀주를 파는 식품점이었다. 경찰이 밀주 판매를 묵인하는 조건으로 월러시의 허위 증언을 조작해 사건을 일찍 해결한 것이다. 몰스럽 판사가 두 사람에게 재심 기회를 못 준 것은 검찰의 협박 때문이었다는 보도가 있었다.

• 교도소 재소자 취재 •

〈콜 노스사이드 777〉의 맥닐 기자처럼 한국에서도 누명을 썼다고 주장하는 교도소 재소자를 기자가 직접 인터뷰하거나 교도소를 상대로 취재할 수 있을까?

미국 영화에는 기자가 교도소에 있는 범인을 직접 만나 취재하는 내용이 종종 나온다. 앨런 파커 감독의 2003년 범죄 스릴러 〈데이비드 게일The Life Of David Gale〉에는 사형 집행을 앞둔 강간 살인범 데이비드 게일(케빈 스페이시 분)을 주간지 기자 빗시 블룸(케이트 윈슬릿 분)이 인터뷰하는 내용이 나온다. 사형수의 요청으로 인터뷰 사례비 50만 달러를 주고 하루 두 시간씩 사흘 동안 교도소에 들어가 인터뷰를 한다.

루퍼트 굴드 감독의 2015년 영화 〈트루 스토리True Story〉에서 기사 조작이 드러나 해고된 ≪뉴욕타임스≫ 기자 마이클 핀클(조나 힐 분)은 아내와 세 자녀를 살해한 혐의로 수감된 크리스천 롱고(제임스 프랭코 분)를 재판 전후에 정기적으로 만나고 편지도 교환해 책까지 냈다. 핀클은 실제로 2002년 해고되었으며 자신의 경험을 책으로 썼다. 이 영화에서도 기자와의 인터뷰는 데이비드 게일처럼 수감자가 선택하고 결정했다.

로드 루리 감독의 2008년 영화 〈더 트루스: 무언의 제보자Nothing but the Truth〉에서는 취재원의 신원을 공개하지 않아 수감된 기자 레이철 암스트롱(케이트 베킨세일 분)이 교도소에서 생방송으로 TV 인터뷰도 한다.

미국에서는 제한적이긴 하지만 언론의 재소자 인터뷰가 허용된다. 인권 단체와 기자가 함께 재소자를 만나기도 한다고 한 미국 언론인은 필자에게 알려주었다.

미국에서 재소자 면회는 법적으로 무조건 허용되지는 않는 것으로 보인다. 연방대법원은 1974년 수정헌법 제1조가 언론에 재소자에 대한 특별한 접근권을 인정하지 않는다는 판례를 남겼다. 언론의 재소자 접근에 대한 제한이 내용상 중립적이고, 우편이나 가족·친지 방문 등 다른 의사소통 방법이 있다면 정당하다는 것이 판결 취지였다. 이 판례는 지금도 유지되고 있다.

그러나 하급 법원에서는 언론의 재소자 인터뷰를 인정한 판결들이 있다. 조너선 피터스Jonathan Peters 조지아대 교수의 2018년 7월 ≪컬럼비아저널리즘리뷰CJR≫ 기고문에 따르면 사형수 인터뷰는 대부분 허용되지 않는다. 그러나 기자의 재소자 인터뷰는 주에 따라, 교도소에 따라 차이가 있다. 재소자와 기자의 전화 통화가 15~30분으로 제한되는 교도소도 있다. 교도소장의 사전 승인이 없으면 대화가 허용되지 않는 곳도 있다.

한국에서는 기자가 취재 목적으로 수감자를 인터뷰하는 것은 고사하고 기자 신분으로 수감자를 면회하는 것도 허용되지 않는다. 기자가 수감자와 편지를 교환하는 것은 가능하다.

2015년 교도소나 구치소에서 몰래카메라를 사용해 재소자를 인터뷰한 방송사 PD들이 무더기로 위계에 의한 공무집행 방해와 건조물 침입 혐의로 기소된 사건이 있다. 2017년 일부 PD가 벌금형을 선고받았다. 한국PD연합회는 당시 "교정시설의 행정 편의를 위한 자체 규정이 헌법의 언론과 표현의 자유에 앞서는 상위 법이란 말인지 묻지 않을 수 없다"라면서 "국가기관의 편의가 국민의 알 권리와 언론 자유보다 우선한다는 매우 위험한 발상이자 구시대의 적폐를 더욱 심화시키는 처사로, 당장 백지화해야 마땅하다"라고 주장했다.

그런데 서울남부지법에서는 2017년 7월 비슷한 사건에서 SBS PD와 촬영감독에게 무죄가 선고되었다. '국가기관에 대한 감시·비판·견제가 언론의 사명이므로 언론인이 취재를 위해 국가기관에 출입하는 것은 명확한 제한의 필요가 없다면 허용되어야 한다'는 것이 이유였다.

일본에서는 1998년 최고재판소에서 "구치소 수감자에 대한 취재 자유는 헌법상 보장되지 않는다"라는 판결이 있었다. 한 잡지기자가 사형수 접견을 신청했지만 "면회가 취재 목적이 아니고 그 내용을 공표하지 않는다"라는 서약서 제출을 거부해 불허되자 손해배상 청구 소송을 제기한 결과였다. 판결 요지는 '도주나 증거인멸의 위험이 있거나 감옥 내 규율 또는 질서 유지에 장애가 있다면 재소자 접견 불허가 처분이 적합하다'는 것이었다.

김재협 전 대법원 재판연구관은 구치소 수감자에 대한 취재 제한에 관해서는 한국도 일본 법원의 이론과 결론이 적용될 것이라고 예상했다(김재협, 1999). 앞으로 있을 방송사 PD들에 대한 대법원 판결이 중요한 판례가 될 것으로 보인다.

익명의 취재원(Anonymous source)

기자가 기사에 취재원을 익명으로 처리하는 것을 어떻게 볼 것인가. ≪워싱턴포스트≫가 워터게이트 사건을 보도하면서 내부적으로 딥 스로트라는 별명을 붙인 마크 펠트 연방수사국FBI 부국장의 신분을 밝히지 않은 것은 정당할까?

저널리즘의 원칙 중에서 투명성의 원칙은 취재원의 신분(이름, 직업, 소속 등), 취재 과정, 기사에 포함된 각종 자료의 출처 등을 밝혀야 한다는 것이다. 기사와 관련된 취재원이 누구인지를 밝히는 것은 기사의 신뢰도, 공정성, 객관성을 높이기 위한 것이다. 취재원이 누구인지 밝히지 않으면 기사는 물론이고 기자에 대한 신뢰도 낮아지기 쉽다.

취재원이 익명을 조건으로 거짓말을 했거나 사실을 왜곡 또는 오도한 사실이 밝혀지면 어떻게 할 것인가. 익명성은 취재원이 진실을 말한다는 것을 전제로 인정한 것이다. 그런데 그 전제가 무너지면 취재원의 신분을 공개해야 한다고 저널리즘의 원칙은 강조한다.

저널리즘에서 익명의 취재원은 '모든 악의 뿌리the root of all evil'라는 주장도 있다. 1982년 ≪USA 투데이≫를 창간하고 발행인을 지낸 앨 뉴하스Al Neuharth(1924~2013)가 한 말이다. 뉴하스는 "익명성 때문에 취재원은 자기가 아는 것보다 더 많이 말하게 되고, 기자는 자기가 들은 것보다 더 많이 쓰게 된다"라고 말했다. '익명의 취재원은 게으르고 부정직한 보도를 위한 핑계에 불과하다'는 주장도 있다. 모두 일리가 있다.

미국 언론은 익명의 취재원 사용 원칙이 다양한 편이다. 뉴하스는 ≪USA 투데이≫ 창간 때 익명의 취재원을 아예 금지하는 원칙을 세웠다. 이 신문은 여전히 가장 엄격한 익명 취재원 금지 원칙을 고수하고 있다. 다만 '최후의 수단last resort'일 때는 예외로 익명의 취재원을 사용할 수 있도록 했다. 그래도 익명의 취재원을 이용해서 누굴 비난하거나 추측하는 건 여전히 허용하지 않고 있다.

온라인 매체 ≪비즈니스 인사이더≫는 취재원이 익명을 원하면 언제든지 허용한다. 이 매체 편집장 헨리 블로젯Henry Blodget은 "취재원이 익명을 조건으로 말할 수 있을 때 뉴스가 독자에게 더 가치 있을 수 있다"라고 주장한다. ≪뉴스위크≫는 2005년 기사 조작 사건을 겪은 뒤 '기사의 취재원이 하나뿐일 때는 익명을 인정하지 않는다'는 원칙을 발표했다.

미국에서 유명한 날조 기사에는 예외 없이 익명의 취재원이나 날조된 취재원이 등장했다. 한국 언론에서도 기자들이 익명의 취재원을 내세워 인용하는 발언을 왜곡하는 경우가 많을 것이다. 없는 취재원을 조작해 낼 수도 있다. 실제로 익명을 악용해서 기사의 내용을 만들거나 왜곡하는 기사가 많다고 필자는 생각한다.

기사에 익명의 취재원을 쓰지 않는 것이 바람직하다고 말할 수는 있다. 하지만 현실은 그리 녹록지 않다. 언론 자유가 잘 보장된 선진국에서도 언론에 노출된 취재원이 직간접 보복이나 불이익을 당하는 게 현실이다. 수많은 내부 고발자가 정의로운 일을 하고도 법적으로 처벌받고 조직에서 쫓겨나는 일이 비일비재하다. 그런데 권력이나 대기업, 거대 조직의 부정부패나 비리를 드러내는 데 내부 고발자는 꼭 필요하다.

여기에 언론의 딜레마가 있다.

가장 모범적이고 성공적인 탐사보도 사례로 꼽히는 ≪워싱턴포스트≫의 워터게이트 사건 보도에는 수많은 익명의 취재원이 등장했다. 취재원을 익명으로 처리할 수 없었다면 많은 워터게이트 기사는 빛을 보지 못했을지 모른다.

1973년 퓰리처상을 받은 워터게이트 기사들을 찾아서 읽어보았다. 거의 모든 기사에 익명의 취재원이 있었다. 예를 들면 이런 것이다. '수사관들에 따르면according to investigators', '워터게이트 수사에 밀접한 소식통에 따르면according to sources close to the Watergate investigation', '소식통들에 따르면according to sources', '한 소식통에 따르면according to a source', '다른 소식통에 따르면according to another source', '법 집행 소식통들law enforcement sources', '법 집행과 닉슨위원회 소식통들에 따르면according to law enforcement and Nixon committee sources', '한 소식통a source', '다른 소식통another source', '그 소식통들the sources', '연방수사 및 닉슨 선거운동 관계자와 직원들을 포함한 다양한 소식통들로부터from various sources including federal investigation and Nixon campaign officials and employees', '일부 직원들some employees', '일부 소식통들some sources', '다른 소식통들other sources', '한 연방 소식통one federal source', '포스트의 소식통들에 따르면according to The Post's sources', '비밀자금에 대한 포스트의 정보 소식통들the sources of The Post's information on the secret fund', '그 소식통들those sources', 'FBI 소식통들FBI sources', '정부 법 집행 소식통들Government law enforcement sources', '한 법 집행 관리one law enforcement official'.

이렇게 다양한 익명의 취재원을 인용할 수 없었다면 '포스트'는 워터게이트를 제대로 보도할 수 없었을 것이다. '포스트'가 워터게이트 기사에 취재원의 실명을 밝힌 것은 대부분 당사자나 조직, 단체의 공식적인 반론, 해명, 주장, 브리핑, 기자회견을 보도할 때였다.

한국 언론도 익명의 취재원 사용에 관한 원칙이나 기준을 갖고 있다. 언론사에 따라 차이는 있지만 크게 다르지 않다. ≪조선일보≫의 2017년 윤리 규범 가이드라인을 보자. 일단 모든 기사는 원칙적으로 출처와 취재원을 밝히도록 했다. 다만 ▲ 의견이나 추측이 아닌 정보로서 뉴스 보도에 필수적인 경우, ▲ 익명을 요구한 출처를 제외하고는 해당 정보를 입수할 수 없을 경우, ▲ 출처를 신뢰할 수 있고 취재원이 정확한 정보를 얻을 수 있는 위치에 있을 경우, ▲ 실명이 드러나면 각종 위해나 신분상 불이익에 노출될 위험이 있을 경우, ▲ 국가안보 등 공익을 위해 부득이한 경우에는 취재원을 익명으로 표기할 수 있다.

2020년 5월 15일 개정된 ≪한겨레≫ 취재 보도 준칙도 크게 다르지 않다. 취재원은 실명으로 표기하는 것을 원칙으로 하며 예외를 인정했다. ▲ 중요한 정보를 갖고 있는 취재원이 익명을 전제로만 말하겠다고 하는 상황에서 그 정보를 입수할 다른 방법이나 경로가 없을 경우, ▲ 실명이 드러나면 취재원이 각종 위해나 불이익에 노출될 위험이 있고, 그 불이익과 위험이 실명 보도의 공익적 가치보다 높을 경우가 예외를 인정하는 경우로 되어 있다.

이들 신문이 이 기준을 제대로 지켰다면 많은 오보나 정정 보도는 피할 수 있었을 것이다. 윤리 규범이 있어도 강제성이 없어서, 기자들이 얼마나 그걸 제대로 지키느냐는 다른 문제가 된다. 치열한 경쟁과 마감 시간, 특종과 낙종의 기회는 기자들이 익명의 취재원에 의존하려는 유혹을 떨치기 어렵게 만든다.

게다가 취재원의 실명을 밝히느냐, 익명으로 처리하느냐를 결정할 때 기자나 언론사는 '갑'이 아니라 '을'인 경우가 대부분이다. 취재원이 실명 공개를 거부하면 기자가 설득하는 데 한계가 있을 수밖에 없다. 실명 공개 때문에 취재원이 볼 피해나 불이익을 언론이 책임질 수 없기 때문이다. 언론이 취재원에게 그런 불이익을 감수하라고 설득하거나 요구한다면 너무나 이기적이라는 비판을 피할 수 없을 것이다.

그뿐만이 아니다. 피의 사실 공표죄는 권력의 언론 통제 수단으로 악용될 수 있다. 특정 정치 세력 지지자들의 취재원 신상 털기, 문자 폭탄이나 항의 전화 공세 같은 이른바 '양념질'이 극성을 부린다. 이런 현실에서 실명을 드러낼 취재원이 얼마나 될까? 취재원의 익명 처리가 남발되는 것이 언론 탓만은 아니라는 얘기다.

그래도 언론은 취재원의 실명을 밝히도록 최대한 노력해야 한다는 건 맞다. 특히 익명의 취재원을 내세워 기자나 언론사의 주관적 의견을 기사에 반영하는 짓은 하지 말아야 한다. 요즘 기사에는 출처 불명의 '지적이 나온다', '주장도 나온다', '비판이 나온다'는 표현이 정말 많이 보인다. '지적'이든 '주장'이든 '비판'이든 나온다고 썼다면 누가 그런 지적, 주장, 비판을 했는지 보여주어야 한다. 그런데 실명은 고사하고 익명의 취재원을 이용한 근거조차 제시하지 않는 기사도 많다. 이런 식이라면 기자가 지적, 주장, 비판을 얼마든지 만들어낼 수도 있을 것이다. 양심의 문제일 수도 있지만 언론이 마땅히 지양해야 할 '나온다 저널리즘'이다.

사실(Fact)과 진실(Truth)

신문사의 일선 취재기자와 게이트키퍼(차장, 부장)로서의 필자의 경험을 돌아보면 '과연 언론의 진실 보도는 가능한가'라는 질문에 '그렇다'고 자신 있게 답하기 어렵다. 기자들이 진실을 보도하기 위해 노력한다는 걸 부인하거나 무시하는 건 아니다.

≪조선일보≫ 2면에는 오보를 정정하거나 반론을 싣는 '바로잡습니다' 코너가 있다. 여기에 이렇게 적혀 있다. "Fact-가짜 뉴스가 소셜미디어에 퍼질 때 우리는 팩트를 검증합니다. 누군가가 분노를 부추길 때 그 뒤에 숨은 팩트를 봅니다. 진실은 팩트에 있습니다. 팩트가 있는 곳에 조선일보가 있습니다."

언론인들은 "팩트는 신성하다"라는 말을 많이 한다. 누구나 할 수 있는 말이지만 영국의 저명한 언론인 찰스 프레스트위치 스콧Charles Prestwich Scott(1846~1932)의 말이 출처라고 할 수 있다. 영국 ≪가디언≫의 전신인 ≪맨체스터가디언≫의 편집장을 57년 동안(1872~1929년)이나 맡은 그는 '신문의 가장 중요한 일은 정확한 뉴스 보도'라고 강조했다. 그는 ≪가디언≫ 창간 100주년인 1921년 이렇게 썼다. "의견은 자유지만 팩트는 신성하다Comment is free, but facts are sacred."

스콧의 말에 동의한다. 진실은 팩트에 있다는 말도 맞다. 그렇다고 팩트가 곧 진실이라고 하긴 어렵다. 팩트는 '왜why'와 '어떻게how'의 문을 거쳐 올바른 맥락에 자리 잡아야 진실이 될 수 있다. 'A가 B를 죽였다'는 팩트가 맞는다고 진실이 가려졌다고 할 수 있나? A와 B의 관계, A가 B를 '왜', '어떻게' 죽였는지가 드러나야 진실에 가까이 갈 수 있다. 묻지마 살인인지, 치정 살인이지, 보복 살인인지, 청부 살인인지, 정당방위인지, 과실치사, 심지어 안락사인지가 가려져야 한다. 필자는 평소 후배 기자들과 대학생들에게 'why'와 'how'를 강조했다.

객관주의 저널리즘을 이상론이라고 보는 사회구성주의 저널리즘은 '언론이 보도하는 뉴스는 실제로 일어난 현실의 반영 또는 복제가 아니라 언론이 선택하고 해석한 현실'이라고 한다. 포스트모더니스트들은 '언론이 생산하는 이미지는 지시 대상 없이 가공된 인공물이기 때문에 사실도 없고 진실도 없고, 따라서 진실을 추구하는 것 그 자체가 무익한 일'이라고 주장한다. '탈脫진실Post-truth의 시대'에는 아예 객관적인 사실이나 진실은 중요하지 않다고 한다. 많은 사람이 실제로 일어난 일보다 개인의 신념이나 감정을 더 중요시하고 각자 믿고 싶은 대로 믿는다. 2019년 '두 개의 한국'으로 갈라놓은 '조국 사태' 당시 많은 사람이 인지부조화認知不調和로 정신적 고통을 겪어야 했던 것도 이와 무관치 않다.

언론인 출신인 이민웅 한양대 명예교수는 진실 보도를 "특정한 현실에 대한 언론의 보도가 그 현실을 구성하는 사실을 정확하고 종합적으로 표상하여 그 사실에 최대한 근접할 때"라고 정의한다(이민웅, 2003: 163). 절대적 진실이나 완벽한 진실이란 이론적으로나 실제로 가능하지 않다는 점을 포함한 것이다. 이는 언론 현실을 고려한 진실 보도 기준이라고 할 수 있다.

워터게이트 보도로 유명한 밥 우드워드는 기사를 "최선을 다해 얻을 수 있는 진실에의 한 해석"이라고 말했다. 이 교수는 이를 "진실에 이르는 길은 험난하며, 확인 가능한 실체(사실)가 있다는 것을 가정하고 끈질긴 취재 노력을 통해 접근해야 하는 것임을 우드워드가 강조한 것"이라고 해석했다(이민웅, 2003: 163). 모두 풍부한 경험에서 나온 말이기에 설득력이 있다.

기본적으로 수많은 사건 중에서 뉴스 가치를 판단하는 다양한 기준에 따라 보도 대상을 선택하는 '1차적 해석'과 선택된 사건의 기사화 과정에서 가미되는 '2차적 해석' 때문에 보도 내용이 진실 또는 사실과 달라질 수도 있다는 주장에도 일리가 있다.

그런 관점에서 미디어 사회학자 패멀라 슈메이커Pamela Shoemaker와 스티븐 리스Stephen Leese의 다음 주장은 설득력이 있다. "언론의 현실 구성에는 기자, 편집자 개인의 가치, 태도, 역량뿐만 아니라 언론의 취재 보도 관행, 언론사 소유 형태 및 편집 정책 등 언론 조직의 성격, 언론사와 주요 외부 세력의 힘의 관계, 특정 사회의 지배세력과 그 이데올로기 등이 위계적으로 작용한다"(이민웅, 2003: 162).

기자의 취재는 진실이나 사실 확인 수단으로서 얼마나 유용할까? 필자는 대단히 한계가 있다고 본다. 기자가 취재라는 방식으로 진실을 발견하는 것이 얼마나 힘들고 어려운 일인지를 수없이 경험했다. 풍부한 경험과 다양한 수사 기법, 거기에 첨단 과학수사 기법까지 동원한 경찰이나 검찰의 수사도 실체적 진실을 밝혀내는 데 한계가 있다. 충분한 시간을 갖고 사건 관련자들을 최대한 법정에 불러내 "위증을 하면 처벌을 받겠다"라는 선서까지 시키고 증언과 진술을 듣는 재판에서도 진실이 분명히 가려지지 않거나 거짓과 진실이 바뀔 때도 있지 않은가.

기자는 관련자들의 진술을 받아낼 강제력도 없고 항상 치열한 경쟁과 마감시간이라는 악조건 속에서 취재한다. 과연 기자의 취재가 사실과 진실을 밝혀내는 데 한계가 없을 수가 있을까? 우선 취재는 사람의 기억과 진술에 의존하는 경우가 많다. 사실을 확인해 가는 과정은 관련 자료나 증거물에 의존하기도 한다. 하지만 사람의 기억과 진술에 의존할 때가 더 많은 게 취재 현실이다. 문제는 사람의 기억력이 대단히 취약하다는 것이다.

인식론적 관점에서도 취재원이 진실 또는 사실이라고 믿는 것이 진정한 진실 또는 사실인지 의문을 제기할 수 있다. 인식론적 한계를 무시하더라도, 취재원이 알고 있거나 진술하는 내용에 오류가 포함된 경우도 많다. 취재원의 기억력의 한계도 진실 보도를 어렵게 만든다. 청문회에 나온 증인이 "기억이 없다"라고 진술하는 걸 흔히 본다. 그것이 반드시 거짓말이 아니라는 것은 누구나 경험을 통해 알 것이다. 불과 며칠 전에 자신이 직접 한 것도 정확하게 기억하지 못한 경험을 누구나 갖고 있다.

사건 현장을 목격하고도 진술에 차이가 나는 경우도 흔하다. 인과관계는 물론이고 기본적인 사실조차 오인하는 경우를 많이 보았다. 취재원이 고의로 거짓말을 하고 사실을 왜곡하거나 진실의 일부만 말할 때도 있다. 이해 당사자가 자신에게 유리하게 상황을 조작해 진술할 수도 있다. 이런 상황에서 취재 경험이 부족한 기자들이 '실체적 진실'을 파악해 진실 보도를 하는 건 쉽지 않다.

정치적 사건을 보도할 때 진실 보도는 더욱 어렵다. 정치적 공방을 중심으로 이루어지는 사건을 보도할 때 언론은 주로 공방 당사자들의 주장을 중심으로 보도한다. 그 주장의 진실 여부를 가리기 위해 제대로 노력하지 않는 경우가 비일비재하다.

특히 정치적 의혹 사건은 그 의혹의 실체나 진실을 가려내는 것이 어렵다. 진실을 추구하는 과정에는 반드시 기자나 제작 간부 및 편집 책임자의 가치와 편견, 정치적 입장도 개입한다. 권력형 비리가 국정조사나 검찰 수사로도 진실이 가려지지 않는 경우를 많이 보았다. 검찰이 기소한 혐의조차 재판에서 사실이나 진실이 아닌 것으로 결론이 난 경우도 많지 않은가.

필자는 2002년 대통령 선거 당시 사회부장으로 한나라당 이회창 후보 아들의 병역 특례 의혹을 다루었다. 당시 병역 브로커 김대업과 여당이 주도한 의혹들은 선거가 끝난 뒤 대부분 사실이 아닌 것으로 확정되었다. 필자는 선거 이전에 의혹이 사실이 아니라는 '상당한 심증'을 갖고 있었다. 그러나 그것만으로 의혹 사건을 일방에게 유리하게 보도하는 것도 언론이 취할 수 있는 자세는 아니었다.

고의로 가짜 의혹을 제기한 일부는 검찰 수사와 재판을 거쳐 유죄판결을 받았다. 하지만 일부 언론은 정치적 이유 때문에 근거 없는 의혹을 확대 재생산하는 과정에 깊이 개입했지만 사실이 밝혀진 뒤에 사과도 정정도 하지 않았다. 그런 언론의 행태는 지금도 반복되고 있다.

권력형 또는 대형 부정 비리 사건이라는 이른바 '○○ 게이트' 보도에서 특히 진실 보도와 거리가 먼 사례가 많았다. 권력형 비리 사건은 '사건 관련자나 정치권 또는 언론의 의혹 제기-검찰 수사-재판'이라는 과정을 거치면서 기사를 양산한다.

의혹 제기 단계에서 진실이나 사실과 거리가 먼 기사도 많이 나온다. 단순한 의혹 제기만으로도 기사가 되는 한국 현실에도 원인이 있다. 합리적 의심 수준의 의혹 제기는 사실 취재의 출발이 되어야 한다. 팩트가 확인되기 전에 함부로 보도하지 않는 것이 원칙이 되어야 한다. 한국 언론은 의심을 의혹이라며 쉽게 기사화한다. 의혹 기사는 기자들이 기자실 소파에서 좋은 머리로 만들어낸 것일 수도 있다.

의혹이 제기되면 충분한 확인 과정을 거쳐 사실이나 진실이라고 믿을 만한 근거가 발견된 단계에서 보도해야 한다. 하지만 언론 현실은 섣부른 예단으로 일단 보도하는 경우가 많다. 의혹 제기가 일정한 수준에 도달하면 검찰이나 경찰이 수사한다. 수사 과정에서도 진실 보도의 원칙이 지켜지지 않는 경우는 흔하다. 피의자나 참고인의 소환 단계에서 혐의를 기정사실로 몰아가는 듯한 기사가 보도되기도 한다. 경쟁과 특종 욕심, 낙종에 대한 두려움, 진실 보도에 대한 의식 부족, 언론의 관행 등이 진실 보도의 장애물이요, 적이라는 사실은 분명하다.

재판 단계에서도 언론은 진실 보도를 외면할 때가 있다. 재판 단계에서의 보도는 의혹 제기와 수사 단계에서 이루어진 오보나 부정확한 보도를 교정할 기회가 되어야 한다. 그러나 언론은 이를 무시하거나 소홀히 한다. 재판 결과가 보도 내용과 다를 때 재판 결과를 정확하게 보도하는 것이야말로 사후적이지만 진실 보도의 기회가 될 수 있다.

진실을 보도해야 한다는 언론의 책무를 소홀히 한 보도는 결국 언론에 대한 불신을 조장한다. 이는 사실과 진실을 기본으로 이루어져야 하는 언론의 공론장public sphere 역할과 숙의 민주주의deliberative democracy를 저해한다는 점에서 심각한 문제다.

진실 추구 수단으로서 취재의 한계와 진실 보도를 제약하는 언론 안팎의 장애 요소가 많다는 점을 인정한다. 그럼에도 불구하고 진실 추구는 언론인이 포기할 수 없는 지상 과제다. 진실 보도는 여전히 저널리즘이 추구해야 할 제1의 덕목이다.

03

조작·오보·옐로 저널리즘

섀터드 글래스

Shattered Glass, 2003

감독 빌리 레이 | **출연** 헤이든 크리스텐슨(스티븐 글래스), 피터 사즈가드(찰스 '척' 레인), 행크 아자리아(마이클 켈리), 스티브 잰(애덤 페넨버그) | **상영 시간** 95분

1995년 12월부터 2년 반 동안 미국 시사 주간지 ≪뉴리퍼블릭≫에서 기자와 부편집장으로 일한 스티븐 글래스Stephen Glass(1972~)의 충격적인 기사 조작 스캔들을 영화화했다. 스티븐은 20대 초반 기자였지만 재기발랄한 필력과 남다른 처세술로 여러 미국 잡지의 인기 필자가 되었다. 우연한 기회에 그가 상습적으로 기사를 조작해 온 사실이 드러난다. 그는 끝까지 온갖 거짓말과 임기응변으로 위기를 넘기려고 했으나 진상이 밝혀져 파면된다. 이 사건은 미국 언론에 큰 파문을 던진 대표적인 기사 조작 사건으로 꼽힌다. 영화는 잡지 ≪배니티 페어≫ 1998년 9월 호에 실린 버즈 비신저Buzz Bissinger의 기사 "산산히 부서진 글래스Shattered Glass"를 바탕으로 만들었다.

• 시놉시스 •

▌〈섀터드 글래스〉 포스터.

1914년 창간된 ≪뉴리퍼블릭≫은 미국 정치 분야에서 유명한 시사 주간지다. 1998년 5월 당시 이 주간지의 기자와 편집자는 열다섯 명. 대부분 20대이고 최연소자가 스티븐 글래스 부편집장. 스티븐이 7년 전 자신이 다닌 고교에서 후배들에게 특강을 한다.

"언론에는 자랑하기 좋아하는 사람과 허풍쟁이, 얼간이가 있습니다. 이들은 자신이 실제보다 더 멋지게 보이려고 애를 씁니다. 조금만 겸손하고 덜 내세우고 남을 배려하면 눈에 띄는데 말이죠. 동료가 마감에 몰려 있으면 점심도 갖다주고 동료의 생일도 기억해 주는 거죠. 언론에서 일하는 건 힘듭니다. … 저널리즘은 행동을 포착하는 기술일 뿐입니다. 당신은 누구를 위해 쓰는지 무엇을 잘하는지 알아야 합니다. … 나는 사람들을 움직이고 겁먹게 하는 게 무엇인지 찾아서 씁니다. 그런 작품이 역시 퓰리처상을 탄다는 거 알아요?"

스티븐은 판매 부수가 8만 부가 넘는 잡지의 부편집장이지만 20대 초부터 ≪하퍼스≫, ≪조지≫, ≪롤링스톤≫ 등 미국 유명 잡지 편집자들이 아주 좋아하는 기고가였다. 그는 특강에서 이렇게 말한다. "미국에 1만 6800개 잡지가 있어요. ≪뉴리퍼블릭≫은 대통령 전용기에 실리는 잡지라고 부릅니다. 그게 바로 ≪뉴리퍼블릭≫에서 일하는 스릴이죠. 보수는 적고 일하는 시간은 고통스럽지만 당신이 쓰는 기사를 대통령, 의원, 중요한 사람들이 읽습니다. 당신이 하는 일이 실제로 공공정책에 영향을 줄 수 있어요. 엄청난 특권이고 대단한 책임이죠. … 저널리즘은 진실을 추구합니다. 여러분에게 기사를 취재할 때 가짜 인물을 만드는 것처럼 비열하거나 부정직한 어떤 것도 하라고 권하지 않습니다."

영화는 스티븐 자신이 특강에서 한 말과 정반대로 행동한 사건들을 보여준다. 딱 미국판 '내로남불'이다. 그는 1997년 한 호텔에서 열린 "젊은 보수주의자 행사CPAC"를 취재해 기사를 썼는데 항의가 들어온다. 호텔 방에 미니바가 있다고 썼는데 호텔에 미니바가 없다는 것. 스티븐은 마이클 켈리Michael Kelly 편집장에게 "작은 술병들이 방에 있기에 미니바에서 나온 걸로 추측했다"라고 해명한다. 켈리는 다른 내용은 확실하다는 스티븐의 말을 믿고 넘어간다. 스티븐의 기사 조작을 막을 기회를 놓친 것이다.

켈리는 사장이기도 한 마티 페레츠Marty Peretz 국장에게 기자들 편을 들어 사표를 내겠다고 할 정도의 인물로 기자들에게 인기가 많다. 스티븐은 특강에서 "훌륭한 에디터는 기자를 보호해야 한다"라고 말한다. 국장은 결국 자신과 생각이 다른 켈리를 해고하고 후임에 찰스 레인Charles Lane을 임명한다. 스티븐은 찰스가 정치적이고 재미없다고 불평했지만 켈리가 떠나자 찰스에게 접근해 "도움이 필요하면 돕겠다"라고 한다. 그는 기사도 잘 쓰지만 후배가 2년 전에 한 말까지 기억해서 배려해 줄 정도로 대인 관계나 처세술이 탁월하다.

스티븐은 편집회의에서 소년 해커를 다룬 자신의 기사 "해커 천국Hack Heaven"의 취재 뒷얘기로 참석자들을 웃긴다. 기사가 나간 뒤 비즈니스 잡지 ≪포브스≫의 인터넷 조직인 ≪포브디지털툴≫ 애덤 페넨버그Adam Penenberg 기자가 글래스 기사의 진위를 확인한다. 이럴 수가? 기사에 나온 소프트웨어 회사와 전국 해커대회의 실체가 없다. 천재 해커를 비롯해 기사에 등장한 사람이 아무도 확인되지 않는다. 페넨버그는 후배와 함께 팩트체크한 뒤 기사가 조작되었다고 의심한다. 결국 ≪포브디지털툴≫ 편집장의 연락을 받은 찰스 편집장이 스티븐에게 기사 주인공의 전화번호를 요구한다.

스티븐은 전화번호, 사람 이름, 회사 주소와 웹사이트 주소 등 모든 걸 계속 조작하면서 찰스를 속인다. 막다른 골목에 몰린 스티븐은 자기가 취재원에게 속은 것 같다고 말한다. 게다가 기자들에게 찰스가 자기를 도와주지 않는다고 비난한다.

찰스는 스티븐을 데리고 해커대회가 열렸다는 호텔에 가지만 스티븐은 거짓말로 위기를 넘기려고 한다. 나중에는 대회에 안 갔지만 취재원들을 취재했다고 둘러댄다. 2년 정직 위기에 몰린 스티븐은 켈리를 찾아가 '찰스가 자기를 켈리 사람이라고 죽이려 한다'고 모함한다. 자기 동생까지 동원해 위기 탈출을 시도하지만 찰스는 스티븐을 해고한다. ≪뉴리퍼블릭≫은 1998년 6월 스티븐의 기사 41건 중 27건이 부분 또는 전부 조작되었다고 공식 발표한다.

• 저널리스트의 관점 •

미국 언론에서는 종종 기사 조작 사건이 터진다. 대형 스캔들도 있지만 사소해서 알려지지 않고 넘어가는 경우도 많을 것이다. 언론계가 워낙 경쟁도 심하고 출세욕이 강하거나 기발한 재주를 가진 엉뚱한 사람이 몰리는 곳이라서 그럴 수도 있을 것이다. 경찰관 열 명이 도둑 하나를 못 막는다는 말처럼 기자가 작정하고 속이려고 들면 걸러내기가 쉽지 않을 수 있다. 신뢰를 전제로 일하는 언론사에서 함부로 기자를 의심하기도 쉽지 않다. 프로들이 일하는 곳에서 그런 허점이 용인될 수는 없는 법. 언론사는 나름대로 대책을 갖고 있지만 한계도 있다.

스티븐의 기사 조작은 그 규모나 정도에 있어서 아주 드문 사례로 꼽힌다. 특히 기사 조작이 가장 오랫동안 지속적으로 이루어진 사건이다. 그는 비상한 사기 본능을 이용해 대단히 체계적으로 편집자와 팩트체커들을 속였다. 평소 대인 관계가 좋아 신뢰를 얻었고 남다른 배려심 덕분에 인기도 많았다. 스티븐 자신도 뛰어난 팩트체커였지만 자신의 기사 조작이 걸리지 않도록 하기 위해 평소 팩트체커들에게 다양한 방법으로 환심을 사두기까지 했다.

1997년 9월 해임된 켈리 편집장은 팩트체크 시스템을 개선한 사람이다. 그런데도 스티븐을 너무 믿어서 두 번이나 기사 조작을 확인할 기회를 놓쳤다. 켈리는 스티븐의 말만 믿고 문제를 제기한 외부 사람들에게 오히려 항의하고 사과를 요구하기도 했다.

스티븐은 영화 속 특강에서 ≪뉴리퍼블릭≫ 편집 시스템을 '사흘 동안의 고문 테스트torture test'라며 소개한다. 상당히 체계적인 기사 확인 시스템이다. 문제는 시스템을 실행하는 사람이 제대로 역할을 하느냐일 것이다. 게다가 스티븐의 기사는 유일한 출처 자료가 스티븐이 스스로 조작한 것들이어서 한계가 있었을 것이다. 스티븐이 자신도 해커에게 속았을 수 있다고 하자 찰스도 넘어갈 뻔했다.

스티븐의 조작 행각이 드러나는 계기가 된 기사 "해커 천국"을 찾아서 읽어보았다. 조작되었다는 걸 모르고 읽었다면 재미있게 아주 잘 쓴 기사라고 판단했을 것 같았다. 작정하고 팩트체크했다면 문제를 발견할 수는 있었을 것이다. 당시 스티븐이 상당한 능력을 인정받은 스타 기자였고 사내에서 대인 관계나 처신이 아주 좋은 편이었다는 걸 고려하면 조작을 발견하기가 쉽지 않았겠다는 생각도 들었다. 1998년에 26세인 스티븐의 예상 수입은 ≪뉴리퍼블릭≫ 연봉 4만 5000달러와 외부 잡지 기고 수입을 합해서 한 해 15만 달러나 되었다.

영화에서는 스티븐의 기사 조작 건수가 ≪뉴리퍼블릭≫에 쓴 41건 중 27건으로 나온다. 부분 조작은 물론 기사 전체가 픽션인 것도 있었다. 찰스 편집장은 2005년 〈섀터드 글래스〉 DVD판 인터뷰에서 27건 외 나머지 14건에도 조작된 게 많이 있을 거라고 말했다. 스티븐 본인도 2011년 캘리포니아주에 변호사 등록을 신청하며 낸 서류에 ≪뉴리퍼블릭≫에 실린 자신의 기사 중 조작한 기사가 36건이고 다른 잡지에 실린 기사 6건(≪조지≫ 3건, ≪롤링스톤≫ 2건, ≪폴리시리뷰≫ 1건)도 조작했다고 인정했다. 스티븐은 2016년 3월 듀크대 특강에서 자신이 조작한 기사가 실린 ≪뉴리퍼블릭≫과 3개 잡지에 20만 달러를 돌려주었다고 밝혔다.

• 주요 등장인물의 그 후 •

스티븐 글래스는 펜실베이니아대에 특별장학생으로 들어갔을 정도로 우수한 학생이었다. 대학에서 학생신문 편집장도 했다. ≪뉴리퍼블릭≫에서 해고된 뒤 조지타운대 로스쿨을 우등으로magna cum laude 졸업했다.

뉴욕주와 캘리포니아주 변호사 시험에 합격했지만 기사 조작 사건 때문에 변호사 등록을 하지 못했다. 결국 그는 캘리포니아주 베벌리힐스에서 신체 상해를 주로 취급하는 법무사로 일했다. 2003년에는 출세를 위해 이야기와 인물들을 조작한 야심만만한 기자를 주인공으로 한 자전소설 『거짓말쟁이The Fabulist』를 발표했다.

마이클 켈리(1957~2003)는 영화에서 기자들에게 인기 있는 편집장으로 나온다. 그는 스티븐의 기사 조작을 일찍 확인해서 추가 조작을 막을 기회를 놓쳤다. 스티븐을 너무 믿었거나 일을 제대로 하지 않았기 때문일 수 있다. 그는 1999년부터 잡지 ≪애틀랜틱먼슬리≫ 편집장으로 일하다가 2003년 3월 이라크전이 터지자 종군기자로 이라크에 갔다. 그러나 타고 있던 험비 차량이 이라크군의 공격을 받아 4월 3일 순직했다. 그는 이라크전을 취재하다 숨진 최초의 미국 기자로 기록되었다.

찰스 레인(1961~)은 베데스다체비체이스고등학교 학생신문 편집장 출신. 1983년 하버드대를 졸업하고 ≪뉴스위크≫ 베를린 특파원을 거쳐 1997년부터 ≪뉴리퍼블릭≫ 편집장을 지냈다. 그는 기사 조작을 일찍 발견하지 못했다는 이유로 1999년 해고되었다. 예일대 로스쿨 출신인 그는 대학에서 저널리즘 강의도 했다. 2000~2009년 ≪워싱턴포스트≫ 대법원 출입기자를 거쳐 논설위원 겸 칼럼니스트로 활동하고 있다.

카타리나 블룸의 잃어버린 명예

The Lost Honor Of Katharina Blum, 1975

감독 폴커 슐뢴도르프, 마가레테 폰 트로타 | **출연** 앙겔라 빙클러(카타리나 블룸), 마리오 아도르프(바이츠메네), 디터 라서(베르너 퇴트게스), 위르겐 프로호노(루트비히 괴텐), 하인츠 베넨트(후베르트 블로르나), 하랄트 쿨만(뫼딩) | **상영 시간** 106분

무책임한 언론 보도가 초래하는 폐해를 경고하는 대표적인 영화로 평가된다. 특히 영화가 1972년 노벨 문학상 수상자인 독일 소설가 하인리히 뵐Heinrich Böll(1917~1985)의 동명 소설을 바탕으로 했다는 점에서 더욱 무게가 실린다. 소설은 약 반세기 전 독일의 대표적인 대중신문과 관련된 실화와 무관치 않다. 실화와 소설, 소설과 영화의 관계를 살펴보는 것도 좋을 것이다.

• 시놉시스 •

영화는 1975년 2월 5일부터 9일까지 닷새 동안 벌어진 일련의 사건들

〈카타리나 블룸의 잃어버린 명예〉 포스터.

로 구성되었다. 가정부 일을 하는 젊은 이혼녀 카타리나 블룸은 댄스파티에서 처음 만난 루트비히 괴텐에 반해 자신의 아파트에서 함께 밤을 보낸다. 괴텐은 경찰이 쫓고 있는 은행 강도와 테러 사건의 용의자. 다음 날 아침 괴텐이 아파트를 떠난 뒤 경찰이 카타리나 집을 급습한다. 경찰은 그녀를 연행하면서 기자들에게 얼굴 사진을 찍도록 한다. 그녀가 몸부림치자 형사는 "언론의 임무는 국민에게 알리는 것"이라고 한다. 그녀는 괴텐의 정체를 몰랐지만 경찰과 언론은 두 사람의 관계를 의심한다.

독일 일간지 ≪자이퉁≫의 베르너 퇴트게스 기자는 카타리나의 전 남편과 주변 인물을 취재한다. 목사를 만나서는 '블룸이 헤펐느냐'고 묻는다. 퇴트게스는 카타리나의 이웃 사람들을 취재하면서도 여자들에게 수작을 걸고 수단 방법을 안 가리는 등 저질스러운 모습을 보인다. 그는 취재한 것과 다르게 카타리나를 깎아내리는 기사를 쓴다. 기자와 형사는 취재 내용과 수사 정보를 주고받는 등 죽이 잘 맞는다.

≪자이퉁≫ 오스트리아 특파원은 카타리나가 가정부로 일하는 후베르트 블로르나 변호사 부부가 휴가 중인 스키장에 찾아간다. 기자는 대뜸 "블룸이 범죄를 저지를 수 있을 것 같나요?"라고 묻는다. 취재를 거절하면 오해받을 거라며 압박하고 정치 성향도 캐묻는다. 후베르트는 카타리나가 '똑똑하고 지각 있는 여자'라고 대답한다.

그러나 기사에는 추측과 왜곡된 내용이 많이 들어갔다. 제목은 "그녀의 아파트는 범죄 모의 본부였나?", "도당들의 은신처? 무기고였을까?". 후베르트가 카타리나를 칭찬한 말은 오히려 '냉정하고 계산적이어서 범죄를 저지를 수 있을 것'으로 둔갑했다. 기자 질문이 답변으로 바뀌고 인용문도 필요에 따라 달라졌다.

퇴트게스 기자는 면회가 금지된 중환자실에 몰래 들어가 카타리나 어머니도 취재한다. 엉터리 자기 기사를 보여주며 "딸의 이중생활을 알았어요?"라고 묻는다. 말을 제대로 못하는 중환자의 중얼거림을 "'이렇게 될 수밖에 없었어'라고 죽어가는 목소리로 속삭였다"라고 인용문을 날조한다. 뫼딩 형사가 진짜 그렇게 말했느냐고 묻자 답변이 가관이다. "단순한 사람들이 자신을 표현하게 도와야죠." 면회가 금지된 어머니가 '딸이 너무 오래 찾아오지 않았다'고 말한 것처럼 조작한 부분도 있다. 기자가 어디서 들은 걸 '믿을 만한 경찰 소식통으로부터' 취재했다고 둔갑시킨다.

카타리나는 어머니가 숨지자 퇴트게스의 병실 무단 침입이 악영향을 주었다고 생각해 분노한다. "저들은 모두 다 살인자들이에요. 무고한 사람의 명예를 빼앗는 게 일이고 가끔은 생명도 앗아가죠. 안 그러면 아무도 그 신문을 안 살 테니까요."

괴텐이 검거되었다는 ≪자이퉁≫ 기사에는 "카타리나의 아나키스트 애인으로 인한 첫 희생"이란 제목이 달렸다. 기사를 믿는 술집 손님들이 카타리나에게 "저렇게 생긴 줄 몰랐네. 저년 아나키스트야"라고 욕한다. "잽싸게 한번 할래?", "가스실에 가야 될 년이야"라고 말하는 사람도 있다. 카타리나의 얼굴에 술까지 끼얹는다.

분노가 한계에 이른 카타리나는 나치당원이었던 콘라트 바이터스의 집에서 권총을 챙겨 인터뷰하자는 핑계로 퇴트게스를 자신의 아파트로 유인한다. 퇴트게스는 우쭐한다. "당신은 이제 유명인이야. 이게 다 내 덕인 줄 알아. 당신 이름으로 떼돈을 벌 테니까 조금만 기다려. 당신은 뉴스감이야. 아직은 핫뉴스지만 계속 잘 유지해야 해."

상황 파악이 안 된 그의 헛소리는 계속된다. "기사 때문에 날 미워하는 건 아니지? 당신 기사가 좀 거칠긴 했지. 나한테 화난 거 아니지? 난 이겨낼 거야. 나도 가끔은 편집장에게 굉장히 화가 나. 최고의 기사를 써줬는데 쓰레기로 만들어버리니까."

인터뷰는 시작일 뿐이라며 "시작의 의미로 뜨겁게 한번 할까"라고 들이대는 퇴트게스의 가슴에 권총 네 발이 발사된다. 숲에서 사진기자의 시체도 발견된다.

≪자이퉁≫ 사장이 퇴트게스 추모사를 읽는 것으로 영화는 끝난다. "퇴트게스를 살해한 총알은 그만 죽인 것이 아니다. 저들은 언론 자유를 겨냥했다. 우리의 가녀린 민주주의의 가장 소중한 가치를 겨눈 것이다. … 개인적인 동기로 정치적 살인을 저질렀다. 다시 한번 말한다. 더 자라기 전에 싹을 자르자. 언론 자유는 모든 분야의 정수다. 복지와 사회의 발전, 민주주의와 다원주의, 여론의 다양성, ≪자이퉁≫을 공격하는 건 우리 모두에 대한 공격이다."

• 저널리스트의 관점 •

하인리히 뵐이 1974년 소설을 쓴 것은 1971년 12월 독일 소도시에서 발생한 은행 강도 사건에 대한 언론 보도가 계기가 된 것으로 볼 수 있다. 당시 대표적인 우파 대중지인 ≪빌트Das Bild≫는 이 사건을 1970년 결성된 극좌파 테러조직 바더마인호프 그룹(독일 적군파)의 소행으로 몰았다. 적군파는 방화, 폭파, 납치 등 테러를 수단으로 반체제 투쟁을 해온 단체.

뵐은 소설을 쓰기 2년 전에 ≪빌트≫의 선정적 보도 행태를 비판한 기고문을 1972년 1월 10일 자 시사 주간지 ≪슈피겔Der Spiegel≫에 기고했다. "울리케(마인호프)는 자비나 치외법권적 보호를 원하는가?"라는 제목의 기고문 내용을 요약하면 다음과 같다.

> ≪빌트≫가 1971년 12월 23일 개제한 살인 사건 기사를 보면 이 신문은 이 사건을 바더마인호프 그룹의 소행으로 단정하고 있다. 하지만 단정할 수 있는 건 없다. 경찰 수사에 따르면 사건은 단순히 판단할 수 없는 일이다. 사건이 잔인한데 원래 강도 사건은 극좌파가 아니라도 잔인할 수 있다. 경찰도 더 많은 가능성을 보고 수사 중이라고 밝혔다. ≪빌트≫의 기사를 보면 경찰 수사의 세부적인 것은 거의 나와 있지 않다. 대신 선동적인 칼럼 두 편으로 채우고 있다.
>
> 바더마인호프 그룹은 아주 작은 소수에 불과한데 ≪빌트≫는 이들의 영향을 지나치게 부풀리고 있다. 부르주아 계급이 느끼는 위협감을 이용하는 것이다. 이런 것은 더는 파시즘도, 파시스트적인 것도 아니다. 이것은 적나라한 파시즘이고 선동이며 거짓말이고 쓰레기다.
>
> ≪빌트≫의 "바더마인호프 그룹이 살인을 계속하다"라는 제목은 보복적 법 적용을 자극하는 것이다. 이런 식으로, 단지 ≪빌트≫만 보는 수백만의 사람이 조작된 정보를 받고 있다.

뵐의 기고문은 울리케 마인호프Ulrike Meinhof(1934~1976)를 옹호하는 글로 받아들인 보수파의 반발을 샀고 뜨거운 논쟁을 불러왔다. 보수파는 뵐을 "적군파 범행의 지지자이자 그들의 친구", "무정부주의 갱들의 변호인"이라고 비판했다. 뵐과 ≪빌트≫를 비롯한 우익 세력의 대립은 1960년대 말 독일의 68운동 때부터 계속되었다.

좌파 잡지 기자 출신인 마인호프는 안드레아스 바더Andreas Baader(1943~1977)와 함께 바더마인호프 그룹의 공동 창설자. 1972년 1월 그룹 멤버들에게 숙식을 제공했다는 이유로 하노버공대 페터 브뤼크너 심리학 교수가 언론의 공격을 받고 해직되었다(그는 나중에 혐의를 벗고 복직했다). 뵐은 이 사건을 소설 소재로 삼았지만 대학교수를 가정부로 일하는 이혼녀인 평범한 여성 카타리나 블룸으로 대체했다. 문제의 신문도 ≪빌트≫가 아닌 가상의 ≪자이퉁≫으로 설정했다. 자이퉁은 신문이란 뜻이다. 특정한 신문의 문제가 아니라 모든 신문의 공통된 문제임을 보여주려는 의도가 있었을 것이라는 해석도 있다.

참고로 ≪빌트≫는 1984년부터 28년 동안 신문 1면에 토플리스 여성 모델 사진을 실을 정도로 선정적인 신문이었다. 이 신문이 보도한 여성 모델 사진은 5000장이 넘었다고 한다.

뵐은 1972년 노벨 문학상을 받은 뒤 1974년 소설을 써서 자신의 신념을 더욱 적극적으로 드러낸 것으로 볼 수 있다. 뵐은 1974년 7, 8월 ≪슈피겔≫에 4회에 걸쳐 소설을 연재한 뒤 책으로 출판했다. 그는 책이 나오기도 전에 원고 사본을 영화감독에게 보여줄 정도로 영화화에 적극적이었다. 영화는 1975년 비오스코프영화사, 파라마운트오리온영화사, 서독 방송국 합작으로 제작되었다.

영화의 바탕이 된 소설의 부제인 "폭력은 어떻게 발생하고 어떤 결과를 가져올 수 있는가"의 의미를 생각해 볼 필요가 있다. 뵐이 언론의 무책임한 선정 보도로 인한 인격 살인을 폭력으로 규정하고 카타리나의 기자 살해를 폭력에 대한 정당방위로 주장하려고 한 것으로 볼 수 있다. 이 영화는 뵐의 사상과 철학이 반영된 작품인 셈이다. 뵐은 객관적 관점을 가진 제삼자였다고 보기는 어렵다. 오히려 뵐은 특정 신문과 갈등을 빚은 당사자인 만큼 개인의 경험이 소설에 반영되었을 것으로 보는 것이 합리적이 아닐까 싶다.

영화 속 기자는 상당히 저질이고 악의적인 인물로 보인다. 1972년 실제 사건을 보도한 ≪빌트≫ 기자가 그런 유형의 인간이었는지는 확인하지 못했다. 소설과 영화에서는 피해자가 기자를 죽인 걸로 나오지만 현실에서는 물론 죽이지 않았다. 죽이고 싶었을 수는 있다. 그런 점에서 실화를 바탕으로 한 소설과 영화지만 어디까지가 사실이고 사실과 어떤 차이가 있는지를 확인하지 못한 것은 아쉬움으로 남는다.

소설 『카타리나 블룸의 잃어버린 명예』는 1984년 TV 드라마, 1991년 오페라, 2012년 라디오 드라마로도 만들어졌다.

• 팩트체크 •

영화 VS 소설 소설의 내용은 1974년 2월 20일(수요일)부터 24일(일요일)까지 닷새 동안에 벌어진 일이 중심이다. 영화에서 사건은 1975년 2월 5일(수요일)부터 9일(일요일)까지 벌어졌다. 소설은 1974년에 출판되었고, 영화는 1975년에 제작되었기 때문인 것으로 보인다.

소설에서는 카타리나가 자신의 아파트에서 퇴트게스를 사살하고 자수한 내용이 맨 처음에 나온다(뵐, 2008). 그녀가 뫼딩 형사에게 "낮 12시 15분부터 저녁 7시까지 후회의 감정을 느껴보기 위해 시내를 이리저리 배회했지만 조금도 후회되는 걸 찾지 못했다"라고 말했다. 그녀는 자신을 체포해 달라면서 '사랑하는 루트비히'가 있는 그곳에 기꺼이 있고 싶다고 덧붙였다(뵐, 2008: 12). 소설은 부제인 "폭력은 어떻게 발생하고 어떤 결과를 가져올 수 있는가"라는 질문의 답을 찾아가는 과정처럼 전개된다.

하지만 영화에서는 카타리나가 퇴트게스를 권총으로 쏴 죽이는 게 마지막 부분에 나온다(01:39:20). 뒤이어 퇴트게스의 성대한 장례식도 나온다(01:41:30-01:45:00). 그러나 소설에는 장례식이 없다. 영화에 나오는 ≪자이퉁≫ 사장의 추모사도 당연히 나오지 않는다.

소설에는 카타리나가 자수하기 전에 일곱 시간이나 돌아다녔지만 후회하는 감정을 느끼지 못했다는 부분이 있다. 카타리나가 권총에 총알을 장전해 퇴트게스가 어떤 인간인지 보기 위해 기자들이 다니는 술집에 찾아간다. 두 시간 정도 기다려도 퇴트게스가 나타나지 않자 낮 12시에 자신의 아파트로 돌아간다. 곧 퇴트게스가 아파트에 찾아와 엉뚱한 소리를 하다가 "일단 섹스나 하는 게 어떨까"라고 접근한다. 이에 카타리나가 총을 쏴버린다. 그녀는 다시 술집에 가서 일을 거들다가 오후 4시에 나와서 교회에 30분쯤 앉아 어머니와 전남편, 오빠, 신부님을 생각한다. 그 후 카페에서 커피를 마시고 택시를 타고 오후 7시가 넘어서 뫼딩 형사의 집에 찾아가 자수한다(뵐, 2008: 129~143).

그러나 영화에서는 카타리나가 "괴텐이 체포되었다"는 신문 기사를 보고 술집에 간다. 거기서 그녀를 알아본 사람들로부터 "한번 하자", "가스실에 가야 될 년" 등 모욕적인 말을 듣고 얼굴에 술 세례까지 당한다. 그리고 자신의 아파트에 찾아온 퇴트게스를 살해한 그녀는 곧장 경찰에 자수한다(01:34:14-01:39:20).

소설에서는 기자 한 명만 죽이는데 영화에는 사진기자까지 죽인 것처럼 나온다. 뫼딩 형사가 자수한 카타리나에게 "숲에서 총에 맞아 죽은 자이퉁 사진기자의 시체가 발견되었소"라고 말하자 그녀는 "그를 죽이면 안 돼요?"라고 대꾸한다(01:39:53-01:40:10). 그녀가 사진기자도 죽였는지는 분명하지 않게 처리되어 있다.

소설에는 카타리나가 괴텐을 만난 날 숲에서 사진기자 아돌프 쇠너의 시체가 발견되었다는 내용이 나온다. 한동안 쇠너도 그녀의 희생자일 가능성을 배제할 수 없었지만 증거 불충분으로 밝혀졌다(뵐, 2008: 13). 사건 전개 과정을 볼 때 카타리나가 사진기자를 죽였을 수는 없다.

소설에는 카타리나에게 8년에서 10년이 선고될 것으로 예상된다고 나온다(뵐, 2008: 131). 괴텐의 혐의는 군부대를 탈영했을 뿐만 아니라 중요 기관에 상당한 손해를 입힌 것이 사실로 입증되었다고 되어 있다. 은행 강도가 아니라, 2개 연대의 군인 급여와 막대한 적립금이 들어 있는 금고를 완전히 약탈한 것과 장부 위조와 무기 절도가 확인되었다는 것. 따라서 8~10년 형을 받을 거라고 예상했다. 그렇게 되면 석방될 때 괴텐은 대략 서른네 살, 카타리나는 서른다섯 살이 된다는 내용도 나온다(뵐, 2008: 132). 두 사람이 형을 살고 재회할 가능성을 열어둔 것이다.

하지만 영화에는 괴텐이 인류의 삶에 아랑곳하지 않는 냉혈한, 테러리스트, 탈영범에 반체제 갱단의 일원이며 국내 치안을 훼손하고 있다는 내용이 나온다. 괴텐의 형량은 8년에서 10년이 될 것이라는 내용이 나오지만 카타리나의 형량은 나오지 않는다(01:33:22).

소설의 마지막 부분 '10년 후—하인리히 뵐의 후기'에서 뵐은 일단

≪자이퉁≫을 여러 가지 이유로 비난한다. 그리고 이렇게 말한다. "이 이야기에 나오는 인물이나 사건은 자유로이 꾸며낸 것이다. 저널리즘의 실제 묘사 중에 ≪빌트≫와의 유사점이 있다고 해도, 그것은 의도한 바도, 우연의 산물도 아닌, 그저 불가피한 일일 뿐이다"(뵐, 2008: 151). 영화에도 마지막에 같은 내용이 자막으로 나온다.

왜 뵐은 ≪자이퉁≫이 ≪빌트≫와 관계없다고 강조했을까? 실제로 소설 속 ≪자이퉁≫의 보도나 기자의 행태는 당시 ≪빌트≫와 공통점이 많아 보인다. 아마도 뵐이 소설 발표 전인 1972년 ≪슈피겔≫에 극좌파 바더마인호프 그룹에 대한 ≪빌트≫의 보도를 비판하는 글을 썼다가 보수파로부터 강력한 비판을 받았기 때문이 아닐까 짐작된다. ≪빌트≫가 명예훼손으로 소송을 제기할 수도 있어서 대비한 것일 수도 있겠다.

리처드 주얼

Richard Jewell, 2019

감독 제작 클린트 이스트우드 | **출연** 샘 록웰(왓슨 브라이언트), 캐시 베이츠(바비 주얼), 폴 월터 하우저(리처드 주얼), 존 햄(톰 쇼), 올리비아 와일드(캐시 스크러그스) | **상영 시간** 129분

1996년 미국 애틀랜타올림픽 당시 조지아주 애틀랜타에서 발생한 폭탄 테러의 용의자로 수사 대상에 올랐던 리처드 주얼Richard Jewell(1962~2007)의 실화를 바탕으로 만든 영화다. 언론 보도가 어떻게 테러로부터 많은 사람을 구한 '영웅'을 테러범으로 몰리게 했는지를 생생하게 보여준다. 언론이 수사 대상이 된 용의자를 어느 단계에서 얼마나 신중하게 보도해야 하는지를 고민하게 만든다. 익명의 취재원에 의존하는 보도의 위험성과 언론의 책임을 생각할 기회도 준다. 특히 여기자가 특종기사를 취재하기 위해 취재원을 섹스로 유혹한 걸로 되어 있는 내용은 미국 언론계에서 사실 여부에 대한 논란과 함께 취재 윤리 문제를 제기했다.

• 시놉시스 •

▍〈리처드 주얼〉 포스터.

리처드 주얼은 1986년부터 미국 조지아주 애틀랜타 소상공인회에서 비품 담당으로 일한 직원이었다. 경찰관이 되고 싶은 그는 '레이더'라는 별명이 붙을 정도로 관찰력이 남달랐다. 보안관실에서 근무했지만 권한 밖의 일을 했다는 이유로 해고되었다. 1996년에는 조지아주 피드몬트대학 캠퍼스 경찰관이 되었다. 그러나 교내 학생 음주 단속을 위해 기숙사 방에 들어가는 등 과잉 행동으로 다시 잘렸다.

주얼이 1996년 7월 27일 애틀랜타올림픽 축하 공연장에서 AT&T 소속 경비원으로 근무할 때 폭탄이 터졌다. 두 명이 죽고 100여 명이 다쳤다. 주얼은 폭탄이 터지기 약 30분 전에 공연장 뒤 벤치 아래 있던 수상한 배낭을 발견해 경찰에 신고하고 사람들을 대피시켜 피해를 줄였다. 이 사실이 확인되자 언론은 그를 영웅처럼 보도했다. TV에도 출연하고 책 출판 제의도 받았다. 그러나 주얼이 과거 특이한 행동을 했다는 피드몬트대 학장의 신고를 받은 연방수사국FBI이 그의 전력을 조사하기 시작했다. FBI는 그가 자작극을 벌였을 가능성에 주목했다.

지역 최대 신문인 ≪애틀랜타저널≫ 캐시 스크러그스 기자는 평소 화끈한 기사를 좋아했다. 그는 FBI 수사관 톰 쇼를 유혹해 "FBI가 주얼의 자작극을 의심하고 있다"라는 특종기사를 터트린다. 경찰이 주얼을 직접 조사하지도 않았고 증거도 확보되지 않은 단계였지만 주얼을 '용의자suspect'라고 표현했다. 취재원은 익명으로도 쓰지 않았다. '엄마와 함께 사는 뚱보'라는 주얼에 대한 기자의 편견과 특종 욕심이 가세했다. CNN과 다른 언론이 캐시의 기사를 인용해 속보를 내보내면서 주얼은 졸지에 테러범으로 추락한다.

NBC TV 앵커 톰 브로코Tom Brokaw는 "이 사건은 아직 허점이 많다"라고 나름대로 신중하게 보도했지만 주얼의 집에 기자들이 몰려든다. 변호사 왓슨 브라이언트Watson Bryant는 주얼이 배낭을 발견해 신고한 장소와 1분 뒤 범인이 폭파 경고 전화를 건 공중전화가 걸어서 6분 거리라는 걸 확인한 뒤 주얼의 결백을 확신한다.

왓슨은 주얼과 함께 캐시를 찾아가 "이건 완전 공상과학소설"이라며 항의한다. 캐시는 "내 일은 팩트(사실)를 보도하는 겁니다. 문제가 있으면 FBI에 얘기하세요"라며 맞선다. 왓슨은 뻔뻔한 기자에게 막말을 하고 떠난다. "당신은 이 사람 인생을 망친 거요. 사과하는 게 당연하지. 정말 구제 불능 기자로군. 당신은 기생충이야, 신문 팔아먹으려고 무슨 짓이든 하는…." 기자와 언론에 대한 최상의 모욕적 발언이다.

캐시는 뒤늦게 현장을 답사하고 자신의 기사가 오보였을 가능성을 인정한다. 그러나 다시 만난 수사관 톰은 공범이 있다고 말한다. 수사가 계속되는 동안 언론은 의심스러운 대목이 많은데도 주얼을 사실상 테러범으로 계속 보도한다. 경찰 수사 상황을 근거로 보도하는 것이지만 독자나 시청자가 주얼을 테러범으로 인식하게 만들기에 충분했다.

지옥을 경험한 주얼의 어머니는 민주당 대통령 후보 선출을 앞두고 기자회견을 열어 빌 클린턴 대통령에게 결백을 밝혀달라고 호소한다. 기자회견을 보며 캐시도 눈물을 흘리지만 기사가 오보였다고 쓰지는 않는다. 경찰은 주얼을 용의자로 지목한 기사가 나온 지 약 석 달이 지나서야 수사 대상이 아니라고 주얼에게 통보한다. 뒤늦게 경찰관이 된 주얼은 2005년 '에릭 루돌프Eric Rudolph가 폭파 사건 범인이라고 자백했다'는 소식을 변호사로부터 전해 듣는다. 주얼은 2007년 심장마비로 사망했다. 여기까지가 영화의 내용이다.

• 저널리스트의 관점 •

문제의 특종기사는 1996년 7월 30일 자 ≪애틀랜타저널AJ≫에 실렸다. 1883년 창간된 'AJ'는 1868년 창간된 ≪애틀랜타컨스티튜션AC≫과 1950년부터 소유주가 같았다. 조간 'AC'와 석간 'AJ'로 발행되다 2001년 ≪애틀랜타저널-컨스티튜션AJC≫이란 조간신문으로 통합되었다.

주얼을 '용의자'로 표현한 특종기사가 신문에 실리는 과정이 영화에서는 자세히 다루어지지 않았다. 첫 보도 이후 모든 언론이 경쟁적으로 후속 보도를 내보낸 것은 꽤 많이 나온다. 그러나 언론 내부에서 어떤 일이 있었는지는 영화만 봐서는 알 수 없다. 영화 관객은 대부분 주얼을 섣부르게 용의자로 단정하고 몰고 간 기자와 언론의 행태에 분노할 수밖에 없을 것이다. 사실 주얼을 성급하게 용의자로 보고 언론에 수사 정보를 흘린 FBI와 경찰의 잘못은 영화에서 상대적으로 덜 조명되었다. 언론 때문에 피해를 본 주얼을 주인공으로 내세워 만든 영화라는 한계도 있을 것이다.

언론 내부에서 벌어진 상황을 알려면 미국 싱크탱크 퓨 리서치센터의 '우수 저널리즘을 위한 프로젝트Project for Excellence in Journalism'에 공개된 리처드 주얼 사례 분석이 도움이 된다. ≪로스앤젤레스타임스LAT≫ 기자 출신 언론인 로널드 오스트로Ronald Ostrow의 분석은 영화가 제작되기 한참 전인 2000년에 나온 것이다.

오스트로의 분석에 따르면 'AJ'의 실제 보도는 영화에 나온 것과 비교할 수 없을 정도로 철저한 확인과 내부 논의 과정을 거쳐 이루어졌다. 필자도 영화를 보고 미국 언론이 저런 수준인가 하고 실망했는데 분석을 읽고 생각이 바뀌었다. 32년 신문사 생활을 한 필자의 경험으로 볼 때 'AJ'의 철저한 확인과 내부 결정 과정은 솔직히 한국 언론에서는 기대하기 어려운 수준이라고 본다.

'AJ' 내부에서도 처음에는 주얼을 '용의자'라고 쓸지를 놓고 많이 고민했다. 당시 올림픽을 취재하기 위해 전 세계에서 1만 5000여 명의 기자가 애틀랜타에 가 있었다. 현지의 대표 신문이 외부 언론에 특종을 뺏길 수 있다는 걸 가장 걱정했다고 논픽션 『용의자The Suspect』 저자들은 전했다.

재닛 리노Janet Reno 법무장관은 주얼이 FBI 요원들을 상대로 소송을 준비하고 있던 1997년 7월 기자의 질문에 "정보 유출로 주얼이 너무 많은 관심의 대상이 되게 한 것을 유감으로 생각한다"라고 말했다. 'LAT'는 리노 장관의 발언을 전하는 기사에 FBI가 정보를 유출한 걸로 썼다가 하루 만에 정정 보도를 했다. 법무부가 "주얼을 용의자로 지목한 'AJ' 기사가 나오기 전에 연방과 조지아주, 애틀랜타 등의 법 집행기관에 있는 500명 이상이 그걸 알고 있었다"라고 밝혔기 때문이다. 'AJ' 특종의 최초 정보원은 공개되지도 않았고, 확인되지도 않았다.

오스트로의 분석에도 비슷한 내용이 나온다. 'AJ' 기자들이 기사가 나가기 전에 추가 확인한 결과, FBI와 지방 경찰에 주얼이 수사의 초점

focus이라는 정보가 광범위하게 퍼져 있었다. FBI와 경찰에 기사 제목과 내용을 읽어주고 부정확한 게 있는지 물어보았지만 '없다'는 답변을 들었다. 다른 언론들이 비슷한 내용의 기사를 내보낼 준비를 하고 있다는 것도 파악되었다. 어디서든 기사가 나오는 건 시간문제였다. 'AJ'가 제목에 주얼을 '용의자'라고 쓴 기사를 내보낼 수밖에 없었던 사정을 신문을 제작해 본 사람으로서는 이해할 만하다. 후속 보도들이야 FBI가 언론이 지켜보는 가운데 주얼의 집을 수색했으니 하지 않을 수 없었다.

결과적으로 주얼의 무혐의가 밝혀졌으니 언론이 비판을 면할 수는 없다. 하지만 공정한 평가를 위해서는 언론 내부에서 어떤 일이 있었는지도 알 필요가 있다. 실은 FBI의 무리한 수사가 훨씬 더 문제였다는 게 필자의 생각이다.

주얼의 실명을 공개한 것은 그가 이미 테러용 배낭을 신고해 영웅 대우를 받고 있었으니 기술적으로 불가피했을 것이다. 경찰이 그의 전력을 수상하게 보고 있었을 뿐 공식 용의자로 지목해 조사하거나 직접적인 증거를 확보하지도 않은 상태에서 무리한 기사를 썼다는 비판은 얼마든지 가능하다.

'AJ'는 최초 보도 때 취재원을 아예 밝히지 않는 특이한 방법을 택했다. 'AJ' 편집국에는 원래 '익명의 취재원은 쓰지 않는다'는 원칙이 있었다. 편집국장만 익명의 취재원을 예외로 인정할 수 있었다. 국장은 기사 내용을 복수의 취재원으로부터 확인했고, 사실이라는 걸 확신할 때 사용하는 '신의 목소리voice of God'라는 자신들만의 취재원을 사용하도록 결정했다. 그건 신문이 기사 내용을 책임질 뿐만 아니라 정확성을 보장한다는 것이다. 결국 기사는 '누구에 따르면', '누가 뭐라고 말했다', '익명을 원하는 누구에 따르면', '익명의 취재원에 따르면' 같은 방식으로도 취재원을 쓰지 않았다. 대신 "주얼이 수사의 초점이다"라고 아예 출처를 밝히지 않고 쓴 것이다. 7월 30일 자 특종기사의 제목과 본문의 첫 두 문장은 이렇다.

> "FBI Suspects 'Hero' Guard May Have Planted Bomb"
>
> The security guard who first alerted police to the pipe bomb that exploded in Centennial Olympic Park is the focus of the federal investigation into the incident that resulted in two deaths and injured more than 100.
>
> Richard Jewell, 33, a former law enforcement officer, fits the profile of the lone bomber. This profile generally includes a frustrated white man who is a former police officer, member of the military or police 'wannabe' who seeks to become a hero.

'AJ'가 익명의 취재원을 이용해서 기사를 쓴 것은 어느 정도 불가피했다고 보인다. 영화에도 'AJ'는 수사관 톰 말고도 다른 조지아주 수사국GBI에서도 정보를 확인한 걸로 나온다. 복수의 취재원으로부터 팩트를 확인했다는 뜻이다.

주얼이 'AJC' 모기업인 콕스엔터프라이즈COX Enterprises를 상대로 취재원을 밝히라며 제기한 명예훼손 소송은 2011년 조지아주 항소법원이 기각했다. 보도 당시 기사 내용이 사실이었다는 게 중요한 이유였다. 주얼은 자신을 돌연변이 취급한 ≪뉴욕포스트≫와 CNN, NBC 등을 상대로 한 소송에서는 합의를 통해 보상금을 받았다. 보상금은 대부분 변호사 비용과 세금을 내는 데 사용된 걸로 알려졌다.

실화를 바탕으로 만든 영화도 극적 효과나 시간 제약 때문에 내용이 사실과 다른 경우가 많다. 영화 〈리처드 주얼〉에서는 여기자 캐시가 FBI 수사관 쇼를 성적으로 유혹해서 정보를 얻는 것으로 볼 수 있는 내용이 영화 개봉 당시 논쟁거리였다.

'AJC'는 영화 개봉을 앞두고 감독과 각본가 빌리 레이, 제작사인 워너 브러더스에 캐시 기자를 섹스 거래의 대상으로 전락시켰다며 항의하는 서한을 보냈다.

영화에서 캐시는 술집에서 쇼를 만났다. 캐시는 주얼의 이름을 알아내기 위해 손으로 쇼의 허벅지를 만진다. 정보를 얻은 캐시가 "방을 잡을까 그냥 내 차에 갈까"라고 말하는 장면을 통해 섹스를 대가로 제공했음을 암시했다. 직접적인 섹스 장면은 나오지 않았다.

영화 각본은 잡지 ≪배니티 페어≫ 1997년 2월 호 기사("American Nightmare")와, 사건을 담당한 켄트 알렉산더Kent Alexander 전 검사와 ≪월스트리트저널≫ 애틀랜타 담당 기자였던 케빈 샐윈Kevin Salwen이 2019년에 함께 쓴 논픽션 『용의자』를 바탕으로 썼다. 그러나 잡지와 책에는 기자가 수사관에게 섹스를 제공했음을 보여주는 내용이 없다.

캐시는 캐시 스크러그스Kathy Scruggs(1958~2001) 기자의 실명이다. 쇼는 실존 인물이 아닌 합성한 인물이고 캐시의 취재원도 끝내 밝혀지지 않았다. 영화에서 수사관은 가상의 대리인을 쓰면서 기자는 실명을 밝힌 건 불공평하다. 저널리즘 영화에서 기자 이름을 가명으로 쓰는 경우가 많은데 이 영화에서는 굳이 왜 실명을 썼는지 모르겠다. 기자가 이미 사망했기에 그랬을지도 모르겠다.

≪뉴욕타임스≫ 마크 트레이시Marc Tracy 기자는 캐시를 알고 함께 일한 사람들을 만나 취재한 뒤 영화 속 캐시는 실제와 거리가 멀었다는 내용의 기사를 2019년 12월 12일 자에 썼다. 기사에 따르면 캐시가 취재를 위해 취재원과 잠자리를 했을 거라고 말한 사람은 없었다. 문제의 특종기사에 캐시와 함께 이름(바이라인)이 들어간 론 마츠Ron Martz 기자는 "캐시 스크러그스뿐만 아니라 기자였던 모든 여성에 대한 모욕"이라고 비판했다.

미국 영화계의 여성 언론인에 대한 성차별 장면이라거나 제작자 클린트 이스트우드의 나이(당시 89세)를 보여준다는 반응도 있었다. 기자가 술집에서 수사관을 만나 취재하는 장면은 영화의 스토리 전개를 위해 꼭 필요한 것도 아니었다. 취재 경위를 달리 설정할 수도 있었다.

현실 세계에서 기자가 취재를 위해 할 수 있는 행동에는 당연히 한계가 있다. 법을 어기는 건 물론 안 된다. 직업윤리에 반하는 수단과 방법을 동원하는 것도 반칙이다. 양심에 반하는 건 개인이 감수할 부분이다.

기자가 특종을 위해 섹스를 수단으로 이용한다면 직업윤리나 양심의 문제일 것이다. 때로는 이해 충돌 문제로 법적 문제가 생길 수도 있다. 문제가 된 정보가 법적으로 비밀로 지정된 경우라면 정보를 제공한 사람은 법적 처벌을 받을 수 있다. 기자도 취재원을 공개하지 않아 수감된 경우도 있다. 취재원과 기자가 원래 연인 사이였다면 얘기는 조금 달라질 수 있다. 영화에서 캐시 역을 한 배우 올리비아 와일드는 '기자와 수사관이 원래 사귀는 사이로 이해했다'고 말한 걸로 기사에 인용되었다. 두 사람이 사귀었다고 해도 기자가 출입처 관계자와 부적절한 관계인 걸 언론사가 알고 묵인했다면 성을 이용한 취재를 용인했다는 비난을 받을 수 있다.

실제로 여기자와 취재원의 관계가 논란이 돼 미국 언론에 공개된 경우는 종종 있었다. ≪뉴욕타임스≫ 알리 왓킨스Ali Watkins 기자의 경우가 그렇다.

미국 상원 정보위원회 보안 책임자였던 제임스 울프James Wolfe를 2018년 6월 연방수사국FBI이 기소했다. 울프의 혐의는 정보위가 열리기 전에 민감한 정보를 기자들에게 제공한 것과 관련해 허위 진술을 했다는 것이다. 그는 2017년 말 갑자기 사임할 때까지 29년 동안 정보위 보안 책임자였다. 울프는 기자들에게 민감한 정보를 제공하기 위해 메시지를 암호화하는 장치도 사용했다. 그는 비밀정보를 공개한 혐의는 받지 않았다.

법무부가 울프와 사적인 관계를 가진 기자들의 이메일과 전화 통화 기록을 확보했다고 밝혔는데 거기 왓킨스가 포함되었다. ≪뉴욕타임스≫는 왓킨스가 워싱턴에서 상원 정보위가 아닌 법 집행기관을 담당했는데도 뉴욕 본사 사회부 근무로 옮기고 자체 조사를 했다.

왓킨스는 ≪허프포스트Huffpost≫, ≪버즈피드BuzzFeed≫, ≪폴리티코Politico≫에서 기자로 일할 때 울프와의 관계를 '타임스' 간부들에게 밝혔다. 20대인 그는 다른 언론에서 정보위를 취재할 때 50대의 울프와 3년 정도 사귄 적이 있다고 인정했다. 왓킨스는 특종기사를 많이 써서 능력을 인정받아 2017년 12월 '타임스'로 옮겼다. 그는 퓰리처상 최종 후보에 오른 적도 있고 카터 페이지Carter Page 사건과 관련해 특종기사도 썼다. 2017년 '도널드 트럼프 대선 캠프 외교정책고문인 카터 페이지가 러시아인들과 협력했다'는 왓킨스의 특종이 나오기 전에 울프와 오간 문자 메시지가 울프를 기소한 내용에 포함되었다. 울프는 왓킨스의 정보원이 아니라고 주장했고 '타임스'도 왓킨스가 울프를 취재원으로 이용하지 않았다고 밝혔다.

검찰은 울프가 정보위를 취재하는 기자들과 레스토랑, 술집, 개인 집과 상원 오피스 빌딩에서도 자주 만났다고 발표했다. 울프는 왓킨스와 함께 있는 사진을 수사관이 제시할 때까지 관계를 부인했다. 제시 리우 검사는 "울프의 혐의는 그 자리에 있게 한 특별한 공적 신뢰를 배신한 것"이라고 비판했다.

'타임스' 최초의 여성 편집국장을 지낸 질 에이브럼슨Jill Abramson은 왓킨스 기자 문제와 관련해 "우리 여기자는 모두 취재원과 잠자리를 하고 그게 취재하는 방법이라는 편견을 깨기 위해 애써왔다"라면서 "전체 상황이 말할 수 없을 만큼 싫다"라는 반응을 보였다.

미국 언론은 왓킨스가 회사에 취재원인 울프와의 관계를 미리 알렸는지, 회사가 알고도 묵인했는지, 묵인했다면 왜 그랬는지 등이 문제라고 지적했다. 언론에 따르면 왓킨스는 회사에 미리 알렸고 회사는 문제 삼지 않았다. '타임스'의 경우, 부장에게는 보고했지만 고위 간부들에게 보고되지는 않은 것으로 전해졌다.

다른 사례로는 2019년 10월 미국 국방부 정보국DIA 소속 대테러 분석가인 헨리 카일 프리스Henry Kyle Prese가 비밀정보 누설 혐의로 체포되었을 때 두 명의 여기자가 등장한 사건이 있다. 프리스는 2020년 6월 유죄를 인정하고 30개월의 징역형을 선고받았다. 법무부는 두 여기자를 '저널리스트 1', '저널리스트 2'로 발표했지만 미국 언론은 그들의 실명을 공개했다. 한 명은 프리스의 애인으로 1년 동안 동거한 CNBC 어맨다 매시아스Amanda Macias 국가안보 담당 기자였다. 다른 기자는 CNBC와 같은 NBC유니버설 계열사인 NBC 뉴스의 국방부 출입 베테랑 기자인 코트니 큐브Courtney Kube. 프리스는 매시아스의 경력 관리를 도와주기 위해 큐브 기자에게도 정보를 주었다고 시인했다. ≪워싱턴포스트≫는 기사에서 매시아스를 '제2의 알리 왓킨스'라고 했다. 두 기자는 같은 언론에서 계속 같은 일을 했다.

한국에서 이런 사안이 생겼다면 어떻게 다루어질까 생각해 본다. 비밀정보를 기자에게 흘려주었다면 법적 또는 정치적으로 문제가 될 수 있다. 출입처의 중요 취재원과 연인 사이라면 이해 충돌의 문제가 발행할 수도 있다.

2020년 5월 개정된 ≪한겨레≫ 보도 준칙에는 제6장(성찰과 품위)에 이해 충돌의 회피 조항이 있다. 구체적으로는 이렇다. "본인, 배우자, 가족, 친인척, 그 밖의 지인 등이 정치적, 경제적 이해관계를 갖는 사안은 해당 기자가 직접 취재 보도하지 않는다. 특정 사안의 취재 보도에서 이해 충돌의 여지가 있는 경우, 기자는 상급자에게 이를 보고한다. 편집국장 등 취재 보도 부문 책임자 또는 그 권한을 위임받은 자는 해당 기자가 그 사안을 취재 보도하는 것이 적절한지 검토하여 결정한다."

이 조항이 기자와 취재원의 특수 관계에 적용될 수 있을 것 같다. 그러나 그런 이유만으로 기자의 출입처를 바꾸거나 윤리 문제를 제기하기는 쉽지 않아 보인다. 실제로 그런 사례를 들어보지 못했다. 기자가 중요한 취재원과 사귀거나 특별한 관계라면 기본적으로 프라이버시 문제이기도 하다. 한국 언론사는 기자 본인이 원하지 않으면 출입처를 바꾸지 않을 것이라고 필자는 추측한다.

트루스

Truth, 2015

감독 제임스 밴더빌트 | **출연** 로버트 레드퍼드(댄 래더), 케이트 블란쳇(메리 메입스), 토퍼 그레이스(마이크 스미스), 데니스 퀘이드(로저 찰스), 엘리자베스 모스(루시 스콧) | **상영 시간** 125분

미국의 대표적 TV 탐사보도 프로그램인 CBS TV의 〈60분60 Minutes〉이 2004년 방송한 조지 W. 부시 대통령 병역 비리 의혹 보도의 전말을 다루었다. 진실을 찾기 위한 치열한 노력에도 불구하고 오보 논란 끝에 CBS 뉴스 간판 앵커인 댄 래더Dan Rather가 불명예 퇴진한 래더게이트Rather-gate를 바탕으로 만들었다. 저널리즘에서 흔히 신성하다는 팩트를 확인하고 나아가 진실을 밝혀내는 것이 얼마나 어려운 일인지 잘 보여준다. 미국 언론이 잘못된 결과에 어떻게 책임을 묻고 책임을 지는지도 눈여겨볼 대목이다. 정파성 때문에 비판받는 한국 PD 저널리즘과 비교해 보는 것도 좋을 듯하다.

• 시놉시스 •

▌〈트루스〉 포스터.

2004년 10월 TV에 조지 W. 부시 공화당 대통령 후보와 존 케리 민주당 후보 여론조사 결과가 나오고 메리 메입스Mary Mapes CBS 뉴스 PD가 변호사를 찾아간다. 2004년 11월 2일 미국 대선을 앞두고 9월 8일 방송된 CBS 〈60분〉 프로그램에 문제가 생겼기 때문이다.

부시의 1968년 텍사스주 방위군 비행사 입대 비리 의혹에 관한 방송 아이템 결정 과정과 특별취재팀 구성부터 이야기가 시작된다. 취재 대상이 대부분 취재 협조를 거부하거나 의혹을 부인하고 기대한 답변이 나오지 않자 취재는 벽에 부닥친다.

반反부시 운동 정보센터 웹사이트 운영자가 빌 버킷 대령을 소개해 준다. 메리는 빌 부부를 설득한다. 빌은 제리 킬리언 중령이 서명한 문서 두 장을 내놓는다. 부시가 훈련 이수 자격에 맞는 훈련을 받지 않았다는 걸 뒷받침하는 증거다. 메리는 '혹시 누가 정치적 음모를 위해 대령에게 문서를 준 건 아닌지, 원본은 있는지'를 묻는다. 빌은 '복사본만 받았다. 출처를 묻지 말라'면서 '원하면 전문가를 구해서 살펴보게 하라'고 말한다.

텍사스 부지사 때 부시를 비행사 훈련 대기자 명단에 넣어주었다는 벤 반스가 방송에 출연하기로 하고 빌이 보여줄 메모가 더 있다고 하자 취재팀은 활기를 띤다. 부시의 탈영 증거로 볼 수 있는 서류가 확보되자 앵커 래더가 텍사스까지 날아가 증인을 인터뷰한다.

방송 이틀 전. 문서 감정사 네 명이 동원되었는데 문제가 발견된다. 원본이 없어서 위조 여부를 알 수 없다고도 한다. 메리는 "빌 대령이 준 메모의 날짜, 내용이 공식 기록과 완벽하게 일치해요"라고 하지만 래더는 신중하다. "아직 안 끝났어. 누군가 메모 내용을 확인해 줘야 해. 메모에 등장하는 인물들을 잘 아는 사람이 말이야."

추가 확인에 들어간다. 킬리언 중령의 상관이었던 보비 호지스 장군과 통화가 이루어진다. 메리가 읽어준 메모 문서를 안다면서도 부정적인 반응을 보인다. "어떤 사람의 개인 메모를 이용하는 건 좀 지나치잖아요? 뉴스를 만들려고 드는군요. 없는 얘기를 꾸미려고 한다고요."

방송 하루 전. 감정사 에밀리한테서 1970년대 군대 타자기에는 위첨자(111th의 th) 기능이 없었기 때문에 걱정된다는 연락이 온다. 방송 한 시간 전에는 문서 서명이 다른 것 같다는 이의가 제기된다. 그러나 시간 제약과 그래픽이 잘 안 맞는다는 이유로 편집 과정에서 잘렸다.

마침내 래더의 멘트로 방송이 나간다. "부시 대통령은 경쟁이 치열한 텍사스주 공군에 입대했고 주 방위군 임무를 다하지 않은 것으로 보입니다. … 대통령의 군 복무와 관련된 새로운 문서와 정보를 소개합니다. 부시를 주 방위군 공군에 입대시키려고 영향력을 행사했다는 사람과의 독점 인터뷰도 소개합니다."

방송이 나가자 NBC가 특종기사를 받아 보도하고 메리는 고무된다. 기쁨도 잠시. 블로거들이 마이크로소프트 워드 프로그램으로 문제의 문서를 똑같이 만들 수 있다며 1970년대 타자기가 아니라 컴퓨터로 문서를 작성했다고 지적하고 나선다. 메리는 관련자 증언이 있다고 반박하고 취재팀은 검증에 들어간다.

문서의 진위를 놓고 옥신각신하는 가운데 호지스가 문서를 직접 보지 못하고 한 말이라며 태도를 바꾼다. 문서가 사본이어서 원본의 잉크나 종이 등이 없었기에 문서 자체의 위조 여부를 검증한 적이 없다는 점이 문제로 등장했다.

메리는 문서는 사소한 것이고 핵심이 아니라고 주장한다. 그러나 CBS 경영 간부는 기사를 뒷받침할 분석가를 데려오라고 한다. 제보자 빌은 수상한 문서 입수 경위를 밝히면서 자신이 거짓말을 했다고 시인한다.

CBS 뉴스는 조사위원회를 구성하고 래더는 사과 방송을 한다. "방송 당시 CBS 뉴스와 본 기자는 문서가 사실이라고 확신했습니다. 그러나 추후 조사 결과, 문서가 진실이라고 신뢰할 수 없게 되었습니다. 제대로 완벽하게 검증하지 못한 CBS의 실수 때문에 방송해서는 안 되는 문서 건을 보도했습니다. 실수였습니다. CBS 뉴스는 깊은 유감을 표합니다. 저도 개인적으로 직접 죄송하다는 말씀을 드립니다."

보도국 출입이 정지된 〈60분〉 팀원의 항의는 회사 조치에 정치적 고려가 있었음을 시사한다. "CBS 모기업 비아콤이 지금 규제 완화와 세금 우대를 위해 공화당이 지배하는 하원에 로비해서 수억 달러를 아끼려고 하고 있어요. 우린 그 공화당원들이 대통령직을 뺏길 만한 보도를 했고요."

ABC 뉴스는 메리와 래더의 신뢰를 저격한 메리 아버지의 인터뷰를 방송했다. "내 딸이 그렇게 됐다니 수치스럽네요. 그 애는 전형적인 리버럴입니다. … 그 애와 댄 래더는 부시 당선 이후 계속 이 작업을 해왔어요."

메리는 조사위원회에 출석해 소신 발언을 쏟아낸다. "이 메모를 위조하려면 얼마나 힘든지 아세요? 위조범은 1971년 공군 복무 안내서, 규정, 법률, 전문용어 이니셜 등을 꿰고 있어야 할걸요. … 우리 기사의 주제는 부시가 군 복무를 충실히 했느냐는 거였습니다. 그걸 얘기하려는 사람은 없네요. 얘기하는 건 글꼴이네 위조네 음모네 하는 것뿐이고요. 기사가 맘에 안 들면 사람들은 늘 그렇죠. 정치 성향, 객관성 등을 따집니다. 인간성도 문제 삼죠."

위원의 반박. "어쨌든 증명하지 못했잖아요? 반스가 대통령을 방위군에 넣어줬다는 것도, 메모가 진실이라는 것도.증명하지 못했죠. 증명할 임무는 당신이 지죠." 메리는 "그 기준으로 치면 ≪뉴욕타임스≫는 펜타곤 페이퍼도 못 다뤘을 거고, ≪워싱턴포스트≫는 워터게이트 사건 내부 고발자도 취재하지 못했겠죠"라고 반박한다.

결국 메리는 파면되고 세 명은 권고사직당했다. 래더는 2005년 3월 24년이란 최장수 앵커 기록을 남기고 앵커 자리에서 내려왔다. 조사위원회는 부시 관련 보도가 정치적으로 편향되었다는 증거를 발견하지 못했다. 래더는 CBS가 백악관을 달래기 위해 자신을 쫓아냈다며 2007년 9월 CBS와 비아콤을 상대로 700만 달러의 손해배상 소송을 제기했지만 2009년 9월 패소했다.

• 저널리스트의 관점 •

이 영화는 방송 취재와 보도의 이면을 흥미진진하게 보여준다. 방송 프로그램 한 편을 만들기 위해 어떤 과정을 거치고 사실과 진실을 밝혀내기 위해 언론인들이 얼마나 노력하는지, 그것이 얼마나 어려운 일인지도 실감하게 해준다. 메리의 취재팀에 군사자문위원이자 조사관, 저널리즘 전문가까지 합류한 걸 보면 얼마나 전문성과 완벽성을 추구하는지도 느낄 수 있다.

메리가 문서를 제보한 빌에게 이것저것 질문하는 장면이 인상적이다. 기자로서 반드시 짚어야 할 대목이다. 중요한 정보나 자료를 제공하는 사람을 의심하거나 믿지 못하겠다고 하기란 쉽지 않다. 그래도 기자는 항상 "믿어라, 그러나 검증하라Trust, but verify"라는 격언을 잊지 말아야 한다. 이 격언은 1987년 로널드 레이건 미국 대통령이 미하일 고르바초프 소련 공산당 서기장과 정상회담 후 기자회견에서 소개한 러시아 속담이다. 그 후 다양하게 사용되었는데 기자들도 자주 쓰는 말이다.

저널리즘에서는 "의심하라, 그리고 확인하라Doubt and check"라는 말이 더 어울린다고 필자는 생각한다. 기자가 진실을 확인하기 위해서는 '일단 믿고 검증하든가', '일단 의심하고 확인하든가' 둘 중 하나는 해야 한다. 가짜 뉴스가 넘치는 세상이니 일반인도 뉴스를 보거나 소셜네트워크서비스SNS로 이런저런 뉴스를 접하면 스스로 검증해 보려는 노력이 필요하다.

메리는 25년 동안 TV 뉴스 프로듀서와 기자로 활약해 온 유명 언론인. 1999년부터는 래더가 진행한 <60분>의 PD였다. 그는 이라크 아부그라이브 교도소 포로 학대 사건을 특종 보도해 피바디상을 받았다. CBS에서 해고된 뒤 2005년 『진실과 의무: 언론, 대통령, 그리고 권력의 특권Truth and Duty: The Press, the President, and the Privilege of Power』을 출판했다. 영화는 이 책을 토대로 만들었다. 래더게이트 당사자이자 저자인 메리와 래더의 시각이 많이 반영되었다는 점을 고려해서 영화를 보아야 할 것 같다.

메리는 2000년 대선 때도 부시 병역 의혹을 취재했는데 갑자기 어머니가 죽는 바람에 취재를 끝내지 못했다. 그때 취재를 끝내고 방송이 나갔으면 앨 고어가 당선되었을까? 래더와 메리는 같이 일한 지 15년이나 되었다. 진실을 추구하는 동지로서 상호 신뢰와 애정, 존중의 관계. 때로는 부녀 사이 같은 느낌도 준다.

〈60분〉이 특종을 터트린 뒤 곧바로 NBC가 특종을 받아서 보도할 때 취재팀의 군사자문위원인 찰스의 시니컬한 반응도 인상적이었다. "저게 바로 요즘 언론이야. 남의 취재에 대한 보도 말야reporting on reporting. 뭐 하러 굳이 취재해서 속보breaking news를 내? 다른 사람이 취재한 속보를 보도하면 되는데…. 앞으로 30분 이내에 또 누군가 어디서 우리 팀 작업을 취재해서 대통령 기사로 만들 거야."

그래도 미국 언론은 특종기사를 받아쓸 때 출처는 확실히 밝힌다. 한국 언론은 다른 언론의 특종기사를 받아쓸 때 출처를 제대로 밝히지 않는다. 이러니 인터넷 바다에서는 누가 특종을 했는지, 누가 그걸 베꼈는지 구분이 안 된다. 표절이나 저작권 침해 같은 어려운 표현을 떠나서 기본적인 예의와 윤리의 문제가 아닐 수 없다.

메리(1956~)는 워싱턴주 출신으로 워싱턴대를 나와 시애틀의 CBS 계열사에서 일하다 1989년 텍사스주 댈러스 CBS로 옮겼다. 1999년부터 래더가 앵커를 맡은 CBS 〈이브닝 뉴스〉와 〈60분〉에서 프로듀서로 일하며 능력을 발휘했다.

래더(1931~)는 텍사스주 출신으로 샘휴스턴 주립대를 나와 기자가 되었다. 1961년 9월 허리케인 카를라Carla 때 CBS 계열 휴스턴 지방 TV 기자였던 그의 보도로 35만 명이 대피해 수천 명이 목숨을 건졌다는 '전설'이 있다. 1963년 11월 CBS 휴스턴 지국에 근무할 때 존 F. 케네디 대통령 암살 사건을 현장에서 보도했다. 유튜브에서 당시 리포트를 찾아 보면 대통령 암살 사건인데도 아주 침착하고 차분하게 리포트를 하는 30대 초의 래더를 볼 수 있다. 그는 1964년 33세에 CBS 뉴스 백악관 출입기자로 발탁되었다. 닉슨 대통령의 중국 방문, 워터게이트 스캔들, 닉슨 사임 등을 보도했고 1981년 3월 9일 전설적인 앵커 월터 크롱카이트Walter Cronkite(1916~2009)의 후임으로 CBS 〈이브닝 뉴스〉 앵커석에 앉았다. 그는 2005년 3월 9일, 24년이란 최장수 미국 3대 공중파 TV 앵커 기록을 세우고 물러났다. 크롱카이트는 1962년 4월 16일부터 1981년 3월 6일까지 19년 동안 앵커석을 지켰다.

래더는 NBC 톰 브로코Tom Brokaw(1940~), ABC 피터 제닝스Peter Jennings(1938~2005)와 함께 1980년대부터 20년 이상 미국 3대 공중파 TV의 저녁 메인 뉴스를 진행한 '앵커 트로이카Anchor Troika' 또는 '빅 스리Big Three'로 불렸다. 브로코는 1982년 NBC 〈나이틀리 뉴스〉 앵커를 맡아 2004년까지 22년 동안 저녁 뉴스를 진행했다. 제닝스는 1983년부터 폐암으로 사망한 2005년까지 22년 동안 ABC 〈월드뉴스 투나이트〉 앵커로 인기를 누렸다. 세 사람의 앵커 경력을 합하면 무려 68년이나 된다.

• 기자와 질문 •

문제의 방송이 나가기 나흘 전에 래더가 텍사스에서 뉴욕으로 돌아오는 비행기에서 취재팀원 마이크 스미스에게 한 말은 기자의 질문이 왜 중요한지를 일깨워 주는 명대사라고 필자는 생각한다.

"질문을 던지는 것, 그게 중요한 거야. 중요하지 않다고 할 사람도 있겠지만. 한쪽에서는 자네더러 편파적이라고 하겠지. 하지만 질문을 그만 던지면 그때가 미국 국민이 패배하는 순간이지. 감상적으로 들리겠지만 그게 내 신념이야. 그러니 계속 질문을 던져."

질문에 관한 대사는 또 있다. 메리가 '뉴스를 만들었다'고 했는데 아들이 '무슨 뜻이냐'고 묻자 이렇게 답한다. "질문을 했지. 진실을 파헤치려면 질문을 해야 하거든." 질문이 곧 뉴스를 만드는 것이라니 질문이 얼마나 중요한지 알 수 있지 않은가.

1960년 11월 케네디부터 2010년 6월 버락 오바마까지 반세기에 걸쳐 미국 대통령 열 명을 취재한 전설적인 백악관 출입기자 헬렌 토머스 Helen Thomas(1920~2013). 그는 "기자에게 무례한 질문이란 없다"라면서 이렇게 말했다.

> "어려운 질문이 무례하다고 생각하지 않는다. '대통령님(Mr. President)'과 '감사합니다(Thank you)' 외에 뭘 더 바라는가. 대통령 기자회견은 대통령에게 질문할 수 있는 유일한 토론의 장(forum)이다. 대통령이 질문을 받지 않으면 그는 포고령(edict)과 정부 명령으로 통치할 수 있다. 군주나 독재자가 될 수 있다. 누가 알아내겠나. 대통령은 질문을 받아야 하고 항상 기꺼이 대답할 수 있어야 한다. 그 질문은 기자의 질문이 아니라 국민의 질문이기 때문이다."

역시 기자에게 질문이 뭔지를 생각하게 만드는 말이다.

한국 기자들은 질문을 잘 하지 않는다고 종종 비판을 받는다. 질문했다가 욕을 먹기도 한다. 박원순 서울시장이 자살한 뒤 통신사인 뉴시스 소속 문광호 기자는 2020년 7월 10일 서울대병원 장례식장에서 이해찬 당시 더불어민주당 대표에게 "혹시 당 차원에서 대응할 계획이 있으신가요?"라고 질문했다.

이 대표는 대답 대신 성난 목소리로 "그건 예의가 아닙니다"라 하며 기자를 노려보다가 "나쁜 자식 같으니라고"라고 내뱉었다(출처는 2020년 7월 13일 문광호 기자의 기자수첩). 문 기자는 이 대표가 '나쁜 자식'이라고 했다고 기자수첩에 썼지만 실제로 그가 한 욕은 '후레자식'이라는 보도도 있었다. 다른 언론사 기자는 "현장 녹화테이프를 확인했는데 분명치 않다"라고 필자에게 말했다. '배운 데 없이 제풀로 막되게 자라 교양이나 버릇이 없는 사람을 낮잡아 이르는 말.' 국립국어원 표준국어대사전에 나오는 후레자식의 뜻이다. '후레자식'이든 '나쁜 자식'이든 문 기자는 사과도 받지 못했다.

2019년 5월 9일 문재인 대통령 취임 2주년 KBS 인터뷰가 방송된 뒤 인터뷰를 진행한 송현정 기자는 누군지 짐작할 만한 사람들한테 몹시 시달렸다. 송 기자의 질문과 태도에 문제가 많았다는 게 이유였다. 이에 앞서 1월 13일 문 대통령 신년 기자회견 때 "(경제정책 기조를 바꾸지 않는) 그 자신감은 어디에서 나오는 것인지, 그 근거는 무엇인지 단도직입적으로 여쭙겠습니다"라고 질문한 경인방송 김예령 기자도 후유증을 겪었다. 기자가 당연히 할 수 있는 질문이 아닌가. 사실 필자도 늘 그게 궁금했었다.

이런 실정이니 기자들이 마음 편히 질문이나 하겠는가. 질문을 문제 삼아 기자를 괴롭히고 모욕하는 것은 언론 자유를 훼손하는 행위다. 게다가 한국 대통령들은 기자회견도 잘 하지 않는다. 어떤 대통령은 그저 가물에 콩 나듯 연례행사 수준으로 한다. 질문할 기회 자체도 별로 없다.

군중 속의 얼굴

A Face in the Crowd, 1957

감독 엘리아 카잔 | **출연** 앤디 그리피스(래리 로즈), 퍼트리샤 닐(마샤 제프리스), 월터 매소(멜 밀러), 앤서니 프랜시오사(조이 드팔마), 마셜 닐런(워딩턴 풀러) | **상영 시간** 125분

남다른 입담과 쇼맨십으로 대중의 우상이 된 한 인간의 욕망과 추락을 그렸다. 떠돌이 생활을 하던 주인공 래리 로즈가 유치장에서 우연한 기회에 라디오 방송에 출연해 노래를 불러 호평을 받는다. 입소문이 퍼져 유명해지기 시작한 주인공은 라디오 프로그램 진행자를 거쳐 뉴욕의 TV쇼 진행자로 승승장구한다. 막강한 영향력을 가진 거물이 된 주인공은 대형 생방송 사고를 내고 추락하고 만다. TV와 라디오의 역할이 커지기 시작하던 1950년대를 배경으로 매스컴이 만들어내는 괴물 같은 대중스타의 감춰진 실체와 두 얼굴을 보여준다. 정치적으로는 미디어의 막강한 영향력을 이용한 선동정치와 포퓰리즘의 위험을 경고했다는 평가도 받는 영화다.

• 시놉시스 •

▌〈군중 속의 얼굴〉 포스터.

미국 아칸소주 시골의 경찰서 유치장에 라디오 프로 〈군중 속의 얼굴〉의 미모의 리포터 마샤 제프리스가 떴다. 누구든지 재미있는 얘기나 장기자랑을 하는 프로. 래리 로즈가 입담을 과시하며 셀프 기타 반주로 노래를 불렀는데 반응이 뜨겁다. 마샤는 그에게 라디오 프로를 맡긴다. 음주 소란으로 유치장에 들어간 로즈는 횡재한 셈이다.

입소문이 퍼져 로즈는 지역 TV 프로 진행자가 된다. 원맨쇼로 진행하는 프로에 화재를 당한 여성이 출연해 딱한 사정을 얘기하자 성금이 밀려든다. 로즈는 매트리스 광고주를 악의 없이 놀렸다가 광고가 끊겨 위기를 맞는다. 하지만 시청자가 반발하고 매트리스 매출이 급증하자 광고가 재개된다.

로즈의 비상한 능력을 알아본 매트리스 회사 직원 드팔마의 수완으로 로즈는 뉴욕 TV쇼에 진출한다. 쇼 스폰서인 건강보조식품 비타젝스의 이미지를 정력강화제로 변신시켜 대박을 터트린다. 그의 가치를 간파한 비타젝스 사장은 "TV에 가장 위대한 대중 설득 도구가 있다는 걸 잊지 마라"라고 말한다. 그는 로즈가 풀러 상원의원의 이미지 변신을 도와주도록 소개한다.

로즈는 풀러에게 애칭을 만들어주고 '애완동물을 이용하라', '입술을 꽉 다물지 말라'고 훈수한다. "맥주, 헤어 린스, 휴지, 이런 거 사는데 존경해서 산다는 말 들어봤습니까? 사랑을 받아야 합니다." 로즈는 대통령 선거에 나가려는 풀러가 믿을 수 있는 사람이라는 이미지를 갖도록 연출한다.

로즈는 거물이 되면서 오만해지고 거드름을 피운다. "나는 그냥 연예인이 아닙니다. 영향력 있는 사람, 여론을 움직이는 사람, 하나의 세력입니다." 어느새 로즈는 TV에 나오는 친근한 이미지와 달리 독선적으로 행동한다. 마샤와의 관계는 로즈의 무책임한 행동으로 깨진다. 로즈와 결혼한 아내라는 여자가 나타나 돈을 안 주면 폭로하겠다고 협박한다. 로즈는 여고생 고적대장과 결혼까지 한다. 악재가 쌓인다.

로즈는 마샤와 수익 배분을 놓고 다투고 풀러가 대통령이 되면 자신이 막후 실세가 된다고 우쭐댄다. 주지사, 장관, 회사 대표 등 20명으로 구성되는 '풀러를 위한 전사들' 대장도 맡는다. 마샤는 로즈를 스타로 만든 걸 후회한다. 괴물이 된 그를 막기로 결심한다. 로즈의 TV쇼 시청률이 53.7퍼센트를 찍을 때였다.

로즈는 생방송에 광고가 나갈 때 마이크를 끄고 헛소리를 한다. 마샤는 쇼가 끝나고 엔딩 크레디트가 나올 때 마이크를 몰래 켜버린다. 로즈가 풀러를 경멸하고 시청자들을 조롱하는 장면이 고스란히 생중계되는 대형 사고가 터진다.

"나는 닭 사료를 캐비아로 팔고 사람들이 개밥을 먹고 스테이크라고 생각하게 만들 수 있어." "대중은 실험용 돼지 같은 거야. 멍청한 바보들. 비참한 게으름뱅이들. 훈련된 물개처럼 내가 죽은 생선을 던져주면 지느러미를 퍼덕대지."

로즈의 위선과 민낯에 분노한 시청자와 광고주들의 항의가 방송국에 빛발친다. 난리가 난 줄도 모르고 '전사들' 파티장에 간 로즈. 시중드는 사람 말고 아무도 없다. 로즈가 떠들면 자동반응기에서 박수가 터진다. 로즈는 마샤에게 전화해 안 오면 건물에서 뛰어내린다고 협박한다. 마샤는 외친다. "뛰어내려. 내 인생에서, 모든 사람 인생에서 꺼져!"

로즈가 혼자 떠드는 파티장에 걸린 플래카드에 자기 말이 적혀 있다. "보통 사람의 평범한 마음만큼 신뢰할 수 있는 건 없다." 로즈가 돌아오라고 외치지만 마샤는 그냥 가버린다. 모든 게 원점으로 돌아가고 말았다.

• 저널리스트의 관점 •

영화 시나리오는 소설가이자 각본가인 버드 슐버그Budd Schulberg(1914~2009)가 1953년 발표한 소설집 『군중 속의 얼굴들Some Faces in the Crowd』에 실린 단편 「당신의 아칸소 여행자Your Arkansas Traveler」를 바탕으로 썼다. 슐버그는 배우이자 신문 칼럼니스트인 윌 로저스Will Rogers(1879~1935)의 '오클라호마 카우보이'라는 대중적 이미지와 개인적 삶의 모습이 너무 대조적이라서 놀랐다. 슐버그는 어린 시절 학교 친구인 로저스 주니어(1911~1993)가 아버지를 욕하는 걸 직접 들었다.

로저스의 대중적 이미지는 소나 말을 잡을 때 쓰는 올가미 밧줄lasso을 잘 다루는 카우보이 복장을 한 전형적인 시골 사람이다. 하지만 실제로는 거대한 저택에서 은행가나 정치 브로커들과 교류하며 막강한 영향력을 행사하며 살았다. 체로키 인디언 출신인 로저스는 배우이자 카우보이, 유머 작가, 신문 칼럼니스트로 유명했다. 그의 신디케이트 칼럼 "윌 로저스 세즈Will Rogers Says"는 독자가 4000만 명이나 되었다.

영화의 주인공 로즈는 로저스보다 방송인 아서 고드프리Arthur Godfrey(1903~1983)와 닮은 점이 훨씬 많다. 고드프리는 작은 라디오 방송국 아나운서로 출발했다. 파격적인 편안한 스타일의 방송으로 인기를 얻어 1930년대부터 1950년대 중반까지 많은 라디오와 TV 프로그램을 진행하며 전성기를 누렸다. 전성기에 그는 CBS TV의 주간 프로 두 개와 90분짜리 일일 아침 쇼를 진행했다.

영화에 나오는 TV쇼에서 매트리스 광고를 풍자하는 장면은 고드프리의 실화에서 영감을 얻은 것이라고 한다. 고드프리는 로즈처럼 광고주나 상품을 소재로 웃기고 광고주가 만들어준 대본을 무시하거나 찢으면서 방송했다. 고드프리도 서민적인 분위기의 방송 진행으로 유명해졌다. 그는 ≪타임≫, ≪룩≫, ≪라이프≫ 등 주요 잡지에 나왔고 패션 연예 여성잡지 ≪코스모폴리탄≫ 표지에 처음 나온 남자로 기록되었다.

우쿨렐레를 직접 연주하며 노래하고 대본도 없이 즉흥 대사(애드리브)로 방송한 것도 로즈가 고드프리와 닮은 점. 그도 방송에서는 온화하고 편안한 이미지를 보였지만 실제로는 변덕스럽고 말도 심하게 하고 권위적이었다. 자기 프로에 출연해 유명해진 가수가 인기가 높아져 자기보다 팬레터를 많이 받자 프로그램에서 하차시켜 역풍을 맞았다. 여러 구설 때문에 고드프리 인기는 하락했다.

〈군중 속의 얼굴〉은 카잔 감독의 작품치고는 잘 알려지지 않았다. 개봉 당시 흥행에도 실패했다. 수많은 상을 받은 카잔이지만 이 영화로 받은 상은 알려진 게 없을 정도다. 〈신사협정〉(1947년), 〈세일즈맨의 죽음〉(1949년), 〈욕망이라는 이름의 전차〉(1951년), 〈워터프런트〉(1954년),

〈에덴의 동쪽〉(1955년), 〈초원의 빛〉(1961년). 영화 애호가는 다 알 만한 카잔 감독의 작품들이다.

이 영화가 나왔을 때만 해도 내용이 너무 과장되고 비현실적이라는 지적도 있었다고 한다. 미디어의 부정적 측면이 별로 알려지지 않았던 시대였기 때문이었을 것이다. 하지만 세월이 지나면서 재평가를 받은 영화로 꼽힌다. 최근에는 카잔 감독이 미디어를 통해 유명해진 셀럽 celebrity의 부정적인 영향력을 선견지명을 갖고 비판한 것이라는 평가도 있다.

특히 미국에서는 로즈와 닮은 대표적인 정치인이 도널드 트럼프 대통령이라는 말이 많았다. 트럼프는 2015년 대통령 후보가 되기 전에 NBC TV 리얼리티쇼인 〈수습사원The Apprentice〉 사회자로 유명해졌다. 그는 TV 해설, 라디오 토크 프로 진행, 영화 카메오 출연 등으로 '정치적 쇼맨'이 되었다. 그의 외모나 행동도 로즈를 많이 연상시키는 게 사실이다. 2017년 1월 20일 대통령 취임식 날 미국의 유료 영화 채널 TCM이 이 영화를 방영하자 트럼프를 의식했다는 추측이 많았다. TCM은 여주인공 마샤를 연기한 퍼트리샤 닐Patricia Neal(1926~2010)의 생일이 1월 20일이라고 해명했다.

미국에서 라디오 방송은 1921년, TV 방송은 1941년 시작되었다. 1950년대 미국 가정의 TV 수상기 보급률은 1950년 9퍼센트에서 1960년 87.1퍼센트로 급증했다. 한국의 TV 방송 시작은 이 영화가 나오기 1년 전인 1956년이다. 당시 한국의 TV 수상기는 300대가 안 되었다. 경제 수준에 비해 TV 수상기가 너무 비쌌기 때문이다. 그래서 서울 시내 22개 지역에 TV 32대를 설치해 길거리 시청을 할 수 있도록 했다. 한국의 가구당 TV 보급률은 1971년에 10퍼센트를 넘어섰다. 1957년 개봉한 이 영화는 본격적인 TV 시대를 앞두고 이미지의 막강한 영향력을 보여주면서 TV를 이용한 선동 정치와 포퓰리즘을 경고한 것이라는 평가가 있다.

각본을 쓴 슐버그나 카잔 감독은 대단한 선견지명을 갖고 있었던 것으로 보인다. 두 사람은 영화 제작에 앞서 뉴욕의 광고인과 워싱턴의 정치인을 만나 광고와 정치의 세계를 공부했다. 그런데 트럼프는 영화 속 로즈가 실패한 것과는 달리 2016년 선거 때 여러 스캔들에도 불구하고 추락하지 않고 대통령이 되었다. 카잔과 슐버그의 예상이 빗나간 걸까? 다른 각도에서, 유권자가 영화 속 시청자들처럼 현명하지 않았기 때문이라는 견해도 있다. 하지만 트럼프는 결국 2020년 선거에서 실패해 1900년 이후 여섯 번째 재선에 실패한 대통령이란 기록을 남기고 퇴장했다.

실력과 내공이 뒷받침되지 않은 채 벼락출세한 스타나 정치인은 항상 추락의 위험을 안고 산다. TV로 접하는 정치인이나 스타의 이미지와 그들의 실제 인간성이나 삶이 다른 경우는 흔하다. 오히려 다르지 않다면 이상할 것이다. 사람이 영화나 TV 드라마 속 사람들처럼 살아갈 수야 없으니까. 지금은 인터넷과 소셜네트워크서비스SNS 때문에 스타나 정치인의 실제 모습이 더 쉽게 노출될 수 있다. 인터넷 방송이나 SNS 활동으로 유명해졌다가 추락해 신세를 망치는 사례를 자주 보는 건 그 때문이다.

"대중은 실험용 돼지 같은 거야. 굿나잇, 멍청한 바보들. 굿나잇, 비참한 게으름뱅이들. 훈련된 물개처럼 내가 죽은 생선을 던져주면 지느러미를 퍼덕대지." 로즈를 추락시킨 망언이다.

"어차피 대중들은 개돼지입니다. 거 뭐 하러 개돼지들한테 신경을 쓰시고 그러십니까. 적당히 짖어대다가 알아서 조용해질 겁니다." 우민호 감독의 2015년 영화 〈내부자들〉에서 여론을 좌지우지한다는 ≪조국신문≫ 논설주간 이강희(백윤식 분)가 대기업 회장한테 한 말이다.

약 60년을 사이에 둔 두 사람의 대사가 어쩐지 비슷하지 않은가? 우 감독이 혹시 〈군중 속의 얼굴〉을? 설마.

존 도우를 찾아서

Meet John Doe, 1941

감독 프랭크 캐프라 | **출연** 게리 쿠퍼(존 도우), 바버라 스탠윅(앤 미첼), 제임스 글리슨(헨리 코넬), 에드워드 아널드(D.B. 노턴) | **상영 시간** 122분

해고 통고를 받은 신문사 칼럼니스트 앤 미첼이 타락한 사회에 경종을 울리기 위해 자살하겠다는 독자 존 도우의 편지를 조작한 마지막 칼럼을 쓴다. 파장이 커지자 신문 판매에 도움이 되었다고 앤은 해고를 면한다. 도우에 대한 관심이 너무 커지자 앤은 전직 야구선수를 도우로 변신시킨다. 도우는 폭발적인 인기를 누리며 중산층을 대표하는 스타가 된다. 도우는 자신을 이용하려는 정치 세력에 맞서다 거짓말쟁이로 몰린다. 도우는 진실을 폭로하기 위해 자살하려 하지만 앤의 사랑을 받아들이면서 영화는 해피엔딩으로 끝난다. 우연히 시작된 기사 조작과, 언론사 사주가 정치적 목적을 위해 언론을 이용하는 행위 등 언론 윤리 문제를 고민해 볼 수 있는 영화다.

• 시놉시스 •

〈존 도우를 찾아서〉 포스터.

노턴 사장이 1862년 창간된 신문 ≪불러틴≫을 인수해 ≪뉴불러틴≫으로 바꾸고 40명을 해고한다. 해고 통고를 받은 칼럼니스트 앤 미첼이 실업자 존 도우가 사회문제에 항의하기 위해 크리스마스이브에 시청 지붕에서 뛰어내려 자살하겠다는 편지를 보내왔다는 마지막 칼럼을 쓴다. 편집국장 헨리 코넬이 화끈한 칼럼을 요구해 앤이 편지를 조작한 것. 형편이 어려운 앤은 국장한테 주급을 깎아도 좋다며 사정했지만 거절당한다. 앤은 국장실 출입문 유리를 깨고 회사를 떠난다.

뜻밖에 칼럼이 파문을 일으키자 국장에게 불려간 앤은 편지를 조작했다고 말한다. 앤은 가짜 도우를 내세워 크리스마스까지 관심을 끌고 가자고 한다. 도우를 탐욕을 비롯한 모든 악에 저항하는 존재로 설정하면 관심을 끌 수 있다고 본 것. 앤은 편지가 조작되었다는 편지를 경쟁지에 보내면 1000달러는 받는다고 국장을 협박한다. 국장과 앤은 야구선수 출신 롱 존 윌러비와 존 도우 역할 대행을 계약한다. ≪뉴불러틴≫은 도우의 발언을 인용하는 형식으로 온갖 문제를 고발하고 부패한 정치 세력을 비판하는 기사를 매일 내보낸다. 신문 부수가 배로 늘어났다.

도우의 이용 가치를 아는 노턴은 앤에게 도우의 라디오 연설문을 써주게 한다. 앤에게 주급 100달러와 신용카드를 주고 국장 모르게 자신과 직거래하자고 요구한다. 연설문 작성 때문에 고민하던 앤에게 어머니는 '연설문 100개를 쓰고도 남을 내용이 들어 있다'며 죽은 남편의 일기장을 내준다.

도우는 라디오 프로 〈미트 존 도우 투나이트〉에서 앤이 써준 원고로 연설한다. 전국 순회 연설이 인기를 끌자 그의 주장을 실천할 '존 도우 클럽'이 전국에 2400개나 조직된다. 정당들은 '보통 사람의 영웅', '불의에 맞서는 중산층의 상징'으로 급부상한 도우에게 위협을 느낀다.

노턴은 도우의 인기를 이용해 정당을 만들기로 한다. 클럽 전국대회에서 도우가 노턴을 제3당 대통령 후보로 추천한다는 연설문도 준비한다. 앤에게 청혼하러 집에 찾아갔다가 허탕을 친 도우는 국장을 만나 노턴의 계획을 듣고 연설문도 본다.

노턴 집에 찾아간 도우는 "클럽을 당신 목적에 이용하려면 내 시체를 넘어가야 할 것"이라고 경고한다. 노턴은 "내가 돈 대서 클럽을 만들었다"라며 "너는 가짜다. 내가 증명할 수 있다. 존 도우 운동을 죽일 수도 있다"라고 협박한다. 도우는 "당신은 수백만 명을 조금 행복하게 만들고 수천 명이 전국에서 몰려오게 한 아이디어를 죽일 생각을 하고 있었다"라며 연설문을 찢어버린다. 도우가 "당신 라디오와 당신 힘으로 아무리 해도 못 막는다"라고 외치고 나간다. "존 도우는 가짜"라는 제목의 신문 호외가 뿌려진다.

도우가 클럽 전국대회에서 연설을 시작하자 노턴은 "존 도우가 성실하고 가치 있는 명분이라고 믿어서 도왔는데 가짜고 돈 받고 했다는 걸 알았다"라며 자살할 계획도 없었다고 폭로한다. 군중은 도우에게 야유를 퍼붓는다. 노턴은 앤과 국장을 감금하고 도우는 피신한다. 라디오는 존 도우 운동은 끝이라고 방송한다. 신문은 도우가 가짜였고 클럽은 해체되고 있다고 보도한다.

도우는 가짜 인생으로 유명해졌지만 자신의 진짜 목소리를 내기 위해 자살을 결심한다. 크리스마스이브에 시청 건물 옥탑에 노턴 일행이 기다린다. 시계가 자정을 알리고 도우가 나타나지 않자 노턴 일당이 옥탑을 내려가려는데 그 순간 도우가 등장한다.

"당신들이 존 도우 운동을 죽였지만 다시 살아나는 걸 볼 거요." 도우가 뛰어내리려 하자 앤이 나타나 만류한다. 지지자들까지 나타난 가운데 도우는 사랑을 고백한 앤을 안고 걸어가며 영화는 끝난다.

• 저널리스트의 관점 •

리처드 코넬이 1922년 ≪센추리매거진≫에 쓴 소설 『평판A Reputation』을 가지고 로버트 프레스넬 시니어가 스토리를 쓰고 로버트 리스킨이 각본을 만들고 프랭크 캐프라가 연출과 제작을 맡아 만든 영화다.

언론이 어떻게 이미지 메이킹으로 여론을 조작하고 대중을 속일 수 있는지를 무려 80년 전에 만든 이 영화는 보여준다. 국민의 교육 수준이 당시와는 비교할 수 없을 정도로 높아진 현대사회에서도 여론 조작이나 선전 선동은 여전하다. 오히려 여론 조작은 더욱 다양해진 언론과 막강한 인터넷 파워 때문에 더욱 기승을 부리고 있다고 보아야 할 것이다.

심지어 반복 작업을 자동화하는 컴퓨터 프로그램인 매크로를 이용한 인터넷 댓글 조작 수법까지 등장해 선거에도 큰 영향을 미치는 시대가 되었다. 그뿐만이 아니다. 여론 조작 전문가들은 대중의 심리를 움직일 수 있는 다양한 기술과 기법을 동원해 민의를 왜곡할 수 있다. 실제로 그렇게 하고 있다고 믿어도 무리가 아니다.

막강한 영향력을 가진 거대 포털을 통한 언론 통제와 여론 조작의 가능성도 우려된다. 정치권력이 각 언론사를 직접 상대할 필요도 없다. 포털을 통한 간접 통제만으로도 언론 장악이 일정 수준 가능하다고 믿는 사람이 많다. 포털은 인공지능AI 알고리즘으로 뉴스 추천을 받고 편집하기 때문에 사람이 개입할 여지가 없다고 주장한다. 이를 믿지 못한다는 사람들은 '그 AI 알고리즘을 만드는 것이 바로 사람'이라고 반박한다. 전문가들도 알고리즘을 설계할 때 설계자의 의도가 반영될 수 있어서 사람이 관여하는 게 절대로 불가능하지 않다고 말한다.

전문적인 기술 문제는 필자가 판단할 수 있는 영역이 아님을 인정한다. 다만 합리적 의심을 해본다. 인간이 개입할 여지가 없다면 포털의 부사장까지 한 전문가인 여당 국회의원은 왜 포털의 모회사에 뉴스 편집에 대한 불만을 전달했을까? 왜 포털 책임자를 국회에 들어오라고 했을까?

이 영화에서는 앤이 써준 원고 덕분에 도우의 연설이 인기를 얻으면서 전국에 2400개의 '존 도우 클럽'이 조직된다. 이 클럽은 20년 전에 국내에 등장한 정치인 팬클럽인 '노사모'나 '박사모'의 원조라고 할 수도 있을 것이다. 영화 속 '존 도우 신드롬', '존 도우 붐'은 현재 대한민국에서 벌어지는 '팬덤 정치'를 연상시킨다. 이 영화는 무려 80년 전에 나왔다.

미국의 유명한 기사 조작·표절 사건

재닛 쿡의 "지미의 세계" 조작 사건

"지미의 세계Jimmy's World"는 1980년 9월 28일 ≪워싱턴포스트≫ 1면에 실린 재닛 쿡Janet Cooke(1954~) 기자의 기사 제목이다. 이 기사가 퓰리처상 수상작으로 뽑혔다가 취소된 사건은 기사 조작fabrication의 원조로 꼽힌다.

기사는 미국의 수도 워싱턴 D.C. 남동부 지역에 엄마 안드레아와 마약 소매상인 엄마 애인 론과 동거하는 여덟 살 흑인 소년 지미가 어떻게 마약 중독자가 되었는지, 그의 일상과 생각 등을 르포 스타일로 실감나게 보여준다. 쿡 기자가 지미의 집에 찾아가서 인터뷰한 내용이 기사의 시작과 중간 그리고 마지막에 나올 정도로 큰 비중을 차지하고 있다. 거기에 마약 중독자들의 소굴 같은 집도 곳곳에 카메라를 들이댄 것처럼 잘 그려냈다.

기사는 지미를 마약 중독의 심각성을 보여주는 상징적인 사례로 제시했다. 10대의 마약 중독 실태와 원인, 그들의 일상과 꿈, 마약 밀거래 실태도 잘 보여주었다. 특히 쿡 기자의 감각적인 글솜씨가 돋보였다. 지미는 안드레아가 자기 엄마의 동거남에게 강간당해 낳은 사생아. 안드레아는 하루 60달러의 마약 비용을 성매매와 소매치기로 벌다 론을 만나 동거하고 있다.

기사에는 연방마약수사국, 대학 약물남용연구소, 국립약물남용연구소의 관계자와 마약 전문 의사, 지역 사회사업가 등 다섯 명의 실명 코멘트도 나온다. 기사는 기획 의도와 구성, 내용 등 모든 면에서 부족할 게 없을 정도로 완벽했다. '포스트'가 이 기사를 퓰리처상 후보로 추천해 1981년 퓰리처상 기획 보도 부문 수상작으로 선정된 걸 이해할 만했다. 단 하나 결정적인 문제는 기사의 핵심인 주인공 지미가 실존하지 않는 가공의 인물이었다는 사실이다. 지미가 빠지면 기사 자체가 성립하기 어려울 만큼 지미가 차지하는 부분은 절대적이다.

기사가 던진 충격은 대단했다. 워싱턴 시장과 경찰, 보건 당국이 지미를 마약 소굴에서 구출해야 한다며 나섰다. 지미의 소재를 알려주는 제보자에게 포상금 1만 달러가 걸렸다. 경찰은 쿡 기자와 그의 취재 노트에 소환장을 발부하겠다고 압박했다. '포스트'는 미국 수정헌법 제1조를 내세워 취재원의 이름과 거처를 공개하지 않았다. 공개하고 싶어도 공개할 수 없다는 건 쿡 기자만의 비밀이었다.

사건은 엉뚱한 곳에서 터졌다. 1981년 4월 13일 쿡 기자가 퓰리처상 수상자로 선정된 것이 발단이었다. AP는 퓰리처상 위원회가 배포한 자료로 쿡의 프로필 기사를 썼다. 그 자료는 쿡이 제출한 것이었다. 거기에는 쿡이 명문 여대인 배서대를 우등으로 졸업하고 털리도대 대학원에서 석사 학위를 받았으며 파리 소르본대를 다녔다고 되어 있었다. 프랑스어, 스페인어, 포르투갈어, 이탈리아어를 한다는 내용도 들어 있었다. 그런데 쿡이 한때 근무한 ≪털리도블레이드The Toledo Blade≫는 인사부 자료를 근거로 쿡이 배서대에 1년만 다녔고 털리도대를 졸업했다고 썼다. 할 줄 아는 외국어도 프랑스어와 이탈리아어뿐이었다. '포스트'

는 배서대와 AP의 문의 전화를 받고서야 사태의 심각성을 알게 되었다.

'포스트'의 조사 결과, 쿡의 경력은 엉터리였고 지미는 실존 인물이 아니었다. 기사를 쓰기 위해 만든 가상 인물이었다. '포스트'는 4월 16일 자에 기사가 조작되었다는 것과 쿡의 사과문을 실었다. 이어 19일 자에는 1면을 포함한 5개 면에 걸쳐 윌리엄 그린William Green(1924~2016) 옴부즈맨이 작성한 조사 보고서를 공개했다. 그린은 다른 기업에서는 품질 관리quality control, 신문사에서는 편집editing이라는 시스템의 실패가 문제의 원인이라고 결론지었다. 그는 19일 자 기사 리드에 "편집자들이 자랑하는 직업적 회의주의professional skepticism를 포기했다"라고 지적했다. 벤 브래들리 편집국장은 이 사건을 자신이 영원히 지고 가야 할 십자가라고 회고록에 썼다.

사실 "지미의 세계"가 처음 보도되었을 때 '포스트' 일부 기자는 브래들리 국장에게 기사 내용이 의심스럽다고 말했다. 밑바닥 사정에 밝은 흑인 기자 코틀랜드 밀로이Courtland Milloy는 쿡을 자기 차에 태우고 지미의 집을 찾아 나섰다. 쿡이 못 찾겠다고 하자 부장에게 보고까지 했다. 이를 질투심 때문이라고 본 사람도 있었다.

쿡은 야심가였다. 친구에게 '3년 내로 퓰리처상을 받고 3~5년 후에 전국부로 가겠다'고 말했을 정도다. 맹목적이며 설익은 야심을 가졌지만 능력은 있다는 평을 들었다. 기자로 일한 첫 8개월 동안 52건의 기사를 썼으니 얼마나 열심히 했는지 알 만하다.

쿡은 피부에 궤양을 일으킬 정도로 강력한 신종 마약이 돌고 있다는 걸 취재하라는 지시를 받았다. 2주 동안 100여 명을 인터뷰하고 쓴 취재 노트가 145쪽이나 되었다. 쿡이 밀턴 콜먼Milton Coleman 부장과 얘기하다가 8세 마약 중독자 얘기를 했다. 콜먼은 "그게 기사야. 추적해, 1면에 나갈 기사야"라고 말해주었다. 그렇게 취재가 시작되었다. 3주 후 쿡은 콜먼에게 아이를 찾았고 엄마와도 얘기했다고 보고했다.

하지만 모두 거짓이었다. 결국 쿡은 지미가 없다고 실토하고 사표를 냈다. 쿡은 1982년 〈필 도나휴 쇼〉와 1996년 잡지 ≪GQ≫ 인터뷰를 통해 사과했다. "지미의 세계" 스토리는 영화사 트라이스타Tri Star가 160만 달러를 주고 판권을 샀지만 영화는 제작하지 않았다.

필자가 과거 어느 선배한테 들은 말이 생각난다. "기사가 너무 완벽하면 일단 의심하는 게 좋다." 세상에 너무 완벽한 것은 존재하기 어렵다. 그래서 너무 완벽한 건 조심하라고 한 것이다. 그런데 뛰어난 사기꾼은 그런 것까지 알고 대비한다. ≪뉴리퍼블릭≫ 기사 조작 사건의 장본인 스티븐 글래스는 기사에 일부러 틀린 걸 넣어두고 팩트체커들이 그걸 찾아내 만족하도록 했다고 한다.

제이슨 블레어의 기사 조작·표절 사건

제이슨 블레어Jason Blair(1976~) 기자는 2003년 5월 기사 조작 및 표절plagiarism 사건으로 ≪뉴욕타임스≫를 떠났다. 당시 27세. 메릴랜드대 출신으로 대학 시절 흑인으로는 두 번째 학생신문 편집장을 지냈다. 1999년부터 '타임스' 기자로 일했다. 사건은 텍사스주 샌안토니오에서 발행되는 ≪샌안토니오익스프레스뉴스≫ 차장이 2003년 4월 18일 자 자기 신문 기사와 4월 26일 자 블레어 기사가 유사하다고 '타임스'에 연락해서 불거졌다.

'타임스'가 블레어의 기사들을 조사한 결과, 수많은 조작과 표절 사례가 드러났다. 블레어는 다른 신문과 통신 기사에서 코멘트나 인용문을 표절하고 가지도 않은 곳에 갔다고 썼다. 만나지 않은 사람을 만났다고 쓴 적도 있는 것으로 확인되었다. 결국 블레어는 5월 1일 사직했다.

'타임스'는 2002년 10월 이후 쓴 73건의 기사 중 최소한 36건에 문제가 있었다는 중간 조사 결과를 5월 11일 자 1면에 보도했다. 기사는 "(블레어의) 광범위한 조작과 표절은 신뢰에 대한 심각한 배신이며 152년 ≪뉴욕타임스≫ 역사에서 최악을 보여주었다"라고 밝혔다. 블레어는 평소 실수가 잦았고 행동이 프로답지 않아서 2002년 4월 조너선 랜드먼Jonathan Landman 부장이 블레어가 기사를 쓰지 못하게 해야 한다고 회사에 요구하기도 했었다. 그는 신문사를 떠난 뒤 우울증 치료를 받았고 2004년에 회고록 『주인집 불태우기Burning Down My Master's House』를 출판했다.

잭 켈리의 기사 조작·표절 사건

잭 켈리Jack Kelley ≪USA 투데이≫ 기자는 다섯 번이나 퓰리처상 후보에 올랐고 20년 동안 해외 특파원을 한 스타 기자였다. 2004년 그가 쓴 기사의 진위 논란이 벌어지자 '투데이'는 조사에 들어갔다. 쿠바, 이스라엘, 세르비아에도 기자를 보내고 심지어 외국 호텔에 찾아가 켈리가 기사를 쓸 때 현지에 있었는지도 확인했다.

켈리는 2004년 1월 혐의를 부인하면서도 사표를 냈다. 크레이그 문Craig Moon 발행인은 1999년 7월 유고슬라비아군이 코소보 주민을 소탕하라고 명령했다는 문서를 보도한 기사에 대해 사과했다. 2004년 4월

선임 부장 캐런 유겐슨Karen Jurgensen과 뉴스 담당 부국장 핼 리터Hal Ritter도 물러났다.

조사팀은 2004년 2월부터 7주 동안 켈리가 1993년부터 2003년까지 쓴 기사 720여 건을 조사했다. '투데이'는 2004년 3월 19일 최소한 기사 8건의 중요한 부분이 조작되었고 약 20개의 인용문과 자료가 경쟁 출판물에서 표절되었다는 조사 결과를 보도했다. 조작된 기사 중에는 2002년 퓰리처상 최종 후보에 들어간 기사도 있었다.

가장 유명한 조작 기사는 보트로 쿠바를 탈출하다가 죽었다는 여성에 관한 기사였다. 켈리는 2000년 2월 쿠바에 다녀온 뒤 쿠바 여성 야켈린Yacqueline이 2월 4일 자기 딸과 다른 네 명의 난민과 함께 배를 타고 쿠바를 탈출하는 걸 목격했는데 다음 날 폭풍에 배가 침몰해 죽었다는 기사를 써서 '투데이' 1면에 실렸다. 야켈린이 죽기 며칠 전에 켈리가 직접 찍었다는 사진도 실렸다.

조사 결과, 켈리가 찍은 사진 속 여자는 쿠바 아바나호텔 여종업원 야미레트 페르난데스Yamilet Fernandez였다. 켈리가 기사에서 죽었다고 한 야켈린은 2003년 합법적으로 미국에 이민 와서 결혼하고 멀쩡히 살아 있었다. 배가 침몰했다는 그날, 폭풍도 없었던 것으로 확인되었다. 배가 희미한 초승달 빛을 이용해 출발했다는 오전 5시에 달은 뜨지도 않았다. 켈리가 그날 비행기를 타고 멕시코 칸쿤으로 간 시간 등을 고려할 때 켈리는 그날 어떤 난민 탈출도 목격할 수 없었다고 조사팀은 결론지었다. 켈리는 자신이 쿠바에서 감금되었고 감금된 빌라의 정문에 높이 9미터짜리 AK-47 총 조각이 있었다고 기사에 썼다. 조사 결과, 그런 조각품도 없었고 켈리는 감금되지도 않은 것으로 드러났다.

04

언론 자유·국가안보·내부 고발

더 포스트

충격과 공포

시티즌포

위 스틸 시크릿: 더 스토리 오브 위키리크스

오피셜 시크릿

인사이더

미국의 내부 고발자들

더 포스트

The Post, 2017

감독 스티븐 스필버그 | **각본** 리즈 해나, 조시 싱어 | **출연** 메릴 스트리프(캐서린 그레이엄), 톰 행크스(벤 브래들리), 매슈 리스(대니얼 엘스버그), 브루스 그린우드(로버트 맥너마라) | **상영 시간** 117분

1971년 베트남전에 관한 미국 국방부 기밀문서인 펜타곤 페이퍼Pentagon Papers의 보도 사건을 다룬 영화다. 20세기 미국의 대표적인 여성 신문 발행인인 ≪워싱턴포스트≫ 캐서린 그레이엄과 벤 브래들리 편집국장의 관계와 펜타곤 페이퍼를 보도하게 된 전말을 주로 다루었다. 그레이엄의 개인 스토리도 꽤 비중을 차지하고 있다. 그레이엄은 1997년 자서전 *Personal History*를 출판해 1998년 퓰리처상을 받았다. 한국에서는 중앙일보사가 1997년 『캐서린 그레이엄 자서전: 워싱턴포스트와 나의 80년』이라는 제목으로 번역 출판했다. 브래들리 자서전(1995년) *A Good Life*는 프레시안북이 2009년 『≪워싱턴포스트≫ 만들기』라는 제목으로 번역 출판했다. 이 두 자서전을 바탕으로 리즈 해나와 조시 싱어가 영화의 각본을 썼다. 싱어는 가톨릭 신부들의 아동

성 학대 사건에 대한 ≪보스턴글로브≫의 특종 보도를 다룬 영화 〈스포트라이트〉의 각본으로 2016년 아카데미상을 받았다.

• 시놉시스 •

〈더 포스트〉 포스터.

1966년 베트남에서 군사작전을 참관한 군사 분석가 대니얼 엘스버그는 귀국하는 비행기에서 로버트 맥너마라 국방장관(1961년 1월~1968년 2월)에게 '전쟁이 완전 교착상태라는 데 충격을 받았다'고 보고한다. 장관은 "10만 명을 추가 파병했는데 호전의 기미가 없다면 사실상 악화한 거지"라고 맞장구친다. 그러나 워싱턴에 도착한 장관은 기자들에게 "지난 1년간 우리 군이 거둔 성과가 기대 이상이라고 말하고 싶습니다. 제가 본 베트남 상황은 고무적이에요"라고 거짓말을 한다. 그걸 들은 엘스버그는 실망한다.

몇 년 후 엘스버그는 군사안보 전문 싱크탱크인 랜드연구소Rand Corporation에서 47권의 1급 기밀문서를 빼내 복사본을 만든다. 펜타곤 페이퍼라는 약 8300쪽 분량의 보고서는 1967년 여름부터 1968년 말까지 엘스버그도 참가한 국방부 장관실 베트남 태스크포스가 작성했다. 해리 트루먼부터 린든 존슨까지 미국 역대 정부의 베트남전 관련 정책 결정 과정 등이 담겼다. 보고서 원제목은 "United States-Vietnam Relations 1945-1967미-베트남 관계 1945-1967".

1971년 워싱턴포스트사는 주식 135만 주를 상장하기로 한다. 그레이엄 발행인은 신문사 수익은 기사 수준에 달렸다며 신문사를 성장시키려면 주식 공개가 필요하다고 판단했다. 당시 닉슨 대통령의 백악관과 '포스트'는 냉전 중. 대통령비서실장이 그레이엄에게 출입기자의 대통령 딸 결혼식 취재를 금지했다고 통보한다. 그레이엄은 브래들리 국장과 조찬을 하며 대통령 딸 결혼 기사에 관해 말한다. 브래들리는 신문 제작에 관한 권한은 자신에게 있다며 조금도 양보하지 않는다.

1971년 6월 13일 자 ≪뉴욕타임스≫에 대형 특종이 터진다. 닐 시핸Neil Sheehan 기자가 쓴 '국방부 보고서로 본 미국의 베트남 군사개입 확대 과정 30년'에 관한 기사가 1면부터 6개 면에 실렸다. '포스트' 1면에는 큼지막한 대통령 딸 결혼사진이 실려 대조를 이루었다. 브래들리는 "백악관이 30년 동안 해온 베트남전 관련 거짓말을 집대성한 보고서"라며 보고서를 구하라고 지시한다.

그레이엄 부부는 맥너마라, 존 F. 케네디, 린든 존슨과 잘 아는 사이. 인간적 고민이 있을 수 있다. 국장은 맥너마라한테 보고서 사본을 구해볼 것을 그레이엄에게 부탁한다. 그레이엄은 거절한다. "맥너마라가 오랜 친구지만 내가 기사를 어떻게 쓰라고 국장한테 말하지 않는 것처럼 문서를 달라고 하지도 않겠어요." 국장이 '우리 독자에 대한 의무는 어떻게 할 거냐'고 묻자 그레이엄은 국장이 케네디와 막역한 사이였던 걸 거론한다. 두 사람은 언론 사주나 기자의 정치인이나 고위 관료와의 사적 관계가 신문 제작에 어떤 영향을 미칠 수 있는지를 엿볼 수 있는 대화를 격의 없이 나눈다.

뉴욕의 연방지방법원은 법무부가 '타임스'를 상대로 신청한 추가 보도 중지를 받아들인다. 사전 검열에 해당하는 보도 중지 결정은 미국 역사상 초유의 일. '타임스'는 일단 보도를 중단하고 항소한다. 그 사이에 '포스트'는 벤 백디키언 전국부장이 엘스버그를 찾아내 보고서 사본을 확보한다. 다음 날 비행기 1등석에 싣고 온 4000여 쪽의 문서가 국장 집에 도착한다. '타임스'가 분석과 기사 작성에 3개월 걸린 작업을 '포스트'는 약 10시간 만에 끝내기로 한다.

그레이엄은 맥너마라를 찾아가 의견을 듣는다. 맥너마라는 '보고서는 후대 학자들을 위한 자료로 만든 것'이라며 '균형 잡힌 시각으로 읽힐 수 있을 때까지 공개되지 않는 편이 낫다'고 설득한다. "닉슨은 대통령 권력을 총동원해 당신 신문을 끝장낼 방법을 반드시 찾아낼 것"이라고 경고도 한다.

국장 집 서재에서 기자들이 정신없이 보고서 분석 및 기사 작성 작업을 한다. 거실과 식탁에서는 국장과 간부들, 변호사, 회사 이사들이 법적 문제, 주식 공모와 경영에 미칠 영향, 국민의 알 권리와 언론 자유를 놓고 격론을 벌인다.

변호사들은 간첩법 위반이라며 반대한다. 프리츠 비비Fritz Beebe(1914~1973) 이사회 의장도 주식 공모에 문제가 생기고 TV 방송국도 위험해질 수 있다고 가세한다. 유죄판결을 받으면 '포스트'가 사라질 수 있다고도 한다. 국장은 반박한다. "정부가 신문 기사까지 정해주는 세상이 된다면 우리가 아는 '포스트'는 사라진 거나 다름없습니다. 신문 발행의 자유를 지킬 방법은 발행하는 것뿐입니다."

퇴직하는 임원 송별 파티를 하던 그레이엄은 국장, 프리츠 의장, 아서 파슨스 고문, 기자와 전화로 의논하고 결단을 내린다. "합시다. 내버려요. 기사 내요."

신문이 나오자 법무부는 '포스트'를 고발한다. 추가 보도를 막기 위한 정부 대 '타임스'와 '포스트'의 재판은 연방대법원까지 간다. 재판이 진행되는 동안 보고서를 입수한 《보스턴글로브》 등 신문들은 잇따라 보도하면서 언론 자유를 위한 연대를 과시한다.

대법원은 국민의 알 권리를 주장한 신문사들의 손을 들어준다. "건국의 아버지들은 우리 민주주의의 중요한 역할을 위해 언론 자유를 보장했다. 언론은 통치자가 아닌 국민을 섬겨야 한다." 전화로 판결문을 전해 들은 '포스트' 편집국에서 환호가 터진다.

윤전기가 다시 돌아간다. 그레이엄은 "대법원이 6 대 3으로 언론에 승소 판결을 했다"는 1면 톱기사가 실린 1971년 7월 1일 자 신문을 제작하는 현장에서 국장에게 말한다. "남편은 뉴스를 역사의 초고라고 말했어요. 우리가 항상 옳을 수는 없고 항상 완벽한 것도 아니지만 계속 써나가는 거죠. 그게 우리 일이니까, 그렇죠?" 그레이엄은 남편이 자살하는 바람에 1963년 46세에 발행인이 되었다.

닉슨은 백악관에서 이렇게 지시한다. "'포스트' 기자는 한 명도 백악관에 들이지 말아요. 종교 행사도, 영부인 취재도 안 됩니다." 이어 워싱턴의 워터게이트빌딩 내 민주당전국위원회 사무실에 괴한들이 침입한 장면을 보여주면서 영화는 막을 내린다.

• 저널리스트의 관점 •

이 영화에는 신문사 사주인 발행인과 편집국장의 관계를 보여주는 내용이 많이 나온다. 그레이엄(1917~2001)과 브래들리(1921~2014)는 명콤비로 유명하다. 그레이엄은 1877년 창간된 '포스트'를 1933년 82만 5000달러에 경매로 인수한 유대인 유진 마이어Eugene Meyer(1875~1959)의 1남 4녀 중 셋째 딸. 마이어는 세계은행WB 총재와 미국 연방준비제도이사회FRB 의장을 지낸 금융인 출신 백만장자. 1940년 그레이엄과 결혼한 필 그레이엄Phil Graham(1915~1963)은 1946년 '포스트'를 물려받아 발행인이 되었지만 정신병 때문에 자살했다.

졸지에 '포스트' 경영을 맡은 그레이엄은 1965년 당시 ≪뉴스위크≫ 워싱턴 지국장이던 브래들리를 '포스트' 부국장에 기용한다. 브래들리는 1991년까지 23년 동안 국장을 맡아 '포스트'를 삼류 지방신문에서 미국을 대표하는 신문의 하나로 만든 전설적인 국장이다. 브래들리와 그레이엄이 파트너십을 발휘해 크게 성공한 첫 작품이 바로 펜타곤 페이퍼 보도 사건. 1년 뒤인 1972년 6월 시작된 워터게이트 사건 보도를 통해 '포스트'는 위상을 확고히 한다.

브래들리는 1948년 12월 24일 주급 80달러에 '포스트'에 입사해 2년 반 동안 기자로 일했다. 그는 1951년 파리 주재 미국대사관 공보관으로 변신했다. 1954년 ≪뉴스위크≫ 유럽 특파원으로 언론에 돌아온 그는 1957년 워싱턴 지국으로 옮긴다. 그리고 1961년 ≪뉴스위크≫가 워싱턴포스트사에 인수된 뒤 워싱턴 지국장으로 있다가 1965년 14년 만에 '포스트'에 부국장으로 컴백했다. 당시 '포스트'의 편집국 1년 예산은 400만 달러였는데 ≪뉴욕타임스≫는 2000만 달러였을 정도로 두 신문의 격차는 컸다.

영화에서 그레이엄과 브래들리는 종종 솔직한 대화를 나누지만 각별한 신뢰와 협조 관계를 유지한다. 두 사람이 레스토랑에서 넉슨 대통령 딸 결혼 관련 기사를 놓고 나눈 대화를 보자.

그레이엄 사교 행사 기사 논조가 가끔 너무 날카로워요. 여성들이 좋아하는 주제에 좀 더 집중하면….

브래들리 기사 논조는 내가 알아서 해요. 당신이 신문사 사주고 내 보스니까 조언은 환영합니다. 이미 세 번이나 들어드렸잖아요. 백악관과의 냉전을 해결할 방법이 있을 것도 같아서요. 주디스 말고 다른 기자를 보내면 절대 안 돼요. 다른 기자 안 보냅니다.

그레이엄 대단한 기사도 아니고 그냥 결혼식이잖아요.

브래들리 그냥 결혼식이 아니에요. 미국 대통령 딸 결혼식이라고요. 정부가 우리 보도 내용이 마음에 안 든다고 우리 기사에 간섭하게 두면 안 되죠.

그레이엄 ≪뉴욕타임스≫ 편집장은 결혼 기사쯤 누가 쓰든 상관 안 할 텐데.

브래들리 ≪뉴욕타임스≫가 뭘 상관하건 말건 쥐똥만큼도 관심 없어요. 사실 쥐똥만큼은 있어요. 미토콘드리아만 한 쥐의 똥만큼요.

둘의 대화는 각이 선 듯하지만 농담과 함께 웃음으로 끝난다. 브래들리가 그레이엄에게 맥너마라 장관에게 펜타곤 페이퍼 사본을 부탁해 보라고 했다가 다소 껄끄러운 분위기에서 대화하는 장면도 흥미롭다.

브래들리 (그레이엄과 맥너마라의 관계를 이해한다면서) 그럼 우리 신문과 독자에 대한 의무는요?

그레이엄 당신이 케네디와 어울릴 때는 그런 생각 안 들었나요? (브래들리와 케네디는 가까운 친구 사이였다.) 당신이 특별히 케네디를 몰아붙인 기억은 없네요.

브래들리 필요할 땐 비판했어요. 할 말 못 한 적도 없고요.

그레이엄 그래요? 매주 백악관에 저녁 초대받고 캠프데이비드 대통령 별장에서 휴가도 함께 보내고 대통령 요트에서 만취해서 생일 파티도 했잖아요. 할 말 다 하고도 그런 초대를 받았다는 게 쉽게 믿기질 않네요.

기자가 정치인이나 고위 관료, 기업인 등 취재원들과 가까이 지내다 인간적으로도 가까워지면 난감해질 수 있다. 취재원에게 불리한 기사를 취재하거나 기사를 쓰면서 인간적으로 괴로울 수 있다. 공과 사를 가리면 된다고 하겠지만 사안에 따라 고민이 될 때도 있다.

영화에서 발행인과 국장이 그런 문제를 놓고 이 정도로 솔직하게 대화하는 것만으로도 충분히 인상적이었다. 한국에서는 기자가 사주는 물론 광고주나 상급자의 인간관계까지 헤아려서 기사를 적당히 쓰는 경우가 없다고 말할 수 있을까?

영화에서 '포스트' 기자들이 약 10시간 만에 4000쪽이 넘는 보고서를 읽고 분석하고 기사까지 쓰는 장면은 인상적이다. 물론 그 시간에 얼마나 책임 있는 기사를 쓸 수 있을까 걱정도 되었다.

기자들은 마감시간의 압박을 받을 때 초능력을 발휘하는 경우가 있다. 데드라인의 압박을 받으며 일하는 게 일상이 되면, 마감까지 시간이 많이 남아 있으면 오히려 기사가 안 써질 때도 있다. 마감시간에 늦지만 않는다면 최대한 많이 취재하고 팩트를 확인하고 다양한 측면을 따져본 뒤 기사 작성에 들어가는 것도 나쁘지는 않다.

데드라인은 1860년대 초 미국 남북전쟁 당시 포로수용소에서 넘어가면 사살하도록 그어놓은 선에서 유래했다고 한다. 기자에게 데드라인은 절대 넘겨서는 안 되는 시간이다. 현실에서는 데드라인을 넘기는 기자가 많다. 그래서 마감시간을 전후해 편집국에는 엄청난 양의 기사가 쏟아져 들어온다. 모두가 팽팽한 긴장 속에 집중력을 최대한 발휘하며 일한다.

영화에서 또 인상적인 것으로는 발행인, 국장, 편집국 간부, 변호사, 이사 등이 모두 각자의 영역에서 솔직하고 책임 있는 의견을 제시하고 토론하는 내용이었다. 한국 언론사에서 같은 상황이 벌어졌다면 어땠을까? 사주나 발행인의 눈치부터 살피는 편집 간부들, 권력의 풍향을 의식하고 움직이는 사주나 발행인, 노조를 중심으로 자신들의 주장을 관철하기 위해 움직이는 기자들, 신문 판매나 광고에 미칠 영향을 따지는 광고 판매 책임자들. 다양한 움직임이 있겠지만 사주나 발행인의 영향력이 가장 큰 게 한국 언론의 현실일 것이다.

닉슨은 처음에는 펜타곤 페이퍼의 보도를 중지시킬 생각이 없었다. 보고서 내용이 대부분 과거 정부 때 일이었기 때문이다. 그러나 헨리 키신저 국가안보 보좌관은 대통령이 나약하게 보이고 미국에 대한 외국 정부의 신뢰에 문제가 생길 수 있다는 이유를 들어 중지시켜야 한다고 주장했다. 결국 법무부가 추가 보도를 막으려고 했지만 실패했다.

펜타곤 페이퍼 사건은 미국에서 국가안보와 언론 자유에 관한 역사적 판례를 낳았다. 1971년 6월 30일 연방대법관 아홉 명이 6 대 3으로 내린 판결의 다수 의견은 민주주의를 유지하기 위해서는 언론 자유가 필수적이라는 것, 민주주의를 희생시키면서 군사 외교 비밀을 지키는 것은 안보에 도움이 되지 않는다는 것, 정부가 펜타곤 페이퍼의 사전 보도 제한prior restraint을 위해 보도가 국가안보에 즉각적이며 복구 불가능한 손해를 끼친다는 것을 입증하지 못했다는 것 등이었다.

이 판결은 이후 미국 언론이 각종 비밀정보를 보도하는 기준이 되었다. 미국에서는 비밀정보를 훔치거나 유출한 사람은 처벌할 수 있지만 언론 보도에는 사실상 제한이 없는 셈이다.

영화 마지막에 워터게이트 건물 내 민주당전국위원회 사무실 침입 장면이 나온다. 워터게이트 사건이 펜타곤 페이퍼 보도 사건과 연결되어 있기 때문이다.

펜타곤 페이퍼 사건은 국방부 기밀문서 유출이 발단이 되었다. 당시 이 문서뿐만 아니라 백악관을 비롯한 정부 곳곳에서 민감한 정보가 언론에 유출되었다. 닉슨은 정보를 유출한 범인을 찾아내 추가 유출을 막으라고 지시했다. 이를 위해 백악관에 생긴 특별조사팀SIU이 '더 플러머스The Plumbers'였다. 플러머plumber는 배관공을 뜻하지만 여기서는 '기밀 누설을 막는 사람'이란 뜻이다.

더 플러머스는 기밀문서인 펜타곤 페이퍼를 빼내 언론에 제공한 엘스버그의 신뢰를 떨어뜨리기 위해 그의 정신과 의사 루이스 필딩의 사무실에 불법 침입해 파일을 뒤졌다. 국가안보를 명분으로 저지른 짓이다. 백악관에서 닉슨대통령재선위원회CRP로 소속이 바뀐 더 플러머스 후속팀은 CRP를 위한 불법 활동을 벌였다. 1972년 6월 17일 워터게이트빌딩 내 민주당전국위원회 사무실에 침입한 범인들이 바로 이 팀 소속이었다.

한편 엘스버그는 펜타곤 페이퍼 유출을 공모한 앤서니 루소Anthony Russo(1936~2008)와 함께 1971년 12월 29일 간첩법 위반, 절도 등 15개 혐의로 기소되었다. 그러나 1973년 5월 11일 매슈 번Matthew Byrne 판사는 이들에 대한 기소를 모두 기각했다. 워터게이트 수사 과정에서 엘스버그를 겨냥한 정부의 불법 행위들이 드러났기 때문이다. 닉슨은 워터게이트 사건 발생 26개월 뒤 탄핵 위기에 몰리자 사임했다. 그 워터게이트 사건을 다룬 영화가 〈모두가 대통령의 사람들〉이다.

• 팩트체크 •

〈더 포스트〉는 실화를 바탕으로 한 다큐멘터리 같은 영화지만 사실과 다른 내용이 많이 들어가 있다.

영화 마지막에 대법원이 펜타곤 페이퍼를 보도하도록 판결한 뒤 닉슨이 '≪워싱턴포스트≫ 기자는 한 명도 백악관에 들어오지 못하게 하라'고 지시하는 장면이 나온다(01:48:25-01:49:03). 이어 워터게이트 사건의 시작(1972년 6월 17일)에 해당하는 장면을 보여준다. 그렇다면 닉슨이 그런 지시를 한 시기는 1971년 7월부터 1972년 6월 사이가 된다.

이는 사실이 아니다. 영화에 나온 닉슨의 음성은 1972년 12월 11일 론 지글러 백악관 대변인에게 지시하는 걸 녹음한 것이다. 지시 내용은 닉슨을 사임하게 만든 스모킹 건이 된 백악관 녹음테이프를 조금 편집해서 들려준 것이다. 닉슨은 1972년 11월 7일 재선에 성공한 뒤 워터게이트 사건을 집요하게 보도한 '포스트'의 기자들이 기자회견을 제외한 모든 백악관 취재를 못 하도록 지시했다. 펜타곤 페이퍼 보도 때문이 아니었다.

영화에는 아서 파슨스 이사가 그레이엄을 무시하는 듯한 발언을 한 게 나온다(00:23:20-00:24:20). "여성 발행인이라 주식 매수자들이 망설이는 겁니다. … 캐서린은 사교계에선 훌륭하지만 그녀 아버지도 사위한

테 회사를 물려줬다가 그 사위가 죽는 바람에 그녀가 사주가 된 거고. 오해하지 말아요, 물론 좋은 여자지." 그는 브래들리에 대해서도 비판적이고 시종일관 펜타곤 페이퍼를 보도하는 걸 반대하는 역할로 나온다.

하지만 실제로 '포스트'에 파슨스라는 인물은 없었다. 그레이엄이 여성이라서 발행인 자격이 없다고 생각한 사람과 펜타곤 페이퍼를 보도하지 말아야 한다고 주장한 사람들의 의견을 반영하기 위해 설정한 가공의 인물이다.

영화에는 브래들리 국장이 인턴을 ≪뉴욕타임스≫에 보내 닐 시핸(1936~2021) 기자가 뭘 쓰는지 염탐해 오도록 한다. 인턴은 실제로 '타임스'에 가서 신문 1면 계획을 알아낸다(00:18:40-00:19:22, 00:27:09-00:28:32). 그러나 각본을 쓰는 데 참고한 그레이엄과 브래들리의 회고록 어디에도 그런 내용은 없다. 현실적으로도 가능한 일이 아니라고 본다.

브래들리 회고록에는 "1971년 봄에 '타임스'의 태스크포스가 신문사 외부에 사무실을 두고 대형 특종을 준비 중이라는 소문이 있었지만 누가 뭘 하는지 알아내지 못했다"라는 내용은 나온다(Bradlee, 1995: 310).

영화에서 '포스트'가 보고서를 입수하기 위해 애쓸 때 신분을 밝히지 않은 젊은 여성이 편집국에 100쪽이 넘는 문서가 든 박스를 주고 간다. 국장은 그 문서로 기사를 쓰라고 했지만 '타임스'에 기사가 나오는 바람에 허탕을 친다(00:40:42-00:46:34). 그런데 브래들리 회고록에는 그 문건이 '포스트' 논설실장인 필 제일린Phil Geyelin(1923~2004)의 친구가 준 200쪽 분량의 펜타곤 페이퍼 요약본이라고 되어 있다(Bradlee, 1995: 312).

영화에는 그레이엄의 집에서 생일 파티가 열린 날 백디키언이 펜타곤 페이퍼를 입수했고 국장이 그레이엄의 집에서 페이퍼를 입수하면 어떻게 할 것인지를 얘기한다(00:59:18-01:02:44). 그러나 그레이엄 자서

전에는 그해 생일은 친구인 언론인 조 올솝Joe Alsop(1910~1989)의 집에서 맥너마라 장관 등과 만찬을 하면서 축하했다고 되어 있다.

그레이엄이 프리츠, 국장, 파슨스, 제일린과 동시에 전화로 협의한 뒤 기사를 싣기로 결정한 걸로 영화에 나온다(01:15:22-01:19:42). 그러나 브래들리 회고록에 따르면 당시 그레이엄과 동시에 통화한 사람은 국장, 프리츠, 제일린, 하워드 사이먼스 부국장이다(Bradlee, 1995: 316). 영화에는 그레이엄이 제일린에게 기자들의 의견을 묻고, 제일린은 기사를 안 실으면 백디키언과 챌 로버츠Chal Roberts(1910~2005)가 그만두겠다고 난리라고 답한다(01:17:43-01:18:03).

영화에는 제일린이 누군지 나오지 않는다. 그는 '포스트'의 사설, 칼럼 등을 책임지는 오피니언면 에디터editorial page editor였다. 기자들의 반응을 왜 국장이 있는데 그에게 물었는지 의문이다. 제일린의 직책은 한국으로 치면 논설실장에 해당한다. 미국 신문사 조직은 보통 보도와 논평을 분리해서, 사설, 칼럼, 기고문, 독자 편지 등을 다루는 오피니언 책임자는 국장의 지휘를 받지 않는다. 한국 신문사들은 회사에 따라 차이는 있지만 대체로 사설과 칼럼은 논설실에서 담당한다. 편집국은 기고문이나 기자 칼럼을 관리하는 경우가 많다.

영화에는 그레이엄과 브래들리 등 네 명이 기사 보도 여부를 놓고 전화로 격론을 벌이는 장면이 나온다(01:15:22-01:19:42). 그러나 브래들리 회고록에 따르면 프리츠가 먼저 각각의 의견을 아주 공정하게 요약해 주었다(Bradlee, 1995: 316). 국장은 자신이 가장 신뢰하는 에드워드 베넷 윌리엄스 변호사한테서 들은 조언을 말했다. 보도하지 않으면 기자들이 재앙으로 여길 것이라는 의견도 전했다. 그레이엄이 마지막으로 프리츠에게 의견을 묻자 그는 "나라면 아마 보도하지 않을 것 같다"라고 답했다. 그레이엄의 최종 결론은 '보도하라'는 것이었다.

영화에서 로저 클라크 변호사가 법무장관한테 알려주고 기다리자는 의견을 제시했을 때 백디키언은 "가장 엿 같은 아이디어군"이라고 말한다(01:13:31-01:14:07). 그러나 실제로 이런 말을 한 사람은 '포스트'의 외교안보 전문기자로 저서 『두 개의 한국The Two Koreas』으로 한국에도 많이 알려진 돈 오버도퍼Don Oberdorfer(1931~2015) 기자였다(Bradlee, 1995: 315).

영화에는 대법원 판결이 나온 뒤 멕 그린필드Meg Greenfield(1930~1999)가 판결 결과와 내용을 전화로 연락받고 편집국에 큰 소리로 중계하는 장면이 있다(01:45:05-01:46:41). 그린필드는 그레이엄의 측근으로 당시 오피니언면 부장이었다. 그런데 대법원 판결을 편집국에 공개한 사람은 그린필드가 아니다. 대법원에 나가 있던 기자의 전화 보고는 전국부 차장 메리 루 비티Mary Lou Beatty가 받았지만 편집국 책상에 올라가 "우리와 ≪뉴욕타임스≫가 이겼다"라고 외친 사람은 유진 패터슨Eugene Patterson 부국장이었다(그레이엄, 1997: 526).

〈더 포스트〉를 보면 펜타곤 페이퍼를 보도한 최대 공로가 '포스트'에 있었다고 생각할 수 있다. 영화가 개봉되었을 때 '타임스' 기자들이 영화 내용의 정확성을 문제 삼은 것도 이 때문이다. 펜타곤 페이퍼는 '타임스'가 1971년 6월 13일 자에 특종 보도했다. '포스트'는 닷새 뒤인 18일에야 처음 보도했다. '타임스'는 무려 3개월 동안 보고서를 분석해서 시리즈로 보도하기로 했다. 시리즈는 3회까지 싣고 6월 15일 법원의 보도 중지 결정으로 중단했다. 6월 30일 대법원 판결로 다시 보도할 수 있게 되자 7월 1~5일 시리즈를 계속했다. 1972년 펜타곤 페이퍼 보도로 공공 서비스 부문 퓰리처상을 받은 것도 뉴욕타임스사였다.

'타임스'에서도 보도 여부를 놓고 심각한 논란이 있었다. 당시 수석 부

"All the News That's Fit to Print"

The New York Times

VOL. CXX . . No. 41,413 — NEW YORK, SUNDAY, JUNE 13, 1971

Tricia Nixon Takes Vows In Garden at White House

CITY TO DISCLOSE BUDGETARY TRIMS FOR DEPARTMENTS

Mayor's Aides Make Decision on Final Figures Scheduled to Be Announced Today

Vietnam Archive: Pentagon Study Traces 3 Decades of Growing U. S. Involvement

By NEIL SHEEHAN

Three pages of documentary material from the Pentagon study begin on Page 35.

NIXON CRITICIZED

Vast Review of War Took a Year

▌펜타곤 페이퍼를 특종 보도한 《뉴욕타임스》의 1971년 6월 13일 자 1면.

사장과 사외 변호사들은 보도를 반대했다. 그러나 제임스 구데일James Goodale(1933~) 법률고문은 수정헌법 제1조 때문에 비밀을 보도해도 처벌할 수 없다고 아서 옥스 설즈버거Arthur Ochs Sulzberger(1926~2012) 발행인을 설득해 보도하게 되었다. 구데일은 당시 재판에서 '간첩죄는 언론이나 신문 발행인에게 적용할 수 없다'는 논리를 처음 제기해 성공했다.

구데일은 〈더 포스트〉를 "좋은 영화지만 나쁜 역사"라고 평가했다. "제작자에게 예술의 자유가 있지만 이런 상황에서는 제한되어야 한다고 생각한다. 그래야 대중이 이 사건의 진실이 무엇인지 이해할 수 있다."

한편 영화에는 엘스버그한테서 펜타곤 페이퍼 복사본을 제공받아 희대의 특종을 한 '타임스' 시핸 기자의 문서 입수 경위가 자세히 나오지 않는다. 그런데 시핸 기자가 2021년 1월 7일 파킨슨병 합병증으로 사망한 뒤 '타임스'는 시핸이 사후 보도를 조건으로 2015년 '타임스' 기자와의 인터뷰를 통해 밝힌 문서 입수 경위를 1월 8일 자에 보도했다. 엘스버그는 원래 랜드연구소 동료였던 루소와 함께 복사해 숨겨둔 문서를 시핸에게 "읽고 메모하는 것은 되지만 복사는 안 된다"라는 조건으로 공개했다. 시핸은 문서를 읽고 메모하다가 엘스버그가 휴가 간 사이에 문서를 전부 복사해 버렸다.

• 관련 영화 •

미국의 가장 위험한 남자: 대니얼 엘스버그와 펜타곤 페이퍼(The Most Dangerous Man in America: Daniel Ellsberg and the Pentagon Papers, 2009)

감독 주디스 얼릭, 릭 골드스미스 | **각본** 마이클 챈들러 등 | **출연** 대니얼 엘스버그, 앤서니 루소, 닐 시핸, 벤 백디키언, 제임스 구데일 | **상영 시간** 88분

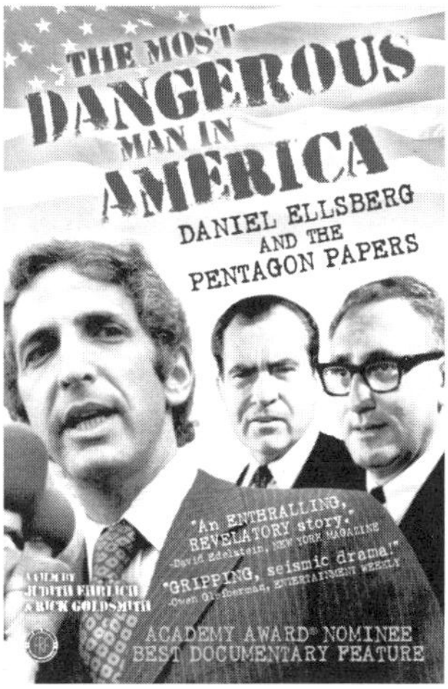

〈미국의 가장 위험한 남자〉 포스터.

대니얼 엘스버그가 직접 출연한, 펜타곤 페이퍼 사건에 관한 다큐멘터리 영화다. 엘스버그가 왜 펜타곤 페이퍼를 공개하기로 결심하고 어떤 과정을 거쳐 공개하게 되었는지를 이해하는 데 도움이 된다. 엘스버그가 직접 해설하고 다수의 언론인과 정치인이 출연했다. 미국 공영방송 PBS의 논픽션 독립 영화를 소개하는 POV 시리즈와 영국 BBC Four에서 방영되었다. 방송계의 퓰리처상으로 불리는 조지 포스터 피바디상과 암스테르담 국제 다큐멘터리 영화제 특별심사위원상을 비롯한 다수의 상을 받았다. 2010년 아카데미 장편 다큐멘터리상 후보에도

올랐다. 유튜브에서 볼 수 있다.

더 펜타곤 페이퍼(The Pentagon Papers, 2003)

감독 로드 홀컴 | **각본** 제이슨 호리치 | **출연** 제임스 스페이더(대니얼 엘스버그), 폴 지어마티(앤서니 루소) | **상영 시간** 92분

〈더 펜타곤 페이퍼〉 포스터.

2003년 월트디즈니사 계열의 유료 TV 채널인 FX에서 방영했다. 이 영화는 국방부 기밀문서인 펜타곤 페이퍼를 언론에 유출한 엘스버그에 초점을 맞추었다. 엘스버그가 랜드연구소에서 보고서를 작성하는 것부터 시작해서 루소와 함께 문서를 언론에 유출해 기소되었다가 판사의 사건 기각으로 끝나는 전 과정을 다루었다. 유튜브에서 볼 수 있다.

충격과 공포

Shock and Awe, 2017

감독 롭 라이너 | **출연** 우디 해럴슨(조너선 랜데이), 제임스 마스든(워런 스트로벨), 롭 라이너(존 월컷), 토미 리 존스(조 갤러웨이) | **상영 시간** 92분

조지 W. 부시 미국 행정부가 2003년 3월 이라크를 상대로 벌인 전쟁의 명분은 과연 진실했을까? 이미 결론은 나와 있다. 2001년 9·11테러 이후 애국적 분위기가 넘쳐나던 미국. 대부분 미국 언론과는 달리 치열한 기자 정신으로 부시 행정부가 축적해 가던 전쟁을 위한 명분에 의문을 던지며 외롭게 진실을 찾아간 기자들의 실화를 담은 저널리즘 영화. 당시 미국 제2의 미디어그룹 나이트리더Knight-Ridder에 소속된 31개 신문에 기사를 제공하는 나이트리더 뉴스서비스(나이트리더 NS) 워싱턴 지국장과 기자들이 저널리즘의 기본에 충실함으로써 거둔 성과는 전쟁이 끝난 뒤에야 밝혀진다. 이들이 약 1년 반 동안 진실을 보도하기 위해 어떤 노력을 했는지를 볼 수 있다.

• 시놉시스 •

❚ 〈충격과 공포〉 포스터.

이라크전쟁에 나갔지만 세 시간 만에 차량 폭발 사고로 부상해 제대한 애덤 그린 일병이 휠체어에 앉은 채 2006년 미국 상원 청문회에서 질문을 던진다. "도대체 왜 이런 일이 생긴 거죠?" 영화는 90분 동안 그 질문에 답을 찾아간다.

부시 대통령의 이라크전 개전 연설에 이어 CNN이 '충격과 공포'라는 작전명으로 이루어진 이라크 공습을 생중계한다. 영화는 1년 반 전인 2001년 9월 11일 테러 당일로 돌아간다. 나이트리더 NS 워싱턴 지국의 존 월컷 국장의 취재 지시. "누구 짓인지 알아내. 이 사건을 보도하려면 많은 정보원은 물론 정부 협조도 필요하다. 그렇게 해야 진실을 접할 테니까."

전쟁 취재 11년 경력의 조너선 랜데이와 후배 워런 스트로벨 기자가 취재에 투입된다. '테러에 이라크가 관련되었다고 한다'는 보고를 받은 국장은 '오사마 빈 라덴과 사담 후세인을 진짜 엮는 건지 취재하라'고 지시한다. 오랜 경험과 직감으로 문제의 핵심을 짚은 것. 기자들은 정부 발표에 의존하지 않고 취재원을 총동원했지만 취재가 쉽지 않다.

이라크와 빈 라덴, 후세인과 빈 라덴 관계를 취재한 결과, '어울리지 않는 조합이고 그런 정황도 없다'는 반응이 많다. 오프더레코드나 익명으로 보도하는 조건으로 한마디씩 듣는 정도. 1993년 세계무역센터 테러와 후세인의 연관성을 캘 거라는 정보가 취재된다. 국장도 직접 취재에 나선다. 다양하고 끈질긴 취재로 부시 대통령이 곧 이라크를 칠 거라는 판단이 나온다. 국장은 42년 경력의 전설적인 군사 문제 전문기자인 조 갤러웨이도 끌어낸다. 모든 인적자원을 총동원한 것이다.

2002년 8월 딕 체니 부통령이 '후세인의 핵무기 보유를 미국 정부는 확신한다'는 연설로 이라크가 본격 거론된다. 상원의원, 싱크탱크, 유엔 고위 관리를 취재하니 이라크 주둔에 대한 우려가 파악되었다. 국장은 '우리가 아는 건 독자도 알아야 한다'며 기사 작성을 지시한다.

국방부의 내부 제보도 나온다. "기자님 예측대로 상황이 전개될 겁니다. 전쟁은 불 보듯 뻔하죠. 전쟁 시점은 생각보다 빠를 테고요. 전쟁 기획자들이 은밀히 첩보 활동을 하면서 다른 정보기관을 우회해서 일을 꾸미고 있어요." "전쟁 기획자들은 일종의 설계자예요. 기본적인 정보 수집 메커니즘을 따르지 않죠. 일단 결정하고 그에 부합하는 정보를 찾는 식이죠."

기자들은 정부가 전쟁 명분을 찾는다는 소문을 추적한다. 정보부 관리는 단언한다. "어리석은 전쟁의 정당성이 필요해서 있지도 않은 무기를 찾아다녔습니다. 후세인이 핵무기에 근접했다는 정부 주장을 뒷받침할 어떤 증거도 없습니다."

취재 결과는 '정부 고위 관리들이 이라크 핵무기를 뒷받침할 핵심 증거가 부족한 것을 우려한다'는 기사로 처리된다. ≪뉴욕타임스≫는 '후세인이 무기 부품 수집을 강화했다고 정부 당국자가 밝혔다'는 정반대 내용의 기사를 실었다. 14개월 동안 특수 제작된 알루미늄 관을 구매했는데 우라늄 농축을 위한 원심분리기로 추정된다는 내용.

체니 부통령이 TV에서 '타임스' 기사를 인정하는 걸 본 국장의 즉석 연설. "우리는 NBC, ABC, CBS도 아니고 폭스와 CNN과도 결이 다르지. ≪뉴욕타임스≫가 아니고 ≪워싱턴포스트≫도 아니야. 우린 나이트리더야. … 다른 모든 언론사가 부시 정부의 속기사 노릇을 자처하면 그러라고 하지. 남의 집 자식 전쟁터로 보내는 이들은 우리 독자가 아니지. 우리 독자는 전쟁터로 나갈 자식을 둔 부모야. 정부가 뭔가 말할 때 우리 질문은 딱 하나야. 이게 사실입니까?"

워런 기자는 '테러 전문가가 이라크의 9·11테러 연루설에 회의적'이라는 기사를 쓴다. '타임스'에는 '이라크 망명자가 20개 무기 은닉처를 폭로했다'는 주디스 밀러 기자의 기사가 나온다. 나이트리더는 '타임스' 등 주류 언론과 결이 다른 기사를 계속 내보낸다. 후세인의 핵무기 개발이 완성 단계라는 체니의 발언이 거짓말이라는 취재원의 확인까지 받아낸다.

2003년 2월 5일 콜린 파월 국무장관이 유엔 안전보장이사회에서 '이라크의 대량살상무기WMD는 전 세계를 위협하고 있다'는 연설로 못을 박는다. 그러나 전문가는 "비선 조직이 파월한테 보낸 자료는 이라크 침공을 뒷받침하는 내용"이라며 '조작'이라고 말해준다. 나이트리더 NS 기자들의 노력에도 불구하고 이라크전은 시작되었다. 이라크전 개시 이후 벌어진 일들을 정리하는 자막과 배우가 아닌 실제 기자들이 방송과 시상식 등에서 한 말을 들려주며 영화는 끝난다.

• 저널리스트의 관점 •

이 영화의 메시지는 시작 부분의 자막에 나온 언론인 빌 모이어스Bill

Moyers의 말에 있다. "미국 민주주의를 위한 가장 중요한 투쟁은 다양하고 독립적이며 자유로운 언론을 보장하는 것이다."

이라크전을 향해가는 과정에서 미국 언론은 완전히 실패했다. 이 영화에 나오는 나이트리더 NS 기자들은 빼고. 미국이 이라크전을 정당화한 근거는 후세인이 WMD를 갖고 있고 핵무기를 개발하고 있으며 9·11 테러를 자행한 알카에다와 연계되었다는 것이었다.

전쟁 전에도 후에도 이에 대한 의문이 제기되었다. 유엔 무기사찰팀은 이라크의 핵 및 화학 무기 프로그램은 제거되었고 그걸 재건한다면 정보기관에 탐지되었을 거라고 지적했다. 조지프 윌슨 전직 대사는 이라크가 아프리카 니제르에서 핵무기 제조용 우라늄을 구하려 했다는 첩보를 확인했지만 근거 없다고 보고했다. 이라크의 알카에다 연계도 의문이었다.

나이트리더 NS 월컷 국장과 두 명의 기자는 부시 행정부 최고위 인사들이 벌이는 언론 플레이에 놀아나지 않고 핵심 정보를 알 수 있는 중간 수준의 취재원들을 집중 취재했다. 이는 전시 비밀주의라는 명분으로 부시 행정부가 포기한 정부의 투명성과 책임성이라는 민주주의의 기본을 되살리기 위한 특별한 노력이었다는 평가를 받았다. 물론 전쟁이 끝나고 전쟁의 명분이 사실이 아니라는 것이 밝혀지고 나서였다. 미국 언론은 수정헌법 제1조의 뒤에 숨어 남에게 강요하는 투명성과 책임성을 스스로에게는 적용하길 꺼렸다는 비판을 들어야 했다.

미국 언론은 정부가 이라크전을 위한 명분을 축적하는 데 가담하고 이용되었다. 부시 대통령, 체니 부통령, 도널드 럼즈펠드 국방장관, 파월 국무장관, 콘돌리자 라이스 백악관 국가안보보좌관은 수많은 연설과 언론 인터뷰를 통해 이라크가 WMD를 갖고 있고 핵을 개발하고 있다고 주장했다. 군인 출신 파월의 유엔 연설은 결정적이었다. 파월은 부시 행정부 각료 중에 국내외에서 가장 신뢰를 받던 인물. 그는 흑인에 군 출신이라서 더 신뢰를 받은 측면이 있었다.

전쟁이 끝난 뒤 미국 언론은 행정부 고위 관리들에게 속았음을 인정했다. '타임스'가 2004년 5월 26일 이라크 침공 결정을 좀 더 공격적으로 점검하지 못한 걸 독자들에게 사과했다. 백악관 출입기자들은 '믿을 만한 고위 관계자'의 말에 너무 쉽게 넘어갔다. 대통령, 부통령, 장관들이 공식 발표하는 말을 언론이 근거 없이 믿지 않고 무시할 수 없는 것이 현실이다. 이라크전 시작 두 달 전부터 워싱턴에서 특파원으로 일한 필자는 당시 미국 언론의 분위기를 기억하고 있다.

나이트리더 NS의 국장과 두 명의 기자는 그걸 깼다. 이들은 9·11테러 이후 이라크전 개시까지 약 1년 반 동안 부시 행정부가 이라크전이 베트남전과 같은 수렁에 빠진다는 무서운 예측을 숨기기 위해 정보를 조작하고 있다는 기사를 지속적으로 썼다.

미디어그룹 나이트리더 소속 신문이 30개가 넘었지만 뉴욕과 워싱턴에는 없었다. 그래서 이들의 특종기사를 워싱턴과 뉴욕, 그리고 주요 신문, 방송에서 몰랐다고 한다. 심지어 나이트리더 소속 신문들도 특종기사가 주류 언론과 너무 달라서 초기에는 보도하기를 주저했다.

이들은 일반적인 언론 취재 관행과 정반대로 나갔다. 언론은 가장 중요한 취재원으로 고위직 관리들, 특히 딥 스로트처럼 자기한테만 고급 정보를 줄 사람을 찾는 법. '포스트' 기자 출신으로 하버드대 니먼언론재단의 워치도그 프로젝트 설립자인 머리 마더Murrey Marder(1919~2013)는 2008년 7월 24일 자 "니먼 워치도그"에 쓴 칼럼에서 이렇게 주장했다. '밥 우드워드와 칼 번스틴이 영화 〈모두가 대통령의 사람들〉의 대본대로 했다면 닉슨 대통령은 사임을 면했을 것이다.' 영화는 두 기자가 딥 스로트를 취재했기 때문에 닉슨이 물러나게 된 것처럼 되어 있지만 실제로는 수많은 사람을 취재했기 때문에 워터게이트 특종이 가능했다는 의미로 이해된다.

미국 언론들은, 나이트리더 기자들의 특종은 이들이 '전쟁 계획의 밑그림을 그렸지만 그 함정도 아는 중간 수준의 전문가들'과 일하는 방식을 택했기 때문에 가능했다고 분석했다. 그들은 '타임스'나 '포스트'의 거물급 기자들처럼 고위 당국자들에게 접근권도 없었고 그 사람들이 가장 먼저 전화해 줄 명단에 들어 있지도 않았고 이너서클에 초대받지도 못했다. 월컷 국장은 기자들이 제대로 일했다면 진짜 전문가들이 정부의 전쟁 주장의 이런저런 점에 심각한 의문을 갖고 있다는 걸 알았을 것이라고 말했다.

부시 대통령을 비롯한 책임자들은 나중에 자기들도 몰랐다고 주장했다. 그들이 이용한 정보는 의회와 공유되었다. 2004년 7월 미국 상원 정보위원회의 결론은 '과장된 정보를 근거로 이라크를 침공했다'는 것. 정보를 고의로 왜곡하거나 조작한 사실은 밝혀지지 않았다. 이른바 '정보 실패intelligence failure'였다는 것이다.

나이트리더는 2006년 매클래치MaClatchy에 팔렸다. 월컷은 자기 직업을 걸고 이라크전에 뛰어드는 걸 거칠게 비판했다. 그래서 매클래치에 팔린 뒤에도 함께한 기자들과 워싱턴 지국장으로 남았다. 그의 진단은 이랬다. "워싱턴의 너무 많은 언론인이 사회적 사다리를 올라가려고, 출세를 위해 노력하고 있다. 아웃사이더가 되고 회의적으로 말하면 돈벌이가 되는 TV에 나갈 수도 없고 강연 기회도 없어 인사이더만큼 재미는 없다." "9·11 이후 미국 언론은 잘못된 정보원과 유착관계를 갖고 인기 있는 대통령에 도전하기를 겁내는 것보다 더 큰 문제가 있다. 행정부가 이라크나 알카에다에 관해 말하는 것 중에 말이 안 되는 게 많은데도 확인하려는 기자가 많지 않다. 그들은 그냥 속기사이지 기자가 아니다."

≪뉴욕타임스≫와 ≪워싱턴포스트≫ 같은 미국 주류 언론은 이라크에 심각하고도 엄청나게 잘못했고 나머지 언론들은 레밍 떼처럼 그들을 따라 벼랑 끝으로 몰려갔다는 비판을 받았다.

• 주요 등장인물의 그 후 •

조너선 랜데이Jonathan Landay는 국가안보와 정보 분야 취재 베테랑. 2021년 현재 36년 동안 국방 정보, 외교정책을 취재 보도했다. 남아시아, 이라크, 발칸에서도 취재했다. 소련의 아프간 점령, 중국 톈안먼 사태, 유고 내전을 UPI와 ≪크리스천사이언스모니터CSM≫ 기자로 취재했다. 1994년 워싱턴으로 옮겨 'CSM'에 국방 외교 문제를 썼고 이후 나이트리더, 매클래치에서 일하다 로이터통신으로 옮겼다.

워런 스트로벨Warren Strobel은 ≪월스트리트저널≫ 기자로, 존 월컷John Walcott은 로이터를 거쳐 ≪타임≫에서 일하고 있다. 조 갤러웨이Joe Gallaway는 나이트리더 NS의 군사 문제 컨설턴트와 매클래치 칼럼니스트로 일하고 2010년 은퇴했다. 2002년 제작된 영화 〈위 워 솔저스We Were Soldiers〉는 갤러웨이와 해럴드 무어Herald Moore 예비역 중장의 베트남전에 관한 1992년 공저를 바탕으로 만든 영화.

영화에서 이라크전 관련 오보를 남발한 주디스 밀러 기자는 2005년

9월 29일 리크게이트 사건으로 취재원 공개를 거부해 85일 동안 수감되었다가 석방되었다. 그는 10월 이라크전 관련 오보들 때문에 '타임스'를 떠났다.

• 관련 영화 •

로스트 라이언즈(Lions for Lambs, 2007)

감독 로버트 레드퍼드 | **주연** 톰 크루즈(재스퍼 어빙), 메릴 스트리프(제닌 로스), 로버트 레드퍼드(스티븐 맬리) | **상영 시간** 91분

〈로스트 라이언즈〉 포스터.

대통령을 꿈꾸는 재스퍼 어빙 상원의원이 40년 경력의 베테랑 방송기자 제닌 로스와 언론을 어떻게 이용하고 조종하는지, 특종에 대한 욕망과 진실 보도 사이에서 기자는 어떻게 살아가는지를 보여주는 영화. 부시 미국 행정부가 이라크전을 위한 명분을 쌓아갈 때 홀로 제대로 보도한 언론의 사례를 보여준 〈충격과 공포〉와 비교해서 보는 것도 좋을 것이다.

과거에 쓴 호의적인 기사에 대한 보답으로 독점 인터뷰를 한 로스가 '뭔가 냄새가 난다'고 말하자 '느낌 갖고 취재하나? 사실만 얘기하라'는 부장의 대답이 인상적이다.

로스 선물이 아니라 선전이에요. 정부의 꼭두각시가 될 순 없어요.

부장 뉴스는 보도해야지. 새로운 군사전략도 뉴스야. 갑자기 양심이 뭐라고 해? 좀 늦지 않았나?

로스 베트남전 재탕이에요. 어린애들을 미끼로 투입하고 있어요. 베트남전과 똑같아요. 백악관 입성을 위한 전략일 뿐입니다.

부장 편견 때문에 이성을 잃지 마. 당신 일은 취재고 그걸 선별하는 건 나야. 당신은 57세에 간병인 붙이는 어머니도 있어. 이런 일 생기면 다른 방송사에도 못 가. 당신을 자르게 만들지 마.

로스 들은 대로 쓸 수는 없어요, 절대!

부장 신중히 생각해 봐.

영화 마지막에 "어빙 의원이 새 전략을 발표했다"라는 TV 뉴스 자막이 흐른다. 로스가 방송사의 경영과 조직의 논리, 기자의 개인 사정까지 있어 결국 기사를 쓴 것이다. 실화는 아니지만 현실에서 있을 수 있는 설정이다.

자신이 일하는 언론사가 자기 철학과 소신에 맞지 않아도 생계를 위해 계속 다니는 '생계형' 기자가 의외로 많다. 특별한 능력이 있거나 학연, 지연 등 인맥 덕분에 언론사를 쉽게 옮겨 다니는 기자도 있다.

1980년대까지만 해도 한국에서 언론사를 옮겨 다니는 경우는 많지 않았다. 그러나 1987년 6월 민주화 이후 신생 언론사가 늘어나면서 경력 기자 수요가 커졌다. 기자가 언론사를 옮기는 것도 자연스러워졌다. 2011년 종합편성 TV 채널(종편)이 네 개나 생기면서 신문기자가 방송기자로 변신한 경우도 많다. 신문기자를 하다가 방송기자의 자질과 능력을 인정받아 변신에 성공한 경우도 있을 것이다.

기자가 소신에 반하는 기사를 써야 할 때 고통은 크다. 자기 이름을 걸고 쓰는 글이 아닌가. 지금은 모든 기사에 쓴 기자의 이름이 표시되는 기사 실명제가 실시되고 있다. 한국 언론에서 기사 실명제는 1996년을 전후해서 실시되었다. 그전에는 기사에 기자 이름이 들어가는 경우가 의외로 많지 않았다. 일단 스트레이트 기사는 개인의 의견이 들어가는 것이 아니라는 이유로 국내외에 출장을 간 경우가 아니면 이름이 표시되지 않았다. 해설 기사, 화제성 기사, 인터뷰 기사, 기명 칼럼에는 기자 이름이 붙었다. 기사에 쓴 기자의 이름을 밝힌다는 기본 원칙은 있지만 데스크의 권한이기도 했다. 그 시절에는 자기 이름이 들어간 특종기사나 괜찮은 기사를 쓰면 우쭐한 기분이 들기도 했다. 기자는 기사에 붙어 있는 자기 이름이 부끄럽지 않을 기사를 쓰며 살아야 한다.

영화에서 로스의 취재는 종종 토론으로 번진다. 인터뷰를 하는 건지 토론을 하는 건지 구분이 안 되는 장면이 많다. 기자가 인터뷰하던 취재원과 토론이나 논쟁을 하는 건 바람직한 자세가 아니다. 현실에서 취재원에게 '을'의 신세인 기자가 취할 수 있는 태도인지 의문이다. 자칫하면 취재원의 심기를 건드려 입을 닫게 할 수 있다.

역시 영화에서나 가능한 일이겠지만 의원은 질문하는 기자를 계속 자기 논리로 설득한다. '언제까지 같은 질문을 계속할 거냐'는 어빙의 질문에 로스는 '대답 들을 때까지'라고 답한다. 의원도 당당하게 자기 의견을 피력한다. 과연 저런 인터뷰가 현실에서 가능할까?

시티즌포

Citizenfour, 2014

감독 로라 포이트러스 | **출연** 에드워드 스노든, 글렌 그린월드, 로라 포이트러스, 유웬 매캐스킬, 제이컵 애플바움, 윌리엄 비니, 줄리언 어산지 | **상영 시간** 114분

미국 중앙정보국CIA과 국가안보국NSA에서 근무한 에드워드 스노든Edward Snowden은 2013년 6월 NSA의 무차별적인 개인정보 수집에 관한 기밀문서를 언론을 통해 폭로해 세계적 파문을 일으켰다. 이 다큐멘터리 영화는 스노든이 다큐를 제작한 로라 포이트러스Laura Poitras 감독을 처음 접촉한 것부터 폭로의 과정, 배경과 동기, 파장 등을 보여준다. 언론이 사건을 취재 보도한 과정도 객관적으로 잘 기록했다. 내부 고발 전문 인터넷 매체 위키리크스 설립자로 대규모 기밀문서를 폭로한 줄리언 어산지, 스노든 사건 특종 보도의 주역이 모두 영화에 출연했다. 미국, 영국 언론이 국가안보와 관련된 비밀정보를 공개하는 데 작동되는 구조도 알 수 있다. 영화 제목 '시티즌포Citizenfour'는 스노든이 포이트러스에게 이메일을 보내면서 사용한 가명에서 따왔다.

• 시놉시스 •

2001년 9·11테러 이후의 미국을 주제로 한 3부작을 만들고 있던 다큐멘터리 영화감독 로라 포이트러스가 2013년 1월 시티즌포의 이메일을 받는다. 시티즌포는 자신이 미국 정보기관 수석 요원이라며 정보를 공개하겠다는 뜻을 밝혔다. 그는 자신이 제공하는 정보는 반드시 공개해야 한다고 강조했다. 온라인 뉴스 사이트 ≪살롱닷컴≫ 기고가인 변호사 글렌 그린월드Glenn Greenwald가 등장한다. 그는 브라질 리우데자네이루 열대우림에서 유기견들과 산다. 시티즌포는 평소 칼럼으로 알고 있던 그린월드에게 먼저 연락했었다. 하지만 안전한 교신 방법이 없어 포이트러스에게 이메일을 보내 결국 세 사람이 연결되었다.

〈시티즌포〉 포스터.

영화는 버락 오바마 대통령이 2007년 법을 무시하지 않겠다고 한 공약, NSA의 전설적인 암호 수학자인 윌리엄 비니William Binney가 9·11테러 직후 미국 정부가 헌법 테두리 안에서 감시 활동을 하고 법원 감독 아래 움직이도록 노력한 내용을 소개한다. 키스 알렉산더Keith Alexander NSA 국장이 2012년 하원 청문회에서 한 거짓 증언, 제임스 클래퍼James Clapper 국가정보국DNI 국장의 2013년 상원 청문회 허위 증언도 보여준다. 그동안 불법 정보 수집을 막기 위한 노력이 있었지만 실패했고 미국 정부가 국민을 속여왔다는 걸 보여준 것.

마침내 2013년 6월 3일 홍콩 미라호텔에서 시티즌포, 포이트러스, 그린월드가 만난다. 시티즌포가 바로 에드워드 스노든. 곧바로 호텔 객실에 카메라를 설치하고 8일 동안 촬영에 들어갔다. 둘째 날에는 영국 ≪가디언≫ 국방·정보 전문기자 유웬 매캐스킬Ewen MacAskill이 추가 투입되었다. 스노든은 NSA가 미국과 세계 곳곳에 감시망을 구축하고 다른 나라들과 협력해서 모든 디지털 통신과 무선통신, 센서를 설치해 둔 곳의 아날로그 통신도 감시하고 있다고 폭로한다. 무서운 감시 사회에 살고 있다는 걸 고발한 것.

스노든은 NSA의 외주 컨설팅업체인 부즈앨런해밀턴Booz Allen & Hamilton 소속이지만 NSA에 파견되었다고 자신을 소개한다. 그는 자신의 주관적 생각이나 편견을 배제하려고 언론인을 통해서 비밀문서를 공개하려고 한다고 설명한다.

6월 6일, 9·11테러 이후 도입된 '애국법The Patriot Act'에 따라 미국 정부의 정보 수집 권한이 대폭 확대돼 NSA가 통신사 버라이즌의 모든 고객 통화를 감시하고 정보를 수집했다는 특종기사가 ≪가디언≫에 보도되었다. CNN이 이를 속보로 전달하고 그린월드 인터뷰도 내보냈다. 포이트러스는 ≪워싱턴포스트≫ 바턴 겔먼Barton Gellman 기자와 공동으로 정부의 또 다른 대규모 비밀 감시 프로그램을 폭로했다. CNN은 "페이스북, AOL, 스카이프, 유튜브, 애플 등 9개 인터넷 회사의 서버에 직접 접속해 음성, 영상, 사진, 이메일 문서를 수집했다"라고 '포스트'를 인용해 보도했다. ≪가디언≫도 기사를 인용 보도함으로써 파장을 키웠다.

6월 10일, 스노든은 '진실을 말하려는 사람들은 항상 숨어서 신분을 감추고 얘기했지만 자신은 그런 룰을 깨겠다'며 스스로 TV에 얼굴을 드러냈다. 스노든은 인권 변호사의 도움을 받아 홍콩의 유엔난민기구와 접촉해 난민 지위를 신청한 뒤 종적을 감추었다. 미국 법무부는 6월 21일 스노든을 간첩법 위반 등 3개 중범죄 혐의로 기소했다.

위키리크스 설립자 어산지의 도움으로 홍콩에서 남미로 가기 위해 경유지 모스크바에 도착한 스노든은 미국 정부의 여권 무효화 조치로 발이 묶인다. 독일 베를린에서는 스노든의 변호를 맡은 국제 변호사 그룹이 사건을 논의하기 시작한다. 이들은 '적용 범위가 대단히 포괄적인 간첩법은 국방 정보의 공유나 유포를 금지하고 공익을 위해 언론에 정보를 유출하는 행위와 사적 이익을 위해 기밀을 파는 행위를 구분하지 않는다'며 걱정한다. 간첩법이 변론 가능성을 완전히 차단하고 스노든을 간첩으로 간주할 거라면서 '사건을 해결하는 건 95퍼센트가 정치, 5퍼센트가 법'이라고 전망한다.

한편 영국 정부는 2013년 7월 20일 ≪가디언≫을 압박해 매캐스킬이 홍콩에서 입수한 영국 정부통신본부GCHQ 관련 자료를 파기한다. 스노든은 모스크바공항 환승 구역에서 40일을 지낸 뒤 러시아 정부로부터 1년 임시 정치적 망명을 허가받는다.

스노든의 폭로 여파는 컸다. 오바마 대통령은 '스노든을 애국자로 보지 않는다'면서 사실을 기초로 차분한 논의를 거쳐 문제를 해결하는 게 좋겠다고 말한다. 브뤼셀의 유럽의회는 2013년 9월 NSA 감시 활동에 대한 청문회를 열었다. 스노든이 사용한 암호 이메일 서비스인 라바비트 설립자 래더 레비슨은 프라이버시의 중요성을 역설한다.

"난 법치를 믿고 수사의 필요성도 믿는다. 하지만 이런 수사는 절차가 까다로워야 한다. 개인의 프라이버시를 함부로 침해하면 안 된다. 너무나 심각한 침해이고 너무나 파괴적이기 때문이다. 프라이버시가 없다면 어떻게 자유로운 토론을 하겠나? 자유로운 표현의 권리가 무슨 소용인가, 그 권리가 보호되지 않는다면. 자신이 반대하는 일을 자유롭게 토론할 수 없다면. 그게 사회에 미치는 위축 효과(chilling effect)를 생각해 보라. 프라이버시가 없는 나라가 얼마나 경직되어 있는지도 생각하라."

독일 의회도 2014년 3월 NSA 감시 문제 조사에 착수했다. 그해 7월 스노든의 연인 린지 밀스Lindsay Mills가 모스크바에 가서 합류한다. 이어 그린월드와 스노든이 도청을 의식해 필담으로 중요한 제보를 의논한 뒤 종이를 찢어버리면서 영화는 끝난다. 모스크바도 안전하지 않다는 걸 보여준 것이다.

• 저널리스트의 관점 •

상영 시간 114분 중 스노든과 취재 제작팀 세 명이 홍콩 미라호텔의 방에서 만나 8일 동안 취재하고 녹화하고 헤어질 때까지 분량이 절반인 58분이다. 그러니 특별히 극적 구성이라고 할 것도 없다. 자료 화면이 중간중간 들어갔지만 다큐 제작 원칙에 충실한 작품이다. 미국, 영국은 물론 세계적으로 큰 파문을 일으킨 사건의 취재, 보도 및 다큐 제작에 참여한 사람들을 보니 모두가 '선수'다.

먼저 포이트러스 감독. 그는 2001년 9·11테러 이후에 관한 3부작 다큐멘터리를 제작했는데 〈시티즌포〉가 마지막 작품이다. 다른 두 편은 미국이 이라크를 점령한 뒤 이라크 보통 사람들의 삶을 다룬 〈나의 나라, 나의 나라My Country, My Country〉(2006년, 90분)와 국제 테러 조직 알카에다의 리더 오사마 빈라덴(1957~2011)의 경호원과 운전사로 일하고 미군에 체포된 두 사람의 이야기를 다룬 〈선서The Oath〉(2010년, 90분). 포이트러스는 〈시티즌포〉로 2014년 아카데미 장편 다큐상을 받았다. 〈나의 나라, 나의 나라〉도 2006년 같은 부문 후보에 올랐으니 실력을 인정받은 셈이다. 그는 스노든이 2013년 1월 시티즌포라는 아이디로 이메일을 보냈을 때 2년 동안 정부 감시에 관한 영화를 만들고 있었다. 스노든은 포이트러스가 미국 정부의 감시 대상 명단watchlist에 올라 공항을 이용할 때마다 심문을 당했지만 굴하지 않은 사실을 알고 그를 선택했다.

스노든이 가장 먼저 연락한 그린월드는 헌법과 민권 분야에 밝은 변호사로 ≪가디언≫과 ≪살롱닷컴≫에 영향력 있는 칼럼을 기고해 왔다. 그는 2012년 7월부터 ≪가디언≫ 미국판에 매주 칼럼을 쓰고 자신의 블로그를 ≪가디언≫ 웹사이트에 옮겨 운영했다. 법률 전문가면서 글도 되는 능력자라고 할 수 있다. 그는 ≪가디언≫에 기사도 쓰고 CNN과 인터뷰도 하고 브라질 상원 청문회에도 나가는 등 맹활약했다.

그린월드는 2010년 위키리크스에 군 정보를 제공한 내부 고발자인 브래들리 매닝Bradley Manning(1987~)을 "가장 고귀한 동기로 행동한 내부 고발자"라면서 "국방부 기밀문서인 펜타곤 페이퍼를 폭로한 엘스버그에 맞먹는 국민적 영웅"이라고 옹호한 글을 2010년 ≪살롱닷컴≫에 썼다. 매닝은 약 75만 건의 군사 보고서와 외교 전문 등을 위키리크스에 제공해 언론에 공개되도록 했다. 그는 2010년 구속되어 35년 형을 선고받았는데 2017년 버락 오바마 대통령의 감형으로 석방되었다. 어려서부터 여성 정체성을 갖고 있었다는 그는 2013년 첼시 매닝Chelsea Manning

으로 개명했다.

매캐스킬은 스코틀랜드 일간지 ≪스코츠맨≫ 정치부장을 하다가 ≪가디언≫ 수석 정치 기자가 되었다. 2007~2013년 워싱턴 지국장을 지냈고 국방·정보 전문기자로 홍콩에 가서 스노든의 NSA 폭로를 취재 보도했다. 2018년 퇴직한 그는 2019년 9월 스노든을 모스크바에서 인터뷰했다.

스노든은 CIA와 NSA에서 근무한 정보 분석 전문가로 그의 능력은 충분히 인정할 수 있다. 그는 2013년 6월 미국 정부가 여권을 무효화하는 바람에 모스크바공항 환승 구역에서 40일 동안 발이 묶였다가 이후 모스크바에서 망명 생활을 해왔다. 그는 2017년 모스크바에서 연인 밀스와 결혼했고 2020년 12월 아들까지 얻었다.

스노든은 2019년 9월 회고록 『영원한 기록Permanent Record』을 출판했다. 회고록 출판을 계기로 매캐스킬과의 인터뷰에서 폴댄스 강사인 밀스가 사진가이자 시인이라며 애정을 과시했다. 그는 러시아에서 강연도 하고 미국 언론과 인터뷰도 많이 하고 있다.

그는 ≪가디언≫ 인터뷰에서 "인공지능AI을 장착한 감시 카메라와 거대 정보기술IT 기업의 네트워킹과 기술 때문에 개인정보 유출 및 사생활 침해 우려가 커지고 있다"라면서 "미국 등 주요국 정부는 IT 기업의 지원을 받아 지구상 모든 사람의 일상을 기록하고 이를 영원히 남기려고 한다"라고 경고했다. 그는 "독일, 폴란드 등 27개국 정부에 망명을 요청했지만 러시아를 제외한 모든 정부가 미국의 보복을 두려워해 받아들이지 않았다"라고 주장했다. 러시아 정부와의 결탁설을 부인한 그는 이렇게 말했다. "러시아 정보기관과 협력했으면 지금 궁궐에 살겠지만 나는 계속해서 러시아 정부 정책을 비판하고 있다."

스노든은 처음에 ≪뉴욕타임스≫를 통해 폭로하려고 했다. 그러나 '타임스'가 2005년 NSA의 영장 없는 감청을 취재하고도 보도를 보류한 적이 있어서 ≪워싱턴포스트≫를 선택했다. 스노든의 내부 고발이 빛을 본 것은 여러 언론과 전문가들의 공조와 협업이 있었기에 가능했다.

미국과 영국 정부의 압박은 거셌다. ≪가디언≫은 스노든이 넘겨준 영국 정부통신본부GCHQ 관련 자료를 정부 압력 때문에 파기했다.

≪워싱턴포스트≫와 뉴욕에 기반을 두고 있는 인터넷 신문 ≪가디언 US≫는 스노든의 폭로를 보도한 공로로 2014년 공공 서비스 부문 퓰리처상을 공동 수상했다. 퓰리처상 신청 때 ≪가디언US≫는 2013년 6월부터 12월까지 보도한 기사 14건, '포스트'는 기사 20건을 제출했다.

스노든의 폭로에는 '영웅적 행동'이란 긍정 평가와 '미국을 위험하게 만든 행위'라는 부정 평가가 공존한다. 그가 내부 고발자whistleblower, 정보 유출자leaker, 영웅hero, 애국자patriot, 반역자traitor 등으로 다양하게 불리는 이유다.

그가 사익을 취하기 위해 폭로하지 않았고 사안이 이념이나 정파적 문제가 아니라 프라이버시와 개인정보를 보호하기 위한 것이라는 점에서 긍정적인 평가가 우세하다. 유튜브에 있는 스노든의 영상에 달린 댓글을 보면 긍정적인 내용이 대세를 이루고 있다. 그는 말하는 메시지가 분명하고 언변과 스토리텔링 능력이 뛰어나 설득력이 대단히 높다.

도널드 트럼프 대통령은 2013년 스노든의 폭로가 나온 직후에는 그를 '처형되어야 할 스파이'라고 비난했다. 그러나 트럼프는 2020년 8월에는 태도를 바꿔 사면을 고려하고 있다고 말했다. 딕 체니 전 미국 부통령은 스노든을 "미국 역사상 최악의 이적 행위 중 하나를 저질렀다"라고 비난한 바 있다.

스노든을 무료 변론하는 러시아 변호사 아나톨리 쿠체레나Anatoly Kucherena가 트럼프의 사면 검토에 보인 반응은 이랬다. "스노든은 미국 시민뿐만 아니라 인류의 이익을 위해 행동하고 있다. 단순히 사면할 일이 아니라 스노든에게 할 수 있는 모든 기소를 포기해야 한다."

스노든은 2013년 폭로 인터뷰 때 그린월드가 "프라이버시가 최대한 보장되는 세상에 살고 싶은 사람이 프라이버시가 전혀 없는 감옥에 갈 만한 일을 하는 건 완전히 모순이다"라고 지적하자 이렇게 답했다.

> "나 자신과 내가 아끼는 사람들의 지적 자유가 통제되는 것보다 난 차라리 감옥에 가는 편을 택할 겁니다. 내가 희생한다는 얘기가 아니라 다른 사람들에게 좋은 일을 한다는 건 인간으로서 기분 좋은 일이거든요."

스노든의 희생정신과 이타심, 정의감과 진정성이 느껴지는 인상적인 발언이다. 러시아 정부로부터 2020년 10월 22일 영주권을 받은 스노든이 과연 미국에 돌아갈 수 있을지 주목된다.

• 관련 영화 •

스노든(Snowden, 2016)

감독 올리버 스톤 | **주연** 조셉 고든레빗(에드워드 스노든), 셰일린 우들리(린지 밀스), 멀리사 리오(로라 포이트러스), 재커리 퀸토(글렌 그린월드), 톰 윌킨슨(유웬 매캐스킬), 리스 이반스(코빈 오브라이언), 니컬러스 케이지(행크 포레스터) | **상영 시간** 134분

스노든의 미국 NSA 내부 고발 실화를, 두 권의 책을 토대로 만든 영화다. 한 권은 영국 ≪가디언≫ 모스크바 특파원 출신 기자 겸 작가인 루크 하딩Luke Harding의 『스노든 파일스The Snowden Files: The Inside Story of the World's Most Wanted Man』(2014년), 다른 책은 스노든의 러시아 망명 과정과 이후를 소재로 그의 러시아인 변호사 쿠체레나가 쓴 실화 소설 『옥토퍼스의 시대Time of the Octopus』(2015년).

〈스노든〉 포스터.

같은 사건을 다룬 다큐멘터리인 〈시티즌포〉는 스노든 인터뷰와 사진과 동영상, 그래픽 자료 등을 활용해 만들어 한계가 있었다. 다룬 시기도 〈시티즌포〉는 스노든이 다큐 감독 로라 포이트러스에게 연락한 2013년 1월부터 러시아에 망명해 연인 밀스와 재회한 2014년 7월까지 약 1년 반에 불과하다. 게다가 홍콩 미라 호텔 내부에서 찍은 것이 전체 분량의 절반을 차지했다.

〈스노든〉은 2004년부터 2013년까지 약 10년에 걸친 스노든의 행적과 고뇌와 변화, 밀스와의 사랑과 갈등 등 '인간 스노든'의 다양한 면모를 보여준다는 점에서 큰 차이가 있다. CIA 선발 및 훈련 과정, 연인과의 관계, 적나라한 개인 사생활 도감청 실태 등은 다큐에서 볼 수 없는 내용이다.

〈시티즌포〉는 스노든의 내부 고발 부분이 전체의 절반이나 될 정도로 큰 비중을 차지한다. 이에 비해 〈스노든〉은 인간 스노든과 그가 내부 고발을 하게 된 이유와 배경이 중심이다. 스노든이 포이트러스와 ≪가디언≫ 취재팀을 만나기 전의 내용을 미국과 스위스 제네바, 일본, 하와이, 모스크바 등지에서 촬영한 것이 전체 분량의 약 70퍼센트나 된다.

스토리의 중요한 배경인데도 촬영의 어려움 때문에 다큐에서는 보여주지 못한 CIA와 NSA 내부를 올리버 스톤 감독은 세트지만 실감 나게 재현해 보여주려고 공을 들였다. 독일 뮌헨의 버려진 우체국과 올림픽경기장 복도를 하와이 NSA 작전센터인 '더 터널'로 변신시켰다는데 그럴듯해서 보는 재미가 쏠쏠하다.

실화를 바탕으로 만든 영화라도 극적 효과와 재미를 위해 사실과 다르게 각색하는 건 할리우드 영화에서는 기본이다. 하지만 이 영화는 사실에 상당히 충실하려고 애쓴 것으로 보인다. 스톤 감독은 영화 제작을 위해 스노든의 쿠체레나 변호사의 저서를 100만 달러나 주고 판권을 샀다. NSA 내부 실상을 파악하기 위해 전문가들과 내부 고발자의 도움도 받았다. 그렇게 완성한 각본을 들고 모스크바에 있는 스노든을 찾아가 감수까지 받았을 정도다.

영화 〈충격과 공포Shock and Awe〉에서 영화 〈위 워 솔저스We were Soldiers〉의 바탕이 된 동명의 책을 쓴 조 갤러웨이Joe Gallaway(토미 리 존스 분)가 "영화가 원작에 얼마나 충실합니까?"라는 기자 질문에 한 답변은 이랬다. "80퍼센트는 정확하고 나머지는 헛소리지요. 할리우드 기준으로는 이게 좋은 거라네요." 영화 〈스노든〉을 보면서 꼭 그렇지만도 않을 것 같다는 생각이 들었다.

두 영화를 비교해 보는 것도 좋다. 스노든의 NSA 내부 고발에 관한 책은 본인이 2019년 발표한 회고록 『영원한 기록』을 포함해 여러 권이 있다. 글렌 그린월드의 *No Place to Hide*는 2014년 『더 이상 숨을 곳이 없다: 스노든, NSA, 그리고 미국 감시국가』, 2017년에는 『스노든 게

이트: 세기의 내부 고발』이란 제목으로 국내에서 번역 출판되었다. 그린월드는 〈시티즌포〉에 직접 등장하고 〈스노든〉에서는 재커리 퀸토가 연기했다. ≪가디언≫ 기자 하딩의 책 *The Snowden Files*는 2014년 『스노든의 위험한 폭로』라는 제목으로 번역 출판되었다.

위 스틸 시크릿 : 더 스토리 오브 위키리크스

We Steal Secrets, The Story of Wikileaks, 2013

감독 각본 알렉스 기브니 | **출연** 줄리언 어산지, 에이드리언 라모, 마이클 헤이든, 닉 데이비스, 마크 데이비스, 케빈 폴슨 | **상영 시간** 130분

전 세계 내부 고발자들이 정부, 기업, 단체 등의 비리나 불법을 폭로하는 자료를 공개할 수 있는 인터넷 플랫폼인 위키리크스를 만든 줄리언 어산지Julian Assange(1971~)와 위키리크스의 역사와 활동, 위키리크스를 둘러싼 논란 등을 다룬 다큐멘터리 영화다.

• 시놉시스 •

호주의 10대 해커 출신인 어산지가 2006년 위키리크스를 만들어 세계적 인물이 된 과정을 1989년 우주왕복선 갈릴레오 발사 당시 발생한 WANK의 컴퓨터 바이러스 공격까지 추적해 보여준다. 어산지가 WANK

와 관련된 사실은 확인되지 않았다. 영화는 어산지가 관련 있다는 인상을 준다. 당시 수사는 어산지가 포함된 호주 멜버른의 해커 그룹을 의심했지만 흐지부지되었다. 어산지는 1990년대에 정부 데이터 침입, 변경, 파괴 등 혐의로 기소되어 3년 보호관찰 처분을 받은 전력이 있다.

▌〈위 스틸 시크릿〉 포스터.

영화는 어산지가 '자유의 영웅'인지 '기소되어야 할 테러리스트'인지를 묻는다. 시사 주간지 ≪타임≫의 2010년 12월 13일 자 표지에 어산지가 등장했다. 이때는 위키리크스가 미국의 군사 외교 문서를 공개해 파문이 전 세계로 확산했을 때다.

어산지는 다큐 제작에 협조하지 않았다. 다큐는 과거 그의 인터뷰와 활동 자료를 활용해 제작했다. 그는 한 인터뷰에서 '시스템과 프로세스를 디자인해 온 발명가로서 창조적인 것, 피해자들을 변호하는 것, 전투적인 사람으로 악당을 물리치는 것을 좋아한다'고 자신을 소개했다.

전문가들의 어산지 평가는 '세계에 대항하는 한 사람', '탁월한 아이디어로 일해온 영리하고 용감하고 헌신적이고 근면한 사람', '아주 과격한 공상가' 등으로 엇갈린다.

이 영화를 만든 알렉스 기브니Alex Gibney는 어산지가 정부와 기업의 비밀을 찾아내 드러내는 일에 매료되었다고 설명한다. 그 비밀을 유출하는 도구로 만든 게 바로 위키리크스라는 것. 자신을 안 드러내고 비밀을 폭로하려는 내부 고발자들에게 유용한 장치다. 어산지는 "정보 공개로 세계의 긍정적 정치개혁을 달성한 최고의 기회를 갖기를 원한다" 라고 주장했다.

위키리크스는 자신들이 원하는 비밀 자료 리스트를 홈페이지에 올려놓고 제보를 기다렸다. 이라크 파병 미 육군 정보 분석관 첼시 매닝 Chelsea Manning이 그걸 보고 75만 건의 군사 외교 문서 및 전문 등을 위키리크스에 제공했다(위키리크스는 매닝이 자신들이 원하는 자료 리스트를 보고 자료를 빼내 제공했다는 것은 사실이 아니라고 반박했다).

위키리크스는 초기에는 웹사이트에 자료를 공개하다가 나중에는 언론과 협업을 모색했다. 영국 ≪가디언≫, 미국 ≪뉴욕타임스≫, 독일 ≪슈피겔≫은 2010년 7월 25일 일제히 아프간전쟁 관련 자료를 보도하기도 했다.

2010년 위키리크스의 대규모 폭로는 4월, 10월, 11월 세 차례에 나눠 이루어졌다. 위키리크스의 폭로를 놓고 '영웅이냐, 국가안보 위협이냐' 라는 논쟁이 벌어지면서 어산지는 록스타 같은 유명세를 누렸다. 미국 정부는 위키리크스를 미국에 대항해 정보 전쟁을 벌이는 테러 조직, 어산지를 '적 전투원enemy combatant'으로 규정하고 공격하기 시작했다.

2010년 8월 스웨덴에서 열린 세미나에 초청받아 간 어산지는 두 여성과 성관계를 가졌다. 그런데 이들이 강간과 성폭력으로 고소해 어산지가 체포되는 돌발 사건이 벌어졌다. 스웨덴 경찰의 허가를 받고 영국에 간 어산지는 영국 경찰에 체포되었다가 보석으로 석방되었다. 그러나 영국 법원이 추방을 결정했고 어산지는 2012년 6월 런던의 에콰도르대사관에 피난처Asylum를 마련해 은신했다. 영화는 어산지가 2013년 3월 현재 대사관에 은신한 상태에서 끝났다.

매닝은 2013년 7월 30일 외교 전문 절도와 간첩법 위반 등으로 징역 35년 형을 선고받았다. 2010년 5월 27일 체포된 매닝은 버락 오바마 대통령의 감형 조치로 2017년 5월 17일 수감 7년 만에 석방되었다.

매닝은 2018년 미국 연방 상원의원 선거에 민주당 후보로 출마하려고 했지만 후보를 결정하는 예비선거에서 떨어졌다. 그 후 어산지를 조사하는 대배심에서 증언을 거부해 2019년 3월 8일부터 2020년 3월 12일까지 다시 수감되기도 했다.

어산지는 그의 망명을 받아준 에콰도르 라파엘 코레아 대통령이 2017년 5월 물러난 뒤 후임 대통령의 입장 변화로 2019년 4월 11일 망명 생활 7년 만에 영국 경찰에 체포되었다. 스웨덴 경찰은 어산지의 체포 후 성폭력 관련 혐의 수사를 증거 불충분을 이유로 포기했다. 미국 정부는 어산지를 간첩죄 등 18개 혐의로 기소하고 영국 정부에 송환을 요청했다. 영국 법원은 2021년 1월 4일 '어산지가 미국에 송환되면 극단적 선택을 할 가능성이 크다'는 이유로 미국의 범죄인 송환 요구를 거부했다. 그러나 미국이 항소함으로써 어산지의 수감 생활은 언제 끝날지 알 수 없다.

어산지는 2016년 미국 대선 국면에서 민주당 힐러리 클린턴 후보에게 불리한 이메일을 폭로한 적이 있다. 그래선지 도널드 트럼프 당시 공화당 후보는 '위키리크스를 사랑한다'고 공개적으로 말했다. 하지만 취임 후 그는 '위키리크스를 들어보지도 못했다'고 표변했다. 위키리크스 폭로가 선거 결과에 어떤 영향을 미쳤는지는 분명치 않다.

어산지는 런던의 에콰도르대사관에서 지내던 2015년 자신의 변호사인 영국인 스텔라 모리스Stella Morris와 연인이 되어 두 아들이 생겼다. 어산지는 모리스가 병원에서 출산하는 걸 실시간 영상으로 지켜보았다.

워드 커닝엄은 1995년 최초의 위키Wiki인 위키위키웹WikiWikiWeb을 만든 프로그래머다. 그는 위키를 '움직이는 가장 단순한 온라인 데이터베이스'라고 했다. 위키에서는 누구나 웹사이트의 문서나 내용을 고치고 새로 만들 수 있다. 위키는 하와이어로 '빠르다'는 뜻이다. 인터넷에서는 '대중이 알고 있는 것'이라는 의미로 쓰인다. 위키에 '누설하다'라는 영어 단어 리크leak를 결합한 것이 위키리크스WikiLeaks다. 전 세계 내부 고발자들이 정부, 기업, 단체의 비리나 불법을 폭로하는 자료를 올리는 인터넷 플랫폼으로 2006년 생겼다.

위키리크스는 처음에는 독자적으로 폭로하다가 2010년 11월 28일 미국의 외교 전문 공개 때는 미국, 영국, 독일 언론과 제휴해서 공개했다. 나중에는 민감한 내용을 수정·보완하는 문제로 갈등을 빚어 언론사들이 위키리크스를 비난하는 일도 벌어졌다.

위키리크스가 언론과 제휴한 것은 언론의 특종 욕구를 이용한 것으로 볼 수 있다. 제휴 언론사의 영향력과 신뢰도를 활용하고 문제가 생기면 보호막 역할을 해줄 것도 기대했을 것이다. 같은 내용을 주류 언론이 폭로하는 건 괜찮고 위키리크스가 하면 안 되느냐고 위키리크스는 주장하고 있다. ≪뉴욕타임스≫ 등 3개 언론의 편집국장들은 '공개한 자료에 정당한 공적 관심이 있다고 믿는다'는 입장을 밝혔다.

'위키리크스는 언론인가?'라는 질문을 할 수 있다. 인터넷 시대에 '언론이 무엇인가?'라는 질문은 대답하기 어려운 질문이 되었다. 위키리크스는 자신들을 '비영리 미디어 조직'이라고 한다. 그들의 목표는 중요한 뉴스와 정보를 대중에게 알리는 것이고 정보원source이 언론인에게 정보를 유출할 수 있는 혁신적이고 안전하며 익명의 방법(전자 드롭박스)

을 제공한다는 것. 위키리크스의 가장 중요한 활동 중 하나는 독자와 역사가 똑같이 진실의 증거를 볼 수 있도록 뉴스 기사와 함께 원자료를 공표하는 것이라고 위키리크스는 주장한다.

위키리크스를 전통적인 의미의 언론이 아니라고 할 수 있지만 언론이 아니라고 할 근거도 없다. 그래서 미국 정부가 어산지를 간첩죄로 처벌하겠다고 나서자 그렇다면 같은 기밀문서를 보도한 ≪뉴욕타임스≫, ≪워싱턴포스트≫도 처벌해야 한다는 주장이 나왔다. 영화에서는 2002~2008년 미국 정부의 비밀 기록 관리를 담당하는 정보보안감독국ISOO 국장을 지낸 빌 레너드Bill Leonard가 문제를 지적한다. "간첩법은 주로 적이 우리를 해칠 수 있도록 개인이 국방 정보를 적에게 넘겨주는 상황을 다루기 위해 만들었다. 간첩법이 '타임스'나 '포스트'가 매일 하는 것 이상을 하지 않은 개인에게 적용되면 전례 없는 일이 된다."

미국이나 영국 언론은 기밀문서라도 '명백하고 현존하는 위험clear and present danger'이 없다고 판단되면 보도해 왔다. 기밀문서를 빼내 언론에 제공한 사람은 처벌받았지만 그걸 보도한 기자는 처벌을 받지 않았다.

1971년 베트남전 관련 국방부 기밀문서(펜타곤 페이퍼)를 '타임스'와 '포스트'가 보도했을 때 법무부가 제기한 소송을 계기로 언론 보도를 사전 검열할 수 없다는 판례가 확립되었다. 당시 문서를 언론에 유출한 대니얼 엘스버그는 백악관과 FBI의 불법 행위 때문에 예외적으로 처벌을 면했다. 펜타곤 페이퍼를 보도한 언론사들도 처벌을 받지 않았다.

영화 제목 'We Steal Secrets(우리는 비밀을 훔친다)'는 어산지나 위키리크스가 한 말일 것으로 생각하고 영화를 보았다. 제목이 'We Steal Secrets, The Story of Wikileaks'라고 되어 있으니 그렇게 생각한 것이다. 영화 시작 부분에서 어산지와 매닝의 얼굴을 절반씩 합성한 뒤 그 위에 'We

Steal Secrets'라는 제목을 올려놓은 것도 그렇다(00:05:05).

그런데 영화를 보니 그게 아니었다. 영화 제목은 미국 CIA와 NSA의 수장을 모두 지낸 마이클 헤이든Michael Hayden이 CIA나 NSA 요원(스파이)의 활동에 관해 한 말에 나온다. 다큐에 나오는 헤이든의 발언은 이렇다. "모두가 비밀이 있다. 자국민을 지키기 위해 민족국가가 하는 일부 행위는 성공하기 위해서 비밀이 필요하다. 그게 널리 알려진다면 일을 수행할 수 없다. 솔직히 말하겠다. 우리는 비밀을 훔친다. 우리는 다른 나라의 비밀을 훔친다. 그건 훤히 보이게 할 수 없고 아주 오랫동안 성공할 수도 없다."

해군 대장 출신인 헤이든은 1999년 3월부터 2005년 4월까지 NSA 국장, 2005년 4월부터 2006년 5월까지 국가정보국DNI 부국장, 2006년 5월부터 2009년 2월까지 CIA 국장을 지냈다. 그는 다큐에 직접 출연해 다큐의 신뢰도와 객관성에 큰 도움을 주었다.

2010년 11월 28일 미국 국무부가 과거 한국을 비롯한 전 세계 270개 해외 공관과 주고받은 외교 전문 25만 건이 공개되어 파문이 일었을 때 클린턴 국무장관의 반응은 이랬다. "이런 폭로는 책임 있는 정부의 적절한 기능을 하는 옷을 찢는 것이다. 선의의 사람들은 민감한 외교적 대화가 국익과 세계 공통의 이익을 보호하는 데 필요하다는 걸 이해한다."

위키리크스는 이 다큐 영화 내용 가운데 106군데에 문제가 있다면서 구체적인 반박 근거를 일일이 제시했다(https://wikileaks.org/IMG/html/gibney-transcript.html).

오피셜 시크릿

Official Secrets, 2019

감독 개빈 후드 | **출연** 키라 나이틀리(캐서린 건), 레이프 파인스(벤 에머슨), 맷 스미스(마틴 브라이트), 매슈 구드(피터 보몬트), 리스 이반스(에드 벌리아미) | **상영시간** 112분

2003년 영국에서 있었던 국가기밀 내부자 고발 사건을 바탕으로 만든 영화다. 미국에서는 국가기밀 유출 사건이 많고 이를 토대로 만든 영화도 흔하다. 영국에서는 상대적으로 유사한 사건이 드물고 당연히 그런 영화도 별로 보지 못했다. 2008년 출판된 『전쟁을 막으려고 한 스파이The Spy Who Tried to Stop a War』의 저자인 작가 마샤 미첼Marcia Mitchell이 전직 FBI 요원 토머스 미첼Thomas Mitchell과 함께 각본을 썼다. 2016년 발표된 영국의 이라크 조사위원회 보고서[칠콧 보고서(The Chilcot Report)]도 각본에 반영되었다.

• 시놉시스 •

▌〈오피셜 시크릿〉 포스터.

영화의 줄거리는 간단하다. 이라크전 시작을 두 달도 남겨놓지 않은 2003년 1월 31일. 미국 국가안보국NSA에 해당하는 영국 정부통신본부GCHQ: Government Communications Headquarters 중국어 통·번역 요원인 캐서린 건Katharine Gun이 NSA 고위 간부인 '프랭크 코자Frank Koza' 명의로 작성된 일급 기밀이 포함된 이메일 메모를 보게 된다. 메모 내용은 미국이 이라크전에 대한 유엔 안전보장이사회 표결을 앞두고 앙골라, 카메룬, 칠레 등 5개 안보리 이사국 사무실 등을 도청해 달라는 것. GCHQ는 전 세계를 상대로 통신 도·감청을 전문으로 하는 영국 정보기관으로 NSA와 긴밀하게 공조한다.

조지 W. 부시 미국 대통령 주도로 추진하는 이라크전이 불법이라서 반대한다는 캐서린은 전쟁으로 인한 희생을 막아야 한다며 반전운동가 친구에게 메모 사본을 준다. 메모는 결국 영국 일요신문 ≪옵서버≫ 마틴 브라이트Martin Bright 기자한테 들어갔다.

브라이트를 비롯한 ≪옵서버≫ 기자들은 약 한 달 동안 메모 작성자인 코자의 존재와 내용의 진위를 확인했다. 마침내 2003년 3월 2일 브라이트 등 세 명의 기자가 쓴 특종기사가 신문 1면을 장식했다. 제목은 "이라크전 투표에서 이기기 위한 미국의 부정 공작 드러났다Revealed: US dirty tricks to win vote on Iraq war".

GCHQ는 자체 조사에 착수했다. 캐서린은 동료들이 의심받는 걸 못 참겠다며 자수해 3월 5일 경찰에 체포되었다. 경찰에서 조사받고 풀려난 그는 11월 '공무상 비밀 엄수법Official Secrets Act' 위반 혐의로 불구속 기소되었다.

사건 발생 1년 만인 2004년 2월 25일 첫 재판이 열렸다. 하지만 30분 만에 검사가 소송을 취하하는 일이 벌어졌다. 캐서린은 법적으로 아무 처벌도 받지 않았다. 하지만 직장에서 해고되었고 1년 동안 소송에 대비하느라 심신이 망가졌다.

검찰의 소송 포기는 벤 에머슨 인권 변호사의 소송 전략이 결정적이었다. 피터 골드스미스 법무장관이 토니 블레어 총리에게 유엔 안보리의 새로운 의결이 없는 이라크전은 불법이라는 의견서를 제출한 걸 알고 그걸 재판에 제출하라고 요구한 것. 그게 공개되면 불법적인 전쟁을 막기 위해 캐서린이 비밀을 공개한 것이 정당방위가 될 수 있다고 본 것이다. 정부는 의견서를 공개할 수 없었기 때문에 캐서린에 대한 소송을 취하한 것이다.

• 저널리스트의 관점 •

영국 정부도 내부 고발자에게는 가혹하다는 사실을 보여준 영화였다. 기밀 사항을 보도한 언론과 언론인에 대해서는 미국 정부와 마찬가지로 아무 조치도 없었다. 한국에서라면 정부가 가만히 있었을까? 기자와 언론사를 골탕 먹이고 본보기를 보여주기 위해서라도 기소했을 것이다. 영국 정부도 캐서린을 시범 사례로 삼기 위해 소송을 일찍 취소하지 않고 1년 동안이나 끌었음을 영화를 통해 알 수 있다.

영화를 보면서 인상적이었던 부분은 ≪옵서버≫ 기자들이 하나의 팩트를 확인하기 위해 참으로 많은 취재원을 만난다는 사실이었다. 기자는 메모를 작성했다는 프랭크 코자가 실제로 존재하는지 확인하기 위해 미국 NSA에 직접 전화를 건다. 정보기관 요원은 이름 자체가 기밀 사항이라 확인하기가 쉽지 않다. 기자들은 메모 내용도 다양한 방법으로 검증한다. 기자들이 접촉한 걸로 영화에 나온 취재원은 NSA 관계자, 전직 CIA 요원, 국제 안보 컨설턴트, 영국의 해외정보기관인 MI6 요원, 해군 소장 등이다.

≪옵서버≫는 취재 결과 코자가 실존 인물인 것이 확인되었고 정보기관에서 쓰는 전문용어들이 이메일에 사용되었으며 MI6가 부인하지 않았다는 점을 근거로 기사를 내보낸다. 기사가 나가도 영국 국민이나 영국군에 해가 없다는 점도 고려되었을 것이다. 기밀 사항이지만 '명백하고 현존하는 위험'이 없다는 걸 확인했다는 의미로 볼 수 있다.

≪옵서버≫와 자매지 ≪가디언≫의 통합 인터넷 홈페이지에 있는 기사를 읽어보았다. 기사는 브라이트, 에드 벌리아미Ed Vulliamy, 피터 보몬트Peter Beaumont 등 세 명의 기자 명의로 되어 있다. 기사를 읽어 보니 영화를 볼 때와는 느낌이 좀 달랐다.

먼저 영화에서 캐서린과 옆자리 동료인 앤디가 메모를 읽고 한 발언에는 '미국이 유엔 투표를 조작하려는 것', '약소국을 협박해서 찬성하게 하려는 것', '유엔의 전쟁 결의 조작' 등이 나온다.

기사에는 미국이 안보리 표결에 대비해 안보리 이사국 중 6개국 대표단의 사무실과 자택 전화를 도청하고 이메일을 훔쳐보라고 한 내용은 있다. 그러나 투표 조작을 위해서라기보다 결의안에 대한 각국 입장과 정책 등 관련 정보를 최대한 수집하기 위한 것이라고 되어 있다. 미국이 그렇게 수집한 정보를 관련국을 압박, 회유, 심지어 협박하는 데 악용할 수는 있겠다. 그것은 해석과 예측의 문제다.

기사에는 취재원 실명, 소속 기관, 직책이 전혀 나오지 않았다. "전직 정보 요원 세 명이 메모에 사용된 언어와 내용을 보고 진짜라고 판단했다"라고만 되어 있다. 기사에는 GCHQ라는 표현이 아예 나오지 않아 메모 출처가 어딘지를 알 수 없게 철저히 감추었다.

취재원을 익명으로 처리할 때도 최소한 어떤 기관인지, 어느 수준의 지위에 있는지 정도는 알 수 있는 정보를 기사에 포함하는 게 바람직하다. 그것은 독자가 기사를 판단할 수 있는 근거를 제공하기 위한 것이다. 지나친 익명 처리는 기사의 신뢰도를 떨어뜨린다. 이는 실명 처리를 기본으로 하고 예외로 익명 처리를 하는 미국 언론과 대비되는 부분이다.

캐서린은 단 한 건의 기밀이 포함된 메모를 유출했다. 그것은 대니얼 엘스버그, 에드워드 스노든, 첼시 매닝, 줄리언 어산지가 유출한 기밀 문서와 자료의 양과 비교하면 극히 미미하다. 그럼에도 불구하고 캐서린이 치른 대가는 컸다. 그녀는 직장을 잃었고 1년 동안 소송으로 심신이 괴로웠다. 검찰의 소송 취하로 자유는 얻었지만 원래 자리에 돌아가지 못했다. 그녀는 쿠르드계 터키인인 남편 야사르 건과 터키에서 살고 있다.

선진국이라도 내부 고발자는 희생을 치르는 게 현실이다. 과연 "'공무상 비밀 엄수법'으로 국민의 알 권리를 막고 내부 고발자를 처벌하는 것이 정당한가?"라는 질문을 던지는 영화다.

한편 이 영화에 나오는 신문사 ≪옵서버≫의 편집국은 영국 맨체스터에 있는 폐건물에 실제에 가깝게 재현한 것이라고 한다.

인사이더

The Insider, 1999

감독 마이클 만 ㅣ **출연** 알 파치노(로웰 버그먼), 러셀 크로(제프리 와이갠드), 크리스토퍼 플러머(마이크 월리스), 다이앤 베노라(리안느 와이갠드), 필립 베이커 홀(돈 휴잇), 지나 거숀(헬런 카퍼렐리) ㅣ **상영 시간** 157분

담배회사 전직 부사장의 내부 고발을 보도하기 위한 미국의 유명 TV 프로듀서와 이를 저지하려는 담배회사, 거액의 소송을 우려해 인터뷰를 보도하지 못하게 막는 언론사가 복잡하게 얽힌 실화를 다룬 영화. 잡지 ≪배니티 페어≫가 1996년 6월 호에 내부 고발자와 사건 관련자들을 인터뷰해 작성한 장문의 기사를 실었다. 영화는 이 기사를 바탕으로 만들었다. 1995년 미국 CBS 뉴스의 간판 TV 프로인 〈60분60 Minutes〉의 로웰 버그먼Lowell Bergman PD가 담배의 중독성과 폐암 유발 가능성을 입증하기 위해 전직 담배회사 부사장인 제프리 와이갠드Jeffrey Wigand 박사를 인터뷰했다. 버그먼은 담배회사의 집요한 방해 공작과 거액의 소송을 우려한 CBS 경영진의 인터뷰 방송 금지까지 겹쳐 분노한다. 개인 인맥을 동원한 타 언론사 기자들의 지원과 상황 변화로 뒤늦게 와이갠드

인터뷰는 방송에 나간다. 영화는 언론 자유를 둘러싼 이상과 현실, 내부 고발자 보호의 한계 등 다양한 문제와 시각을 보여준다. 영화가 나온 지 20년도 넘었고 내부 고발자를 보호하는 제도도 있지만 고발자가 감내해야 할 어려움은 여전하다. 내부 고발자 보호는 언론 자유와 직결된다는 점에서 언론인이 마땅히 관심을 가져야 할 문제다.

• 시놉시스 •

공정성만큼은 자부하는 미국 CBS 뉴스의 간판 프로인 뉴스매거진 〈60분〉 PD인 로웰 버그먼. 1989년부터 담배회사 브라운앤드윌리엄슨B&W 연구개발 부사장으로 일하다 1993년 3월 해고된 제프리 와이갠드 박사. 두 사람은 어느 날 버그먼 집에 배달된 담배회사 필립모리스의 화재 예방 담배 연구에 관한 내부자료 분석 때문에 만나게 된다.

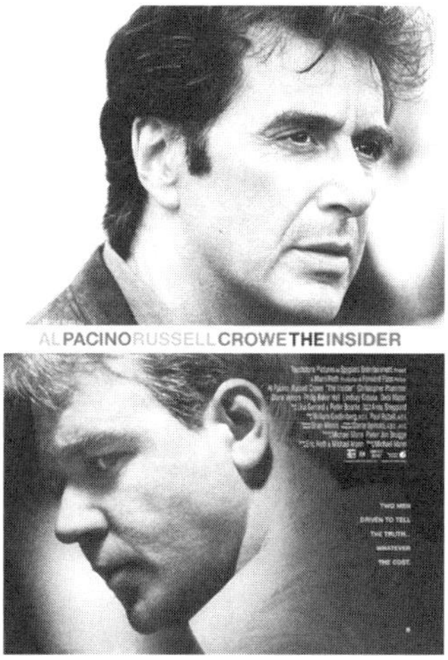

▌〈인사이더〉 포스터.

아내와 두 딸과 함께 고급 주택에서 풍족하게 살던 와이갠드는 당장 의료보험료, 천식을 앓는 딸 병원비, 자동차 할부금, 집세가 걱정이다. 버그먼은 첫 만남에서 "정보 제공자에 관해서는 입이 무겁다"라며 "사회 비리를 캐고 〈60분〉을 통해 고발한다"라고 자신을 소개한다. 자료를 살펴본 와이갠드는 B&W에 대해서는 기밀을 누설하지 않기로 한 약정 때문에 말할 수 없다고 선을 긋는다. 하지만 자료 분석은 1만 달러 정도의 보상이 가능하다는 말을 듣고 와이갠드는 도와주기로 한다.

와이갠드는 B&W에서 강화한 비밀준수 약정을 요구하자 버그먼이 회사에 정보를 제공했다고 오해한다. 그러나 회사가 자신을 미행하고 뒷조사하는 걸 알게 된다. 버그먼이 '정보를 줄 사람인데 받기도 전에 배신하겠느냐'고 항의하자 오해를 푼다.

버그먼은 와이갠드가 내부 고발로 예상되는 어려움을 말하자 함께 고민하면서 점잖게 설득한다. "당신이 알고 있는 정보는 국민에게 치명적인데 그걸 알리려면 비밀준수 약정을 깨야 해요. 약정을 지키고 싶다면 무슨 걱정이겠어요? 아무 말 안 하면 되지. 그걸 결정할 사람은 바로 당신뿐이오."

버그먼은 비밀준수 약정을 깰 방법으로 재판에 증인으로 나가는 아이디어를 낸다. 와이갠드는 고등학교 교사가 된다. 작은 집으로 이사 갔는데 누군가 감시하고 이상한 전화도 걸려온다. 가족을 죽이겠다는 이메일이 날아오고 우편함에서 총알이 발견된다. 흥분한 와이갠드가 당장 인터뷰를 하겠다고 하자 버그먼이 말린다. 신고를 받은 FBI는 오히려 와이갠드를 이상하게 보고 개인 파일이 들어 있는 컴퓨터를 압수한다. B&W가 장난쳤을 가능성을 보여준다.

와이갠드는 아내의 반대를 무시하고 〈60분〉과 인터뷰를 한다. B&W 사장이 니코틴 중독에 관해 의회 청문회에서 위증했다며 결정적인 내용을 폭로한다. 담배회사를 상대로 진행하는 소송에 증인으로도 나선다. 아내는 도와주고 싶은데 견디질 못하겠다며 눈물을 흘린다.

B&W는 비밀준수 약정을 근거로 켄터키주 법원에서 함구 명령gag order

을 받아내 증언을 막으려고 한다. 와이갠드는 구속을 각오하고 함구 명령이 기각된 미시시피주 법원에서 증언한다. 집에 돌아오니 아내는 이혼신청서를 남기고 떠나버렸다.

〈60분〉 제작팀은 와이갠드 인터뷰와 법정 증언 영상으로 방송 준비를 마친다. 문제는 CBS 내부에서 터진다. 헬런 카퍼렐리 법률고문을 중심으로 회사 측은 '비밀준수 약정이 제삼자 개입으로 깨지면 제삼자가 소송을 당할 수 있다'고 문제를 제기한 것. 〈60분〉 제작팀과 CBS 뉴스는 방송을 해야 한다고 주장한다. "뉴스를 보도하려면 정보를 캐야 하니까 그 정도는 각오해야 한다. 정보를 확인했고, 한 번도 패소한 적이 없다." 회사 측의 반박도 만만찮다. "그렇게 정확성을 추구하는 프로그램이니 신중히 판단하는 게 옳다. 증인의 진실성에도 문제가 많아 소송당하면 회사가 파산할 수도 있다." 결국 회사는 위험을 줄이기 위해 와이갠드 인터뷰를 삭제하도록 결정한다.

버그먼은 분노한다. "변호사들이 TV 보도를 좌지우지하다니 말이 돼? 담배회사가 소송을 제기하면 주식 매각에 불리해서 그러는 거 아냐?" 〈60분〉 진행자 마이크 월리스Mike Wallace까지 경영진 편에 서자 버그먼은 고립된다.

버그먼은 B&W가 와이갠드를 비방하기 위해 뒷조사한 자료를 ≪월스트리트저널WSJ≫에 제공한 걸 알게 된다. 이에는 이, 눈에는 눈이다. 와이갠드에게 유리한 자료를 수집한 버그먼은 역정보전을 편다. 월리스는 자신을 인터뷰한 뉴스가 편집된 걸 보고 카퍼렐리 고문을 비난한다. 결국 와이갠드 인터뷰는 이름도 얼굴도 회사명도 숨긴 채 〈60분〉에 들어간다.

버그먼의 독백. "〈60분〉 PD란 간판 없으면 아무도 날 쳐다보지 않겠지. … 소신은 돈 가진 놈들한테나 어울리지. 그래서 CBS 사장도 자유언론사를 가졌어. 지금까지 난 멍청한 짓만 한 거야." 버그먼은 ≪뉴욕타임스≫ 기자에게 CBS가 와이갠드 인터뷰를 삭제하도록 압력을 넣어서 방송하지 않기로 했다고 제보한다. '타임스'는 1면 기사와 사설까지 싣는다.

'WSJ'는 버그먼이 준 자료를 확인 취재한 뒤 'B&W가 와이갠드 비방 자료를 만들었고 취재 결과 대부분 근거 없는 것으로 밝혀졌다'고 보도했다. 〈60분〉도 뒤늦게 와이갠드가 얼굴을 드러내고 한 인터뷰를 방송한다.

실망한 버그먼이 그만두겠다고 하자 윌리스는 "다 잘됐잖아. 결국 자네가 옳았어"라며 만류한다. 버그먼은 말한다. "그럴까요? 다음 기사 정보는 어떻게 구하죠? 정보만 주면 반드시 보호하겠다? 한번 받은 상처는 어떤 식으로든 남죠. 그럼." 할 말을 잃은 윌리스를 뒤로하고 버그먼이 CBS 건물을 나가면서 영화는 끝난다.

• 저널리스트의 관점 •

이 영화를 객관주의라는 기준으로 본다면 결코 높은 점수를 줄 수 없다. 다분히 언론의 자유를 중시하는 관점에서 연출되었다고 볼 수 있다. 당연히 양쪽 입장을 모두 균형 있게 반영해 제작했다면 영화로서의 재미는 반감되었을 것이다.

1993년부터 짧게는 3~5년에 걸친 복잡한 사건을 약 두 시간 반짜리 영화로 만들었으니 생략된 게 많을 수밖에 없다. 따라서 얽히고설킨 내

막을 모르면 영화를 제대로 이해할 수 없다.

먼저 내부 고발자 문제부터 살펴보자. 영화에서는 버그먼이 와이갠드를 처음 만나 대화할 때 '얼마나 주겠느냐'는 와이갠드 질문에 "못해도 1만 달러 정도?"라고 대답한다. 와이갠드가 내부 고발의 대가를 요구하고 버그먼이 1만 달러를 제시한 것처럼 오해할 수 있다. 그러나 1만 달러는 필립모리스 내부자료를 분석해서 컨설팅해 주는 대가였다. 실제로 CBS 뉴스는 와이갠드가 2주일 동안 컨설팅해 준 대가로 1만 2000달러를 주었다. 이렇게 제작한 화재 예방 담배에 관한 프로는 1994년 1월 〈60분〉에 방송되었다. 이는 두 사람이 알게 된 계기가 되었지만 B&W에 관한 내부 고발과 직결된 건 아니다.

기자나 언론사가 내부 고발을 유도하기 위해 금전적 보상을 하거나 특종 욕심 때문에 거짓말로 회유하는 것은 윤리적으로, 때로는 법적으로 문제가 될 수 있다. 와이갠드가 내부 고발 문제로 고민할 때 버그먼이 한 말은 신중했고 적절했다. "당신이 알고 있는 정보는 국민에게 치명적인데 그걸 알리려면 비밀준수 약정을 깨야 해요. 약정을 지키고 싶다면 무슨 걱정이겠어요? 아무 말 안 하면 되지. 그걸 결정할 사람은 바로 당신뿐이오."

영화에는 나오지 않지만 CBS 뉴스는 와이갠드의 내부 고발에 직접 보상은 하지 않았다. 다만 인터뷰가 방송된 뒤 명예훼손 소송이 제기되면 소송 비용과 배상금을 부담하기로 했다. 와이갠드는 연봉 30만 달러를 받던 미국 3대 담배회사 부사장에서 해고된 뒤 연봉 3만 달러의 고교 교사가 되었다. 이혼도 당했다. 적어도 당시에는 내부 고발로 자신의 많은 걸 잃은 셈이다.

PD와 CBS는 그의 고발 덕분에 명성도 얻고 돈도 벌 수 있는 상황이다. 영화 시작 1시간 후에 두 사람이 일식집에서 만났을 때 버그먼은 좀 더 적극적으로 와이갠드를 설득한다.

와이갠드 당신에게 나는 상품일 거요. 구미가 당기는 돈 될 만한 물건이겠지.

버그먼 누구든 뉴스거리가 될 수는 있지. 하지만 내겐 어떤 사람인지가 중요해요. 3000만 시청자 앞에 서고 나면 세상이 전과는 달라진다고 생각되지 않겠소?

와이갠드 국민에게 뭔가를 알리면 일이 해결된다는 거요? 그래서 하는 일에 보람을 느낀다고 하는군. 자부심이 대단해. 시청자는 자극적인 얘기를 즐기려고 할 뿐 세상 아무것도 바뀌지 않을 거란 거요. 나도 쓰고 나면 버린 휴지 조각 신세일 뿐이지.

버그먼 일단 방송을 하면 판단은 국민이 하는 거요. 당신은 그 힘을 쥐게 되는 거지. 혼자 고독하게 말이오. 아직도 날 그렇게 못 믿소?

와이갠드 난 내 가족을 걸어야 하는데 당신은 말 한마디로 다잖아.

버그먼 말 잘했군. 당신이 잘난 회사에서 골프나 치러 다닐 때 난 현장에서 말로 세상과 싸웠소. 물론 행동까지 취하면서 말이오. 인터뷰에 응할 거요 말 거요?

기자는 내부 고발자의 의도나 신상을 정확하게 파악해야 한다. 메신저인 고발자의 신뢰가 떨어지면 메시지 효과도 작아진다. 실제로 B&W는 와이갠드의 신뢰를 떨어뜨리기 위해 조사회사와 홍보회사를 동원해 500쪽 분량의 보고서를 만들어 언론에 제공했다. 일부 언론은 그 보고서를 근거로 와이갠드에게 불리한 보도를 했다. 그러나 'WSJ'는 버그먼이 만든 해명 자료를 확인 취재한 뒤 B&W의 와이갠드 비방 자료가 근거가 부족하다는 기사를 썼다.

기자나 언론사는 내부 고발자에게 예상되는 결과나 후폭풍을 설명해 주는 것이 바람직하다. 당사자가 그걸 알고 스스로 결정하도록 할 필요가 있다. 돈이나 일자리 등 유무형의 대가로 매수하거나 유도하는 것은 비윤리적이다. 법적으로도 문제가 생길 수 있다.

다음으로 와이갠드의 인터뷰를 보도하지 않기로 한 결정에 대해서도 영화에서 제대로 다루지 않은 부분이 있다. CBS 회사 측을 대변하는 헬런 카퍼렐리 법률고문이 등장한다. 이 이름은 가명이고 실제 인물은 엘런 케이든Ellen Kaden 변호사. 그는 다른 사람의 계약 관계에 제삼자가 개입해 계약을 파기하거나 경제적 손해를 끼치면 제삼자가 소송을 당할 수 있다는 '불법 개입tortious interference'을 경영진에게 보고한다. 1995년 11월 12일 방송된 〈60분〉에서 와이갠드의 실명 인터뷰가 삭제되고 이름도, 얼굴 영상도, B&W라는 담배회사 이름도 없는 내용이 보도된 배경이다.

당시 CBS는 명예훼손 소송을 우려한 게 아니었다. 와이갠드가 B&W와 회사 내부 문제를 발설하지 않기로 합의했기 때문에 그를 인터뷰하면 CBS가 법적 책임을 지게 될 것을 우려해서 인터뷰를 보도하지 못하게 한 것이다. 〈60분〉 진행자로 유명한 월리스와 돈 휴잇Don Hewitt 〈60분〉 총괄 책임 프로듀서도 회사에 동조했다. 이들은 당시 ABC가 담배회사 필립모리스에 100억 달러 규모의 소송을 당한 사례 때문에 고민했다.

휴잇은 1968년 〈60분〉 프로그램을 만들어 CBS 간판 프로로 키웠으며 엄청난 수익을 올렸다. 그는 1995년 10월 17일 미국 워싱턴 D.C. 내셔널프레스클럽 연설에서 이런 말을 했다. "당신 머리에 150억 달러짜리 총을 겨누고 있다. 우리는 사선에서 벗어나기를 선택했다. 나는 그걸 자랑스러워하지 않는다. 그러나 그건 내 돈이 아니다. 나는 150억 달러가 없다. 그건 로런스 티시Lawrence Tisch CBS 회장 돈이다."

문제는 CBS가 소송을 걱정해서 기사 내용에 문제가 없는 내부 고발자 인터뷰를 '불법 개입'이란 생소한 이유를 내세워 보도하지 못하게 한 것이 정당했느냐는 것이었다. 미국 언론의 보도를 정리하면 이렇다. 언론 자유를 보장한 미국 수정헌법 제1조와 불법 행위 전문 변호사들도 의견이 갈렸다. 다수 의견은 담배회사가 소송을 제기할 이론적 근거가 있을 수는 있지만 인터뷰 방송으로 인한 손해를 입증할 수 있을지 의문이라는 것이었다.

일부는 CBS 회사 측 우려가 근거가 있다고 주장했다. UC버클리대 윌리엄 베넷 터너William Bennett Turner 교수는 취재원의 소송 비용을 부담하기로 한 것은 계약 위반을 유인한 것으로 볼 수 있어서 담배회사가 소송에서 이길 수 있다는 의견을 제시했다. 공적 관심보다 기업의 비밀 유지 계약을 더 중시할 판사가 있을 것 같지 않다는 반론도 있었다.

미국 대법원은 언론이 강간 피해자, 수사 대상 판사, 미성년 살인범의 이름을 보도하는 것은 위법이지만 그 정보를 얻기 위해 법을 어기지 않았다면 허용해 왔다. 이를 근거로 담배회사의 이익이 정부 이익보다 더 중요할 이유가 없다는 주장도 나왔다.

〈60분〉과 같은 형식의 ABC 프로그램 〈데이 원Day One〉은 1994년 2월 필립모리스가 담배에 니코틴을 추가해 중독성을 높였다는 보도를 했다. 이에 필립모리스는 오보라며 100억 달러의 손해배상 소송을 제기했다. ABC는 1995년 6월 보도 내용을 부인하고 사과한 데 이어 8월에는 1500만 달러나 되는 소송 비용 일체를 부담하기로 합의해 사건을 끝냈다.

필립모리스의 ABC에 대한 거액 소송 사례가 CBS에 '위축 효과chilling Effect'를 미쳤거나 CBS 경영진이 이를 명분으로 활용했을 수도 있다. 당시 웨스팅하우스와 CBS의 54억 달러 규모의 합병이 진행 중이어서 ABC와 같은 거액의 소송이 제기되면 주가에 영향을 줄 수 있어 경영진 결정의 중요 변수가 되었을 가능성도 있다. 특히 와이갠드 인터뷰를 성사시킨 버그먼은 탐사보도 전문 언론인으로 구축한 자신의 신뢰와 명성, 〈60분〉의 평판 등을 중시할 수밖에 없었을 것이다.

다음으로 영화에는 결국 〈60분〉이 1996년 2월 4일 와이갠드의 실명 인터뷰를 보도하게 된 경위가 제대로 나오지 않는다. 실은 와이갠드가 1995년 11월 미시시피주 법원에서 B&W의 문제를 증언했고 그 증언록이 1996년 1월 26일 'WSJ'에 공개됨으로써 와이갠드의 비밀준수 약정이 무의미해졌다. 게다가 B&W가 와이갠드를 비방하기 위해 만든 보고서까지 보도되자 〈60분〉은 와이갠드 인터뷰와 B&W의 비방 캠페인을 모두 다루게 된 것.

이로써 CBS는 '셀프 검열'을 했다는 비판을 피할 수 없게 되었다. ≪뉴욕타임스≫는 1995년 11월 12일 자 "CBS의 셀프 검열"이란 제목의 사설에서 CBS의 상징적 인물인 에드워드 머로Edward Murrow(1908~1965, 영화 〈굿나잇 앤 굿럭〉의 주인공)와 〈60분〉 자체의 전통이 훼손되었다고 비판했다. 특히 인터뷰 삭제 결정을 뉴스 책임자들이 아니라 공공 서비스보다 돈에 관심이 많은 CBS 회사 고위 간부들이 했다는 것이 가장 문제라고 지적했다.

실제로 케이든 법률고문을 비롯해 인터뷰 삭제를 주장한 사람들은 웨스팅하우스와의 합병이 성사되면 스톡옵션 등으로 수백만 달러를 벌 수 있었다. 〈60분〉이 와이갠드 인터뷰를 내보낸 1996년 2월에는 웨스팅하우스가 CBS의 대주주가 되어 있었다. CBS 뉴스 사장은 에릭 오버 Eric Ober에서 앤드루 헤이워드Andrew Heyward로 바뀌었다. 케이든을 비롯한 CBS 주주들은 재산상 큰 이익을 챙겼다.

기자로 정년퇴직한 필자에게 이 영화에서 가장 인상적이었던 버그먼과 윌리스의 대화가 있다. 와이갠드 인터뷰가 제대로 보도되지 않았을 때였다. 버그먼이 "이 바닥에서 신의를 목숨처럼 지켰는데 이번에 어이없게 망쳤다"라며 윌리스에게 따져 묻는다. "회사에 대한 잘난 책임감이나 알량한 명성 때문입니까?"

이에 속내를 털어놓는 윌리스의 답변. "내 나이 정도 돼보게, 걸리는 게 한둘이 아닐 거야. 명성이나 책임감 같은 게 아니야. 살날이 얼마 남지 않았을 때를 생각해 보게. 마음속 단 한 가지 생각은 '난 어떻게 기억될까, 내가 죽은 후에', '뭘 남길 수 있을까', 이란게이트, 말콤X, 킹 목사, 후세인, 때론 위선자를 포장해서 국민에게 알려줬겠지. 하지만 역사는 마지막 내 모습을 기억할 거야. 담배회사 몇 마디에 무릎 꿇은 비겁한 나를! 그렇다고 누가 나를 이해해 줄까."

한국 언론에서 기자가 와이갠드 같은 내부 고발자를 인터뷰했는데 경영진이 소송을 우려해 보도하지 못하게 막았다면 어떤 일이 벌어질까?

내부 고발 내용이 진실하다고 믿을 수만 있다면 보도를 막을 명분이 별로 없을 것이다. 문제는 고발의 대상이 대기업이나 막강한 광고주일 때 회사 차원에서 보도를 막을 수 있다고 본다. 실제로 기업 비리나 의혹 보도를 광고나 협찬 등의 대가를 받고 포기하는 경우가 있다. 권력과 관계된 내부 고발도 언론사의 정파성이나 정치적 고려 때문에 보도하지 않는 경우가 있을 수 있다.

그러나 한국 언론, 이른바 공영방송의 경우 심각한 정파주의와 권력

지향성 때문에 제대로 된 내부 고발 보도가 이루어지지 않을 가능성이 매우 크다. 사안에 따라서는 언론사 내부 노조나 공정방송(또는 보도)위원회 등 내부의 보도 감시 조직도 큰 영향을 미칠 수 있다.

• 주요 등장인물의 그 후 •

제프리 와이갠드는 미국 역사상 담배회사와 관련된 가장 거물급 내부 고발자로 꼽힌다. 그는 1996년 켄터키주 '올해의 교사'로 뽑혔다. 4년 동안 듀퐁매뉴얼 고교에서 일본어와 과학 교사로 일한 뒤 국내외에서 다양한 강연과 컨설팅을 하고 있다. 어린이 금연을 위한 비영리기구(Smoke-Free Kids)도 만들었다. B&W는 와이갠드를 상대로 소송을 냈지만 미국의 40개 주 법무장관과 담배회사들이 1997년 6월 20일 3680억 달러 규모의 보상에 합의함으로써 기각되었다. B&W는 CBS를 상대로 소송을 제기하지 않았다.

로웰 버그먼은 전설적인 탐사보도 전문가로 유명한 언론인이다. 1969년 대학원생 때 대안代案 신문인 ≪샌디에이고 프리프레스≫를 창간해 언론인 경력을 시작했다. 이후 다양한 매체에 글을 썼고 1977년 비영리기관 탐사보도센터 창립에 일조했다. 1978년부터 ABC 뉴스의 탐사보도 전문가로 일하다 1983년 CBS 뉴스 〈60분〉 프로듀서로 옮겼다. 와이갠드 인터뷰 보도를 둘러싼 스캔들을 계기로 1998년 〈60분〉 PD를 그만둔 뒤 ≪뉴욕타임스≫ 탐사보도 기자로 활동했다. 28년 동안 탐사보도를 가르친 UC버클리대에서 2019년 1월 은퇴했다. 버그먼이 영화 〈인사이더〉 제작에 깊이 간여했기 때문에 영화에서 부정적으로 그려진 마이크 월리스와 돈 휴잇의 반발을 사기도 했다.

돈 휴잇(1922~2009)은 1968년 〈60분〉을 처음 만든 뉴스매거진의 원조 프로듀서. 1960년 미국 대통령 후보 TV 토론도 그가 처음 연출했다. 36년 동안 군림한 〈60분〉 제작 총책임 프로듀서executive producer 자리를 후임인 제프 페이저Jeff Pager에게 넘겼다. 2009년 췌장암으로 사망했다. 2018년 CBS 자체 내부 조사에서 1990년대에 여직원을 장기간에 걸쳐 성폭행한 사실이 드러났다. CBS는 이 여성의 폭로를 막기 위해 여러 차례에 걸쳐 500만 달러의 합의금을 주었다. 이는 〈60분〉이 성공한 프로그램으로 막대한 수익을 냈기 때문에 CBS 뉴스 내에서 독립성을 인정받아 내부 감시가 소홀해서 벌어진 일로 치부되었다.

마이크 월리스(1918~2012)는 〈60분〉을 대표하는 전설적인 방송인. 〈60분〉이 처음 방송된 1968년부터 2006년 은퇴할 때까지 무려 38년 동안 기자와 진행자로 활동했다. 인터뷰 때 돌직구 질문을 잘하기로 유명했다. 1991년 잡지 ≪롤링스톤≫ 인터뷰에서 1970년대와 1980년대 〈60분〉에서 함께 근무한 여성 동료들을 성희롱한 사실을 인정해 이미지가 손상되기도 했다.

미국의 내부 고발자들

미국에는 업무상 비밀정보를 취급하는 사람이 300만 명이 넘는다. 군과 중앙정보국CIA, 국가안보국NSA 등 정부 기관에서 일하는 사람들이 많지만 이들 기관과 계약 관계로 일하는 민간인도 포함된다.

비밀정보를 취급하는 사람은 정보의 수집 방법이나 내용, 처리 과정에 문제가 있다는 것을 알게 되면 고민한다. 그것이 관련 법률을 위반하거나 엄청난 세금을 낭비한다면 어떻게 해야 하나? 예를 들면 미국 연방 기구가 보통 미국 시민을 대상으로 첩보 활동을 하거나 정부 고위 인사가 외국 지도자와 개인적인 비밀 거래를 한다면 이를 어떻게 처리해야 할까? 미국 인터넷 미디어 Vox가 제작한 유튜브 영상 〈미국은 어떻게 내부 고발자들을 실망시키나How America Fails Its Whistleblowers〉 등을 참고해서 소개한다.

선택할 수 있는 방법은 세 가지로 압축된다.

첫째는 이른바 내부 고발whistleblowing이다. 미국에는 당연히 내부 고발자를 보호하는 법도 있다. 하지만 내부 고발은 엄청난 희생을 각오해야만 한다. 때로는 애국적이고 영웅적인 행동으로 평가되기도 하지만 개인이 감내해야 할 부분이 엄청나다.

대표적인 경우가 1971년 미국 국방부의 베트남전에 관한 기밀문서 펜타곤 페이퍼를 언론을 통해 폭로한 대니얼 엘스버그 사례다. 엘스버그는 본인이 보고서 작업에 직접 참여한 당사자이기도 하다.

비밀정보를 언론에 제공하는 것은 불법이다. 미국 정부는 엘스버그를 간첩법 위반 등의 혐의로 기소했다. 간첩법은 외국 정부를 위해 일하는 첩자들을 잡기 위해 만든 법이지만 엘스버그에게 적용되었다. 엘스버그는 최고 징역 115년이라는 중형을 선고받을 수 있는 것으로 예상되었다.

그러나 엘스버그를 재판하는 도중에 연방수사국FBI이 그에 대한 불법 도청을 한 사실이 드러났다. 그의 정신과 의사 사무실에는 백악관의 특별조사팀이 불법 침입해 파일을 뒤진 것도 확인되었다. 이에 판사는 1973년 5월 11일 그에 대한 모든 기소를 기각해 버렸다. 이로써 엘스버그는 아무런 처벌도 받지 않았다. 당시 반전 분위기 때문에 오히려 영웅 대우를 받았다.

엘스버그는 운이 좋았다. 이라크 파병 미 육군 정보 분석관 첼시 매닝Chelsea Manning은 2010년 75만 건의 군사 외교 문서 및 전문 등을 줄리언 어산지가 운영하는 위키리크스에 제공했다. 문서에는 미국이 이라크에서 전쟁 범죄를 저질렀다는 내용도 있었다. 매닝은 절도와 간첩법 위반 등으로 징역 35년 형을 선고받았다. 그는 버락 오바마 대통령의 감형 조치로 7년 동안 옥고를 치르고 2017년 석방되었다.

에드워드 스노든은 2013년 NSA의 전방위 도청과 사찰, 무차별적 개인정보 수집 등을 영국 ≪가디언≫을 통해 폭로하고 러시아에서 살고 있다. 미국 내에서 스노든 사면론도 거론되지만 그가 귀국하면 간첩죄로 재판받을 가능성이 크다.

매닝이나 스노든은 왜 형사 처벌을 각오하고 비밀정보를 공개한 것일까? 미국은 1998년 비밀정보 취급자가 내부 채널을 통해 불만을 제기할 수 있는 절차를 마련했다. 첫 번째는 조직의 감사실, 두 번째는 국가정보국DNI, 그리고 마지막으로 의회에 고충 처리를 요구할 수 있다.

NSA 간부였던 토머스 드레이크Thomas Drake는 2001년 9·11테러 직후에 NSA가 스텔라 윈드Stellar Wind 프로그램으로 법원이 발부한 영장도 없이 미국인 수백만 명의 이메일, 전화 통화, 금융거래, 웹 활동 정보를 수집하는 것을 알았다. 드레이크는 자신이 하는 일이 헌법을 위반하는 것이고 자신이 침묵하면 공범이 된다고 판단했다. 그는 언론에 정보를 제공하면 자신이 처벌받게 된다는 걸 알았다. 그는 합법적인 절차에 따라 자신의 감독자, 감사실을 거쳐 의회에 문제를 제기했다.

그러나 아무런 효력이 없었다. NSA는 그 프로그램이 합법적이라며 문제가 없다고 말했다. 드레이크는 법이 자신을 보호해 주지 못한다는 것을 알았다. 그의 신분은 NSA 내에 공개되었고 점점 일에서 밀려났다. 그는 결국 모든 직책과 책임, 프로그램에서 밀려났다. 의지할 데도 없고 조직이 자신에게 보복해도 처벌도 받지 않는다는 것을 알게 된 그는 결국 언론을 찾아갔다. 다만 그는 엘스버그 사례를 참고해서 비밀이 아닌 정보unclassified information를 2005년 11월 ≪볼티모어선≫ 기자에게 제공해 공론화했다.

오바마 정부는 2011년 드레이크를 간첩법 위반으로 기소했다. 드레이크는 닉슨 때 엘스버그, 로널드 레이건 때 새뮤얼 모리슨Samuel Morrison, 조지 W. 부시 때 로런스 프랭클린Lawrence Franklin에 이어 미 역사상 간첩법 위반 혐의로 기소된 대표적인 내부 고발자가 되었다. 그는 2011년 1년의 보호관찰과 240시간의 봉사 활동을 선고받았다. 드레이크는 정부 내에서 할 일이 없어져 민간기업으로 이직했다. 그는 퇴직금도 못 받고 업무와 관련된 모든 네트워크를 잃었다. 재판 때문에 엄청난 비용도 들어갔다. 그가 최고 징역 35년 형이 가능한 혐의들로 기소된 걸 보면 기소 목적이 보복과 겁주기였을 것으로 추정할 수 있다.

오바마 행정부 때 유사한 사건은 한국계 스티븐 진우 김Stephen Jin-Woo Kim, 첼시 매닝, 도널드 색레이벤Donald Sachtleben, 제프리 스털링Jeffrey Sterling, 존 키리아코우John Kiriakou, 에드워드 스노든 사건이 있었다. 트럼프 행정부에서도 대니얼 헤일Daniel Hale, 테리 올버리Terry Albury, 헨리 카일 프리스Henry Kyle Frese, 조슈아 셜트Joshua Schulte 사건 등이 터졌다.

2019년 8월에는 신원이 공개되지 않은 CIA 간부가 트럼프 대통령이 우크라이나에 자신의 정치적 경쟁자들을 조사하도록 압력을 넣고 있다고 내부 고발을 했다. 감사실장은 CIA 국장에게 내부 고발을 넘겼지만 국장은 하원 정보위원회에 넘기지 않았다. 결국 감사실장이 의회에 직접 넘기고 하원이 트럼프 대통령에 대한 탄핵 조사를 추진하게 되었다. 탄핵 조사 과정에서 모든 목격자가 모든 걸 뒷받침하는 증언을 했다.

합법적인 내부 고발자에 대한 보복을 금지하는 법도 마련되어 있지만 미국에서도 여전히 내부 고발자의 입지는 취약하다. 이 때문에 많은 사람이 제3의 방법을 선택하고 있다. 그것은 바로 '아무것도 하지 않는 것Doing nothing at all'이다. 비밀을 좋아하고 권력에 불리한 내부 고발을 배신행위로 취급하는 것은 어느 나라에서나 권력의 기본 속성일 것이다.

05

언론 윤리·위장 잠입 취재

폴뉴먼의 선택

Absence of Malice, 1981

감독 시드니 폴락 | **각본** 커트 루트키, 데이비드 레이필 | **출연** 폴 뉴먼(마이클 갤러거), 샐리 필드(메건 카터), 요제프 조머(매캐덤), 밥 밸러밴(엘리엇 로즌), 돈 후드(제임스 퀸), 윌포드 브림리(제임스 웰스), 배리 프리머스(밥 와델) | **상영 시간** 117분

언론이 중요하다는 것만 알고 얼마나 해로울 수 있는지를 모르는 기자들의 저널리즘 윤리 교육용으로 추천할 만한 영화다. 검사가 흘려준 미끼로 별생각 없이 특종기사를 쓰는 기자. 제대로 게이트키핑을 하지 않고 문제를 더 심각하게 만든 부장. 두 사람의 결합은 치명적 결과를 부른다. 이 영화를 보고 있으면 자연스럽게 기자가 기사 때문에 명예훼손 같은 소송을 당하지 않기 위해서 뭘 어떻게 해야 하는지도 알게 된다. 취재부터 기사 작성과 보도까지 전 과정에 걸쳐 일어날 수 있는 나쁜 사례들을 잘 엮어놓았다. '기자는 아무나 한다'는 시대지만 정작 제대로 된 기자 노릇을 하기란 녹록지 않다. 선의만으로 해결되지 않는 문제도 많다. 영화의 원제목(absence of malice) 그대로 언론은 '악의가 없어도' 무고한 사람을 고통에 몰아넣을 수 있다.

• 시놉시스 •

영화가 시작되면, 신문사 편집국 컴퓨터 모니터에 기사를 입력하는 것부터 윤전기에서 인쇄된 신문이 길거리 판매대까지 배달되는 신문 제작 과정이 약 3분 동안 나온다. 자연스럽게 조지프 디아즈 미국 마이애미 항만노조 위원장이 실종 6개월 만에 사망한 것으로 추정되고 수사가 미궁에 빠졌다는 사건 개요가 소개된다.

〈폴뉴먼의 선택〉 포스터.

지역신문 ≪마이애미스탠더드≫ 메건 카터 기자가 FBI 기동타격대에 나타난다. 수사관들이 주류 도매상 토미 갤러거의 4년 전 장례식을 찍은 동영상을 보고 있다. 경찰은 토미의 아들인 마이클 갤러거를 주목한다. 메건은 죽은 지 한참 된 사람을 경찰이 주목하는 걸 수상하게 여긴다. 엘리엇 로즌 검사는 갤러거가 자신을 수사한다는 걸 알게 하라고 지시한다. 메건은 타격대 밥 와델 수사관을 술집에서 만나 취재한 뒤 수사를 지휘하는 로즌 검사를 찾아간다. 갤러거 파일을 책상 위에 꺼내놓고 기다리던 로즌은 메건만 남겨놓고 사무실을 비운다.

메건이 파일을 보고 쓴 기사를 매캐덤 부장이 손을 본다. 메건은 "시체가 발견되지 않았으니 살인 사건이라고 할 수 없다"라고 주장한다. 하지만 부장은 "살인 추정 6개월간 행방불명이면 죽은 거"라며 강한 표현으로 기사를 고친다. '소식통'은 '정통한 소식통'이 된다. 사내 변호사가 기사에 법적 문제는 없는지 점검한다. 기사 내용에는 관심 없고 소송에 걸려도 빠져나갈 요령만 얘기한다. 그렇게 "갤러거, 디아즈 실종 사건 중요 용의자Gallagher Key Suspect in Diaz Disappearance"라는 제목의 기사가 신문에 나온다.

졸지에 용의자가 된 갤러거가 취재원을 밝히라며 항의하지만 메건은 거부한다. 변호사는 한술 더 뜬다. "우리가 아는 한 기사는 사실입니다. 그런 걸 쓰는 게 우리 의무죠. 진실을 알릴 의무가 있는 것 아니오?"

로즌은 갤러거를 압박하면 수사에 도움이 될 정보를 가져올 것을 기대했다. 기사를 보고 놀란 여자 친구 테리사 페론이 갤러거를 찾아온다. 디아즈가 실종된 날 두 사람은 테리사가 낙태 수술을 받아 함께 있었다. 하지만 테리사가 가톨릭 학교 교장 비서라서 공개하지 못한다.

메건의 기사를 본 사람들이 갤러거를 의심한다. 노조의 압력으로 갤러거의 작업장이 폐쇄된다. 테리사는 메건에게 갤러거의 알리바이를 말했지만 기사화는 반대한다. 메건은 "이유도, 자기 이름도, 함께 있은 장소도 안 밝히면 기사를 못 쓴다"라며 설득하지만 실패한다.

메건은 부장에게 "사건과 관계없는 낙태를 왜 써요"라며 기사화에 반대한다. 부장은 '중대 범죄의 중요 용의자의 알리바이 증인'이라며 테리사의 이름과 직업, 낙태 사실이 모두 들어간 기사를 신문에 싣는다. 신문을 본 테리사는 충격을 받아 스스로 목숨을 끊는다. 메건은 분노한 갤러거에게 폭행을 당한다. 그러나 둘은 잠자리를 갖게 되고 메건은 취재원이 로즌이라고 알려준다.

갤러거는 자신을 범인으로 몰고 테리사를 죽게 만든 로즌과 수사관, 언론에 대한 복수에 착수한다. 갤러거는 제임스 퀸 검사가 관련된 위원회에 몰래 돈을 기부하고 퀸을 만난다. 디아즈 관련 정보를 주겠다며 자신에 대한 수사 중단을 발표하게 만든다. 로즌은 퀸의 발표를 수상히 여겨 갤러거와 퀸의 뒷조사를 시킨다.

퀸이 갤러거에게 매수되었다고 오판한 로즌은 메건에게 자료를 흘린다. 와델은 메건이 다칠까 봐 취재하지 말라고 했지만 메건은 갤러거에게 퀸을 매수했는지 묻는다. 갤러거는 "보이는 것과 다른 일도 있소. 당신도 그걸 알아야 돼"라고 일부러 애매하게 대답한다. 갤러거의 의도대로 메건은 로즌이 퀸과 갤러거를 뒷조사했다는 기사를 써 파문을 일으킨다.

제임스 웰스 법무부 차관보가 관련자를 모두 한자리에 불러 조사한다. 메건은 로즌이 갤러거 파일을 보여주었다고 실토한다. 웰스가 퀸 관련 기사의 제보자를 밝히라고 하자 변호사는 수정헌법 제1조를 내세우며 취재원을 말할 의무가 없다고 한다. 웰스는 "제1조에 그런 내용도, 그런 특권도 없다"라고 반박한다. 갤러거는 "이 방에 있는 사람은 모두 영리하고 모두 자기 일을 했다"라면서도 테리사가 죽은 건 누구 책임이냐며 허탈해한다. 퀸과 로즌의 사임으로 조사는 마무리된다. 복수를 마치고 떠나는 갤러거를 메건이 찾아가 작별 인사를 나누고 영화는 끝난다.

• 저널리스트의 관점 •

40년 전 만든 영화라서 시작 부분과 중간에 나오는 신문 제작 하드웨어 시스템은 현대식 컴퓨터 신문 제작 시스템과는 큰 차이가 있다. 그래도 기자가 취재하고 기사 쓰고 기사를 손보는 과정이나 언론 관련 법률 같은 소프트웨어는 달라진 게 별로 없다.

로즌 검사가 '갤러거 파일'을 메건 기자에게 보여주는 수법은 영화에 종종 나온다. 실제로 그런 식으로 정보를 흘리는 경우를 경험한 적은 없다. 취재원이 정보를 흘릴 때는 의도를 간파해야 한다. 특종기사를 쓸 기회라고 덥석 물면 문제가 생길 수 있다. 세상에 공짜 점심은 없다. 2020년의 '검언檢言 유착', '권언權言 유착' 논란도 이와 무관치 않다.

특종기사는 취재원이 주는 경우가 많다. 취재원의 공명심이나 정의감이 이유일 수도 있다. 정부든 조직이든 기업이든 자신들에게 유리한 여론을 조성하거나 불리한 여론을 진화하기 위해 '작업'을 하기도 한다. 기자와의 각종 인연 때문이거나 언젠가 도움을 받으려는 것일 수도 있다. 정보를 주는 사람이나 받는 사람이 모두 득이 될 때도 있지만 반대일 수도 있다. 누가 정보를 흘려줄 때는 어느 언론사, 어느 기자에게 주는 것이 원하는 효과를 극대화할 수 있을지를 계산한다.

메건이 쓴 기사를 부장이 손보는 걸 언론에서는 데스킹이라고 한다. '갤러거가 중요 용의자'라는 기사에는 갤러거의 혐의가 들어 있지도 않았다. 갤러거 파일이 있다는 것만으로 그를 용의자라고 쓴 것이다. 갤러거에게 물어보지도 않았다. 그는 범행을 저지르고 도피한 것도 아니었다. 메건이 기자로서 기본적으로 해야 할 것을 하지 않았다는 말이다. 이런 설정은 기자 직업에 대한 모독일 수 있다. 사정을 모르는 관객은 기자들이 진짜 그러는 줄 알지 않겠나. 물론 취재원의 말만 듣고 기사를 쓰는 기자가 많다. 복수의 취재원으로부터 확인된 것만 보도한다는 원칙을 지키는 언론이 좋은 언론이다.

메건이 로즌 검사의 정보 유출 의도가 뭔지 물었을 때 부장은 무책임하고 무신경한 반응을 보인다. "착한 척하고 싶었거나 우리한테 부탁할

게 있나 보지. 당신 다리를 좋아하는지도 모르고. 그 이유를 다 알려면 한 달에 한 번 신문 나오기도 힘들걸." 로즌의 의도를 알았다면 수사 대상도 아닌 갤러거를 '중요 용의자'라고 쓴 기사를 신문에 실을 수 있었을지 의문이다.

데스킹이 끝나면 기사에 명예훼손 같은 법적 문제가 없는지 검토한다. 메건과 변호사의 대화는 시사하는 게 많다(00:13:15-00:15:01). "기사가 거짓말이라고 생각하자"라고 전제한 변호사는 "내 관심사는 사실이 아니라 법"이라고 말한다. 그는 "중요한 건 사실의 진위가 아니라 거짓임이 드러났을 때의 대비책"이라고 강조한다. 기사가 거짓으로 밝혀졌을 때 법적 책임을 피하는 요령을 설명한 것이다. 기사 내용의 진위에 관심 없다는 말이 충격적일 수 있지만 기자에게는 꼭 필요한 내용이다.

기사에 등장하는 사람이 공인public figure이냐 아니냐가 중요하다. 변호사는 "갤러거는 공무원이 아니고 될 거 같지도 않다"라면서 유명인사인지 자문한다. 공인에 대해서는 공익을 위한 보도라면 법적으로 명예훼손 책임을 덜 인정하는 편이다. 문제는 공인의 기준이 애매하다는 점이다. 대통령부터 국회의원·시장·도지사 등 선출직 공무원, 임명직이라도 고위 공무원, 중소기업 사장, 대기업 임원 이상 간부, 연예인, 프로선수 정도는 공인으로 인정된다. 그렇다고 이들에 대한 명예훼손이 무조건 인정되지 않는다는 게 아니다. 구체적인 사례에 따라 기준이 달라서 기사를 쓸 때 판단하기 어렵다. 애매할 때는 공인이 아니라고 판단하는 게 좋다.

변호사가 '갤러거와 얘기했느냐'고 묻자 메건은 '코멘트 받으려고 마피아에게 전화하지는 않는다'고 대답한다. 이에 대한 변호사의 말은 기자가 알아야 할 모범 답안이다.

"제발 전화하세요. 그의 부인(否認)을 기록하면 대중에게 공정하게 보일 겁니다. 그가 언급을 회피한다면 수정하기를 거부한 잘못에 대한 책임을 기자가 질 필요가 없어요. 그와 연락이 안 돼도 우리는 시도한 거죠. 법적으로 이 기사의 진실성은 상관이 없다는 겁니다. 기사가 거짓이라는 걸 모르는 우리에게 악의는 없죠. 우리는 정당하고 신중했지 태만하지는 않은 거죠. 우리가 갤러거에 대해 무슨 말을 하든 그는 우리에게 해를 입힐 수 없어요."

변호사의 말은 '위법성 조각 사유'를 설명한 것이다. 기사가 명예를 훼손했더라도 기사 내용이 '사실이거나 사실이라고 믿을 충분한 이유'가 있다면, 당사자가 '공인'이고 기사를 쓴 목적이 '공적'이며 '악의가 없고' 당사자에게 '반론 기회'를 주었다면 위법성 조각 사유에 해당해 기자가 처벌받지 않거나 처벌이 약해진다.

기자가 사실을 확인하기 위해 얼마나 노력했는지, 부주의하지 않았는지도 판결에 영향을 미친다. 갤러거는 공인도 범인도 아니고, 반론 기회도 주어지지 않았기 때문에 메건은 법적으로 처벌될 가능성이 크다. 전화 한 번 걸어본 정도로는 반론권을 보장했다고 인정받기 어렵다. 사무실이나 집으로 찾아가거나 여러 번 전화하거나 문자나 이메일을 보내는 등 객관적으로 최선을 다했을 때 반론권을 주었다고 인정된다.

신문 기사 마지막 부분에서 자주 볼 수 있는 표현이 있다. "○○의 입장을 듣기 위해 전화와 문자로 수차례 연락했지만 반응이 없었다." "○○에게 전화, 문자, 이메일 등으로 연락했지만 반응을 보이지 않았다."

기자가 기사의 당사자에게 어떤 방법으로 연락을 시도했고 결과는 어땠는지를 기사에 써야 한다. 연락했다는 증거도 있어야 한다. 기자가 반론 기회를 주는 것은 예외(기관이나 법인 등)가 있지만 법적으로는 선택이 아닌 의무다.

상근 변호사가 있는 언론사도 있지만 비상임 변호사가 기자들을 도와주는 경우가 많다. 징벌적 배상제도가 있는 미국에서는 명예훼손 배상액이 워낙 거액이라 변호사가 기사에 법적 문제가 없는지를 철저히 살핀다. 한국 언론사에서도 법적 문제의 소지가 있는 기사는 변호사 의견을 들을 때가 많다. 소송이 걱정돼 기사를 보류하고 상황을 지켜보거나 아예 보도하지 않을 때도 있다. 과거에는 문제가 생겨도 다양한 방법으로 무마하기도 했다. 지금은 그런 시대가 아니다. 기자는 언론 관련 법을 잘 알아야 한다. 특히 언론사 간부들은 관련 법을 변호사 못지않게 이해해야 낭패를 덜 본다.

자신의 이름, 나이, 신분, 낙태 사실이 모두 들어간 기사를 읽고 테리사가 자살한 것은 끔찍한 일이다. 실제로 기사에 테리사를 실명으로 쓰기는 어렵다. 그녀는 범죄 용의자도 아니고 본인이 비보도를 요구했다. 그 이유도 충분히 이해할 수 있다. 그녀의 사연이 신문에 보도되면 본인이나 가족이 큰 충격을 받을 수 있다는 것도 충분히 예상할 수 있었다. 테리사를 실명으로 기사화한 것을 미국 기자 로런 커츠너Lauren Kirchner는 "저널리즘이 중요하다는 것만 알고 얼마나 해로울 수 있는지는 이해하지 못했기 때문"이라고 지적했다.

테리사는 아버지가 기사를 볼까 봐 새벽부터 자기 집 문 앞에서 초조하게 기다린다. 그녀는 막 배달된 신문에서 자신에 관한 기사를 확인한다. 그녀가 맨발로 이웃집 잔디밭을 뛰어다니며 신문을 모두 수거하는 장면을 보면서 필자는 가슴에 통증을 느꼈다(00:56:42-00:57:53).

1990년대 초까지만 해도 한국 언론에서는 기사에 등장하는 사람의 이름, 나이, 직업, 주소를 밝히는 것이 원칙이었다. 공인은 물론이고 일반인의 얼굴 사진도 많이 실었다. 특히 사망자의 얼굴 사진은 싣는 게 기본이었다. 사람이 죽은 사건이나 사고가 발생하면 기자들은 그 사람의 집이나 직장에 찾아가 사진을 구하는 게 중요한 일이었다. 그러나 개인의 권리 의식이 높아지고 명예훼손 소송도 늘면서 범인의 사진도 싣지 않고 인적 사항도 익명으로 처리하는 게 원칙이라고 할 정도로 바뀌었다. 나라에 따라 언론 관행에 차이가 있다. 뉴스의 주인공 이름과 사진의 공개가 기본, 비공개가 예외라고 할 수 있는 나라도 있다. 한국은 그 반대인 것 같다.

영화 막판에 취재원을 밝히는 문제가 쟁점으로 등장한다(01:40:35-01:44:20). 메건은 로즌 검사가 갤러거 파일을 보여주었다고 실토하지만 퀸 검사 관련 기사의 제보자는 밝히지 않는다. 웰스가 밝히라고 하자 변호사는 미국 수정헌법 제1조에 따라 취재원을 말할 의무가 없다고 한다. 웰스는 "제1조에 그런 내용도, 그런 특권도 없다"라고 반박한다. 실제로 수정헌법 제1조는 언론의 자유를 막는 어떤 법 제정도 금지한다고 되어 있지, 취재원을 밝히지 말라는 내용은 없다. 미국에서는 기자가 대배심에서 취재원을 밝히지 않아 수감될 때가 종종 있다. 이에 관한 자세한 내용은 영화 〈더 트루스: 무언의 제보자〉 편의 "취재원 보호Source protection, Source confidentiality"를 참고하기 바란다.

이 영화에 나오는 대사 중에서 기자들에게는 '불편한 진실'에 해당하는 대사를 소개한다.

> "얼굴도 이름도 없는 누군가가 날 물먹이려고 해요. 당신은 심부름꾼처럼 그들 말을 듣고 그걸 기사화한 뒤 그들을 숨겨주기까지 하지. 당신은 그럴

권리가 있는데 나는 그게 누군지 알 권리도 없다?" (취재원을 밝히지 않는 메건 기자에게 갤러거가 한 말)

"누가 유죄라는 기사는 모두 믿지만 결백하다는 기사에는 아무도 관심이 없어요." (결백이 밝혀지면 기사를 쓰겠다는 메건 기자에게 갤러거가 한 말)

"당신은 진실이 아니라 사람들이 말하는 걸 쓰지. 우연히 듣거나 몰래 들은 내용을. 진실은 그렇게 쉽게 알 수 있는 게 아니오. 그건 당신의 생각이나 느낌일 뿐이지." (퀸과 로즌 검사를 함정에 빠트렸는지 진실을 말해달라는 메건 기자에게 갤러거가 한 말)

이 영화에서 메건은 대단히 부정적인 기자의 모델이다. 심각하게 사생활을 침해한 자신의 기사 때문에 테리사가 죽자 사과의 의미로 갤러거에게 취재원(로즌)을 말해준다. 그리고 맥락도 없이 갤러거와 잠자리를 하고 다른 특종기사를 취재해 보도한다. 막장 수준이다. 이 영화가 개봉했을 때 미국 기자들은 그런 수준의 기자는 존재하지 않는다고 비판했다. 사실 기자들, 특히 여기자들의 명예를 심각하게 훼손했다는 비판을 받을 만하다. 더구나 이 영화는 실화를 바탕으로 만든 게 아니다.

38년이 지난 2019년에 나온 〈리처드 주얼〉은 실화로 만든 영화다. 여기에는 메건을 연상시키는 ≪애틀랜타저널≫ 캐시 스크러그스(올리비아 와일드 분) 기자가 나온다. 캐시 스크러그스는 기자의 실명이다. 문제는 영화에 근거도 없이 캐시가 특종기사를 위해 FBI 수사관을 유혹해 잠자리를 한 것처럼 나온다는 것이다. 언론의 선정주의보다 할리우드의 선정주의, '옐로 할리우드Yellow Hollywood'가 더 문제인 것 같다.

이 영화의 각본은 《디트로이트 프리프레스》 편집국장 출신인 커트 루트키Kurt Luedtke(1939~2020)가 썼다. 그는 33세에 편집국장이 되었고 39세가 된 1978년 언론을 떠나 각본가로 변신했다. 처음 쓴 〈폴뉴먼의 선택〉의 각본으로 1982년 아카데미 각본상 후보에 올랐으니 타고난 재능과 경험을 잘 살린 셈이다. 1986년에는 시드니 폴락 감독의 〈아웃 오브 아프리카Out of Africa〉로 아카데미 각색상을 받았다.

루트키는 메건의 행동이 비현실적이라는 비판에 "언론이 보통 작동하는 방식을 보여주려고 한 게 아니다"라며 "관객이 그렇게 받아들인다면 공정하지 않다"라는 애매한 답으로 피해갔다.

• 데스킹이란 •

한국의 신문사 편집국과 방송국 보도국에서 많이 쓰는 데스킹이란 말의 정확한 유래는 모르겠다. 한국식 영어인 '콩글리시'로 판단된다. 미국 언론사에서는 이 데스킹을 카피 에디팅copy editing이나 에디팅editing이라고 한다. 원고의 내용 이외에 표기법이나 오탈자 등 단순한 잘못 등을 고치는 걸 카피 에디팅이라고 한다. 내용까지 손보는 것은 에디팅이다. 한국어로 바꾸면 기사 손질이나 손보기, 다듬기가 어떨까 싶다.

언론사에서 취재와 기사 처리를 지시하고 관리하는 차장, 부장이나 그 직위를 보통 데스크라고 한다. 표준국어대사전에는 "신문사나 방송국의 편집부에서 기사의 취재와 편집을 지휘하는 직위 또는 그런 사람"으로 풀이되어 있다. 간단히 말하면 데스크가 일선 기자가 쓴 기사의 초고를 수정 보완하는 게 데스킹이다. 언론사에서 쓰는 전문어로 볼 수 있다. 네이버 오픈사전에는 "현장 취재기자들의 원고를 고참 기자들이 검토해 다듬는 행위"라고 되어 있다. 데스킹은 고참 기자도 할 수 있지만 일반적으로 1차는 차장, 2차는 부장이 한다.

검색 사이트에서 데스킹을 검색하면 다양한 용례가 나온다. "편집국 내 데스킹 과정에 문제가 있었다", "보도국 간부진이 데스킹하는 과정에서…", "기사를 작성하고 데스킹을 거치지 않은…", "기사는 데스킹 없이 출고해 왔다". 현장에서는 "데스크(를) 보는 중"이나 "데스크(를) 봐야 한다", "데스크(를) 본 기사", "아직 데스크(를) 안 본 기사"라는 식으로 '데스킹' 대신 '데스크'라고 많이 말한다. '데스크 자리에 있나', '데스크 어디 갔지'라는 식으로 데스크를 부장이나 차장 대신 호칭으로도 사용한다.

데스킹을 할 때는 단어 하나, 문장 하나도 고민하지 않고 허투루 넘기면 안 된다. 기본적으로 기사 전체의 틀이나 형식이 제대로 되었는지를 본다. 기사에 들어간 모든 팩트를 확인하고 사실 관계에 오류나 법적 문제가 생길 소지는 없는지 등 그야말로 '토털 점검'을 한다고 보면 된다. 기사에 들어간 숫자, 고유명사, 단어와 문장의 맞춤법도 물론 확인해야 한다. 기사가 정확하고 객관적이며 공정한지도 살핀다. 어색한 문장은 읽기 쉽고 자연스럽게 고쳐 쓴다.

마감시간에 임박해서 한꺼번에 밀려드는 기사를 다듬을 때는 등에 식은땀이 날 지경이다. 경험이 많지 않으면 하기 어렵다. 작은 인터넷 언론사의 기사를 보면 데스킹이 얼마나 허술했는지 드러난다. 데스킹을 하지 않고 기자가 써서 그대로 내보낸 기사가 대부분이다.

이 영화에서 메건 기자의 데스크인 매캐덤 부장은 데스킹도 제대로 못 했고 판단에서도 실수를 저질렀다. 메건이 써온 기사를 "밋밋하게 쓰면 아무도 안 읽는다"라면서 표현을 강하게 고친다. 이때 기사가 사실과 거리가 멀어질 수 있다. 매캐덤이 실제로 그렇게 했다. 기자는 데스킹이 끝난 원고를 읽고 사실과 다른 부분이 있으면 주저하지 말고 이의를 제기해 바로잡아야 한다. 데스크는 직접 취재하지 않았고 현장에도 가지 않았기 때문에 구체적인 내용을 몰라서 데스킹 과정에서 실수할 수가 있다.

이 영화가 나온 지 약 40년이 지난 2020년 이동재 채널A 전 기자의 이른바 '검언 유착' 의혹 사건과 관련해 비슷한 일이 있었다. KBS는 7월 18일 〈9시 뉴스〉에서 이 전 기자가 한동훈 검사장을 부산고검에서 만나 나눈 대화 녹취록 내용을 취재했다며 이렇게 보도했다. "이 전 기자와 한 검사장이 유시민 노무현재단 이사장의 신라젠 주가 조작 연루 의혹을 제기하자고 공모했다는 정황이 확인됐다."

그러나 이 전 기자와 한 검사장이 '그런 대화를 한 적이 없다'며 녹취록을 공개하자 KBS는 다음 날 〈9시 뉴스〉에서 오보를 인정하고 사과했다. 이 오보에 대해 양승동 KBS 사장은 9월 2일 국회에서 야당 의원의 질문에 "기자보다는 데스크가 기사가 밋밋하다고 판단해 욕심을 내면서 (오보가) 발생했다"라고 답변했다. KBS가 오보를 낸 정확한 경위는 모르지만 데스킹 과정에 문제가 있었음을 시인한 것이다. 양 사장의 발언을 보도한 기사를 보고 매캐덤 부장이 영화에서 한 말이 생각났다.

2020년 8월 4일 YTN의 〈변상욱의 뉴스가 있는 저녁〉에서는 서울 지역의 현재 폭우 상황이라면서 올림픽대로에 물이 차올라 차들이 꼼짝 못하는 사진을 보여주었다. 그런데 이 사진은 9년 전인 2011년 7월 27일 연합뉴스가 촬영해 보도한 사진이었다. 9월 2일 방송통신심의위원회에 나온 YTN 보도제작국장은 "생방송 시간이 임박해 데스킹이 미흡한 점을 인정한다"라면서 죄 없는 데스킹 탓을 했다. 데스킹을 제대로 하지 못한 사람이 문제지 데스킹은 죄가 없다.

KBS와 YTN 사례는 모두 데스킹, 아니 에디팅이 얼마나 중요한지를 새삼 일깨워 주었다.

• 악의의 부재(Absence of Malice) •

영화의 원제 'Absence of Malice'는 '악의의 부재不在'나 '악의 없음'으로 번역할 수 있다. 언론이 기사 때문에 개인의 명예권이나 프라이버시 같은 인격권을 침해했을 때 악의(나쁜 의도)가 없었다면 처벌하지 않거나 약하게 처벌할 수 있는 근거가 된다.

언론의 보도의 자유나 표현의 자유가 개인의 인격권과 충돌할 때 영미 법제에서는 1960년대 초까지 인격권을 더 중시하는 경향이 있었다. 독일 법제에서는 공적 의견 형성과 관련한 보도의 자유가 개인의 인격권보다 우선했다. 미국에서도 1964년 ≪뉴욕타임스≫ 대 설리번 판결을 계기로 보도의 대상이 공인이라면 언론의 취재 보도 자유가 폭넓게 보장되어야 한다면서 나온 것이 현실적 악의actual malice 이론이다.

문제의 판결은 1960년 3월 29일 자 ≪뉴욕타임스≫에 실린 마틴 루서 킹 목사 보호위원회의 전면 광고 내용을 문제 삼아 앨라배마주 몽고메리시의 경찰과 소방 업무를 담당하는 시의원인 L.B. 설리번Sullivan이 '타임스'를 상대로 낸 명예훼손에 따른 손해배상 소송에서 나왔다.

광고에는 오류와 과장된 내용이 있었다. 앨라배마주 지방법원의 1심 판결에서는 '타임스'가 50만 달러의 손해배상을 하라는 판결이 나왔다.

앨라배마주 대법원에서도 같은 판결이 나오자 '타임스'는 연방대법원에 상고했다.

연방대법원은 1964년 3월 9일 설리번의 소송을 기각하고 '타임스'의 손을 들어주었다. 아홉 명의 대법관 중 여섯 명은 명예훼손 소송에서 공직자가 '현실적 악의'를 입증해야 승소할 수 있다는 의견을 냈다. 법률적 표현으로서의 '현실적 악의'는 '허위에 대한 고의 또는 허위 여부에 관한 무모한 경시with knowledge or reckless disregard of its falsity'를 의미한다. 쉽게 설명하면 기사의 내용이 거짓인 줄 알았거나 진위를 확인하기 위해 제대로 노력하지 않았다면 현실적 악의가 인정된다는 뜻이다. 대법관 아홉 명 중 세 명은 더 나아가 '공직자의 공무에 대한 언론 보도는 어떤 경우라도 명예훼손 소송의 대상이 되지 않는다'는 의견을 냈다.

미국에서는 이 판결을 계기로 공직자의 공무 수행에 관한 언론 보도의 자유는 결정적으로 확대되었다. 이후 현실적 악의를 입증해야 할 고소인이 공직자public official에서 공적 인물(공인)public figure로, 다시 공적 관심사public concern에 관여된 사인私人으로 점차 확대되었다.

한국 법원은 미국의 현실적 악의 판례를 수용하지 않고 있다. 한국에서는 언론사를 상대로 한 명예훼손 소송에서 언론사가 보도 내용이 진실한 것임을 입증해야 한다. 물론 현실적 악의가 있었는지, 중대한 과실이 있었는지는 형량이나 배상액에는 영향을 준다. 한국에서는 정치인과 공직자가 언론을 상대로 소송을 너무 쉽게, 너무 많이 제기하고 있다.

비장의 술수

Ace in the Hole, 1951

감독 빌리 와일더 | **출연** 커크 더글러스(찰스 테이텀), 리처드 베네딕트(리오 미노사), 잔 스털링(로레인 미노사), 포터 홀(제이컵 Q. 부트), 허비 쿡(로버트 아서) | **상영 시간** 111분

뉴욕의 잘나가던 신문기자가 각종 비리와 비행으로 쫓겨나 뉴멕시코주의 작은 신문사에서 새 출발을 한다. 우연히 동굴 붕괴 사고 현장을 취재하게 된 기자는 명예도 회복하고 뉴욕으로 돌아갈 절호의 기회라고 생각한다. 그는 특종기사를 쓰기 위해서 동굴에 갇힌 사람의 목숨은 아랑곳하지 않고 고의로 구조 작업을 지연시킨다. 온갖 수단과 방법을 동원해 연일 특종기사를 만들어낸다. 그는 과욕으로 결국 죽음에 이른다. 일그러진 기자의 모습을 보여주는 대표적인 영화의 하나로 꼽힌다.

• 시놉시스 •

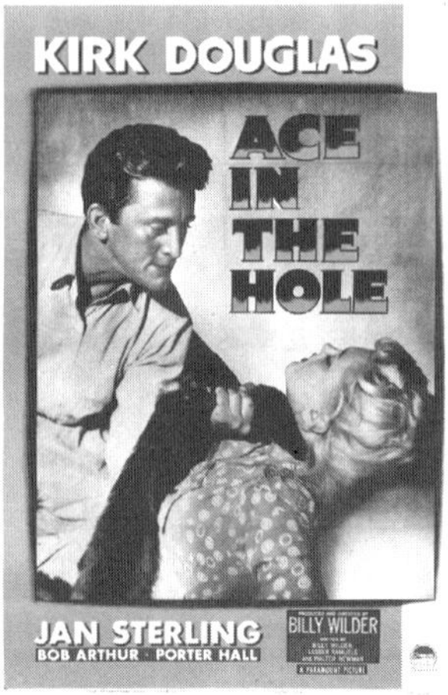

〈비장의 술수〉 포스터.

고장 난 차에 탄 채 견인차에 끌려 뉴멕시코주 앨버커키에 도착한 찰스 테이텀은 미국 동부에서 잘나가던 기자였다. 그러나 각종 비리와 비행으로 11개 신문사에서 해고되었다. 상습 음주에 명예훼손으로 소송을 당하고 신문사 사장 부인과 놀아나는 등 다 열거하기 어렵다. 자신을 '훌륭한 거짓말쟁이'라고 자랑하니 양심이 있는지 의심스럽다. 주급 250달러를 받았다는 그는 신문사 ≪선불러틴≫의 제이컵 부트 사장과 밀당 끝에 주급 60달러에 일하게 된다.

테이텀은 신참 사진기자 로버트 아서와 방울뱀 사냥을 취재하러 간다. 자동차에 기름을 넣으러 교역소에 들렀다가 인디언이 살던 동굴에 들어간 리오 미노사가 터널이 무너져 갇힌 걸 알게 된다. 그는 뉴욕으로 복귀할 절호의 기회라고 판단한다. 미노사의 아내 로레인이 갖고 온 커피, 담배, 담요를 대신 들고 무너진 터널에 들어간다. 무너진 갱목 사이에 끼어 있는 미노사를 인터뷰하고 사진도 찍어 특종을 터트린다.

테이텀은 재선을 노리는 보안관을 매일 미담 기사를 써서 영웅으로 만들어주겠다고 구슬린다. 결국 12시간 걸릴 구조 방법 대신 일주일 걸리는 방법이 채택되도록 만든다. 특종기사를 더 많이 쓰기 위해서다. 특종을 위해서라면 사람 목숨도 중요치 않다. 그는 보안관 배지까지 달고 다른 기자들의 현장 접근도 막는다. 돈 벌어 도시로 떠날 생각만 하는 로레인도 샌드위치 가게에 사람이 몰려들자 돈 버는 재미에 테이텀과 한패가 된다.

테이텀의 특종을 통신이 받아 써줘 미국 전역에서 연일 기사가 나가자 테이텀은 ≪선불러틴≫에 기사 송고를 중단한다. 그런데 부트 사장이 갑자기 현장에 나타난다. 사장은 테이텀의 선정적 기사 덕분에 부수가 늘었지만 부패한 보안관을 미화해 주고 특종을 한 것 아니냐며 직접 사실을 확인해서 신문을 만들겠단다. 테이텀도 꿍꿍이가 있어 그만두기로 한다. 전에 일한 뉴욕의 신문사 네이걸 편집장에게 연락한다. 구조 작업이 나흘은 더 간다며 하루에 1000달러를 받기로 하고 특종기사를 보내주기로 약속한다. 복직 약속까지 받아낸다.

테이텀의 기사는 폭발적인 관심을 불러일으켜 수천 명이 구조 작업 현장에 몰려온다. 상인과, 놀이시설과 현장을 오가는 특별 열차까지 등장해 사람 목숨 구하는 현장이 축제의 현장처럼 되어버렸다.

미노사가 갇힌 곳까지 약 8미터를 남겨두고 의사는 미노사가 12시간밖에 못 버틴다는 진단을 내린다. 테이텀은 미노사가 죽으면 좋은 기사가 안 된다며 갑자기 12시간 걸리는 구조 방법으로 바꾸려 한다. 그러나 오랜 드릴 작업의 충격으로 그 방법을 쓸 수 없어 낭패를 본다.

테이텀은 미노사가 결혼 5주년 선물로 준비한 목도리를 찾아 로레인한테 걸치게 하다가 시비가 벌어진다. 목도리로 목이 졸린 로레인이 가위로 테이텀의 배를 찌른다. 테이텀은 신부를 데리고 미노사를 찾아가 임종 예배를 올린 뒤 사망도 확인하지 않은 채 '미노사가 15분 전에 죽었다'고 발표해 버린다. 사람과 차량이 모두 빠져나가고 테이텀은 기자들에게 조롱당한다. 약속한 기사를 못 보낸 테이텀은 네이걸에게 '미노사는 죽은 게 아니라 기자가 구조를 지연시켜 결국 살해되었다'는 자폭성 특종기사를 보내겠다고 한다. 화가 난 네이걸은 믿지도 않고 전화를 끊는다.

오갈 데 없어진 테이텀은 사진기자 아서의 부축을 받으며 ≪선불러틴≫에 돌아간다. 그는 부트 사장한테 이상한 소리를 한다. "하루에 1000달러를 벌고 싶지 않소? 나는 일당 1000달러짜리 기자니까 공짜로 쓰면 1000달러를 버는 거요." 사실상 무보수로 일하겠다고 매달린 것이다. 그러던 테이텀은 바닥에 쓰러지고 영화는 끝난다.

• 저널리스트의 관점 •

이 영화는 선정주의 저널리즘과 악한villain, scoundrel 기자의 한계, 자본주의 미국 사회의 어두운 측면을 풍자적으로 보여준 영화로 평가된다. 언론, 경찰, 정치 등 미국 사회의 근본에 해당하는 제도와 조직의 부정적 측면을 억지스럽게 과장했다는 비판도 있다. 이런 비판이 〈비장의 술수〉가 거장 빌리 와일더 감독의 영화답지 않게 개봉 당시 흥행에 실패한 이유로 꼽히기도 한다. 1933년 나치를 피해 미국에 망명한 와일더 감독은 1930년대부터 1960년대까지 할리우드 황금기를 대표하는 명감독이다.

이 영화 속 기자 테이텀은 1951년 영화가 제작된 시대에 과연 존재할 수 있었던 기자일까 하는 의심을 하게 한다. 당시만 해도 기자라는 직업이 엘리트들이 선호하는 직업이 아니었다. 기자나 언론이나 수준이 높지 않았던 것도 사실이다.

하지만 테이텀은 너무 비현실적이다. 영화에서처럼 다른 기자들의 사고 현장 접근 자체를 금지하고 혼자 특종을 독점한다는 것은 상상하기 어려운 설정이다. 다른 기자가 모두 바보가 아니라면 말이다. 이 영화는 기자가 특종이라면 사람의 목숨까지 악용할 수 있다고 비판하고 있다. 그런 기자들이 하루 이틀도 아니고 일주일 동안이나 테이텀의 특종을 용인한다는 것 자체가 모순이다. 게다가 매몰된 사람이 죽었다는 테이텀의 말만 듣고 기자들이 일제히 기사를 부르고 현장에서 곧장 철수한다. 현실에서 있을 수 없는 일이다.

≪선불러틴≫의 부트 사장 겸 발행인이 만든 사훈은 '진실을 말하라 Tell the Truth'다. 그러나 테이텀의 생각은 다르다. 대학도 다니지 않았다는 테이텀이 저널리즘스쿨을 3년 다녔다는 신참 사진기자 아서에게 한 말은 명대사로 꼽힌다. "나는 대학은 안 나왔지만 어떤 게 좋은 기사가 되는지 알지. 신문사에서 일하기 전에 길에서 신문을 팔았거든. 가장 먼저 안 게 뭔지 아나? 나쁜 뉴스가 가장 잘 팔린다. 좋은 뉴스는 뉴스도 아니거든 Bad news sells best. Because good news is no news."

테이텀은 부트 사장에게 일하게 해달라면서 "기사가 없으면 밖에 나가서 개라도 물겠다"라고 말한다. '개가 사람을 물면 기사가 안 되지만 사람이 개를 물면 기사가 된다'는 말을 알고 있었기에 한 말일 것이다. 당연하고 흔한 것보다 특이하고 드물고 예외적인 것이 기사 가치가 더 높다는 걸 설명하는 사례로 저널리즘 책에도 나오는 말이다. 사람이 개를 물었다는 해외 토픽 기사가 드물게 나오기는 했다. 그러나 현실에서는 사람이 개에 물렸다는 기사가 더 많다.

부트 사장이 구조 작업 현장에 나타나 테이텀에게 '부패한 보안관을 홍보해 주고 기사를 독점했다'고 지적한다. 테이텀은 "내가 뭘 잘못했소"라며 따진다. 부트가 "그는 부패하고 형편없다"라고 하자 테이텀은 "나한테는 잘했어요. 세상에 부패한 보안관 한 명 더 있다고 누가 신경 써요"라고 말한다. 부트는 "내가 신경 쓴다. 하루에 신문 8000부를 더 판다고 해도 나는 타협하지 않는다"라고 반박한다. 이 대화는 언론 비즈니스의 이상과 현실을 보여준다.

사실 언론의 기본 비즈니스 모델은 뉴스든 정보든 재미든 최대한 많은 사람의 관심을 끌 수 있는 걸 제공해 신문은 판매 부수를 늘리고, 인터넷은 조회 수를 늘리고, TV나 라디오는 시청률을 높여 광고 수익을 올려 돈을 버는 것이다. 동굴 붕괴로 사람의 목숨이 걸린 현장에 수많은 사람이 몰려온다. 그걸 보고 상인과 놀이시설이 등장하는 것도 자본주의 사회에서는 자연스러운 현상일 수 있다. 자본주의 사회의 언론도 자본주의 논리에서 벗어날 수는 없다. 지금 한국 언론사들은 기본 비즈니스 외에 다양한 부대사업이나 협찬 등으로 수입을 늘리고 있다.

이 영화는 언론에 너무 쉽게 속아 넘어가는 대중도 조롱하고 있다. 미노사와 그의 부모 정도를 제외하고 등장인물은 대부분 사리사욕을 추구하는 이기적 존재다. 그런 점에서 이 영화는 저널리즘뿐만 아니라 자본주의에 대한 와일더 감독의 냉소적 견해를 드러낸 것이라는 평가가 있다.

1906년 오스트리아에서 태어난 와일더 감독은 대학에 가지 않고 비엔나에서 기자가 되었다. 1926년 비엔나에 공연하러 온 재즈 밴드의 리더인 폴 화이트맨Paul Whiteman(1890~1967)을 인터뷰한 것이 그의 인생 진로를 바꿔놓았다. 결국 함께 독일 베를린에 가서 타블로이드 신문에서 한동안 기자로 일하게 되었다.

영화 〈비장의 술수〉에서 도덕관념이 거의 없는 전형적 악한 기자인 테이텀이란 인물을 만든 것은 자신의 기자 경험과 무관한 것인지 의문이다. 테이텀은 소설가 하인리히 뵐의 동명 소설을 바탕으로 폴커 슐뢴도르프와 마가레테 폰 트로타 감독이 1975년 만든 영화 〈카타리나 블룸의 잃어버린 명예〉에 나오는 신문기자 베르너 퇴트게스와 우열을 가리기 힘들다. 두 사람은 모두 비참한 최후를 맞아 사필귀정을 보여준다.

• 영화 배경이 된 사건들 •

영화에서 테이텀은 리오 미노사의 매몰 현장에 가면서 비슷한 과거 사건을 사진기자 아서에게 얘기한다. "동굴에 갇힌 탐험가 플로이드 콜린스를 취재한 루이빌 신문의 기자가 기사 때문에 동굴에 기어들어 갔다가 퓰리처상을 갖고 나왔다." 그는 이집트 파라오 무덤을 도굴하다가 저주받은 이야기처럼 '성난 인디언 혼령들의 저주를 받아 백인이 묻혔다'고 쓰면 훨씬 큰 기사가 된다며 흥분한다.

그런데 실제로 그런 사건이 있었다. 이 영화의 각본은 두 가지 실화를 참고해서 쓴 것으로 알려져 있다.

하나는 1925년 1월 30일 동굴 탐험가 플로이드 콜린스Floyd Collins(1887~1925)가 켄터키주 샌드케이브에 들어갔다가 동굴이 무너져 지하 17미터에 갇힌 사건이다. 당시 루이빌의 ≪쿠리어저널≫ 수습기자 윌리엄 버크 밀러William Burke Miller(1904~1983)가 현장에 갔다. 밀러의 체구는 키 157센티미터에 몸무게 53킬로그램으로 왜소했다. 밀러는 무너진 동굴 틈새로 들어가 콜린스와 직접 대화하면서 취재했다. 밀러는 매일 기사를 보냈고 통신사들이 그 기사를 인용 보도해 전국의 언론이 보도하게 되었다. 당시 새로 등장한 라디오 방송까지 가세해 콜린스가 동굴에 매몰된 사고는 전국적인 관심을 끌었다. 그러나 나흘 만에 동굴이 다시 무너져 기자도 더는 접근하지 못하게 되었다. 발굴 작업은 계속되어 15일 만에 구조대가 매몰 현장에 도달했지만 콜린스는 이미 사망한 상태였다.

밀러 기자는 이 사건 보도로 1926년 보도 부문 퓰리처상을 받았다. 신문사에서도 별도로 상금 1000달러를 주었다. 당시 기자 월급이 100~200달러 수준이었을 것으로 추정되니 1000달러는 거액이었다. 밀러는 저널리즘에 뜻이 없어 신문사를 떠나 플로리다에서 장사하다가 다시 뉴욕의 신문사에 들어갔다. 그런데 사장이 그의 기사 스타일을 좋아하지 않아서 관두고 1927년 NBC에 들어갔다. 홍보 일을 하다가 나중에 특별 이벤트 진행을 맡는 등 방송 일을 계속했다. 그는 1983년 사망했다.

다른 실화는 1949년 4월 8일 캘리포니아주 산마리노에서 발생한 사건이다. 네 살짜리 소녀 캐시 피스커스Kathy Fiscus(1945~1949)가 언니와 함께 사촌들과 놀다가 1903년에 파서 쓰다가 방치된 우물에 빠졌다. 지하 30미터의 우물에 박혀 있던 직경 36센티미터 크기의 관에 빠진 것. 구조대는 이틀 동안 땅을 파고 들어가 결국 소녀를 발견했지만 숨진 뒤였다.

구조 작업이 진행되던 둘째 날인 9일 오후부터 10일 밤까지 지역 방송국인 KTLA가 TV와 라디오로 무려 27시간 반 동안 마라톤 생중계 방송을 했다. 다른 프로그램은 모두 취소되었고 광고도 없는 방송이었다. 당시 구조 작업 현장에는 방송을 듣고 수천 명이 몰려왔다. 사람들은 가슴 졸이며 안타까워하면서 기도하고 울기도 했다고 전해진다.

미국에서 TV 방송은 1928년 7월 2일 시작했지만 1941년 7월까지 광고가 없었을 정도로 큰 관심을 끌지 못했다. 피스커스 구조 작업 생방송은 그런 TV 보도에 신기원을 열었다. 방송국에 감사 편지가 쇄도했고 TV의 위력과 존재감을 실감하는 계기도 되었다.

두 사건을 합치면 〈비장의 술수〉와 비슷한 내용이 될 것으로 보인다. 그러나 진짜 사건들을 보도한 기자들이 영화의 주인공인 테이텀처럼 행동했다고 볼 근거는 없다.

언더 파이어

Under Fire, 1983

감독 로저 스포티스우드 | **출연** 닉 놀테(러셀 프라이스), 진 해크먼(알렉스 그레이지어), 조애너 캐시디(클레어), 에드 해리스(오츠) | **상영 시간** 128분

중미 국가 니카라과에서 소모사 독재가 막바지를 향해 치닫고 있는 가운데 정부군과 산디니스타 반군의 충돌이 격화한다. 현장에 들어가 취재하던 미국 기자들이 반군 지도자의 죽음을 알리지 말아달라는 반군의 부탁을 받고 윤리적 갈등을 겪는다. 사진기자는 반군의 요청을 받아들여 이미 죽은 지도자의 사진을 조작해 살아 있는 것처럼 보이게 만들어준다. 조작된 사진이 대대적으로 살포되자 반군은 사기가 올라 결국 소모사 정권을 무너뜨리고 승리한다는 게 주요 내용이다. 영화의 시대 배경은 어느 정도 사실에 가깝지만 구체적인 내용은 사실과 거리가 먼 픽션이다. 영화는 기자의 직업윤리 문제를 제기하고 있다.

• 시놉시스 •

▌〈언더 파이어〉 포스터.

영화는 1979년 봄 니카라과의 개략적인 상황을 자막으로 소개하며 시작한다. 소모사 장기 독재정권에 맞선 산디니스타 반군의 공세가 거세지면서 외국 기자들이 몰려들기 시작했다. 아프리카 차드에서 내전을 취재한 기자들이 니카라과에 온다. 차드에서 찍은 사진이 《타임》 표지에 나올 정도로 분쟁 지역 취재 베테랑인 배짱 두둑한 사진기자 러셀 프라이스, 미국의 시사 주간지 《타임》 기자 알렉스 그레이지어, 알렉스의 아내인 방송 리포터 클레어가 그들. 차드에서 용병으로 활약한 오츠도 합류한다.

러셀과 클레어는 전투 현장에 간다. 헬멧도 방탄복도 없는 비무장으로 총격전 현장을 좇아다니며 총소리만 나면 카메라를 들이댄다.

두 사람은 소모사 대통령을 인터뷰하고 사진도 찍고 북부 분쟁 지역 취재에 나선다. 소형 버스 앞뒤와 지붕에 흰 페인트로 'TV'라고 쓰고 백기를 여러 개 달고 달린다. 이들은 반군의 도움으로 반군 지도자 라파엘을 만나러 간다. 그러나 반군은 라파엘의 시체를 보여주고 "민중의 영웅을 살아 있는 것처럼 사진을 만들어달라"라고 부탁한다. 라파엘이 죽은 걸 알면 미국이 소모사를 지원할 거라며 며칠만 라파엘이 살아 있다고 언론에 보도되면 전세가 반군에 유리해질 수 있다고 설득한다.

러셀은 처음에는 거부하지만 간절한 부탁에 마음을 바꾼다. 라파엘 옆에 측근이 "소모사 대통령이 라파엘이 죽었다고 말했다"라는 제목의 기사가 실린 신문을 들고 있는 사진을 조작한 것. 신문에 "라파엘은 살아 있다"라는 기사와 그를 뒷받침하는 조작된 사진이 실린다. 사진이 대규모로 반군 지역에 살포된다.

미국에 돌아간 알렉스가 라파엘을 인터뷰하러 돌아온다. 러셀은 라파엘이 죽었다고 알려준다. 알렉스는 화를 내지만 일단 모른 척해준다. 정부군과 반군이 대치한 현장을 취재하던 러셀이 알렉스가 정부군에 사살되는 장면을 촬영하고 달아난다. 소모사는 반군이 알렉스를 사살했다고 거짓 발표를 한다. 그러나 러셀과 클레어가 목숨을 걸고 정부군의 추격을 따돌려 미국에 보낸 알렉스 피살 사진이 미국 TV에 보도되어 소모사 정권에 대한 미국인들의 반감이 촉발된다. 미국 정부의 지원을 받은 반군의 총공세로 소모사 정권은 무너진다. 반군은 라파엘의 관을 메고 승리를 자축한다.

• 저널리스트의 관점 •

사진기자가 반군 지도자의 사진을 조작한 행위를 어떻게 볼 것인지를 논할 수 있다. 과연 용납될 수 있을까? 독재정권에 저항하는 반군을 도와주기 위해서 한 일이니 정당성이 있다고 해야 할까? 만약 총을 들이대고 죽이겠다고 협박해서 어쩔 수 없이 했다면 어쩔 것인가?

현실에서 일어나기 어려운 가정이다. 하지만 특종을 위해서든, 기자의 개인적 신념을 위해서든 기자가 진실을 포기하고 사건을 조작하거나 개입하는 것은 당연히 윤리적으로 옳지 않다. 불가항력적 상황에서 협박 때문에 기자의 의사에 반해서 어쩔 수 없이 사진을 조작했다면 정상 참작 사유는 될 수 있을 것이다. 그래도 프로의 세계에서는 용납되지 않을 것이다. 기자 본인도 직업윤리 의식이 살아 있다면 계속 괴로울 수밖에 없을 것 같다.

영화 내용처럼 극적인 상황은 아니라도 기자가 개인의 정치적 이해나 신념 때문에 취재나 보도 여부를 고민하는 경우는 있을 수 있다. 자신의 기사가 결과적으로 어느 한쪽에 유리하거나 불리한 내용이 된다는 걸 알았을 때 판단을 위한 객관적 기준은 무엇이 되어야 할까?

우선 뉴스로서의 가치가 있는지, 기사를 쓰기에 충분할 정도로 취재가 이루어졌는지 등이 기준이 될 수 있다. 그러나 뉴스 가치의 판단 자체에 주관이 개입할 소지가 얼마든지 있다. 하나의 사안을 놓고 기자들끼리, 언론사에 따라서 얼마든지 판단이 다를 수 있다. 결국은 기자의 전문가적인 판단이 중요한 기준이 될 것이다.

• 팩트체크 •

영화 속 내용은 어디까지 사실일까? 당시 니카라과에서는 1936년 소모사 가르시아가 쿠데타로 권력을 잡은 이래 40여 년 동안 소모사 부자의 독재정권이 유지되고 있었다. 이에 저항하는 산디니스타민족해방전선 FSLN 반군의 활동도 활발했다.

1979년 7월 17일 대통령 아나스타시오 소모사 데바일레가 두 명의 전직 대통령인 아버지와 형의 유해가 담긴 관과 엄청난 보물을 실은 수

송기를 타고 미국 마이애미로 달아남으로써 7월 19일 소모사 정권은 무너졌다.

미국의 지미 카터 행정부는 소모사의 망명을 받아주지 않았다. 소모사는 파라과이에서 살다가 1980년 9월 17일 산디니스타 특공대원들에게 암살되었다.

소모사 정권이 붕괴하기 한 달 전인 6월 20일 니카라과 수도 마나과에서 취재하러 간 미국 ABC TV 빌 스튜어트Bill Stuart(1941~1979) 기자와 니카라과인 통역 후안 에스피노자Juan Espinoza(당시 26세)가 정부군에 사살되었다. 스튜어트 기자는 당연히 비무장이었다. 그는 검문을 통과하기 위해 군의 요구대로 손을 들고 바닥에 엎드렸지만 사살되었다. 스튜어트의 피살 장면은 밴에 탄 채로 뒤에서 대기하던 ABC TV 카메라맨 잭 클라크Jack Clark가 비디오카메라로 촬영했다. 이 비디오가 미국 TV에 일제히 보도되자 미국 여론이 들끓었다. 영화에는 알렉스가 피살되는 장면이 스틸 카메라로 연속 촬영한 것처럼 나온다. 실제로는 TV 방송용 비디오카메라로 촬영했다.

시대 배경과 실화가 영화의 모티브가 된 것은 맞다. 하지만 영화의 구체적인 내용은 실화가 아니라 지어낸 것이다.

로마의 휴일

Roman Holiday, 1953

감독 윌리엄 와일러 | **출연** 오드리 헵번(앤 공주), 그레고리 펙(조 브래들리), 에디 앨버트(어빙 라도비치), 하틀리 파워(헤네시) | **상영 시간** 118분

기자가 우연히 거리에서 잠든 여성을 발견해 집에 데려와 재워주는 호의를 베풀었다. 다음 날 알고 보니 그 여성은 자기가 취재해야 할 어느 나라의 공주였다. 빡빡한 통제와 일정에 싫증이 난 공주가 잠시 일탈한 것이었다. 당연히 왕실에서는 난리가 났다. 하지만 기자에게는 굴러들어온 특종감이다. 기자는 신분을 밝히지 않고 공주라는 사실도 모른 척하며 함께 도시를 돌아다니며 즐겁게 하루를 보냈다. 사진기자도 따라다니며 공주의 일거수일투족을 몰래 카메라에 담았다. 모두 대단한 특종 사진이다. 공주와 헤어진 뒤 기자는 기사를 쓰고 사진을 보도했을까? 아니 기사를 쓰고 사진도 보도했어야 했을까? 그랬다면 문제는 없었을까? 저널리즘 영화는 아니다. 그래도 저널리즘 윤리라는 관점에서 생각해 볼 수 있는 재미있는 영화다.

• 시놉시스 •

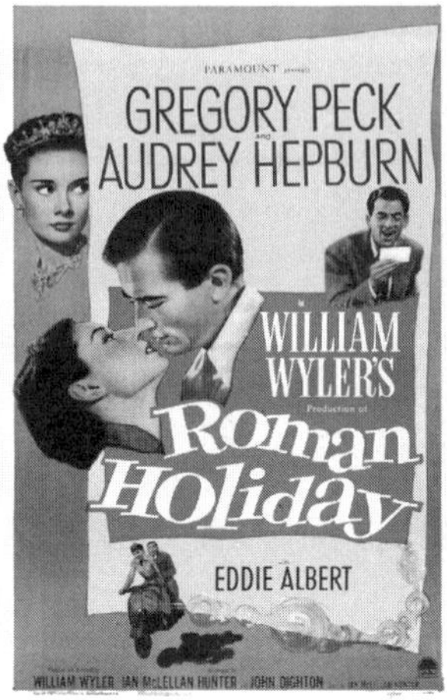

〈로마의 휴일〉 포스터.

유럽 한 나라의 앤 공주가 런던, 파리에 이어 로마를 공식 방문한다. 잇따른 행사와 빡빡한 일정에 지친 공주는 밤에 몰래 숙소를 빠져나간다.

통신사인 아메리칸뉴스서비스 로마 지국 소속 조 브래들리 기자는 기자실에서 카드놀이를 하고 밤늦게 집에 간다. 우연히 건물 앞 바닥에 누워 혼자 중얼거리는 앤을 발견한다. 조는 앤을 집에 보내려고 애쓴다. 하지만 조는 어쩔 수 없는 상황에 몰려 자기 아파트에 앤을 데려가 침대를 내준다.

늦잠을 자고 사무실에 나간 조는 헤네시 지국장에게 공주를 인터뷰하고 왔다고 거짓말을 한다. 지국장은 싫은 소리를 한다. "조간신문 볼 수 있을 만큼만 일찍 일어났으면 그런 거짓말로 곤란을 겪지 않을 텐데. 나 같으면 다른 일을 알아보겠네." 조는 뒤늦게 공주가 병이 났다는 조간신문의 기사 사진을 보고서야 앤이 공주란 걸 알고 놀란다.

조는 앤이 집에 있는 걸 몰래 확인한 뒤 지국장에게 '공주를 인터뷰하면 얼마를 주겠느냐'고 묻는다. 조는 "공주의 사적이며 비밀스러운 소망, 독점 인터뷰에서 밝힌 그녀의 속마음"이라는 예상 기사 제목을 말한다. 지국장은 사진 촬영도 가능하다는 걸 확인한 뒤 5000달러는 될 거라고 말해준다. 그는 "술도 안 취했는데 그런 환상적인 인터뷰를 어떻게 해"라고 묻는다. 조는 "온도계로 위장해서 병실에 들어가죠"라며 5000달러 약속을 재확인한다.

집에 온 조는 앤이 공주라는 걸 몰래 확인하지만 내색하지 않는다. 앤은 집을 나가 시장과 길거리를 구경하고 골목에서 구두도 산다. 남자 미용사는 앤의 긴 머리카락을 잘라주고 저녁에 유람선 댄스파티에 초대한다. 앤을 미행하던 조는 스페인광장 계단에서 앤 앞에 우연을 가장해 나타난다.

두 사람은 종일 하고 싶은 걸 하기로 한다. 길거리 카페에서 얘기하고 있을 때 사진기자 어빙 라도비치가 나타난다. 어빙은 라이터로 위장한 카메라로 앤이 담배 피우는 것부터 로마 시내를 돌아다니는 걸 모두 몰래 찍는다. 유람선 댄스파티에 갔다가 갑자기 나타난 경호원들을 따돌리느라 큰 소동이 벌어진다. 조와 앤은 강물에 뛰어들어 피신한 뒤 키스를 한다. 조의 집에서 두 사람은 와인을 마시며 라디오에서 "앤 공주의 소식이 없다"라는 뉴스를 듣는다. 어느새 정이 든 두 사람은 차 안에서 포옹과 키스를 하고 헤어진다.

지국장은 조에게 앤 인터뷰 기사를 독촉한다. 조는 인터뷰를 못 했다며 버틴다. 어빙이 사진을 갖고 나타나지만 조의 방해로 지국장은 모른 채 돌아간다. 조는 어빙에게도 자기가 관계되는 한 기사는 없다고 말한다. 둘은 사진에 제목까지 달아가며 즐거워한다. 공주가 담배를 피우고, 경찰서에 잡혀가고, 미용사와 춤추고, 경호원 머리를 기타로 내려치고…. 하나하나 모두 대단한 특종 사진이다. 어빙은 "정당한 놀이였어. 공주는 늘 개방되어 있잖아"라며 조를 설득한다. 조는 어빙이 원하면 사진을 못 팔게 할 수 없다면서도 사진을 쓰지 않기를 기대한다.

드디어 공주의 기자회견. "국가 간 친선 전망에 대한 의견은 무엇입니까?"라는 기자 질문에 공주의 대답은? "인간관계에 믿음을 갖듯이 모든 걸 믿습니다." 조가 "전하의 믿음은 이치에 맞으실 거라 믿습니다"라고 두 사람만 알 것 같은 말을 보탠다. 공주는 "그 말을 들으니 정말 기쁘군요"라며 안도한다.

기자들과 일일이 악수하는 공주에게 어빙은 '로마 방문 기념사진'이라며 특종 사진들이 들어 있는 봉투를 건넨다. 이어 "아메리칸뉴스서비스의 조 브래들리입니다"라는 조의 자기소개에 공주도 처음 보는 사람처럼 "만나서 반가워요, 브래들리 씨"라며 악수한다. 악수가 모두 끝나자 기자들은 박수 치고 공주와 조는 서로 조용히 바라본다. 영화는 조가 양손을 주머니에 넣은 채 혼자 회견장을 걸어 나오면서 끝난다.

• 저널리스트의 관점 •

조는 공주의 기사를 쓰고 사진도 보도해야 했을까? 공주는 어떤 기준을 적용해도 공인public figure이다. 기사를 쓰는 건 법적으로 문제가 안 된다. 공주의 사진도 마찬가지. 사진에 찍힌 공주의 행동이 공적 활동은 아니었지만 공주 정도라면 비공식 비공개 활동이나 행동도 지극히 사적인 것만 아니라면 기사화하고 사진을 보도하는 것이 가능하다고 보아야 한다. 지극히 사적인 것이라면 보도할 가치가 더 클 수도 있다.

일단 취재기자인 조도 사진기자인 어빙도 기자라고 밝히지 않은 것이 언론 윤리적으로 문제가 될 수 있다. 기자는 자기 신분을 밝히고 취재하는 것을 원칙으로 한다. 다만 신분을 밝히면 도저히 취재할 수 없는 부득이한 경우라면 신분을 밝히지 않을 수는 있다. 조가 앤을 집에 데려가 재워주었을 때는 공주라는 사실을 몰랐으니 신분을 밝히지 않은 게 당연히 문제가 안 된다.

앤이 공주라는 걸 알고 인터뷰하겠다고 지국장에게 말한 뒤에도 기자 신분을 밝히지 않은 채 함께 다니며 몰래 취재한 것은 윤리적으로 정당하다고 보기 어렵다. 기자라고 밝히고 취재에 동의를 구했어야 했다. 물론 공주가 거절해서 취재를 못 하게 될까 봐 기자라고 밝히지 않았을 것이다.

신분을 밝히지 않는 것도 여러 경우가 있을 수 있다. 우선 누가 물어보지 않아서 굳이 밝히지 않아도 되는 경우가 있다. 우연히 공개적으로 벌어진 상황을 취재하게 되었을 때 굳이 기자 신분을 밝히지 않아도 될 때가 있다. 이는 소극적으로 신분을 밝히지 않는 것에 해당한다.

아예 다른 신분을 사칭하는 경우가 있다. 이는 신분을 물었을 때 기자라고 밝히지 않고 적당히 넘기는 것과는 다르다. 기자가 경찰관이나 검사 등 공무원으로 신분을 속이고 수사 내용을 취재하는 경우는 적극적으로 신분을 밝히지 않는 것과는 차원이 다르다. 윤리적으로는 물론이고 법적으로도 '형법'(공무원 자격 사칭)이나 '경범죄 처벌법'(관명 사칭) 위반으로 처벌될 수 있다. 1980년대까지만 해도 이런 수법은 취재 요령의 하나로 용인되기도 했다. 하지만 지금은 법적·윤리적으로 심각한 문제가 생길 수 있다.

영화에서는 조나 어빙이 기자라고 밝히지는 않았지만 다른 공직자를 사칭한 것은 아니니 법적인 문제가 될 수는 없다. 조가 기자의 윤리 문제를 고민한 끝에 기사를 쓰지 않기로 결정한 것도 아니다. 아마도 공주에게 호감을 느껴 해를 끼치고 싶지 않았기 때문이 아닐까 싶다.

한국기자협회 윤리강령에는 "취재 과정에서 정당한 방법으로 정보를 취득하며 기록과 자료를 조작하지 않는다"라는 정당한 정보 수집 조항이 있다. "개인의 명예를 해치는 사실 무근한 정보를 보도하지 않으며, 보도 대상의 사생활을 보호한다"라는 사생활 보호 조항도 있다. 구체적인 행동지침을 규정한 실천요강에도 "정보를 취득함에 있어서 위계僞計나 강압적인 방법을 쓰지 않는다", "공익이 우선하지 않는 한 모든 취재 보도 대상의 사생활이 침해되지 않도록 최선을 다한다"라고 되어 있다.

기자협회 인권보도준칙 제2장 인격권은 "언론은 개인의 인격권(명예, 프라이버시권, 초상권, 음성권, 성명권)을 부당하게 침해하지 않는다"라고 되어 있다. 공인의 경우 얼굴, 성명 등 신상 정보와 병명, 가족관계 등 사생활에 속하는 사항을 당사자의 동의를 받지 않고 공개할 수 있도록 했다. 공인의 초상이나 성명, 프라이버시는 보도 내용과 관련이 없으면 사용하지 않는다는 것도 준칙에 있다.

이상의 어떤 기준을 적용하더라도 명백히 공인에 해당하는 공주가 파격적인 '일탈 행동'을 했다는 걸 취재했다면 본인의 동의를 받지 않고 기사화할 수 있다고 본다. 타블로이드 신문이나 잡지에나 쓸 기사라고 판단하는 기자나 편집 책임자도 있을 수는 있다. 기사의 가치를 저울로 재듯이 일률적으로 정할 수는 없지 않은가. 한국에서 실제로 영화 내용과 똑같은 일이 벌어졌다면? 필자는 기사화하는 언론이 대부분이고 대특종으로 인정받을 것이라고 장담한다.

더 트루스: 무언의 제보자

Nothing But The Truth, 2008

감독 로드 루리 | **출연** 케이트 베킨세일(레이철 암스트롱), 맷 딜런(패튼 뒤부아), 앤절라 바셋(보니 벤저민), 앨런 알다(앨버트 번사이드), 베라 파미가(에리카 밴 도런), 노아 와일(애브릴 애론슨) | **상영 시간** 108분

이라크전이 한창이던 2003년부터 2005년까지 미국 언론과 정치권과 행정부를 뒤흔든 실제 사건인 리크게이트Leakgate를 활용해 만든 영화다. 리크게이트는 미국 중앙정보국CIA 비밀 요원 밸러리 플레임Valerie Plame의 신분이 언론에 노출되면서 대형 스캔들로 비화한 사건이다. 리크게이트에 연루된 ≪뉴욕타임스≫ 주디스 밀러Judith Miller 기자는 법원에서 취재원을 공개하지 않아 85일 동안 교도소에 수감되었다. 언론은 취재원 보호를 목숨처럼 소중하게 여긴다. 영화에서는 법적으로 기자의 취재원 보호가 어디까지 인정되느냐는 문제가 집중 부각되었다. 미국 언론은 리크게이트를 보도할 때 취재원 보호 문제를 집중적으로 다루었다. 각본은 실화에서 아이디어를 얻어서 썼는데 실제 사건과는 많은 차이가 있다.

• 시놉시스 •

〈더 트루스: 무언의 제보자〉 포스터.

베네수엘라 수도 카라카스를 방문한 리만 미국 대통령 암살 미수 사건으로 영화는 시작된다. 미군 전투기가 암살 미수에 대한 보복으로 베네수엘라 군기지를 폭격한다.

≪캐피털 선타임스≫ 전국부 회의. 보니 부장이 레이철 기자의 특종기사를 싣기로 했다고 하자 기자가 흥분한다. "워터게이트나 이란 콘트라급이죠. 굉장한 반향이 일어날 거예요. 정부가 뒤집어질걸요?" 부장이 "객관적으로 써야 해"라고 하자 기자는 "객관적으로 백악관을 무너뜨릴 거예요"라고 응수한다.

사내 변호사 애브릴이 '법적으로 그 기사는 확실하다'면서도 취재원의 직위나 직무를 알려주면 좋겠다고 하자 레이철이 거부한다. 부장은 확실한 취재원이 두 명 있고 에리카 밴 도런이 CIA 국장에게 쓴 편지를 연방 정부에서 받았다며 충분히 기사화할 수 있다고 정리한다. 애브릴이 이의를 제기한다. "그건 당신 결정이고요. 당신들이 괜찮다고 해도 정부는 아닐 수 있어요. 법이란 게 애매한 거라고요. 정부 관리가 비밀 임무 수행 중인 요원의 정보를 누설하는 것은 위법입니다." 레이철이 아들이 다니는 학교의 학부모인 CIA 요원 에리카를 만나 기사 내용을 확인하려 하자 놀란 에리카는 부인하며 자리를 피한다.

레이철 기사의 핵심은 이렇다. 에리카는 베네수엘라 정부가 미국 대통령 암살 미수에 책임이 있는지 조사했다. 백악관은 책임이 없다는 에리카의 보고를 무시하고 보복 공격을 했다. 에리카의 남편 밴 도런은 에리카가 대학생 때 유부남 교수였다. 밴 도런은 대사가 된 뒤 스무 살 어린 제자와 결혼했다. 기사 가치를 높일 요소가 넘치니 부장은 좋은 기사라고 칭찬한다.

특별검사가 CIA 요원의 신분을 누설한 범인을 색출하러 나선다. 에리카의 동료는 백악관에서 보고를 무시해서 화가 난 에리카가 기자에게 정보를 준 거 아니냐고 의심한다.

에리카 사진과 "CIA는 (베네수엘라 대통령) 로페스의 결백을 리만(미국 대통령)에게 보고했다"라는 특종기사가 신문에 나온다. 에리카의 집 앞에 방송차가 몰려온다. 레이철 남편은 좋아서 흥분한다. "이걸로 모든 게 바뀔 거야. 퓰리처상 타겠는걸."

기쁨도 잠시. 레이철은 검사에게 불려가 에리카의 정보를 알려준 취재원을 추궁당한다. "당신이 알고 있는 정보를 대중에게 알리는 건 당신 재량이지만 에리카의 정보를 넘긴 정보원을 보호하는 건 당신 재량이 아닙니다." 레이철은 답변을 거부한다. 판사는 정보원을 밝히지 않으면 법정모욕죄로 감옥에 가게 된다고 말한다. 번사이드 변호사가 수정헌법 제1조를 거론하자 판사는 "이분은 법 위에 있다고 생각하는 것 같군요"라며 법정모욕죄를 인정, 레이철을 수감한다.

레이철은 수감된 상태에서 퓰리처상 후보에 올랐다는 연락을 받는다. 그러나 수감된 감방 검사에서 일기장이 나와 압수당하고 독방에 갇힌다. 수감 210일째, 레이철은 TV와 인터뷰를 한다. 수감 생활, 결혼 생활, 아들 얘기에 이어 정보원의 동기를 묻자 레이철은 흥분한다. "그들이 주는 정보가 워터게이트 사건처럼 가치 있고 신뢰할 수 있다면 동기 같은 게 무슨 상관인가요. 진정한 저널리스트는 원칙을 위해 감옥 생활도 감수할 준비가 돼 있습니다."

갈수록 레이철은 궁지에 몰린다. 에리카가 대통령에게 악감정을 품고 있었다고 생각한 남자가 쏜 총에 그녀가 맞아 죽었다. 판사 방에 레이철, 검사, 변호사가 모인다. 검사는 모든 백악관 스태프와 CIA 간부가 자신들이 취재원이라면 이름을 밝혀도 된다고 서명한 문서를 보여주며 레이철을 설득한다. 레이철은 협박에 의한 서명이라지만 변호사마저 그녀를 설득한다.

대배심에서 전직 부통령비서실장 스탠 리건이 자신이 취재원이라고 시인한다. 문제가 해결되는 줄 알았더니 검사가 새로운 대배심을 신청했다. 레이철은 동료 죄수한테 폭행당하고 남편은 다른 여자를 만나는 일까지 벌어진다.

레이철은 수감 362일 만에 풀려난다. 그러나 갑자기 경찰이 차를 세우고 검사가 나타나 레이철이 법정모욕죄와 사법 방해죄로 기소되었다고 통보한다. 검사는 유죄를 인정하면 형량을 줄여주고 교도소 밖에서 아들도 만나게 해주겠다고 협상을 제안한다.

영화는 레이철이 아들을 만나고 돌아가는 버스에서 에리카의 딸한테서 들은 취재 단서를 회상하는 장면으로 끝난다. "아빠 엄마가 싸우는데 엄마가 베네수엘라에 있을 때 발견한 비밀을 아빠가 썼대요. 제가 얘기했다고 아무한테도 말하면 안 돼요, 아셨죠?"

• 저널리스트의 관점 •

이 영화가 소재로 삼은 리크게이트는 필자가 미국 워싱턴에서 특파원으로 일할 때 뜨거운 이슈였다. 언론에서 지겨울 정도로 많은 기사를 보았다. 지금도 그 내용을 상세하게 기억할 정도로.

영화에서 필자에게 가장 인상적이었던 내용은 레이철 기자의 수감 355일째인 날 연방대법원에서 그녀의 변호사가 한 변론이다(01:26:01-01:28:58). 실제로 있었던 변론은 아니지만 언론의 취재원 보호가 왜 중요한지, 그 논리는 무엇인지를 이해하는 데 참고할 만하다고 생각돼 변론의 전문을 정리한다.

> 1972년 브랜즈버그 대 헤이즈 사건에서 이 대법원은 대배심에서 취재원을 밝히지 않은 기자의 권리에 불리한 판결을 하고 그런 기자를 수감할 권한을 정부에 부여했습니다. 5 대 4 아슬아슬한 판결이었습니다. 스튜어트 대법관은 브랜즈버그 판결의 반대 의견에서 "해가 갈수록 정부의 힘은 점점 더 강해진다"라고 했습니다. 그는 "힘을 가진 자들은 어느 당이든 그 힘이 영속되길 바라고 국민은 피해자다"라고 했어요. 몇 년이 지나고 권력은 강해졌습니다. 레이철은 정부에 굴복할 수도 있었습니다. 비밀 유지 약속을 저버리고 그냥 가족의 품으로 돌아갈 수도 있었습니다. 하지만 그렇게 했다면 다시는 누구도 그녀에게 정보를 주지 않을 것이며 그 누구도 그녀의 신문사에 기사를 주지 않을 겁니다. 그리고 정부는 다른 신문사의 다른 기자를 감금할 겁니다. 그 신문들이 무의미해지고 수정헌법 제1조도 무의미해질 것입니다. 대통령이 범죄를 은폐해도 우리가 어떻게 알 수 있을까요? 군에서 장교가 고문을 묵인한다면? 국가로서 우리는 권력의 지배를 받는

사람들로부터 더 이상의 신뢰를 얻지 못할 겁니다. 책임감을 두려워하지 않는 정부의 본질은 무엇이 됩니까? 생각만 해도 몸서리쳐질 일입니다. 기자를 투옥하는 건 다른 나라 얘기여야 합니다. 국민을 무서워하는 나라가 할 짓입니다. 국민을 소중히 하고 보호하는 나라가 할 짓이 아닙니다. 얼마 전부터 저는 레이철을 개인적·인간적으로 압박한다고 느끼기 시작했습니다. 저는 원칙이 아니라 그녀를 변호하는 것이라고 말했습니다. 그녀를 만나고 깨달았습니다. 위대한 사람은 그 사람이 바로 원칙 그 자체라는 것을요.

이 영화의 원제 'Nothing But The Truth'는 미국 법정에서 증인이 하는 선서에 포함된 표현이다. 원문은 "I swear to tell the truth, the whole truth, and nothing but the truth"이다. 한글로 번역하면 "나는 진실, 온전한 진실, 그리고 오로지 진실만을 말할 것을 맹세합니다". 이는 증인에게 진술의 정직성, 정확성, 진실성을 강조하기 위한 것이다.

그렇다면 여기서 말하는 진실, 온전한 진실, 오로지 진실은 어떤 차이가 있는 걸까? 온전한 진실과 오로지 진실은 진실의 의미를 보충하는 것이라고 볼 수 있다. 온전한 진실, 오로지 진실이란 모든 팩트(사실)가 생략되거나, 윤색 또는 변경되지 않고 팩트가 아닌 것이 들어가지 않아야 한다는 의미로 이해할 수 있다.

이는 기자가 기사를 쓸 때도 적용될 수 있다. 기사에 의미 있는 팩트가 생략, 축소, 변경, 왜곡되거나, 의미 없는 팩트가 추가되거나 강조되면 그 기사는 진실한 기사, 공정한 기사라고 할 수 없다. 무엇이 의미 있는 팩트인지, 의미 없는 팩트인지는 논란의 여지가 있을 수 있다. 전문가라면 충분히 공감대가 형성될 수 있어야 한다. 독자도 기사를 읽을 때 중요한 팩트가 모두 포함되어 있는지, 빠지거나 변질되지 않았는지, 또는 불필요한 내용이 들어가거나 강조되지는 않았는지를 기사의 공정성과 진실성을 판단하는 기준으로 삼으면 도움이 될 것이다.

• 팩트체크 •

영화에는 기자가 대배심에서 증언 거부로 1년 동안 수감되었다가 다시 법정모욕죄로 실형 2년을 받은 걸로 나온다. 실화의 주인공인 주디스 밀러 기자는 2005년 7월 7일부터 9월 29일까지 85일 동안 수감되었다. 대배심에서 취재원의 동의를 얻어 증언하고 석방되어 ≪뉴욕타임스≫에 복귀했다.

그녀는 영화에서와 달리 남편과 이혼하지도 않았다. 그러나 밀러는 2005년 11월 초 '타임스'를 떠났다. 그 후 ≪월스트리트저널≫에 기고하거나 인터넷 언론과 인터뷰도 했다. 2007년 9월 싱크탱크 연구원을 거쳐 2008년 10월 폭스FOX 뉴스에서 활동했다. 미국 외교관계위원회CFR 위원으로 다양한 강연 활동도 했다.

2003년 7월 6일 '타임스' 오피니언면에 조지프 윌슨Joseph Wilson(1949~2019) 전 미국 대사가 자신의 니제르 방문 내용을 공개하며 조지 W. 부시 행정부의 이라크 핵 위협 주장이 과장되었다고 주장하는 기고문이 실렸다. 이후 부시 행정부의 일부 고위 관리가 윌슨의 신뢰를 떨어뜨리기 위한 작업을 했다. 그 과정에서 윌슨이 CIA에 근무하는 부인의 추천으로 니제르에 갔다는 사실을 일부 언론인에게 흘렸다. 실제로 윌슨 부인에 관한 정보를 취재한 기자는 최소한 여섯 명이라고 미국 언론은 보도했다. 대부분 비밀준수 약속을 파기해도 좋다는 취재원의 양해를 얻어 대배심에서 증언해 처벌을 면했다. 밀러 기자만 한동안 증언을 거부해 시련을 겪었다.

밸러리 플레임이라는 CIA 비밀 요원 이름을 처음 언론에 공개한 사람은 칼럼니스트 로버트 노백Robert Novak(1931~2009)이다. 그는 2003년 7월 14일 ≪뉴욕타임스≫에 실린 자기 칼럼에 그 이름을 썼다. 노백은 7월 8일 '리처드 아미티지 국무부 부장관이 인터뷰를 자청해서 윌슨 전 대사 부인이 CIA에 근무한다고 알려주었고 칼럼에 쓰라는 뜻으로 알았다'고 말했다. 그는 아미티지의 말을 단초로 인명사전 『후즈후Who's Who』에서 윌슨의 부인 이름을 알아냈다. 그는 칼 로브 대통령정치고문과 CIA 취재를 통해 확인한 뒤 칼럼을 썼다. 그는 아미티지가 '윌슨 부인이 CIA 요원이란 사실을 실수로 노백에게 말했다'고 증언해 주어서 처벌을 면했다.

밀러 기자의 취재원은 딕 체니 부통령의 비서실장 루이스 '스쿠터' 리비Lewis 'Scooter' Libby였다. 밀러는 리비한테서 들은 내용을 기사로 쓰지도 않았다. 그런데도 취재원을 보호하기 위해 85일 수감을 감수했다. 리비는 2007년 3월 사법 방해와 위증 등의 혐의로 징역 2년 반에 집행유예 2년, 벌금 25만 달러를 선고받았다. 그는 2018년 4월 도널드 트럼프 대통령에 의해 사면되었고 변호사 자격은 2016년 회복되었다.

영화에서는 신분이 노출된 CIA 요원 에리카가 남편과 딸과 떨어져 살고 CIA와도 관계가 나빠져 신변보호 조치도 거부했다가 정신이상자가 쏜 총에 맞아 죽는다. 그러나 플레임은 2006년 CIA를 떠난 뒤 뉴멕시코주 산타페의 민간 연구소에서 컨설턴트로 2016년까지 일했다.

플레임 부부는 영화 컨설팅, 회고록 출판, TV 출연 등으로 수백만 달러를 벌었다. 그녀는 2017년 이혼하고 스파이 소설가로 활동하고 있다. 2020년 뉴멕시코주에서 연방 하원의원 선거에 민주당 후보로 출마하려고 했지만 6월 예비선거에서 떨어졌다.

영화에서는 기자의 취재원 보호에 관한 대법원 심리가 열려 5 대 4로 부결되었다. 밀러 기자의 실제 사건에서는 대법원 심리는 열리지 않았다.

레이철은 영화에서 ≪캐피털 선타임스≫ 소속이지만 밀러는 ≪뉴욕타임스≫ 기자였다. 영화에서는 에리카의 사진과 프로필이 실린 신문이 나온다. 하지만 밀러는 '타임스'에 CIA 비밀 요원의 이름 등 개인정보가 들어간 기사를 쓰지도 않았다. 당연히 비밀 요원의 사진도 신문에 실린 적이 없다. 칼럼니스트 노백이 자신의 칼럼에 밸러리 플레임이란 CIA 요원의 이름을 썼고 그 칼럼이 '타임스'에 실렸을 뿐이다.

영화에는 마지막에 에리카의 딸이 정보 출처인 것처럼 나온다. 에리카 딸과 레이철 아들은 같은 초등학교에 다닌다. 그러나 밀러는 결혼했지만 자녀가 없어 문제의 취재원과 자녀로 인한 사적 인연도 당연히 없었다.

• 취재원 보호(Source protection, Source confidentiality) •

기자의 취재원 보호권은 언론 자유와 직결된 문제다. 국가가 기자의 비밀 취재원을 공개하도록 강요하면 신분 노출을 원치 않는 취재원의 제보나 취재 협조, 내부 고발을 기대하기 어려워 언론 자유가 충분히 보장될 수 없다. 물론 정부도 국가안보나 중범죄와 직결된 취재원을 알 필요가 있을 수 있다.

미국 수정헌법 제1조에는 언론 자유를 침해하는 법은 만들 수 없도록 되어 있다. 대부분의 미국 주에는 기자가 취재 과정에서 습득한 정보와 취재원에 관해 법원에서 제한적이지만 증언을 거부할 수 있는 취재원 보호법Shield Law이 있다. 그러나 연방 차원의 취재원 보호법은 없어서 기자의 취재원 보호를 위한 증언 거부는 법적으로 보장되고 있지 않다.

영화 〈더 트루스: 무언의 제보자〉에서 번사이드 변호사가 연방대법원에서 변론하면서 거론한 브랜즈버그 대 헤이즈 사건 판결은 미국에서 기자가 취재원 보호를 법적으로 완전히 보장받지 못하는 이정표가 되었다.

이 사건은 켄터키주 루이빌의 《쿠리어저널》 폴 브랜즈버그Paul Branzburg 기자가 두 명의 청년이 마약의 일종인 해시시를 만들어 사용하는 걸 목격하고 쓴 1969년 11월 기사가 발단이 되었다. 브랜즈버그는 마약 제조 용의자를 조사하는 대배심에 증인으로 소환되었지만 증언을 거부했다. 그는 증언을 명령한 존 헤이즈John Hayes 판사를 상대로 소송을 제기했다. 소송은 연방대법원까지 갔고 대법원이 유사한 두 건의 사건과 함께 통합해 심리했다. 다른 사건은 《뉴욕타임스》 얼 콜드웰Earl Caldwell 기자와 매사추세츠주 지역TV 폴 파파스Paul Pappas 카메라 기자의 흑인 단체 블랙팬더스 취재와 관련한 소송이었다.

연방대법원은 1972년 6월 29일 수정헌법 제1조는 기자가 대배심에서 취재원의 신원이나 비밀을 조건으로 받은 자료를 증언하지 못하도록 특권을 인정하지 않는다고 5 대 4로 판결했다. 다만 포터 스튜어트Potter Stewart 대법관은 언론인의 취재원 공개는 그 정보가 수사기관이나 소송 당사자에게 필수 증거이며, 정보가 요구되는 절박하고 긴급한 사유가 있고, 다른 데서 그것을 구할 수 없는 경우여야 한다는 반대 의견을 냈다.

한편 연방 차원의 취재원 보호법(Free Flow of Information Act) 제정이 2007년 추진되었지만 하원에서 끝났다. 2013년에 백악관이 재추진했지만 중단되었다. 쟁점은 증언 거부의 대상을 민사, 형사, 국가안보 등 어디까지 할 것인지, 누구를 기자로 인정할지 등이었다. 국가안보에 관한 정보나 취재원을 증언 거부 대상에서 제외하면 오히려 기자가 현재 누리는 권리를 약화하고 정부가 기자로부터 취재원 정보를 더 쉽게 받아낼 수 있게 된다는 주장도 있었다.

미국에서는 밀러 기자 사건과 유사한 사례가 심심찮게 일어난다. 언론 단체 프리덤포럼Freedom Forum이 정리한 자료에 따르면, 1735년 이후 60여 건에 80여 명의 언론인이 취재원 보호와 관련해 수사기관이나 배심에 소환되었다. 이들은 취재원을 밝히지 않거나 취재한 자료를 제공하지 않아 수감되거나 벌금을 물었다. 취재원 보호법이 있는 주에서는 언론인이 소송에서 이겨 처벌을 면한 사례도 있다.

기자가 취재원 공개를 거부해 수감되면 결국 어떻게 될까? 원칙적으로는 취재원을 공개하거나 자료를 제출할 때까지 계속 수감될 수 있다. 실제로는 다양한 사례가 있다. 취재원이나 범인이 자수한 경우, 취재원이 비밀 유지 조건을 포기해 기자가 취재원을 밝힌 경우, 기자가 끝까지 취재원을 밝히지 않을 것으로 판단한 판사가 포기한 경우, 수감 결정이 난 뒤 기자가 취재원을 설득했거나 취재 자료를 제출한 경우, 다른 방법으로 취재원이 확인되었거나 재판이 끝나 해결된 경우, 주지사가 기자를 사면해 끝난 경우도 있다.

미국 정부는 기자에 대한 소환장 발부를, 언론은 국가안보를 위협하는 보도를 서로 자제하는 신사협정을 유지하고 있다는 평가도 있다. 그래도 2000년 이후 취재원 보호와 관련해 처벌된 미국 언론인이 최소한 18명이다. 동영상 블로거 조시 울프Josh Wolf는 2005년 7월 경찰과 시위대의 충돌을 촬영한 동영상을 대배심에 제출하지 않아 226일 동안 수감되기도 했다. 이는 취재원 보호 문제와 관련해 기자가 수감된 최장 기록이다. 울프는 동영상을 인터넷에 공개한 뒤 풀려났다.

영국에서는 1989년 11월 잡지 기자 빌 굿윈Bill Goodwin이 기업의 재무 관련 기밀문서를 익명을 요구한 취재원으로부터 입수해 보도했다. 법원은 굿윈이 취재원을 밝히라는 명령을 거부하자 벌금 5000파운드를 물렸다. 굿윈은 유럽인권재판소Court of Human Rights에 유럽인권협약ECHR 제10조의 자유로운 표현의 권리 침해를 이유로 제소했다.

법원은 1996년 3월 27일 언론의 취재원 보호는 언론 자유의 기본 조건의 하나라고 굿윈의 손을 들어주었다. 민주 사회에서 표현의 자유와 언론 자유의 중요한 역할을 강조하면서 기자의 취재원 보호는 언론 자유를 위해 중요하다고 판결했다. 취재원의 신원이 보호된다고 확신하지 않으면 공적으로 중요한 정보를 가진 사람이 나서지 않을 것이기 때문이라는 것. 공적 관심사에 관한 보도를 위해 기자가 익명의 취재원에 의존하지 못하면 언론의 감시견 역할은 크게 줄어들 것이라는 이유도 포함되었다. 이 판례는 유럽인권협약에 가입한 국가에서는 효력이 있지만 다른 나라에 구속력을 갖지 않는다는 한계가 있다.

한국에서는 권위주의 정부 때는 취재원을 찾아내려고 언론인을 정보기관에 연행해 고문하기도 했다. 1980년 12월 국가보위입법회의에서 제정한 '언론기본법'에는 취재원 보호 조항이 있었지만 1987년 11월 법이 폐지되면서 사라졌다. 취재원 보호 때문에 기자가 구속되거나 처벌받은 적은 없는 것으로 알고 있다. 그러나 기자의 취재 자료나 통화 및 이메일 기록을 확보하기 위해 언론사에 대한 압수 수색을 시도한 것은 최소한 다섯 차례는 있었다.

현재 한국 언론이 취재원 보호를 위해 기댈 언덕은 아무런 구속력도 없는 한국기자협회 윤리강령 7조 "우리는 어떠한 경우에도 취재원을 보호한다"와 한국신문윤리위원회 신문윤리실천요강 제5조 ①항 "취재원의 안전이 위태롭거나 부당하게 불이익을 받을 위험이 있다면 그의 신원을 밝혀서는 안 된다"가 고작이다. 언론을 개혁의 대상이라며 징벌적 손해배상제도 도입과 언론중재법 개악을 도모하는 권력에 취재원 보호를 위한 법적·제도적 장치를 기대할 수는 없을 것이다.

뱅뱅클럽

The Bang Bang Club, 2010

감독 스티븐 실버 | **출연** 라이언 필립(그레그 마리노비치), 프랭크 라우텐바흐(켄 오스터브룩), 테일러 키치(케빈 카터), 닐스 반 자스벨드(주앙 실바), 말린 오케르만(로빈 콤리) | **상영 시간** 108분

남아프리카공화국(남아공)에서는 백인 정권이 인종차별정책Apartheid을 완화해 넬슨 만델라를 석방한 1990년 초부터 1994년 4월 자유 총선거로 흑백 인종 갈등이 종식될 때까지 끔찍한 내전이 벌어졌다. 내전으로 숨진 사람이 1만 4000여 명이나 된다. 이 영화는 총격전과 폭력이 난무하는 내전의 현장을 취재한 네 명의 사진기자 중에서 살아남은 두 명이 그들의 열정과 고뇌와 삶을 기록해 2000년 출판한 책 『뱅뱅클럽Bang Bang Club: Snapshots from a Hidden War』을 바탕으로 만들었다. 뱅뱅은 요란한 총격전이란 뜻. '뱅뱅클럽'은 생사고락을 함께한 네 명의 이야기를 소개한 남아공 잡지 ≪리빙≫의 기사 제목에서 나왔다. 사진기자 케빈 카터가 퓰리처상을 받은 사진에 윤리 문제가 제기되고 그가 스스로 생을 마감한 사건을 통해 사진기자의 윤리 문제도 다루고 있다.

• 시놉시스 •

〈뱅뱅클럽〉 포스터.

그레그 마리노비치Greg Marinovich, 켄 오스터브룩Ken Oosterbroek, 케빈 카터Kevin Carter, 주앙 실바Joao Silva. 이들은 남아공 요하네스버그에서 활동하는 백인 사진기자들이다. 1994년 4월 18일 라디오 방송 진행자가 퓰리처상 수상자로 결정된 케빈에게 "무엇이 최고의 사진을 만들까요?"라는 질문을 던진다. 영화는 이 질문에 답하기 위해 4년 전으로 돌아가 시작한다.

요하네스버그의 흑인 거주 구역 소웨토. 백인 정권과 동맹을 맺은 잉카타의 줄루족이 칼과 창으로 무장하고 아프리카민족회의 ANC 진영을 공격한 현장에 사진기자들이 나타난다. 이날 처음 현장에 나타난 프리랜서 그레그는 케빈, 켄, 주앙과 인사를 나눈다. 상황이 끝나고 요하네스버그 일간지 ≪스타The Star≫ 사진팀장 켄과 케빈, 주앙은 철수한다. 그레그는 '거기 가면 천국으로 직행한다'는 경고를 무시하고 흑인 거주 구역에 들어간다. '낸스필드 노동자 숙소'에서 줄루족을 만나 왜 ANC와 싸우는지를 듣고 사진도 찍는다. 갑자기 만델라와 같은 코사족이 몰려와 충돌이 벌어진다. 그레그는 단 한 명의 피살 장면을 찍는다. 그레그는 ≪스타≫ 여성 사진부장 로빈에게 사진을 보여주고 좋은 반응을 얻어 일당도 받고 주앙처럼 프리랜서로 일하게 된다.

기자들은 경찰 무전을 통해 토코자 흑인 거주 구역의 쿠말로 거리에서 충돌이 벌어진 걸 알고 달려간다. 양측이 대치한 중간에서 사진을 찍던 기자들은 총격전이 시작되어도 현장을 지킨다. 케빈은 "순간 포착이 중요하다"라면서 "켄이 최고야. 항상 큰 그림에서 시작해"라고 그레그에게 조언한다. 저녁에는 술집에서 신나게 논다. 새로 등장한 그레그에게 흑인 사진기자 소니는 "흑인 피로 돈을 버는 백인 사진사가 또 등장했군"이라며 비아냥댄다. 로빈은 "사진기자는 생활이 불규칙하고 술고래에 다들 미쳤다"라면서 "그들과는 연애 안 한다"라고 말한다. 그러나 곧 그레그의 연인이 된다.

그레그는 흑인 거주 구역에서 ANC 지지자가 잉카타 지지자 몸에 휘발유를 뿌리고 불을 붙인 뒤 몸에 불이 붙은 채 달아나자 칼로 살해하는 끔찍한 장면을 찍는다. ≪스타≫가 너무 잔인해서 안 쓴다고 한 사진을 통신사 AP가 채택해서 언론사에 전송한다.

경찰이 범죄 현장 사진이 수사에 필요하다며 필름을 요구한다. 신문사는 사진을 주면 기자가 한쪽 편을 들었다고 공격당한다며 거부한다. 피신한 그레그는 화보용 사진이나 찍고 지내는데 문제의 사진이 1991년 퓰리처상을 받게 된다.

그레그의 수상 축하 파티가 열린 날, 케빈은 화장실에서 이상한 말을 한다. "꿈에서 내가 죽어. 내가 자꾸 십자가에 매달리는데 아주 큰 렌즈가 날 클로즈업해서 잡아. 비명을 지르면서 잠에서 깨." 케빈이 정상이 아님을 느낀 그레그는 병원에 가라고 충고한다.

주말 바비큐 파티에 "뱅뱅 파파라치Bang Bang Paparazzi"라는 제목이 붙은 잡지 사진이 등장한다. 주앙이 '하이에나 취급한다'고 반발하자 켄이 뱅뱅클럽으로 바꾼다. 케빈은 차에서 마약이 나와 경찰에 연행된다.

보석으로 나온 케빈은 신문사에서 해고되자 주앙과 함께 수단으로 떠난다.

수단에서 케빈은 유엔 식량배급소에 갔다가, 굶주린 채 고꾸라져 앉아 있는 어린이를 뒤에서 독수리가 지켜보는 현장을 사진에 담는다. 이 사진은 내전 중인 수단에 기아까지 닥친 걸 알리는 사진으로 1993년 3월 26일 자 ≪뉴욕타임스≫에 실린다. 케빈은 '독수리와 소녀The vulture and the little girl'라는 제목으로 유명한 이 사진으로 1994년 퓰리처상을 받는다.

수상자 인터뷰에서 '독수리 앞에 있던 아이가 어떻게 되었는지', '독수리를 쫓아냈는지'를 묻는 질문이 나온다. 케빈은 처음에는 "잘 모른다", "사진을 찍고 나서 독수리를 쫓았다"라고 말한다. 그러나 '아이를 직접 도와주었느냐'는 질문에는 "직접 돕지 않았다"라고 말하는 등 오락가락하면서 케빈과 기자들이 기자의 윤리 문제를 놓고 논쟁을 벌인다.

남아공 정부와 ANC가 최초로 평등선거를 실시하기로 합의했다는 뉴스가 나온다. 기자들은 내전이 끝나면 자신들도 망하는 셈이라며 뭘 할지를 고민한다.

영화는 '무엇이 최고의 사진을 만드나'라는 질문으로 돌아간다. 케빈의 답변. "그게 실은 저도 몰라요. 우선 찍은 뒤 나중에 사진을 보죠. 하지만 제 생각에 좋은 사진이란 질문하게 만드는 사진이죠. 단순한 구경거리가 아닌 사진은 그 이상의 것이죠."

자유 총선 열흘 전인 1994년 4월 18일. 쿠말로 거리에서 총격전을 취재하던 켄이 총에 맞아 숨지고 그레그는 중상을 입는다. 기자들은 술집에서 켄을 위해 명복을 빈다. 주앙은 AP 요청으로 아프가니스탄으로 떠난다.

1994년 4월 27일 인종 분규가 공식 종식된다. 7월 27일, 케빈이 공원에서 배기통에 연결한 호스를 차 안에 넣은 채 독백한다. "전화도 끊기고 집세 낼 돈도 없고 빚 갚을 돈도 없다. 살육과 시체, 분노와 고통에 대한 선명한 기억들이 나를 괴롭힌다. 모든 살인자와 폭력에 굶주린 사람들과 경찰들까지. (죽은) 켄이 있는 곳으로 가고 싶다. 행운이 따라야겠지."

살아남은 그레그가 목발을 짚고 주앙과 함께 케빈 무덤에 다녀가면서 영화는 끝난다.

• 저널리스트의 관점 •

영화의 상당 부분은 남아공 내전 당시 위험을 무릅쓰고 현장을 촬영해 전 세계에 알린 사진기자들의 얘기를 다룬다. 그런 가운데 사진기자의 윤리 문제가 등장한다. 케빈이 수단에서 촬영해 1994년 퓰리처상을 받은 〈독수리와 소녀〉 사진이 계기가 되었다. 영화에는 이 문제가 케빈이 기자회견장에서 기자들과 논쟁하는 형식으로 제기된다(01:21:57-01:23:17).

▌사진기자의 윤리 문제가 제기된 케빈 카터의 사진 〈독수리와 소녀〉. 소녀는 나중에 소년으로 밝혀졌다.

실제로는 그런 기자회견은 없었다. ≪뉴욕타임스≫에 사진이 실린 뒤 사진 속 소녀의 운명을 문의하거나 사진기자의 윤리 문제를 얘기하는 전화가 쏟아졌다. 이 때문에

'타임스' 사진부장 낸시 리가 케빈에게 사진을 찍을 때 상황을 전화로 자세히 물었다(마리노비치·실바, 2013: 175~176). 영화는 두 사람의 통화 내용을 기자회견 형식으로 각색한 것이다. 영화에 나온 질문과 답변을 정리하면 이렇다.

기자 A	독수리를 쫓아냈나요?
케빈	사진을 찍고 나서 쫓아냈어요.
기자 B	아이를 직접 도와줬나요?
케빈	직접 돕지는 않았어요.
기자 C	아이를 그냥 놔뒀나요?
기자 D	사진기자가 할 일은 아니죠.
기자 C	사진기자라면 도울 의무가 없나요?
케빈	제 의무가 아니라는 게 아닙니다. 제 사진은 그 이상을 해냈다고 생각해요.
기자 E	안전이라도 확인했어야죠.
기자 F	사진 찍은 게 잘못했다는 게 아니에요. 아이를 죽게 내버려 뒀나요? 문제가 없어 보이나요?
케빈	문제라뇨? 사진기자로서 수단에 갔고 훌륭한 사진을 찍었어요.
기자 G	옳은 일이었나요? 구할 수 있었잖아요. 왜 구하지 않았죠? 아이부터 구했어야죠.

핵심은 그런 상황에서 아이를 먼저 구했어야 하는 게 아니냐, 사진을 찍은 뒤에라도 아이를 구했어야 하는 게 아니냐, 사진기자가 할 일은 어디까지냐 등으로 요약된다. 케빈은 그 사진을 찍을 때 약 20분 동안

독수리가 날개를 펴고 날아오르기를 기다렸다. 독수리가 끝내 날지 않자 소녀와 독수리를 하나의 프레임에 넣어 찍었다. 독수리가 소녀를 공격할 수 있었다는 것이 케빈이 비판받은 이유였다. 사실 독수리는 살아 있는 사람을 공격하지 않는다.

케빈과 그레그도 의견이 다르다(01:23:17-01:24:16).

그레그 왜 사실대로 말하지 않았어?

케빈 있는 그대로 얘기했어.

그레그 매번 말을 바꾸잖아.

케빈 그냥 날 내버려 둬.

그레그 진짜 엄청난 사진이다.

케빈 그 사람들이 옳아. 수수방관하는 게 우리 일이라고 말하는 사람들. 사람들이 죽어가는데 가만히 보고 있잖아. 맞는 말이야.

그레그 난 그렇지 않아.

케빈 아니 맞아.

그레그 그건 네 생각일 뿐, 난 아냐.

케빈 나만 그렇게 생각하는 게 아니야.

사진기자도 각자 의견이 다를 수 있고 정답이 없다는 걸 보여준 것이다.

영화에는 사람이 죽는 걸 사진 찍어 돈 벌고 상 탔다고, 술 마시고 춤추며 파티 하는 장면이 나온다. "흑인 피로 돈을 버는 백인 사진사가 또 등장했군"이라며 비아냥대는 흑인 기자도 있다. 그게 사진기자의 일이지만 왠지 씁쓸하다.

뱅뱅클럽 사진기자 네 명은 모두 백인이다. 이들은 인종분리정책이 얼마나 많은 문제를 낳는지 보여준다는 정의감 때문에 생명의 위협을 무릅쓰고 사진을 찍었다. 남아공에서 분쟁 현장 사진 촬영은 흑인들이 주로 하는 일이었다. 백인이 하기에는 너무 위험했다. 네 명이 함께 다닌 것도, 혼자 다니면 위험했기 때문이다.

뱅뱅클럽은 잡지 기사의 제목 때문에 사람들이 그렇게 불렀을 뿐, 영화와 달리 정작 본인들은 클럽이란 존재를 부인했다. 자신들을 포함해 많은 기자가 현장에 함께 취재하러 다녔다는 것이다.

한편 주앙은 ≪뉴욕타임스≫와 계약해 2010년 10월 아프가니스탄 칸다하르에서 미군에 배속되어 취재하다가 지뢰 폭발 사고로 양쪽 다리를 모두 잃었다. 그는 미국에서 치료를 받고 의족을 달고 다시 '타임스'에서 사진기자로 활동했다. 그레그는 남아공에서 세 번 총상을 입은 데 이어 아프가니스탄에서 다시 총에 맞은 뒤 몇 주 만에 사진기자를 그만두었다.

• 팩트체크 •

이 영화에는 사실과 다른 부분이 적지 않다. 영화에서 케빈은 차를 운전하다 사고를 냈고 경찰이 차에서 마약을 발견해 ≪스타≫에서 해고된 뒤 수단에 갔다(01:03:28-01:06:25). 그러나 실제 케빈이 수단에 간 것은 1993년 3월이다. 수단에서 찍은 〈독수리와 소녀〉 사진이 ≪뉴욕타임스≫ 1993년 3월 26일 자 A섹션 3면에 실렸다(영화에는 "사진이 '타임스' 1면을 장식했다"라고 나온다. 01:20:48). 사진은 신디케이트를 통해 수많은 신문에 실렸다. 케빈이 교통사고를 내고 마약 때문에 경찰서에 간 것은 그로부터 1년 뒤인 1994년 3월 중순이다.

케빈은 1984년부터 ≪스타≫ 소속이었다. 그러나 1993년 수단에 갈 때는 소속이 ≪위클리메일≫이었다. ≪위클리메일≫이 수단 취재에 관심이 없었고 가고 싶으면 자비로 가라고 해서 케빈은 여러 사람한테 돈을 빌렸다. 케빈은 영화에서처럼 ≪스타≫에서 해고된 뒤 갑자기 간 게 아니다. 수단 현지의 유엔 구호단체 관계자가 주앙한테 먼저 취재 오라고 제안했다. 케빈은 당시 자신의 경력 관리와 개인적인 신상 문제로부터 탈출하는 데 도움이 된다고 판단해 함께 갔다(마리노비치·실바, 2013: 162~163).

'타임스'에 실린 〈독수리와 소녀〉 사진에는 이런 설명이 붙었다. "배가 고파서 힘이 없는 작은 소녀가 최근 아요드의 급식소에 가는 길에 쓰러졌다. 근처에 독수리 한 마리가 기다렸다A little girl, weakened from hunger, collapsed recently along the trail to a feeding center in Ayod. Nearby, a vulture waited." 여기에는 소녀의 이름도 나이도 촬영한 날짜도 나오지 않는다. 사실 기본이 갖추어지지 않은 사진 설명이다.

게다가 이 설명도 사실과 달랐다는 게 뒤늦게 밝혀졌다. 스페인 일간지 ≪엘문도El Mundo≫는 사진에 나온 아이의 아버지를 인터뷰한 기사를 2011년 2월 21일 인터넷판에 실었다. 기사에 따르면 아버지는 사진 속 아이가 소녀가 아니라 아들 콩뇽Kong Nyong이었다고 말했다. 그는 아들이 1993년 당시 식량배급소까지 가서 살아남았지만 2007년 열병으로 숨졌다고 밝혔다. 물론 아버지 주장이 100퍼센트 사실인지는 확인되지 않았다. ≪엘문도≫에는 아버지가 케빈의 〈독수리와 소녀〉 사진을 들고 있는 사진이 실렸다.

〈독수리와 소녀〉 사진이 '타임스'에 실린 뒤 케빈은 ≪위클리메일≫

에서 나와 프리랜서가 된다. 경제적으로 불안하고 의료보험도 없지만 활동이 자유로워서였다. 그 후 케빈은 로이터와 월 2000달러에 일하기로 계약한 상태에서 1994년 3월 교통사고를 냈고 마약 문제가 터졌다.

영화에는 케빈의 자살 원인이 구체적으로 나오지 않는다. 마지막 독백을 통해 암시한 정도다. 영화만 보고 〈독수리와 소녀〉 사진의 윤리 문제가 그를 괴롭혀 자살했다고 생각한 사람도 있을 것 같다. 실제로 인터넷에는 그런 식으로 단정한 글도 적지 않다.

하지만 사진 때문에 논란이 벌어진 것은 사진이 보도된 1993년 3월 말 이후 한동안이었다. '타임스'는 사진이 보도되고 나흘 뒤인 3월 30일자 A섹션 2면에 다음과 같은 '편집자 노트editor's note'를 실었다.

> 많은 독자가 지난 금요일 수단에 관한 기사와 함께 실린 사진 속 소녀의 운명을 물어왔다. 사진기자는 독수리가 쫓겨난 뒤 소녀가 다시 걸을 수 있을 정도로 회복되었다고 알려왔다. 소녀가 급식소에 갔는지는 알려지지 않았다.

이는 당시 사진을 본 독자들이 소녀의 생사에 관해 많이 문의했음을 보여준다. 사진기자 윤리 문제가 얼마나 심각했는지는 모르겠다. 다만 케빈이 죽은 뒤에 사진기자 윤리 문제가 나오면 그의 사진이 사례로 자주 거론된 것은 사실이다.

하지만 1년 이상 지난 뒤 사진의 윤리 문제 때문에 케빈이 자살했다고 보는 것은 무리가 아닐까? 더구나 케빈은 4월 12일 퓰리처상 수상자로 선정되었다는 연락을 받고 5월 시상식에 참석하고 뉴욕에 있는 동안 대단히 만족할 만한 시간을 보냈다. 남아공에 돌아가고 싶지 않았을 정도였다. 프랑스 사진통신사 시그마SIGMA와 계약도 했다.

6월 말 요하네스버그에 돌아간 케빈은 7월 27일 밤 스스로 생을 마감했다. 마지막 한 달 동안 케빈에게 무슨 일이 있었던 걸까? 스콧 매클라우드Scott MacLeod 기자가 케빈의 마지막 행적을 추적해 2001년 6월 24일 자 ≪타임≫에 쓴 "케빈 카터의 삶과 죽음The Life and Death of Kevin Carter"이란 제목의 기사는 참고할 만하다.

이 기사를 읽어보면 케빈의 마지막 7월에는 악재가 겹쳤다. 7월 초 넬슨 만델라 대통령을 촬영하기 위해 케이프타운에 갔지만 잡지사 측의 실수로 촬영이 취소되었다. 만델라 대신 남아공을 국빈 방문한 프랑수아 미테랑 프랑스 대통령을 촬영한 사진은 마감시간에 맞추지 못했고 사진 상태도 나빠 문제가 생겼다. 7월 20일부터 6일 동안 ≪타임≫ 요청으로 간 모잠비크 출장도 엉망이 되었다. 갈 때는 비행기를 놓쳤고 갔다 와서는 촬영한 필름을 분실했다. 평소에 살인과 폭력을 자주 목격하면서 받은 충격으로 마약을 복용할 정도로 정신적으로 불안정했다. 생활고도 심각했는데 악재가 겹치면서 엄청난 스트레스를 받았다. 케빈은 친구에게 써놓고 부치지 않은 편지에 "요하네스버그는 나쁜 기억만 많고 친구도 없다"라고 적어놓았다.

• 사진과 윤리 •

케빈 카터의 〈독수리와 소녀〉 사진 외에도 보도사진의 윤리 문제가 제기된 경우는 종종 있었다. 미국 타블로이드 신문 ≪뉴욕포스트≫가 2012년 12월 4일 자 1면에 실은 지하철 사고 사진도 그중 하나다. 사진은 전날 맨해튼 49번가 지하철역 승강장에서 한인 교포 한기석 씨(당시 58세)가 흑인에게 떠밀려 지하철 선로에 떨어졌고 승강장에 올라오려고 애쓰다가 열차에 치이기 직전 찍혔다. 사진은 우연히 현장에 있던 사진기자 우마르 아바시Umar Abbasi가 찍었다. 한 씨는 사진에 찍힌 직후 열차에 치여 숨졌다.

당시 논란의 초점은 두 가지였다. '사진기자가 그 상황에서 사람을 먼저 구해야지 사진을 찍었어야 했느냐'와 '그 사진을 신문에 실었어야 했느냐'는 것이다.

아바시는 "사고를 목격하고 기관사에게 경고하기 위해 플래시를 터트렸다"라고 주장했다. 당시 한 씨를 구할 수 있는 시간적 여유가 20초 정도여서 현실적으로 구하기 어려웠다는 주장도 있었다.

당시 승강장에는 여러 사람이 있었다. 그들 중 한 씨를 구하려고 나선 사람은 아무도 없었다. 이를 두고 사진기자로서 자신의 일job을 한 아바시만 왜 한 씨를 구하지 않았다고 비난받아야 하느냐고 주장한 사람도 있었다. 일리가 있다.

이런 상황에서 반복되는 질문이 바로 '비극이 벌어지는 걸 목격했을 때 그 비극을 저지하는 것과 기록하는 것 중 무엇이 더 중요하고 무엇이 기자의 의무냐'는 것이다. 〈독수리와 소녀〉 사진에 제기된 질문도 같은 것이다.

미국의 전국사진기자협회NPPA 윤리강령에는 사진기자는 사진을 찍을 때 의도적으로 사건에 기여하거나 변경하지 말아야 하며, 변경하거나 영향을 미치려고도 하지 않을 책임이 있다는 조항이 있다(While photographing subjects do not intentionally contribute to, alter, or seek to alter or influence events).

사진기자뿐만 아니라 취재기자도 사건에 개입하거나 영향을 미치거나 바꿔서는 안 된다고 배운다. 그러나 현실은 그렇게 단순하지 않다. 사건 현장에 기자가 등장하는 것만으로도 사건에 영향을 미칠 수 있다. 더구나 사진기자는 카메라를 휴대하기 때문에 신분을 숨기기도 어렵다. 취재기자는 신분을 노출하지 않을 수 있지만 그것은 신분을 속이는 위장 취재라는 비판을 받을 수 있다.

윤리강령은 강제 규정은 아니다. 어겼다고 해도, 도덕적 비난을 받거나 협회나 소속 언론사 차원의 징계나 제재는 받을 수 있어도 법적 책임을 묻기는 어렵다. 그래도 전문가라면 윤리강령을 지키려고 최선을 다해야 한다. 문제는 윤리강령이 절대 기준이 되기 어렵다는 점이다. 법률을 어겼을 때도 정상情狀을 고려해서 처벌 여부와 처벌의 정도가 결정된다. 윤리강령도 마찬가지다.

기자나 사진기자로서 해야 할 일보다 인간으로서 해야 할 도리가 더 중요하다고 주장하는 전문가도 있다. 사람이 위급한 상황에 놓였다면 인간의 도리로서 먼저 사람을 구해야 한다는 것이다. 당연한 말처럼 들린다. 하지만 전문적인 기자나 사진기자 세계에서는 그렇지만도 않다. 객관성을 위해 기자가 개입해서는 안 된다고 주장하는 이들도 얼마든지 있다.

≪뉴욕포스트≫가 지하철 사고 사진을 1면에 실었어야 했느냐는 문제는 전혀 다른 관점의 문제다. 아무리 끔찍한 사진이라도 중요한 이슈에 관한 공적 토론에 영향을 줄 수 있다면 보도할 의무가 있다는 것이 사진 저널리즘의 기본 원칙이다. 물론 이 사진이 거기에 해당하는지에 대해서는 사람마다 의견이 다를 수 있다.

취재 대상이 위기 상황에 놓였을 때 일단 사진을 찍고 사람을 구하면 되지 않느냐는 주장도 있다. 상황에 따라서는 그게 가능할 때도 있을 것이다. 베트남전 당시 소이탄 공격을 받아 화상을 입은 채 알몸으로 달려오는 소녀(Napalm Girl)를 찍은 유명한 사진이 그 경우에 해당할 수 있다. "전쟁의 공포The Terror of War"라는 제목의 이 사진은 1973년 AP 사진기자 닉 우트Nick Ut에게 퓰리처상의 영광을 안겨주었다. 우트는 1972년 6월 8일 사이공에서 약 40킬로미터 떨어진 마을에서 아홉 살 소녀 판티 킴푹Phan Thi Kim Phuc이 베트남군의 소이탄 오폭으로 불이 붙은 옷을 벗어 던지고 알몸으로 울면서 달려오는 모습을 정면에서 찍었다. AP는 소녀의 알몸을 모자이크 처리도 하지 않은 사진을 언론에 제공했다. 이 사진은 전쟁의 참상을 고발하는 상징적인 사진이라는 평가를 받았다.

당시 AP 사이공 지국 편집자는 킴푹의 사진을 쓸 수 없다고 거절했다. AP는 남녀노소를 막론하고 알몸 사진, 특히 정면 알몸 사진은 쓰지 않는다는 원칙이 있었다. 기자와 편집자가 논쟁하고 있을 때 호르스트 파스Horst Faas 사진부장이 임무를 마치고 사무실에 돌아왔다. 그는 뉴욕 본사와 텔렉스로 협의한 끝에 '김푹만 클로즈업한 사진은 쓰지 않는다'는 절충안으로 예외를 만들어 사진이 빛을 볼 수 있게 되었다. 당시 본사의 핼 부엘Hal Buell 사진부장은 "그 사진의 뉴스 가치가 누드에 관한 모든 유보 조항을 무효로 만들었다"라고 말했다.

킴푹의 사진이 보도된 뒤 그녀의 생사와 기자가 사진을 찍은 뒤 사후 처리를 어떻게 했느냐가 관심을 끌었다. 당시 우트 기자는 사진을 찍은 뒤 자신의 차에 킴푹을 태워 근처 병원으로 데려가서 미국 기자 신분증을 보여주고 잘 치료해 달라고 부탁했다.

킴푹은 베트남이 적화 통일된 뒤 홍보 선전에 이용되다가 쿠바에 의학 공부를 하러 가서 만난 베트남 유학생과 결혼했다. 이들은 그 후 캐나다로 망명했다. 킴푹은 1997년 11월 유엔 평화문화 친선대사로 임명

돼 활동했다. 그는 1999년 11월 29일 서울에서 열린 "퓰리처상 사진 대전: 20세기 고별전" 때 한국에도 다녀갔다.

이런 사례들을 보면 과연 사진의 가치에 대한 절대 기준이 있는지 궁금해진다. 영화 〈뱅뱅클럽〉에 나온 것만 봐도 그레그의 1991년 퓰리처상 수상작은 ≪스타≫에서는 너무 끔찍하다는 이유로 싣지 않았다. AP가 전송하지 않았다면 그 사진은 퓰리처상을 받지 못한 채 묻혀버렸을 것이다. 킴푹의 사진도 알몸이라는 이유로 전송되지 않았다면 역시 같은 처지가 되었을 것이다. 케빈의 〈독수리와 소녀〉도 ≪뉴욕타임스≫가 싣고 신디케이트 서비스를 통해 다른 언론이 사용할 수 있게 해주지 않았다면 남아공 현지 신문에만 겨우 실렸을 수 있다. 그랬다면 케빈이 퓰리처상을 받았을까?

또 다른 흥미로운 사례가 있다. 1968년 1월 30일 월맹군(베트콩)이 베트남의 3개 성도와 5개 해안 도시를 집중 공격한 구정 공세Tet Offensive 때 일이다. 사이공 거리에서 베트남 경찰 책임자인 응우옌응옥로안Nguyen Ngoc Loan 장군이 베트남군 대령 일가족을 살해한 베트콩 죄수를 권총으로 사살했다. 그 현장을 찍은 AP 사진기자 에디 애덤스Eddie Adams(1933~2004)는 1969년 퓰리처상을 받았다.

그런데 당시 현장에는 ≪동아일보≫ 김용택 사진기자가 함께 있었다. 김 기자는 자신은 로안 장군이 베트콩의 머리에 총을 겨냥, 막 발사하려는 순간을 차마 볼 수가 없어 그 장교가 쓰러진 장면부터 카메라에 담았다고 회고했다(김용택, 1995: 86). 김 기자는 결정적인 순간에 기자보다 인간의 도리를 선택했고 그 결과 세계적인 특종을 놓친 건 아닐까? 작고한 김 기자는 과연 그걸 후회했을까?

신사협정

Gentleman's Agreement, 1947

감독 엘리아 카잔 | **출연** 그레고리 펙(필 그린), 도러시 맥과이어(캐시 레이시), 존 가필드(데이브 골드먼), 준 해벅(일레인 웨일스), 앨버트 데커(존 미니피) | **상영 시간** 118분

기독교 신자인 기자가 1940년대 미국 사회의 반유대주의anti-semitism 실상을 다루는 기사를 쓰기 위해 유대인 행세를 한다. 기자가 그렇게 위장한 채로 살아가면서 사랑도 하고 여러 가지 체험을 하면서 유대인에 대한 차별, 증오, 편견, 적대감과 그로 인한 갈등을 보여준 영화다. 동명 소설을 바탕으로 모스 하트가 쓴 각본으로 제작한 영화가 1947년 11월 개봉하자 큰 반향이 일어났다. 로라 홉슨Laura Hobson(1900~1986)이 1946년 월간지 ≪코스모폴리탄≫에 연재한 소설을 1947년 사이먼앤드슈스터가 단행본으로 출판해 베스트셀러가 되었다. 소설과 영화 모두 성공한 작품이다. 1948년 아카데미 영화상 8개 부문 후보에 올라 작품상, 감독상, 여우조연상을 받았다. 골든글로브 영화상에서도 작품상, 감독상, 여우조연상을 받았고 다른 상도 많이 받아 작품성을 인정받았다.

• 시놉시스 •

〈신사협정〉 포스터.

미국 캘리포니아에서 아내를 잃고 아들 톰과 살던 필 그린이 주간지 ≪스미스≫에서 일하기 위해 뉴욕에 간다. 사장 겸 편집장 존 미니피는 필에게 반유대주의에 관한 연재 기사를 주문한다. 미니피 집에 초대받은 필은 미니피의 처조카 캐시를 만난다. 캐시가 시리즈 아이디어를 낸 걸 알고 필은 호감을 느껴 인연이 시작된다.

다음 날 필이 미니피에게 기사에 필요한 자료를 부탁한다. 미니피는 에디터가 뭔지를 보여준다. "머리를 쓰게. 문제의 핵심부터 시작하게. 특별한 각도angle에서 뭔가 끌어당길 만한 걸 보고 싶네. 인간적인 면에서 뭔가 극적인 요소로 읽힐 수 있게 말이네." "아예 달을 따오라고 하시죠"라는 필의 반응에 미니피의 주문은 계속된다. "주의할 사항은 정신 나간 사람들 얘기는 수없이 나갔네. 그보다 더 큰 걸 찾아내게. 더 광범위한 걸 다뤄야 해. 반유대주의 모임이나 그들을 지지하는 일에 관련 없던 사람들 말이지."

필은 일주일째 기사를 어떻게 쓸지 고민한다. 어머니의 심장 통증을 계기로 필은 '자신이 직접 느끼지 않으면 해답을 모른다'는 결론에 이른다. 탄광 기사를 쓸 때 땅속에 들어가고 넝마 속에 자면서 광부들의 가슴속을 파고 들어간 게 아니라 자신이 바로 광부였던 경험을 되살렸다.

그래서 유대인으로 행세하면서 반응을 보기로 했다. 기사 제목도 나왔다. "난 6개월 동안 유대인이었다."

미니피도 대찬성. 여비서 일레인 웨일스도 속이기로 했다. 잡지사 간부들과 외부 투자자들이 모인 자리에서 미니피가 반유대주의 기사 계획을 말하자 논란이 벌어진다. 필이 "제가 유대인이라는 사실 때문만은 아닙니다"라며 유대인을 자처하자 분위기가 싸늘해진다. 필은 여러 기관과 협회에 '스칼라 그린' 명의로 한 통, 유대인 이름인 '필립 그린버그' 명의로 한 통, 모두 두 통씩 편지를 보내 반응을 떠보기로 한다.

필은 어머니 때문에 집에 온 의사가 이유 없이 유대인 이름을 가진 의사를 차별하는 걸 경험한다. 우편함에 그린버그라는 유대인 이름을 추가했더니 경비원이 규칙을 이유로 반대한다. 캐시에게 기사 계획을 말한 것만으로도 분위기가 어색해지는 걸 느낀다. 캐시 동생 집에서 열릴 파티도 필의 유대인 행세로 문제가 생긴다.

필은 절친인 유대인 데이브 골드먼이 찾아오자 특별한 각도special angle에서 반유대주의 기사를 쓴다고 말한다. 데이브는 "평생의 일을 단 몇 주에 경험해 보려고 한다"라며 비판적인 반응을 보인다.

식당에서 데이브가 유대인이라는 이유로 싸움이 벌어진다. 필은 캐시와 신혼여행을 가려고 예약한 호텔이 유대인은 받지 않는다는 걸 알고 항의하지만 거절당한다. 데이브는 유대인이라는 이유로 집도 못 구한다. '유대인에게 집을 팔거나 세를 주지 않는다'는 '신사협정'에 순응할 거냐 싸울 거냐를 놓고 필과 캐시는 다툰다. 유대인 행세를 한 아들 톰이 '더러운 유대인'이라는 말을 듣고 놀림을 당한다. 캐시가 톰을 달래려고 "넌 유대인이 아니야"라고 하자 필은 "백인 기독교인이란 우월감을 보여주려 했다"라고 질책한다. 이에 캐시는 "괴팍하고 신경질적인 고집쟁이와 결혼하지 않겠다"라며 가버린다. 결혼을 앞둔 두 사람이 유대인 얘기만 나오면 다투는 걸로 반유대주의의 심각성을 보여준다.

"난 8주 동안 유대인이었다"는 제목의 연재 기사 3회분이 완성된다. 회사 내 반응이 뜨겁다. "이건 완전한 특종이야!" "이 잡지사가 발행한 기사 중에서 가장 위대한 금자탑이 될 기사야."

필이 자신을 반유대주의자로 생각한다며 고민을 털어놓는 캐시에게 데이브는 충고한다. "남자들은 아내가 단순한 동반자 이상이길 바라요. 사랑하는 여자 그 이상을. 역경을 뚫고 나갈 동료이자 절친을 원하는 겁니다. 자기와 같은 생각을 하고 있기를 바라죠. 그렇지 않다면 항상 서로 어긋나고 말아요."

캐시가 '신사협정'을 깨고 데이브를 자기 집에서 살도록 한 것을 안 필이 캐시와 화해하면서 영화는 끝난다.

• 저널리스트의 관점 •

영화 시작 부분에 나오는 주인공 필 그린과 아들 톰의 뉴욕 시내 공원에서의 대화는 이젠 현역 기자는 아니지만 필자에게 남다르게 들렸다.

"할머니가 아빠랑 사는 게 힘들어진대요." 톰의 말에 필은 "다른 불평은 안 하셔?"라고 묻는다. 필의 취재 본능이 드러난 것 같았다. 톰은 "아빠가 너무 까다롭대요"라고 할머니의 말을 전한다. 록펠러센터 앞 아틀라스 조각을 보고 필은 "두 어깨로 세상을 짊어지고 있지"라고 말한다. 이에 톰은 "그게 아빠가 하는 일이라고 할머니가 그러셨어요. 세상을 내버려 뒀으면 좋겠대요"라고 다시 할머니 생각을 전한다.

무심코 넘길 수 있는 대화지만 필자는 스탠퍼드대 출신 엘리트라는 필의 기자로서의 평소 삶의 자세가 느껴졌다. “두 어깨로 세상을 짊어지고 있다”라는 비유는 세상 고민을 다 안고 끙끙대던 일부 언론인을 연상시킨다. 1980년대 언론이 자유롭지 못한 시절에는 그런 기자도 많았다. 기자들은 늘 생업에 바쁜 소시민과는 달리 세상의 문제와 고민을 느낄 줄 아는 예민한 감각이 있어야 한다.

저널리스트의 관점에서 이 영화는 기자가 취재를 위해 신분을 숨기거나 속이는 위장 취재undercover reporting 문제를 생각해 볼 수 있다.

영화가 개봉한 1940년대 말이라면 위장 취재가 문제 되던 시대는 아니었다. 당연히 영화 속 필의 신분 위장이 특별한 관심을 끌었을 것 같지는 않다. 영화 개봉 다음 날인 1947년 11월 12일 자 ≪뉴욕타임스≫ 기사에도 그런 걸 지적한 내용은 없었다.

‘타임스’ 기사는 오히려 ‘반유대주의에 관한 최고 수준의 기사를 맡은 주인공이 찾아낸 것이 기자 자신이 직접 노출된 상류층의 사교적 직업적 수준에 한정되었다’는 점을 지적했다. 그가 어느 정도 인식을 가진 기자라면 영화에 나오는 갑작스러운 충격 정도는 이미 오래전부터 알고 있었어야 했다는 것이다. 필자는 사실 그 정도의 사례를 취재하기 위해서 굳이 위장 취재까지 할 필요가 있었나 하는 의문이 들었다.

필의 여비서 일레인이 유대인 이름과 비유대인 이름으로 편지를 보내라는 필의 말을 듣고 자신의 경험을 털어놓는 장면이 있다. 일레인이 자신의 본명인 에스텔 왈로브스키로 지원했다가 일자리가 없다는 답장을 받은 뒤 개명한 이름으로 다시 지원해 일자리를 구했다는 내용이다. 일레인은 그게 바로 필이 지금 일하는 잡지사라면서 이렇게 말한다. “모든 분야의 부당함을 알리는 위대한 자유주의 잡지사에서요. 정말 웃

기더라고요."

이 말은 언론의 위선과 이중성에 대한 고발처럼 들렸다. 언론은 세상만사를 비판하고 바른 소리를 도맡아 하는 편이다. 하지만 언론사도 기업인지라 경영이나 수익을 위해 떳떳하지 못한 일을 할 때도 있다. 그러면서도 언론은 자신에 대한 외부의 비판이나 지적에는 민감하고 거부감도 강한 편이다. 남을 비판하는 것이 중요한 임무인 언론이라면 당연히 남들로부터 비판받을 일을 삼가야 할 것이다. 언론사 차원에서도 그렇게 해야겠지만 언론인도 마찬가지다.

천금을 마다한 사나이

(또는 디즈 씨 도시에 가다)

Mr. Deeds Goes to Town, 1936

감독 제작 프랭크 캐프라 | **출연** 게리 쿠퍼(롱펠로 디즈), 진 아서(루이즈 '베이브' 베넷/메리 도슨), 조지 밴크로프트(맥웨이드), 라이어널 스탠더(코닐리어스 코브) | **상영 시간** 116분

얼굴도 모르는 외삼촌의 유산으로 벼락부자가 된 시골 독신남 디즈. 외삼촌 사업을 떠맡은 그에게 언론의 관심이 집중된다. 신문사 여기자 베이브가 신분을 숨긴 채 접근한다. 그녀는 디즈와 데이트하면서 취재한 걸로 연일 특종을 터트린다. 신문은 디즈를 '신데렐라 맨'으로 만든다. 뒤늦게 베이브에게 속은 걸 안 디즈는 낙향하려다 농장 직원들의 억울한 사연을 듣는다. 디즈는 재산을 농장 개혁을 위해 기부하기로 한다. 그러나 재산을 노린 사람들이 디즈를 정신이상자로 몰아 소송을 벌인다. 디즈는 절묘한 논리로 소송에서 이기고 베이브와의 사랑도 결실을 본다. 위장 취재와 언론의 선정주의를 양념 삼아 만든 사회성 있는 로맨스 영화.

• 시놉시스 •

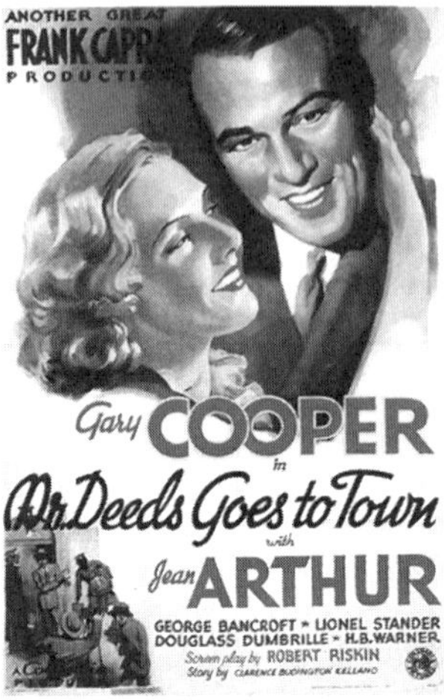

▌〈천금을 마다한 사나이〉 포스터.

미국 은행가 마틴 셈플이 이탈리아 여행 중 자동차 사고로 죽는다. 유산이 무려 2000만 달러. 버몬트주 시골에서 축하 카드에 시를 쓰고 마을 밴드에서 튜바를 연주하는 독신남 롱펠로 디즈가 졸지에 상속인이 된다. 갑자기 변호사가 찾아와 유산이 2000만 달러가 넘는다고 해도 디즈는 "필요도 없는 저한테 왜 주셨을까요"라며 튜바를 분다. 변호사 일행에 삼촌의 방패 역할을 해온 기자 코브가 끼어 있다. 변호사는 코브의 역할을 "대중의 시선을 피하고 싶을 땐 신문을 적절히 이용하면 된다"라고 알려준다.

디즈는 뉴욕에서 삼촌 사업을 떠맡지만 일은 변호사들이 다 한다. 언론의 관심은 디즈가 유산으로 뭘 하느냐에 쏠린다. ≪데일리메일≫ 사회부장은 기자들을 닦달한다. "디즈의 일거수일투족이 다 뉴스야. 구체적인 거. 결혼한대? 멍청해? 똑똑해? 뭐야? 온 지 사흘 되었는데 뭘 알아냈어?" 부장은 여기자 베이브에게 특종의 대가로 한 달 유급휴가를 약속한다. 베이브는 밤에 비 맞으며 걷는 디즈 앞에 쓰러지는 연기로 인연을 만들고 실업자 행세를 하며 함께 다닌다. 베이브는 다음 날 "남자 신데렐라 술 취해 홍청망청"이란 제목으로 디즈를 조롱하는 특종을 터트린다. 사진기자가 몰래 따라다니며 찍은 사진도 실렸다.

자신의 기행이 실린 신문을 본 디즈는 편집장을 혼내주겠다고 한다. 디즈의 홍보 담당을 자임한 코브는 "성질 죽이고 아무하고도 얘기하지 마라"라고 코치한다. 베이브의 신문에는 연일 '신데렐라 맨' 특종이 쏟아진다. 베이브는 디즈가 자신의 정체를 알까 봐 불안하다. 디즈는 "돈으로 뭔가 할 수 있을 줄 알았는데 바쁘기만 하지 생각할 틈이 없다"라면서 베이브에게 청혼한다. 베이브는 부장에게 '모든 걸 털어놓고 감수하겠다'고 말한다.

프러포즈 이벤트를 준비하던 디즈에게 코브가 신문 기사를 보여준다. 루이즈 베넷 기자의 퓰리처상 수상 기사에 베이브 사진이? 코브는 '교활하고 용의주도한 기자'한테 디즈가 속았다고 말해준다. 베이브에게 사실을 확인한 디즈는 크게 실망해 귀향하겠다고 한다.

그러나 갑자기 농부의 억울한 사연을 알게 된 디즈는 농장 개혁을 위해 재산 1800만 달러를 기부하기로 결심한다. 수천 명이 농장에서 일하겠다고 자원한다. 유산을 노린 친척과 변호사들은 디즈의 정신이 이상하다면서 기부를 무효로 해달라는 소송을 낸다.

디즈는 변호사도 없이 재판에 나간다. 베이브가 쓴 기사들이 디즈의 정신이상의 근거로 제시된다. 증인들이 디즈를 정신병원에 보내야 할 사람으로 몰아가자 베이브가 나선다. 자기가 유급휴가에 눈이 멀어 디즈의 말을 왜곡했다고 자수한다.

베이브가 디즈를 사랑하기에 증언이 효력 없다는 주장이 나오자 디즈는 직접 자기 변론에 나선다. 절묘한 논리로 원고의 주장을 하나하나 깬 디즈는 원고의 변호사에게 주먹을 날린다. 판사는 디즈가 정상이라며 소송을 각하한다. 밴드 소리가 들리는 가운데 디즈가 베이브에게 키스하는 해피엔딩으로 영화는 끝난다.

〈천금을 마다한 사나이〉(원제 〈디즈 씨 도시에 가다〉)는 비슷한 구조의 영화 세 편 중에서 1936년 가장 먼저 제작되었다. 두 편은 1939년 〈스미스 씨 워싱턴에 가다Mr. Smith Goes to Washington〉와 2002년 〈미스터 디즈Mr. Deeds〉. 〈스미스 씨 워싱턴에 가다〉는 프랭크 캐프라 감독이 루이스 포스터Lewis Foster의 미출간 소설 『몬태나에서 온 신사The Gentleman from Montana』의 원고를 보고 〈천금을 마다한 사나이〉의 속편으로 만들었다. 〈미스터 디즈〉는 스티븐 브릴 감독이 〈스미스 씨 워싱턴에 가다〉를 63년 만인 2002년 현대적 감각으로 리메이크한 것이다.

세 편 모두, 평범하지만 착하고 인간적인 주인공의 벼락부자로의 변신과 신분 상승, 그로 인한 해프닝과 남녀 주인공의 로맨스, 언론의 긍정적·부정적 역할이 버무려진 구조로 되어 있다.

〈미스터 디즈〉 포스터.

〈천금을 마다한 사나이〉의 주인공은 시골에서 시를 쓰다가 억만장자가 된다. 〈스미스 씨 워싱턴에 가다〉의 주인공은 어린이 단체를 지도하던 시골 청년인데 갑자기 연방 상원의원으로 변신한다. 〈미스터 디즈〉의 주인공은 피자가게 주인 출신으로 400억 달러를 상속받은 미디어 그룹 사장이다.

〈천금을 마다한 사나이〉와 〈미스터 디즈〉는 로맨틱 코미디지만 기자가 신분을 속이고 주인공에게 접근해 위장 취재로 특종을 하고 신문과 방송은 흥미를 더 끌기 위해 왜곡 보도를 일삼는 내용이다. 위장 취재가 스토리 전개를 위한 수단으로 이용되었다.

두 감독이 언론을 비판하려고 영화를 만들었다고 볼 근거는 분명치 않다. 1930년대 미국에서 기자의 위장 취재가 심각한 취재 윤리 위반이라는 인식이 있었다고 볼 근거도 없다.

저널리스트의 관점에서 〈천금을 마다한 사나이〉에 나오는 언론의 역할과 문제를 살펴볼 필요가 있다. 주인공 디즈와 베이브가 데이트 중에 하는 대화를 보자.

디즈　　그 기사 쓴 사람을 한 방 먹이고 싶었어요. 모두 날 '남자 신데렐라'라고 부르겠어요.

베이브　　신문에 날까 봐 걱정돼요?

디즈　　걱정 안 해요, 지겨워질 때까지 쓰라지요.

베이브　　그 기사 안 믿지요?

디즈　　신문 팔려고 그랬을 거예요.

신문이 비즈니스를 위해 센세이셔널리즘을 이용하고 있다고 비판하는 내용이다. 정색하고 선정주의를 비판하는 건 아니지만 내용까지 왜곡한 선정주의는 명백한 잘못이다. 지금 한국 언론의 행태가 약 80년 전 영화에 나오는 것과 본질적으로 다르다고 말할 수 있을까?

캐프라 감독은 기자와 언론을 소재로 한 영화를 많이 만들었다. 그는 〈어느 날 밤에 생긴 일It Happened One Night〉(1934년), 〈천금을 마다한 사나이〉(1936년), 〈우리 집의 낙원You Can't Take It with You〉(1938년)으로 아카데미 감독상을 세 번이나 받았다. 그리고 〈스미스 씨 워싱턴에 가다〉를 만들었다. 감독상을 받은 세 편의 영화 중 〈어느 날 밤에 생긴 일〉과 〈천금을 마다한 사나이〉의 주인공이 기자다.

〈어느 날 밤에 생긴 일〉에는 클라크 게이블이 음주 때문에 해고된 신문기자 피터로 나온다. 재산을 노린 약혼자와 결혼하지 않으려고 감금된 요트에서 탈출해 뉴욕으로 도망가는 부잣집 딸 엘리(클로데트 콜베르 분)와 피터가 장거리 버스에 같이 타면서 벌어지는 우여곡절로 스토리를 끌어간다. 이 영화는 아카데미 역사상 최초로 작품, 감독, 남녀 주연, 각색 등 주요 부문 5관왕을 기록했다. 새뮤얼 홉킨스 애덤스Samuel Hopkins Adams의 소설을 바탕으로 만들었다.

피터는 신사도를 발휘해 엘리를 곤경에서 구해주는 '착한 기자'다. 엘리의 소재를 알려주면 1만 달러를 준다는 기사를 보고도 그는 흔들리지 않는다. 피터에게 반한 엘리가 사랑을 고백하자 자신들의 결혼 예정 기사를 1000달러에 팔 정도로 본업에도 철저하다. 아버지가 경찰을 동원해 엘리를 데려가자 포기했다가 막판에 두 사람이 결혼하는 반전이 흥미롭다.

캐프라 감독의 영화들을 보면 기자에 대한 남다른 애정이 느껴진다. 〈천금을 마다한 사나이〉는 1962년 ABC TV 드라마로 만들어졌다. 1977년에는 영화와 TV 제작자인 캐프라의 아들 프랭크 워너 캐프라Frank Warner Capra(1934~2007)가 〈빌리 잭 워싱턴에 가다Billy Jack Goes to Washington〉로 리메이크를 했다.

위장 취재의 역사와 논리

기자가 취재원을 속이고 취재할 때가 있다. 기자가 기자라고 신분을 밝히지 않아서 취재원이 기자인 줄 모르게 하거나 아예 다른 신분이라고 속이고 몰래 취재하는 것이 위장undercover 취재다. 신분을 위장해서 어떤 조직이나 현장에 들어가서 취재하는 것은 잠입immersion 취재라고 한다. 잠입 취재는 위장 취재의 일부라고 할 수 있다. 아무도 모르게 현장에 잠입할 수도 있지만 오래 머무르면서 취재하기는 어렵다. 시간이 많이 걸리는 잠입 취재라면 신분 위장은 불가피하다. 신분을 감추거나 바꾸지 않더라도 TV의 고발 프로그램에 많이 사용되는 몰래카메라도 취재원을 속인다는 점에서 위장 취재에 해당한다.

위장 취재나 잠입 취재에는 찬반론이 있다. 찬성론을 요약하면 이렇다. "독자의 알 권리나 표현의 자유와 마찬가지로 취재의 자유도 법적으로 보호받아야 한다." "사회 통념상 '상당한 취재 수단'을 사용했고 보도가 '공공의 이익'에 합치되면 면죄부를 받을 수 있다." "합법적 요소를 확보하고 공공의 이익을 담보한다면 표현의 자유를 위한 취재의 자유는 보호받아야 한다." "진실을 밝히고 사회 개혁에 미친 위장 취재의 역사적인 영향은 무시할 수 없을 정도의 가치가 있다."

반대론도 만만찮다. "위장 취재가 진실을 얻기 위한 적극적인 거짓이라면 기자와 대중 사이에 신뢰가 깨질 수 있다." "잠입 취재나 속임수에 과도하게 의존하면 언론에 대한 대중의 신뢰를 약화하고 기자가 진실을 말하는 사람이라는 주장을 훼손한다." "언론인들이 속임수를 밝혀내기 위해 수만 시간을 사용하는 지금 이 시대에, 신문이 속임수를 사용하는 일은 있을 수 없다."

언론인 출신인 빌 코바치Bill Kovach와 톰 로젠스틸Tom Rosenstiel은 위장 취재를 '공공의 이익에 충분히 중요한 내용일 때'와 '다른 방법이 없을 때' 할 수 있다고 했다. 그리고 취재원을 속여 정보를 얻을 때마다 그 사실을 수용자에게 알려야 하며 이유도 밝히라고 했다. 독자나 시청자가 기자의 위장 취재가 정당한 것이었는지를 판단할 수 있게 하라는 것이다(코바치·로젠스틸, 2014: 153).

위장 취재나 잠입 취재는 그 역사가 오래되었다. 19세기 말 미국 뉴저널리즘의 신무기라는 평가도 있다. 대표적인 기자가 넬리 블라이 Nellie Bly(1864~1922). 10대 때 본명을 엘리자베스 제인 코크런Elizabeth Jane Cochran에서 엘리자베스 코크런 시먼Elizabeth Cochrane Seaman으로 바꾼 그는 130여 년 전인 1887년에 위장 잠입 취재로 명성을 날렸다. 블라이는 뉴욕 맨해튼 동쪽 섬의 여자 정신병 환자 수용소에 환자로 위장해 들어갔다. 그는 환자들이 받는 학대와 비참한 처우를 몸소 체험했다. 열흘 동안 취재하고 쓴 기사는 조지프 퓰리처의 《월드》 1887년 10월 9일 자 1면을 장식했다. 엄청난 반향에 놀란 뉴욕시는 병원 예산을 대폭 늘리고 수용소 환경을 개

▌위장 취재로 명성을 날린 넬리 블라이 기자.

선했다. 블라이의 위장 취재기 *Ten Days in a Mad-House*는 한국에서 『넬리 블라이의 세상을 바꾼 10일』(2018년)이란 제목으로 번역 출판되었다.

편두통 환자였던 블라이는 의사 일곱 명한테서 각각 받은 진단과 처방을 비교 평가한 기사를 의사들의 실명과 함께 보도한 적도 있다. 블라이는 탐사 저널리즘investigative journalism, 스턴트 저널리즘stunt journalism의 원조라는 평가도 받았다.

이화여대 이재경 교수의 논문 「위장 취재와 몰래카메라 취재 보도의 윤리적 문제」는 참고할 만한 자료다(이재경, 1997)[이 논문은 이 교수의 개인 블로그(https://blog.naver.com/commonword/130077495175)에서도 볼 수 있다].

이 논문에는 '미국 ABC가 1992년 식품체인점 푸드라이온Food Lion을 상대로 위장 취재를 했다가 550만 달러의 손해배상 지급 명령을 받았다'는 내용이 있다. 그러나 이는 최종 판결이 아니다.

당시 ABC TV의 여기자 두 명이 이력서를 위조해 푸드라이온에 취업했다. 이들은 유통기한이 지난 돼지고기를 표백 처리하고 유통기한을 조작하는 장면 등을 초소형 카메라로 몰래 촬영했다. ABC 뉴스매거진 〈프라임타임〉은 1992년 11월 5일 이를 보도했다. 푸드라이온이 이 보도로 피해를 보았다며 제기한 소송에서 1심 법원의 배심은 1997년 1월 ABC에 554만 5750달러의 징벌적 배상과 1400달러의 손해배상 등을 평결했다.

하지만 1997년 5월 1심 판사가 징벌적 배상이 과도하다며 배상액을 31만 5000달러로 줄였다. 게다가 1999년 10월 항소심 재판부는 원심 판결을 파기했다. 푸드라이온이 ABC의 현실적 악의actual malice를 입증할 수 없어서 수정헌법 제1조가 적용되는 명예훼손 소송을 피하려고 불법 행위에 대한 소송을 제기했다는 것이 이유였다. 결국 2심 판결은 1심 판결에 원래 포함된 종업원의 충성 의무duty of royalty 위반과 무단 침입trespass에 대해 각각 1달러씩 벌금 2달러만 인정했다.

미국에서 위장 잠입 취재는 1970년대까지 꽤 유용한 탐사보도 수단으로 이용되었다. 그렇게 취재한 기사로 퓰리처상을 받은 사례도 있지만 위장 취재라는 이유로 받지 못하기도 했다. ≪시카고 선타임스≫는 1977년 기자들이 위장 술집 미라지The Mirage Tavern를 차려놓고 공무원 뇌물·부패 실태를 취재한 뒤 25회에 걸쳐 보도해 큰 파문을 일으켰다. 그러나 이 보도는 취재 방법의 윤리 문제 때문에 퓰리처상을 받지 못했다.

미국 언론계에는 이 사건이 위장 취재가 주류 언론에서 사라지는 계기가 되었다는 평가가 있다. 주류 언론이 미국 엘리트 집단의 행동 방식을 닮아가면서 취재 방식의 윤리 문제를 심각하게 받아들이게 되었다는 것이다.

미국 언론인 켄 실버스타인Ken Silverstein은 "기자들이 수십 년 동안 사회적으로 크게 성장해서 그들이 추적하고 조사해야 할 바로 그 권력의 일부가 되었다"라고 지적했다. CBS 〈60분〉 제작자인 공공청렴센터CPI 설립자 척 루이스Chuck Lewis는 "언론과 엘리트는 가치를 공유하고 언론은 엘리트들에게 받아들여지기를 몹시 바란다"라고 그 이유를 설명했다.

한국에서도 위장 취재로 문제가 된 사례가 종종 있었다. 본격적인 위장 취재라고 하기는 어렵다. 방송의 경우, 몰래카메라 취재가 주로 문제가 되었다. 신문의 경우, 신분 사칭이 문제가 된 경우가 몇 차례 있었다. ≪중앙일보≫ Y 기자는 1993년 상문고 비리 사건 취재 과정에서 검찰 수사관을 사칭한 혐의로 기소되어 징역 1년이 구형되었다. 재판부는 1994년 10월 '실정법을 어긴 것은 인정되지만 언론사 취재 관행과 언론의 사회적 역할을 감안해' 형의 선고를 유예했다. Y 기자가 받은 1994년 한국기자상은 취소되지 않았다.

영국에서는 공영방송 BBC 기자 세 명이 2013년 런던 정경대LSE 학생들의 북한 방문에 학생 신분으로 위장해 따라가 취재한 뒤 다큐멘터리를 제작한 것이 논란이 되었다. 대학 측은 학생들의 신원이 공개되면 보복당할 우려가 있다며 방영 중단을 요구했지만 BBC는 일부 화면을 흐릿하게 처리해서 방영했다. 북한은 위장 잠입 취재가 아니고는 그 실상을 제대로 취재할 수 있는 수단이나 방법이 없는 특수한 지역이라고 할 수 있다.

기자가 신분을 위장해서 취재할 수밖에 없을 때는 어떻게 해야 할까? 기자의 신분 위장은 일단 다른 방법이 전혀 없을 때 허용될 수 있다. 그러나 심각한 범죄와 관련해서 신분을 위장해 취재하는 건 절대로 권할 일이 아니다. 굳이 취재해야 한다면 수사기관의 협조를 받아서 수사관과 동행하거나 수사를 의뢰하고 그 결과를 취재해서 쓰는 것이 좋을 것이다.

신분을 위장하는 방법도 여러 가지가 있다. 가짜 신분증까지 만드는 경우, 말로만 다른 신분이라고 밝히는 경우, 그냥 기자가 아닌 일반인이라고 말하는 경우, 아예 아무 말도 하지 않는 경우 등이다. 적극적으로 신분을 위장하면 처벌을 각오해야 한다.

06

종군기자·전쟁기자

킬링 필드

The Killing Fields, 1984

감독 롤랑 조페 | **출연** 샘 워터스톤(시드니 섄버그), 행 S. 응고르(디스 프란), 존 말코비치(앨 로코프), 줄리언 샌즈(존 스웨인) | **상영 시간** 141분

내전과 크메르루주 정권의 대량 학살로 거대한 죽음의 땅으로 전락한 1970년대 캄보디아를 배경으로 두 저널리스트의 파란만장한 인생을 다룬 전기 영화다. 주인공은 ≪뉴욕타임스≫ 특파원 시드니 섄버그Sydney Schanberg와 그의 캄보디아인 통역 겸 안내인 디스 프란Dith Pran. 섄버그는 캄보디아 수도 프놈펜이 크메르루주에 함락된 1975년 4월 프란과 헤어지고 태국으로 철수했다가 미국에 돌아갔다. 프란은 4년에 걸친 크메르루주의 학정에서 기적적으로 살아남아 1979년 10월 태국으로 탈출했다. 영화는 섄버그가 프란과 재회한 뒤 1980년 1월 20일 자 '타임스'에 쓴 회고록 "디스 프란의 죽음과 삶: 캄보디아 이야기The Death and Life of Dith Pran: A Story of Cambodia"를 바탕으로 만들었다.

• 시놉시스 •

〈킬링 필드〉 포스터.

영화의 전반부는 태국 방콕 주재 ≪뉴욕타임스≫ 특파원 시드니 섄버그가 1973년 취재차 프놈펜에서 디스 프란을 만난 것부터 1975년 4월 프놈펜이 급진 공산주의 무장단체인 크메르루주에 함락된 뒤 두 사람이 헤어질 때까지 겪은 일을 중심으로 다루었다. 후반부는 프란이 크메르루주 정권 치하에서 겪은 참혹한 경험과 탈출 과정 및 두 사람의 재회 과정을 보여준다.

섄버그가 1973년 8월 내전으로 쑥대밭이 된 프놈펜에 취재하러 가서 통역이자 안내자인 프란을 만난 걸 회고하는 내레이션으로 영화가 시작된다. 프란은 공항에서 벤츠 승용차 뒷자리에 앉아 라디오로 '미국의 소리VOA' 방송을 들으며 섄버그를 기다린다. 비행기가 연착해 결국 호텔로 찾아간 프란은 섄버그에게 미군의 오폭 사건을 알려준다. 섄버그는 폭격기 조종사의 실수로 수십 명이 죽거나 다치는 오폭이 있었다는 걸 취재한다. 두 사람은 뇌물을 주고 경찰 보트를 타고 오폭 현장에 가서 취재한다. 섄버그는 크메르루주 반군을 총살하는 걸 목격하고 필름도 없는 카메라를 들이댔다가 총으로 위협당하고 연행된다.

1975년 3월 10일. 프란이 섄버그를 찾아와 모든 외국 특파원이 캄보디아를 떠날 거라는 소식을 전해준다. 섄버그는 전쟁 기사를 방콕에 앉아서 쓸 수 없다고 말한다. 그는 코카콜라 현지 공장에 갔다가 교전이 벌어지자 맨몸으로 총탄이 날아다니는 곳을 돌아다니며 취재한다. 철수를 준비하던 미국대사관의 외교관이 섄버그에게 '크메르군이 오면 서양 놈을 미워할 것'이라며 피바다가 될 거라고 경고한다. 섄버그는 프란의 아내와 자녀 네 명의 미국행을 대사관에 신청해 놓고 프란에게 프놈펜을 떠날 건지 묻는다. 프란은 "우리 가족을 얼마나 생각해 주는지 알지만 나는 기자이기도 해"라며 남겠다고 한다.

프놈펜이 함락된 날 병원에 취재하러 간 섄버그와 프란은 크메르군에 붙잡혀 위기를 맞는다. 프란의 집요한 노력으로 목숨을 건진 섄버그 등 특파원들은 프랑스대사관에 피신한다. 대사관에는 수많은 외국인과 캄보디아인들이 들어가 있었다. 크메르군이 캄보디아인을 내보내라고 대사관에 요구해 프란은 위기를 맞는다. 특파원들은 프란에게 여권을 만들어주려고 하지만 실패한다. 프란은 대사관을 떠나 섄버그와 작별한다. 섄버그도 대사관에서 2주일 동안 머무른 뒤 태국으로 철수한다.

뉴욕으로 돌아간 섄버그는 생명의 은인이자 형제와도 같은 프란을 찾기 위해 백방으로 애쓴다. 크메르루주의 학살 소식이 알려지면서 모두 프란이 죽었을 거라고 생각한다. 그러나 프란은 택시 운전사였다고 신분을 속여 집단농장에서 비참하게 살고 있었다. 교수, 의사, 학생이었던 사람을 자수시킨 뒤 처형하는 걸 목격하고 '침묵만이 살길'이라며 버틴다. 소의 피를 빨아먹다가 처형될 뻔하기도 한다.

섄버그는 1976년 AIFPC의 올해의 기자상 수상 연설에서 "프란이 없었다면 내 기사의 반도 못 썼을 것"이라며 프란에게 공을 돌린다. 사진기자 로코프는 섄버그가 특종 욕심으로 프란을 캄보디아에 잡아두었다고 비난한다. 섄버그는 '그렇게 될 줄 몰랐다'면서 프란이 캄보디아를 떠나는 문제를 제대로 상의하지 않았다고 말하며 자기 때문에 남은 걸 괴로워한다.

프란은 수많은 시체와 유골이 버려진 참혹한 학살 현장을 걸어서 1979년 10월 3일 태국 국경의 난민캠프에 도착한다. 연락을 받은 섄버그는 캠프까지 날아가 4년 반 만에 프란과 재회한다. 존 레논의 「이매진」이 흐르는 가운데 섄버그가 "용서해 줘"라고 하자 프란은 웃으면서 "용서할 것도 없잖아"라고 말하며 영화는 끝난다.

• 저널리스트의 관점 •

생존을 위해 겪은 참혹한 기록이다. 미국 기자의 회고록을 바탕으로 1984년 영국 감독과 제작자가 만들었다는 게 특이하다. 영화는 누구의 안전도 보장되지 않은 극한상황에서 기자들이 어떻게 취재를 했는지, 내전이든 분쟁이든 전쟁이든 총알이 날아다니고 폭탄이 터지는 상황에서 기자는 왜 취재를 하는지, 현지 파트너의 역할은 무엇인지 등을 간접 체험할 생생한 기회를 제공한다. 실화를 바탕으로 만든 영화지만 역시 사실과 다른 부분도 있다.

섄버그는 1975년 4월 12일 프놈펜의 미국대사관이 철수할 때 현지에 남은 다섯 명의 미국 기자 중 한 명이다. 섄버그는 4월 17일 역사적인 프놈펜 함락 현장을 취재했다. 이후 프랑스대사관에서 2주 동안 지내다 4월 30일 대사관을 떠나 태국으로 철수했다. 당시 대사관에는 모두 22명의 외국 기자가 있었다. 이들 중 섄버그를 포함한 8명은 4월 30일, 나머지 14명은 5월 6일 대사관을 떠났다.

대사관에 피신한 기자 중에는 영화에서 존 말코비치가 연기한 사진 기자 앨 로코프Al Rockoff도 있다. 프리랜서인 로코프는 베트남에서 취재하다 1973년 캄보디아에 갔다. 역시 대사관에 있다가 철수한 기자 중에 줄리언 샌즈가 연기한 영국 ≪선데이타임스≫ 존 안케틸 브루어 스웨인John Anketell Brewer Swain 기자가 있다. 이들은 영화에서 프놈펜 함락 당일 병원을 취재하러 갔다가 크메르루주 군인들에게 붙잡혀 처형될 위기에 몰렸다.

하지만 프란이 군인들에게 호소하고 설득한 덕분에 목숨을 건졌다. 이들은 생명의 은인인 프란과 함께 프랑스대사관에 머물렀다. 기자들은 캄보디아인이라서 대사관에서 쫓겨날 위기에 처한 프란을 구하기 위해 비상수단을 동원한다. 스웨인의 옛 여권으로 프란의 여권을 만들다가 실패한 일화가 그것.

스웨인의 긴 이름에서 존과 스웨인을 지우고 '안케틸 브루어'라는 이름의 영국인 여권을 프란에게 만들어주려 했다. 로코프가 어렵게 카메라와 필름을 구해 화장실에서 프란의 사진을 만들었지만 인화가 잘못되어 여권 위조에 실패한다. 대사관 담당자가 까맣게 변색된 사진을 보고 "안 되겠다"라고 한다. 영화에서 필자가 가장 안타까웠던 장면이기도 하다.

그런데 로코프는 2006년 캄보디아 언론(≪ThingsAsian.com≫) 인터뷰에서 프란이 원래 갖고 있던 사진을 스웨인의 여권에 붙이고 이름을 안케틸 브루어로 고치는 데 성공했다고 밝혔다. 프란은 자발적으로 대사관을 떠났고, 대사관 관계자가 사진 때문에 "안 되겠다"라고 말한 적도 없다는 것. "프란은 파키스탄 출신 영국인 행세를 하기로 했다. 그렇게 했다면 성공했을 것이다." 영화 속 자신의 역할이 실제와 다르다는 이유로 로코프는 "나는 영화와 관계가 없다"라고 주장했다. 섄버그 회고록에도 프란의 사진으로 여권을 만들었다는 내용은 있지만 영화에 나온 것처럼 실패했다는 얘기는 없다(Schanberg, 1985).

영화에서 프란은 캄보디아 지방 리더의 부탁을 받고 리더의 아들을 데리고 태국 국경으로 탈출하다가 그 아들은 죽은 것으로 나온다. 회고록에 나오는 프란의 탈출 과정은 영화와 다르다. 프란은 1978년 11월 베트남군이 캄보디아를 침공해 크메르루주 정권을 전복한 뒤 고향인 시엠레아프Siem Reap로 갔다. 그는 시엠레아프 시장으로 한동안 활동했지만 미국 기자들을 위해 일한 과거가 드러나자 일부 주민들과 함께 태국으로 탈출했다(Schanberg, 1985: 53~57).

• 주요 등장인물의 그 후 •

영화 주인공들의 인생은 어찌 되었을까? 섄버그는 하버드대 출신으로 1959년 ≪뉴욕타임스≫에 카피 보이로 들어가 이듬해 기자가 되었다. 1969년부터 1973년까지 인도 뉴델리 지국장으로 있으면서 1971년 동파키스탄 학살 사건을 보도했다. 1973년 태국 방콕 주재 동남아 특파원으로 옮긴 뒤 베트남전과 캄보디아 내전을 취재했다. 그는 프놈펜이 함락된 뒤에도 남아서 위험을 무릅쓰고 취재한 공로로 1976년 국제보도부문 퓰리처상을 받았다.

일부 한국 언론에는 섄버그가 1980년 '타임스'에 쓴 "디스 프란의 죽음과 삶"이라는 기사로 퓰리처상을 받았다는 오보가 나왔다. 연합뉴스는 2008년 3월 31일 자 프란의 사망 기사에서 "섄버그는 디트의 생애를 소재로 한 '디트 프란의 생과 사'로 1980년 퓰리처상을 받았으며…"라고 보도했다. ≪국민일보≫는 2016년 7월 10일 인터넷판 기사에 섄버그의 별세를 알리면서 "그는 크메르루주의 지도자 폴 포트가 저지른 대학살의 참혹함을 취재해 1980년 뉴욕타임스에 실린 '디스 프란의 삶과 죽음'이라는 제목의 기사로 전 세계에 알렸다. 그는 이 기사로 퓰리처상을 받았다"라고 보도했다. 두 기사 모두 수상 연도와 수상 공적이 잘못되었다.

섄버그는 1977~1980년 메트로폴리탄 부장을 지내고 칼럼니스트가 되었다. 한때 편집국장 후보로 거론되었지만 국장과 견해 차이로 1985년 '타임스'를 떠난 것으로 보도되었다. 1995년까지 ≪뉴스데이≫에서 부국장과 칼럼니스트로 일하며 베트남전 포로와 실종자 문제에 천착했다. 2002~2006년 주간지 ≪빌리지보이스The Village Voice≫에서 일했다. 그는 2016년 심장마비로 사망했다. 향년 82세. 영화에서는 그가 캄보디아에 입국할 때 제시한 여권에 생년월일이 1940년 11월 15일로 되어 있다. 실제로는 1934년 1월 17일 태어났다.

프란은 1980년부터 '타임스'에서 사진기자로 활동하다가 2008년 3월 30일 췌장암으로 사망했다. 향년 66세. 4년 반 만에 미국에서 재회한 부인과는 이혼하고 다른 여성과 재혼했다가 헤어졌다.

프란은 기자일까 아닐까? 섄버그와 함께 일하기 전에 그는 미군 통역사, 영화사 직원, 호텔 접수원으로 일했다. 그는 통역이 주 업무였지만 독학으로 사진도 찍고 조수 역할도 했다. 외국 특파원이 현지어를 구사하지 못하면 통역이 대신 취재도 한다.

영화에서 프란은 "나도 기자다"라는 말을 여러 번 한다. 그가 가족을 미국으로 보내고 섄버그와 함께 남은 것도 캄보디아 상황이 계속 보도

되게 함으로써 세계가 비극을 파악해 반응을 보이도록 하기 위한 것이었다. 스스로 기자라고 생각했기에 가능한 일이었을 것이다.

캄보디아에서 한 그의 실제 역할이나 미국에서 '타임스' 사진기자로 활동한 걸 보면 그를 기자로 인정하지 못할 이유가 없다. 섄버그도 "프란은 진정한 기자였으며 진실과 자기 나라 국민을 위한 전사였다"라고 말했다.

'타임스'가 프란 부음 기사에서 전한 빌 켈러 편집국장의 말. "위험한 곳에서 외국 기자로 일해본 우리 모두에게 프란은 특별한 종류의 저널리스트 영웅주의를 생각나게 한다. 현지 파트너, 스트링어(비상근 통신원), 통역사, 운전사, 해결사, 일을 성사시키는 사람, 때로는 친구가 되고 생명도 구해준다. 하지만 영광은 거의 가져가지 않고 기자보다 훨씬 많이 위험을 무릅쓴다." 이 기사에서 '타임스'는 프란의 사진 저널리즘 이론도 전했다. "사진기자는 파인애플이 되어야 한다. 100개의 눈을 가져야 한다."

영화에서 프란을 연기한 행 응고르Haing S. Ngor(1940~1996)는 캄보디아에서 산부인과 의사였다. 그는 크메르루주가 집권한 뒤 의사 신분을 숨기고 집단농장에서 강제 노동을 해야 했다. 크메르루주 정권이 무너진 뒤 탈출해 태국 난민캠프에서 의사로 일하다 1980년 8월 미국에 갔다. 그가 캄보디아 집단농장에 있을 때 아내가 제왕절개수술이 필요했다. 그는 의사 신분이 드러나면 처형될 것이 두려워 손을 쓸 수 없었고 결국 아내는 죽었다. 그는 배우 데뷔작인 〈킬링 필드〉로 1985년 아카데미 남우조연상을 받았다. 그 후 다수의 영화에 출연했는데 1996년 2월 25일 로스앤젤레스에서 강도들이 쏜 총에 맞아 숨졌다. 크메르루주 지도자 폴 포트가 암살을 지시했다는 설도 있었지만 입증되지는 않았다.

• 킬링 필드는… •

킬링 필드The Killing Fields는 크메르루주 정권 때 자행된 대량 학살 현장을 이르는 말이다. 디스 프란이 캄보디아에서 태국 국경을 넘어 탈출하면서 목격한 참혹한 죽음의 현장을 설명하면서 쓴 표현인데, 영화 제목이 되는 바람에 크메르루주 정권이 자행한 대규모 학살 사건 자체를 의미하는 말이 되었다.

1975년부터 1979년까지 약 4년 동안 생긴 집단 매장지는 약 2만 개라는 연구 결과가 있다. 학살된 사람 수는 70만 명부터 250만 명, 심지어 300만 명까지 된다는 다양한 주장이 있다. 여기에는 병사자와 아사자도 포함되는데 크메르루주 정권의 잘못된 정책이 원인이라고 보기 때문이다.

국제분쟁 전문기자인 정문태 기자는 킬링 필드를 미군의 불법 폭격에 의한 제1기(1969~1973년)와 크메르루주 정권에 의한 제2기(1975~1979년)로 나눈다. 그는 핀란드정부조사위원회FIC 등 여러 연구 결과를 근거로 희생자를 1기 40만~80만 명, 2기 80만~100만 명으로 본다. 1, 2기를 합치면 10년 동안 희생자는 120만~180만 명이다(정문태, 2016: 356~357).

통상 200만 명이 죽었다고 하지만 정확한 숫자를 확인하는 것은 불가능하다. 200만 명은 당시 캄보디아 인구의 약 3분의 1에 해당한다. 1975년 캄보디아 인구는 약 700만~800만 명으로 추정된다. 1970년부터 내전이 계속된 걸 고려하면 정확한 통계를 기대하기 어려웠을 것이다.

• 관련 영화 •

그들이 아버지를 죽였다(First They Killed My Father, 2017)

감독 앤젤리나 졸리 | **주연** 사레움 스레이 모치(로웅 웅), 포엉 콤픽(파 웅), 스벵 소체아타(마) | **상영 시간** 137분

부유하고 행복한 캄보디아군 장교 집안의 소녀 로웅 웅Loung Ung이 1975년 다섯 살 때부터 4년 동안 크메르루주 정권 치하에서 겪은 끔찍한 경험을 성인이 돼서 쓴 자서전 『킬링필드, 어느 캄보디아 딸의 기억First They Killed My Father: A Daughter of Cambodia Remembers』(2000년)을 바탕으로 만든 영화. 웅은 수용소에 끌려간 뒤 부모를 잃고 살아남은 오빠, 언니들과 함께 4년 동안 생지옥에서 생활했다. 어린 캄보디아 소녀의 눈으로 목격하고 체험한 처절한 이야기를 담고 있다. 미국 기자와 캄보디아 성인 남자의 경험을 토대로 만든 영화 〈킬링 필드〉와 비교해 보는 것도 좋다. 필자는 개인적으로 크메르루주 정권 아래서 얼마나 끔찍한 일이 있었는지는 영화 〈그들이 아버지를 죽였다〉가 더 잘 보여준다고 생각한다. 졸리가 입양한 캄보디아 출신 아들 매독스 졸리피트가 2019년 9월 연세대 언더우드국제학교 생화학과에 입학해 화제가 되었다.

〈그들이 아버지를 죽였다〉 포스터.

고백의 시간(Le Temps des Aveux, 2014)

감독 레지스 바르니에 | **주연** 라파엘 페르소나(프랑수아 비조) | **상영 시간** 95분

▌〈고백의 시간〉 포스터.

캄보디아에서 유적 복원 연구를 하던 프랑스 민속학자 프랑수아 비조François Bizot가 1971년 크메르루주에 잡혀가 미국 CIA 스파이라는 누명을 쓴 채 4개월 동안 수용소 생활을 한 경험을 중심으로 쓴 자서전 『대문Le Portail』과 『사형집행자의 침묵Le Silence du Bourreau』을 바탕으로 만든 영화. 캄보디아 공산화가 한창이던 1970년대를 배경으로 프랑스인 주인공과 크메르루주 수용소 대장 사이의 관계를 중심으로 프놈펜의 프랑스대사관 철수와 2000년 캄보디아 특별재판 등 역사적 사실을 담았다. 영화 〈인도차이나〉(1992년), 〈맨 투 맨〉(2005년) 등으로 잘 알려진 레지스 바르니에 감독의 작품으로 2014년 제19회 부산국제영화제에서 소개되었다.

해리슨의 꽃

Harrison's Flowers, 2000

감독 엘리 슈라키 | **출연** 앤디 맥다월(세라 로이드), 일라이어스 코티스(예거 폴락), 브렌던 글리슨(마크 스티븐슨), 에이드리언 브로디(카일 모리스), 데이비드 스트러세언(해리슨 로이드), 앨런 암스트롱(샘 브러벡), 드라간 안토니크(체트닉) | **상영 시간** 130분

미국의 유명한 시사 주간지 사진기자가 유고 내전 초기인 1991년 말 현지에 취재하러 갔다가 연락이 끊긴다. 무너진 건물더미에 깔려 죽었다는 소문이 있지만 확인되지 않는다. 같은 회사에 근무하는 아내는 직접 남편을 찾아 데려오겠다며 내전 현장으로 간다. 모두가 죽었다고 포기하라지만 아내는 목숨을 걸고 남편의 동료 사진기자들과 함께 사선을 넘는다. 이 영화는 1991년 말 유고 내전 최초로 세르비아계가 자행한 대규모 학살 범죄를 러브스토리의 배경으로 보여준다. 영화의 바탕이 된 소설을 쓴 이자벨 엘상은 내전 당시 부코바르Vukovar 현장에 직접 들어가 취재한 프랑스 여성 사진기자다. 1991년부터 1995년까지 유고 내전을 취재하다 죽은 48명의 기자를 추모하기 위해 바친 영화이기도 하다.

• 시놉시스 •

▌〈해리슨의 꽃〉 포스터.

1991년 10월 9일 미국 뉴저지. 아프리카 출장을 다녀온 《뉴스위크》 사진기자 해리슨 로이드가 가족과 아침을 먹고 아내 세라는 남매를 차로 학교에 데려간다. 평범한 가정의 일상 같지만 평범치 않다. 해리슨은 퓰리처상을 탄 사진기자로 위험 지역에 취재하러 다니는 게 일이다. 세라도 같은 회사 사진 편집기자. 해리슨은 출근해서 샘 브러벡 편집장에게 "행운의 잔고가 떨어졌다"라며 그만두겠다고 말한다. 샘은 "좀 편하고 안전하고 돈도 더 받는 걸 알아보겠다"라며 기다리란다.

퓰리처상 수상 축하연. 전년도 수상자 해리슨이 올해 수상자인 동료 예거 폴락을 소개한다. 수상작은 1989년 중국 톈안먼 광장에서 탱크에 맞선 젊은이를 찍은 "탱크 맨Tank Man" 사진. 사회자는 "이 사진은 역사적 순간의 드라마와 동의어가 된 유일한 사진"이라며 "예거가 그 결정적 순간을 포착한 사람"이라고 소개한다.

사진기자 카일 모리스는 화장실에서 "1등석 타고 카메라는 25대나 갖고 다니고 고급 호텔에서 묵으면서 서로 상을 주고받는 기자"라고 해리슨을 비판한다. 그는 유고에서 죽은 젊은 사진기자를 거론한다. 아무도 일거리를 안 줘 제 돈으로 사진 찍으러 다니지만 어느 언론사도 사진을 써주지 않는 무명 기자들. 사진기자 세계에도 여러 격차가 있음을 드러낸다.

해리슨은 집 온실에서 아내에게 핑크빛 빙카vinca(페리윙클)를 설명한다. 소아백혈병 치료 성분이 있다면서 "당신처럼 아름다운 생명의 은인"이라고 말한다. 다음 날 해리슨은 유고로 마지막 위험 지역 취재를 떠난다. 내전이 격화하고 있다는 뉴스가 TV에 나오고 세라는 한밤중에 걸려온 전화를 받는다. 해리슨을 불러보지만 대답이 없다. 세라는 해리슨이 실종된 걸 알게 된다. 편집장은 무너진 건물에 갇힌 것 같다고 말한다. 해리슨의 가방이 집에 도착하자 다들 죽었다고 생각한다. 세라는 TV로 현지 상황을 파악한다.

세라는 남매를 남겨두고 11월 7일 오스트리아 그라츠공항에서 크로아티아 출신 파리 유학생과 함께 렌터카로 부코바르로 향한다. 곧 차에 총알이 날아오고 포탄이 터져 학생은 죽는다. 세라도 간신히 강간당할 위기를 넘긴다. 사진기자들이 쓰러져 있던 세라를 데려갔는데 카일이 있다. 카일은 당장 돌아가란다. "그들은 좋은 놈도 없고 나쁜 놈도 없어요. 그들은 일단 죽이고 생각해요. 당신이 있을 곳이 아니에요. 저들은 미쳤어요."

부코바르에 가는 도로는 통제된다. 모두가 만류해도 세라는 해리슨이 있을 거라며 부코바르 병원을 찾아가겠단다. 카일이 동행하고, 중간에 해리슨의 동료 마크 스티븐슨 기자가 합류한다. 포격이 시작되면 건물 지하에 숨었다가 다시 이동하기를 반복한다. 버스를 타고 가다 목격한, 총살당한 시체들이 즐비한 참혹한 현장. 세라 일행의 안전장치는 차 앞 유리창에 흰색 페인트로 쓴 'TV'라는 표시뿐. 요행과 자비만 바라며 사선을 넘고 또 넘는다. 예거가 나타나 세라를 설득하지만 소용없다. 프랑스 용병한테서 며칠 전에 미국 사진기자를 봤는데 살아 있었다고 했다는 예거의 말을 듣고 그나마 희망을 갖는다.

부코바르를 앞두고 세라 일행은 군복 차림에 얼굴까지 위장하고 경계망을 통과한다. 시체가 널려 있고 총격전이 계속된다. 총격전을 찍겠다고 우기던 마크를 말리다가 카일이 총에 맞는다. 그의 얼굴에 담요를 덮어주고 마침내 병원에 도착하니 환자와 의료진이 이동하고 있다. 세라는 남겨진 환자를 일일이 확인한다. 한 남자의 뒷모습이 익숙하다. 남편 해리슨이다.

1991년 11월 18일, 크로아티아군이 항복하고 세르비아군이 부코바르를 점령한다. 무사히 미국에 돌아온 해리슨과 세라는 세인트루이스로 이사한다. 해리슨은 TV 뉴스는 보지 않고 사진은 꽃만 찍으며 산다. 해리슨의 생명을 구한 빙카는 결국 세라였다.

• 저널리스트의 관점 •

영화의 줄거리를 한 줄로 요약하면 유고 내전에서 취재하다 실종된 사진기자를 부인과 동료들이 목숨 걸고 구했다는 것이다. 그와 함께 내전에서 자행된 숱한 잔학 행위들이 자연스럽게 고발된다.

1991년 6월 크로아티아와 슬로베니아의 독립 선언으로 시작된 유고 내전 초기인 8월 25일부터 87일 동안 세르비아계가 주축인 유고군이 봉쇄한 크로아티아 동부 도시 부코바르의 참상을 잘 재현한 영화라는 평가를 받았다. 봉쇄가 풀린 직후 세르비아계는 크로아티아인 포로 등 260여 명을 병원과 농장에서 학살했다. 부코바르 학살은 제2차 세계대전 이후 유럽에서 최초로 발생한 대규모 학살 사건이다. 세르비아계가 부코바르에서 자행한 잔학 행위는 유고 내전에서 벌어진 전형적인 전쟁범죄 방식이었다.

〈해리슨의 꽃〉은 그 학살을 고발하는 영화라고 할 수 있다. 그럴 수밖에 없는 게 이 영화는 엘리 슈라키 프랑스 감독이 프랑스 여기자 출신 이자벨 엘상Isabel Ellsen(1958~2012)의 자전 소설『악마는 유리한 게 있다Le diable a l'avantage』를 토대로 만들었기 때문이다. 1991년 부코바르에서 직접 취재한 엘상은 영화 각본과 촬영 작업에도 참여했다.

소설에서는 부코바르에서 실종된 사진기자를 찾아가는 여주인공의 모델이 엘상 자신이다. 실제로 엘상은 부코바르병원에서 사진기자인 애인을 찾았다. 몇 년 동안 사귄 애인과는 정착하는 문제까지 얘기한 사이였다. 하지만 엘상이 병원에서 찾아낸 애인은 병원에서 자신을 도와준 크로아티아 여자 통역과 사랑에 빠져 엘상과 헤어졌다. 엘상은 영화 속 세라와는 달리 미혼에 자녀도 없는 프랑스 ≪일요신문Le Journal du Dimanche≫ 기자였다. 엘상이 원래 쓴 시나리오에는 여주인공이 사진기자였다. 그러나 슈라키 감독이 "섹시하지 않다"라며 반대해 바꾸었다고 엘상은 한 인터뷰에서 말했다.

엘상은 1986년부터 1996년까지 레바논, 아프가니스탄, 엘살바도르, 이스라엘, 유고 등 약 20개 국가의 분쟁과 전쟁을 취재했다. 1990년부터는 사진기자를 겸한 특이한 이력의 소유자다. 그는 소설도 여러 편 썼지만 2012년 동맥류 때문에 사망했다.

〈해리슨의 꽃〉은 2001년 1월 프랑스에서 개봉되었다가 사라지는 듯했다. 2002년 3월 미국 영화관에 이 영화가 등장한 것은 파키스탄에서 테러범에게 납치돼 처형된 ≪월스트리트저널≫ 대니얼 펄Daniel Pearl(1963~2002) 기자 사건이 계기가 되었다고 미국 언론은 분석했다. 미국 개봉 당시 아프간전쟁 취재로 숨진 기자는 펄 기자 외에 아홉 명이 더 있었다.

파키스탄에서 납치된 펄을 파키스탄 군과 경찰, 미국 CIA와 FBI 등이 추적했지만 결국 펄이 참수된 실화는 마이클 윈터보텀 감독이 2007년 영화 〈마이티 하트A Mighty Heart〉로 만들었다. 댄 퓨터먼이 펄 기자, 앤젤리나 졸리가 펄의 아내인 프랑스 공영 라디오 기자 마리안Mariane을 연기했다.

스티븐 킨저Stephen Kinzer ≪뉴욕타임스≫ 기자는 미국에서 〈해리슨의 꽃〉이 개봉될 때 '사진기자들이 총격전 사진을 바닥에 엎드리지 않고 서서 찍는 장면은 비현실적'이라고 지적하는 기사를 썼다. 영화에는 기자가 위장복을 입고 군 경계선을 통과하는 장면도 나온다. 킨저는 "전쟁 취재기자들은 전투원과 구분하기 어렵게 만들기 때문에 절대 그런 짓을 하지 않는다"라고 꼬집었다. 그는 중남미와 동유럽에서 분쟁을 많이 취재했다. 영화 〈살바도르〉(1986년)와 〈킬링 필드〉(1984년)에 나온 것과 유사한 장면들이 〈해리슨의 꽃〉에 나온 것도 지적되었다.

세계 어디에선가 내전이든 국제전이든 종족 분쟁이든 총성이 멈춘 적이 하루도 없다고 해도 과언이 아니다. 그곳엔 대부분 기자가 있다. 기자가 없으면 사건도 없고 사상자도 없고 전쟁 자체도 없는 거나 마찬가지라는 말도 있다. 지금도 분쟁 현장에서 현장을 기록하고 세상에 알리기 위해 목숨을 건 기자가 있다고 생각하면 〈해리슨의 꽃〉에서 카일이 한 말이 떠오른다.

"나도 무서워. 그들은 우리 사진이 전쟁의 스토리를 말해줄 거라는 걸 알지. 그들은 그게 우리가 여기 온 이유라는 걸 알아. 우리가 그걸 하지 않으면 아무도 하지 않을 거야. 그들은 우리가 그걸 해주길 원하고 있어."

• 팩트체크 •

영화 초반의 퓰리처상 수상 축하연 장면에서 1989년 중국 베이징 톈안먼 광장에서 혼자 탱크 행렬을 가로막은 청년을 찍은 "탱크 맨" 사진이 대형 스크린에 나온다(00:09:54-00:10:43, 00:12:20-00:12:39). 영화에서는 ≪뉴스위크≫ 예거 폴락 기자가 이 사진으로 퓰리처상을 받는다. 해리슨에 이어 ≪뉴스위크≫ 기자가 2년 연속 사진 부문 퓰리처상을 받은 것이다.

과연 그럴까? 확인해 보니 아니었다. "탱크 맨" 사진은 AP 사진기자 제프 와이드너Jeff Widener가 찍었다. 그는 '수백에서 수천 명이 죽었다고 추정되는' 1989년 중국 인민군의 톈안먼 광장 대학살 바로 다음 날(6월 5일) 톈안먼 광장 앞 베이징호텔 6층 방의 발코니에서 사진을 찍었다. 이 사진은 현대사에서 가장 유명한 역사적 사진 중 하나로 꼽힌다.

그렇다면 이 사진이 영화에 나온 것처럼 퓰리처상을 받은 건 사실일까? 그것도 아니다. 이 사진은 1990년 퓰리처상 스폿 뉴스spot news(속보) 사진 부문 최종 후보에는 올라갔다. 그러나 상은 1989년 10월 미국 샌프란시스코 지진 현장을 찍은 주간신문 ≪오클랜드트리뷴≫ 사진팀이 받았다. 영화는 1991년을 배경으로 하고 있어 1989년 톈안먼 광장 사진은 1991년 퓰리처상의 대상이 되지도 않는다. 퓰리처상은 기본적

AP 사진기자 제프 와이드너가 찍은 중국 톈안먼 광장의 "탱크 맨" 특종 사진.

으로 전년도에 보도된 기사와 사진을 심사 대상으로 한다.

영화를 보면서 ≪뉴스위크≫에 훌륭한 사진기자가 많았구나 하는 생각이 자연스럽게 들었다. 하지만 확인해 보니 1942년부터 2020년까지 사진으로 퓰리처상을 받은 ≪뉴스위크≫ 기자는 한 명도 없었다. 물론 훌륭한 사진으로 받는 상이 퓰리처상만 있는 건 아니다.

와이드너 기자는 "탱크 맨" 사진 필름을 중국 공안(경찰)에 압수당하지 않기 위해 배낭여행을 온 호주 대학생의 속옷에 숨겨 AP 사무실에 보냈다. 다음 날 미국과 유럽의 신문은 일제히 1면에 와이드너가 찍은 AP 사진을 실었다.

톈안먼 광장 학살 20주년을 맞아 ≪뉴욕타임스≫ 인터넷판에 실린 기획 기사에 따르면 "탱크 맨"을 촬영한 외국 기자는 7, 8명이나 된다. 실제로 보도된 사진도 네 종류다. 거기엔 ≪뉴스위크≫ 찰리 콜Charlie Cole(1955~2019) 기자가 베이징호텔 발코니에서 찍은 비슷한 사진도 있다. 하지만 영화에 나온 "탱크 맨" 사진은 콜이 아니라 와이드너가 찍은 사진이 분명하다. 콜은 "탱크 맨" 사진으로 퓰리처상은 못 받았지만 1989년 세계보도사진상을 받았다. 와이드너도 미국, 프랑스, 이탈리아, 벨기에, 네덜란드 등에서 많은 상을 받았다.

살바도르

Salvador, 1986

감독 올리버 스톤 | **출연** 제임스 우즈(리처드 보일), 제임스 벨루시(닥터 록), 마이클 머피(토머스 켈리), 엘피디아 카리요(마리아), 존 새비지(존 캐서디) | **상영시간** 122분

1980년 중미 국가 엘살바도르의 내전 당시 벌어진 충격적인 사건들을 배경으로 한 영화. 특종과 돈벌이를 위해 카메라 한 대 달랑 들고 내전이 한창인 엘살바도르에 달려간 미국 사진기자의 좌충우돌식 활약을 통해 그 시대의 비극을 보여주려고 한다. 엘살바도르 독재정권의 충격적인 학살 사건과 오스카 로메로Oscar Romero(1917~1980) 대주교 암살도 다루고 있다. 기본적으로는 실화를 바탕으로 한 영화이긴 하지만 등장인물이나 타임라인이 실제와 너무 거리가 멀어서 어디까지가 실화인지 구분하기 어려운 영화다.

• 시놉시스 •

▌〈살바도르〉 포스터.

미국 샌프란시스코의 사진기자 리처드 보일. 집세도 못 내는 형편에 이탈리아 출신 아내는 못 참겠다며 아이들을 데리고 가출한다. 프리랜서 신분인 보일은 한 언론사에 엘살바도르가 곧 터질 것 같다며 기자증과 2000달러만 주면 특종을 잡아주겠다고 제의한다. 레바논, 그리스, 북아일랜드, 캄보디아, 이집트, 엘살바도르…. 전화 통화에서 그의 화려한 전력을 알 수 있다.

보일은 다른 사람한테 300달러를 받으러 폐차 직전의 차를 몰고 공항으로 간다. 과속으로 경찰에 잡혔는데 무면허에 무보험에 차량 번호판도 없다. 상습 과속운전에 불법주차 43회. 친구 닥터 록이 보석금을 내줘서 경찰서에서 나온다. 둘은 고물차를 몰고 엘살바도르에 간다. 보일은 현지의 애인 마리아를 만나 회포부터 푼다. 빈털터리인 보일은 베이루트에서 온 사진기자 존 캐서디를 만나 우익 암살단Death Squad에 희생된 사람들의 시체를 찍으러 간다.

미국대사관 파티에 간 기자들의 처지는 천차만별. 보일처럼 가난한 프리랜서도 있지만 방송사 특파원들은 남부러울 게 없다. 보일은 마리화나를 피우다 경찰에 잡힌 친구 록을 뇌물을 주고 빼낸다. 토머스 켈리 대사한테 마리아의 신분증(세쥴라)을 구해달라고 청탁도 한다.

미국에서 로널드 레이건이 대통령에 당선되었다는 뉴스가 나온다.

국민공화연맹ARANA 대통령 후보인 맥스는 신부들이 엘살바도르 젊은 이들의 영혼을 해친다며 오스카 로메로 대주교를 암살할 부하를 지목한다.

보일은 산살바도르 대성당에 고해성사를 하러 갔다가 로메로 대주교의 설교를 듣는다. 대주교는 설교가 끝나고 신도들에게 성체를 나눠주다가 맥스의 부하에게 암살당한다. 보일은 현장에 있었지만 카메라가 없었다. 캐서디는 현장에서 사진을 찍었지만 군인들에게 빼앗긴다.

보일은 선거 유세를 하는 맥스에게 "당신이 (로메로 주교) 암살단 리더라는 거 다 압니다. 할 말 있어요?"라고 대담하게 질문한다. 수녀 두 명을 포함한 미국 여신도 네 명이 강간 살해된 뒤 암매장된 사건도 발생한다.

보일은 반군 게릴라의 훈련 장면을 찍은 사진으로 대사관 관계자에게 마리아의 신분증을 만들어달라고 홍정하지만 실패한다. 그는 대사관 무관에게 빨갱이 기자 취급을 받는다. 화가 난 그는 스파이 노릇은 안 한다며 대사관이 요구하는 정보 제공을 거부한다. 미국의 엘살바도르 지원 정책도 신랄하게 비판한다.

게릴라들이 산티아나를 공격하자 기자들은 현장으로 달려간다. 총격전을 찍으려고 목숨을 건다. 철수냐 지원이냐의 기로에 선 미국. 결국 병력을 다시 지원하고 연료와 무기도 지급한다. 공산화는 막아야 한다는 게 미국의 기본 입장.

비행기 공습을 촬영하다 총에 맞은 캐서디는 자신이 찍은 필름을 보일한테 주고 숨을 거둔다. 보일도 중상을 입었지만 경찰이 자신을 잡으러 왔었다는 말에 마리아와 함께 엘살바도르를 떠난다. 과테말라 국경 검문소에서 신분증이 위조된 게 들통나 처형될 위기를 맞지만 켈리 대사의 비상조치로 위기를 넘긴다.

보일과 마리아는 무사히 샌프란시스코행 버스를 탄다. 그러나 미국 입국 검문소에서 마리아와 두 아이는 불법 입국자로 체포되어 난민수용소로 송환된다. 마지막 자막에는 보일이 아직도 마리아와 그녀의 아이들을 찾고 있다고 나온다.

• 저널리스트의 관점 •

올리버 스톤 감독은 기자한테 악감정이 있는 게 분명하다. 그렇지 않고서야 리처드 보일 같은 한심한 인간을 기자 역할의 주인공으로 내세워 영화를 만들었을 리가 없지 않은가.

보일은 생활력 제로에 가정을 꾸릴 능력도 없다. 엘살바도르에 도착해서 가장 먼저 한 게 현지 애인 마리아를 만나 회포를 푼 것. 자식도 있는 유부남이면서 마리아에게 이혼했다고 속이고 결혼하자고 들이댄다. 술, 담배, 마약에 성매매, 아무한테나 돈 빌리기, 대사한테 막무가내 청탁하기, 신분증과 비자 위조, 필요할 때마다 뇌물 찔러주기…. 행동은 그렇게 해도 나름대로 정의감은 있는지 미국 정부의 엘살바도르 정책을 신랄하게 비판한다. 의식과 행동의 편차가 너무 커 그의 말이 설득력 있게 전달될지 의심스럽다.

전쟁이나 분쟁을 다룬 영화에는 보일과 비슷한 프리랜서가 자주 나온다. 프리랜서는 특정한 언론사에 소속되지 않은 채 일한다. 단골로 거래하는 언론사가 있을 수 있지만 기본은 기사나 사진을 팔아서 살아간다. 언론사의 의뢰를 받고 취재하기도 하지만 본인이 제안해서 취재하러 갈 수도 있다. 무조건 취재해서 기사나 사진을 만든 뒤 언론사에 팔기도 한다. 위험할수록 큰돈과 명예로 보상받을 수 있다. 보일이 목숨 걸고 사진 찍은 이유다.

프리랜서는 일정한 수입이 보장되지 않기에 대체로 경제적으로 어렵게 산다. 남아프리카공화국에서 흑백 분쟁 현장을 취재한 사진기자들을 다룬 영화 〈뱅뱅클럽〉에는 돈이 없어 동료들의 도움을 받아 출장 가는 케빈 카터(테일러 키치 분)가 나온다. 보스니아 내전을 배경으로 한 영화 〈해리슨의 꽃〉에도 가난한 프리랜서와 유명 언론사의 잘나가는 사진기자를 비교하는 얘기가 사진기자 카일 모리스(에이드리언 브로디 분)의 입을 통해 나온다. 카일의 얘기는 1970년대 후반 캄보디아 크메르루주 대학살을 다룬 영화 〈킬링 필드〉에서 사진기자 앨 로코프(존 말코비치 분)가 한 말과 닮았다.

• 팩트체크 •

이 영화의 시대 배경을 이해할 필요가 있다. 1979년 7월 산디니스타민족해방전선FSLN이 43년이나 지속된 소모사 일족의 독재정권을 타도한 니카라과 혁명의 여파가 엘살바도르에 밀어닥쳤다. 니카라과와 쿠바 같은 공산화를 우려한 엘살바도르 군부가 1979년 10월 19일 쿠데타를 일으켜 집권한다.

내전은 1992년 1월 유엔 중재로 차풀테펙 평화협정이 체결될 때까지 12년 동안 지속되었다. 미국의 지원을 받은 우익 군사정권과 좌익세력 연합인 파라분도마르티민족해방전선FMLN의 대결로 내전에서 최소한

7만 5000명이 죽거나 실종되었다.

이 영화는 내전 초기인 1980년을 주로 다루었다. 그해 발생한 충격적인 사건인 오스카 로메로 대주교 암살(3월 24일)과 수녀 두 명을 포함한 미국 여신도 네 명 강간 살인 암매장(12월 2일) 사건이 영화에 등장하기 때문이다.

올리버 스톤 감독이 리처드 보일과 함께 영화의 각본을 쓰고 연출한 것은 1980년대 로널드 레이건 행정부가 남미 독재정권을 지원한 것을 비판하기 위한 것으로 볼 수 있다. 보일은 이 영화에서 제임스 우즈가 연기한 진짜 분쟁 전문 미국 기자 리처드 데이비드 보일Richard David Boyle (1942~2016)이다. 그는 기사도 쓰고 사진도 찍고 다큐멘터리 영화 작가로도 활약했다. 영화 속 보일과 진짜 보일이 경력은 비슷한데 행태가 얼마나 비슷한지는 모르겠다. 어쨌든 이 영화를 팩트체크해 보니 실제와 다른 게 너무 많았다. 스톤 감독이 의도한 주제와 보일이라는 한심한 사진기자가 어울리지 않는 것부터 그렇다.

보일은 토머스 켈리 미국 대사를 처음 만났을 때 "PNS의 리처드 보일"이라며 "캄보디아 최후의 탈출자죠"라고 자신을 소개한다(00:37:22-00:37:29). 보일은 대사관에서 켈리를 다시 만났을 때는 "섄버그가 퓰리처상 탈 때 난 콜레라 걸릴 뻔했지만 우리는 크메르루주 피난민 1000명을 살렸죠"라고 한다(00:51:03-00:51:25). 영화 시작 부분에서도 보일은 "시드니 섄버그가 칵테일 마시면서 놀 때 나는 고생하며 일했다"라고 말한다(00:04:08).

섄버그는 이 영화보다 2년 먼저 1984년 개봉한 〈킬링 필드〉에서 샘 워터스톤이 연기한 ≪뉴욕타임스≫ 기자 섄버그를 말한다. 섄버그는 프놈펜 함락 후에도 프랑스대사관에 남은 다섯 명의 미국 기자 중 한 명이다. 보일이 그 다섯 명에 포함된 것은 맞는다. 그는 샌버그 등 외국 기자 여덟 명이 1차로 떠난 엿새 뒤 마지막 철수팀과 함께 대사관을 떠났다. 그러니 "캄보디아 최후의 탈출자요"라는 그의 대사는 사실이지만 '피난민 1000명을 살렸다'는 대사는 사실일 수가 없다.

보일은 이 영화의 각본도 썼지만 캘리포니아주에서 건설업도 하고 1970년대 초부터 시의원과 하원의원으로도 활동했다. 1988년 캘리포니아주 하원의원 선거 때 경쟁자인 리처드 마운트조이 의원은 보일이 각본을 쓴 이 영화를 근거로 "보일은 자기 영화에서 바람둥이에 술고래라는 걸 인정했다"라고 꼬집었다. 이에 보일은 〈살바도르〉는 등장인물들의 이름이 바뀌고 다양한 사건이 압축되고 재구성되었지만 자기 자신은 정확하게 그려졌다는 반응을 보였다.

영화 속 맥락을 보면 켈리는 캄보디아 주재 마지막 미국 대사다. 그러나 캄보디아 주재 마지막 미국 대사는 존 건서 딘John Gunther Dean(1926~2019)이다. 영화의 시대 배경인 1980년 엘살바도르 주재 미국 대사는 재임 기간(1980년 3월 11일~1981년 2월 1일)으로 볼 때 로버트 화이트Robert White(1926~2015). 따라서 켈리 대사는 가상의 인물일 뿐이다.

영화에는 1980년 3월 24일 발생한 오스카 로메로 대주교 암살 장면이 나온다(01:02:49). 로메로 대주교가 산살바도르성당(멕시코에서 촬영했기에 멕시코의 성당으로 보임)에서 설교를 마치고 성체를 나눠주다 범인이 성체에 침을 뱉고 쏜 권총에 맞는다.

그러나 로메로 대주교는 자신의 숙소가 있는 산살바도르 시내 암병원(Divine Providence Hospital)의 작은 예배당에서 설교하고 강단 중앙에서 있는 상태에서 왼쪽 가슴에 총을 맞고 쓰러졌다. 영화에서는 권총 세 발을 쐈지만 검시 결과나 현장 녹음을 들어보면 구경 22밀리미터 소총 한 발이었다. 범인은 대주교와 35미터 떨어진 예배당 입구에서 총을 쏜 뒤 바로 달아났다.

영화에는 암살 당시 보일과 존 캐서디 사진기자가 성당에 있었던 걸로 나온다. 그러나 당시 현장에는 기자들이 없었다. 당시 엘살바도르 언론은 로메로 대주교 편도 아니었다. 로메로 대주교의 활동에 침묵하거나 그를 비방했다. 그러니 로메로 대주교의 대성당 일요 미사도 아니고, 자신의 숙소가 있는 병원 내 작은 예배당에서 올린 월요일 저녁 미사에 기자들이 갔을 것 같지 않다.

로메로 대주교가 총에 맞는 결정적인 순간을 찍은 사진은 없다. 총에 맞아 바닥에 쓰러져 입과 코로 피를 흘리는 대주교를 수녀 두 명과 신도들이 보살피는 장면, 수녀와 신도들이 병원행 차에 태우려고 대주교의 팔과 다리를 들고 가는 장면 등을 찍은 사진이 있다. 이들 사진은 현장에 있던 에울랄리오 페레스Eulalio Perez가 찍은 것으로 되어 있다. 페레스가 신문사 ≪엘디아리오데오이El Diario de Hoy≫와 통신사 UPI의 사진기자라는 기사와 기자가 아니라는 기사가 있어 그가 어떤 인물인지 판단하기 어렵다. 페레스가 현상한 사진은 15~18장인 것으로 전해진다. 그는 사진을 두 장씩 인화해 한 세트를 당시 살바도르 대교구 법무실 책임자인 마리아 훌리아 에르난데스Maria Julia Hernandez에게 주었다고 ≪라틴아메리칸 헤럴드트리뷴≫이 보도한 적이 있다. 페레스는 암살 용의자로 경찰에 체포되었다가 풀려났는데 사진 원판은 압수당한 것으로 생각한다고 2010년 로메로 대주교 사진전을 한 큐레이터 에드가르 로메로Edgar Romero가 언론에 밝혔다.

존 듀이건 감독이 1989년 연출한 영화 〈로메로〉에 나오는 암살 장면(01:39:11-01:40:50)이 각종 자료를 참고해 보니 실제 상황에 더 가까워 보인다. 이 영화도 멕시코에서 촬영했기 때문에 실제 암살 현장에서 찍은 건 아니다. 내전이 1992년 초에 끝났으니 1986년(〈살바도르〉)과 1989년(〈로메로〉)에 만든 영화를 엘살바도르에서 촬영할 수는 없었을 것이다.

영화 〈살바도르〉는 타임라인이 사실과 너무 다르기도 하지만 완전히 뒤죽박죽이다. 영화 초반에 레이건이 미국 대통령에 선출되었다고 나온다(00:40:30). 이어 군부 실력자인 맥스가 "이제야 배짱 있는 자가 백악관에 들어간다"라면서 부하에게 로메로 대주교 암살을 지시한다(00:43:06). 그리고 한참 뒤에 로메로 대주교가 암살된다(01:02:49).

이는 실제와 앞뒤가 맞지 않는다. 레이건은 1980년 11월 4일 당선되어 1981년 1월 20일 취임했다. 로메로 대주교는 1980년 3월 24일 지미 카터 대통령(1977년 1월~1981년 1월) 때 암살되었다. 영화에 나오는 수녀 등 미국 여신도 네 명 강간 살인 암매장 사건도 레이건이 취임하기 전인 1980년 12월 2일 발생했다. 이런 오류는 스톤 감독이 레이건 대통령의 대외 정책을 비판하기 위해 의도적으로 설정한 것이 아닌가 의심된다.

영화에서는 로메로 대주교 암살범이 누군지 확실히 나온다. 그러나 사건 발생 후 40년이 지나도록 범인은 확인되지 않았다. 영화에 맥스 소령으로 나온 인물은 육군 소령 출신으로 정보국장을 지낸 로베르토 도비손Roberto D'Aubuisson(1943~1992)을 각색한 것으로 보인다. 그는 악명 높은 우익 암살단 리더였고 1981년 9월 30일 창당한 국민공화연맹ARENA(영화에는 ARANA로 나옴) 초대 대표였다. 제헌의회 의장(1982~1983년)을 거쳐, 1984년 대통령 선거에서 호세 두아르테Jose Duarte(1925~1990)에게 패했다. 유엔의 엘살바도르 진실위원회(1992년 7월~1993년 3월)는 도비손을 로메로 대주교 암살을 지시한 장본인으로 지목했다. 그는 내전이 끝난 직후인 1992년 2월 20일 식도암으로 사망했다.

영국 ≪가디언≫은 2000년 3월 23일 자 신문에서 각종 자료와 증언을 토대로 도비손의 지시를 받은 형사 오스카 페레스 리나레스Oscar Perez Linares를 암살범으로 지목했다. 엘살바도르 인터넷 주간지 ≪엘파로El Faro≫는 로메로 대주교 암살 30년을 맞은 2010년 3월 25일 암살단 이인자였던 전직 공군 대위 알바로 라파엘 사라비아Alvaro Rafael Saravia를 인터뷰한 기사에서 도비손이 암살을 직접 지시했다고 폭로했다. 사라비아는 로메로 대주교를 직접 살해한 범인은 아르투로 아르만도 몰리나Arturo Armando Molina 전 대통령(1972년 7월~1977년 6월)의 아들 마리오 몰리나Mario Molina가 동원했다고 주장했다. 로메로 대주교 암살범으로 처벌받은 사람은 없다.

• 대사관과 특파원 •

필자가 2003년 1월부터 2006년 7월까지 워싱턴에서 특파원으로 일하면서 경험한 대사관은 명실공히 작은 정부라고 할 수 있다. 3년 반 동안 양성철, 한승수, 홍석현, 이태식 등 네 분의 대사를 만났다. 워싱턴의 한국대사관은 전 세계에 있는 한국 공관 중 가장 큰 공관에 속한다. 당시 대사관에 근무한 사람은 140명이 넘었다. 절반을 약간 넘는 인원이 외교부 소속 외교관이었다. 법무부, 국가정보원, 경찰청을 비롯해 거의 모든 정부 부처에서 파견된 주재관이 근무하고 있었다. 특히 미국과는 동맹이라는 특수 관계인 데다 군수물자를 구매·조달하는 업무도 있어서 국방부 관련자만도 20여 명이 워싱턴에 있었다. 이들은 외교관 여권을 소지하고 외교관 대우를 받는다.

워싱턴에 당시 한국 신문사마다 한두 명, 방송사는 카메라 기자를 포함해서 두 명에서 네 명의 특파원이 활동했다. 한국 특파원은 약 서른 명이었다. 그러나 한미 관계가 너무 다양하고 미국 자체 뉴스가 많아서 그 인원으로 감당하기 어려운 것이 사실이다.

당시 일본 ≪아사히신문≫ 워싱턴 지국에는 특파원만 다섯 명이 있었다. 거기에 영어 원어민 네다섯 명이 그들을 지원했다. 원어민은 특파원이 취재할 때 통역도 하고 인터뷰나 취재한 걸 녹음해 오면 녹취록을 만들어주는 일을 했다. 녹취록은 기사 쓸 때 활용하지만 자료로 보관하며 두고두고 참고한다. 한국 언론사 중에 인터뷰 녹취록을 만들어 자료로 활용한 언론사가 있다는 얘기는 들어보지 못했다.

대사관에 소속된 외교관이나 부처 주재관들도 기본적으로는 각종 정보를 수집하는 사람들이다. 특파원은 취재한 걸 기사로 공개하지만 그들은 수집한 정보를 보고하고 대외적으로 공개하지 않는 것이 기본이라는 점이 다르다. 외교관과 주재관들은 대부분 각 분야의 전문가들이다. 특파원이 접근하기 어려운 미국 관계자들과도 공식·비공식 관계를 통해 정보를 확보하는 경우가 많다. 그래서 특파원들은 이들의 도움을 많이 받는다. 서로 정보를 공유하기도 한다. 그들의 도움 없이 특파원이 제대로 일하기란 쉽지 않다.

외국 영화에서처럼 기자와 대사관 관계자가 연인 관계로 발전하거나 스캔들을 일으킨 경우가 있는지는 모르겠다. 사람 사는 세상에서 얼마든지 가능한 일이다. 다만 한국 언론사 특파원은 〈살바도르〉의 주인공 보일처럼 프리랜서로 일하지 않아 돈 때문에 정보를 거래하거나 부적절한 행동을 하지는 않는다고 보아도 될 것이다.

외국 전쟁 영화나 분쟁 영화에는 특파원들이 미국, 프랑스, 영국계 호텔에 머무르는 경우가 많다. 대사관이야 당연히 치외법권 지역으로 보호를 받지만 미국, 프랑스, 영국 등 정부와 네트워크를 갖고 있는 외국계 대형 호텔은 치외법권이 통하지는 않는다. 하지만 군사정부나 무장 세력이라도 호텔의 배후에 신경을 쓰기 마련이다. 이 때문에 분쟁 지역을 취재하는 기자들은 유명 호텔에 묵는 것이 안전에 도움이 될 수 있다.

필자의 경험으로는 아프리카나 후진국의 경우 그런 호텔이 아니면 안전 문제나 통신 수단, 서비스 수준 등을 고려할 때 머무를 수 있는 곳이 마땅치 않았다. 지금이야 인터넷과 스마트폰이 웬만한 문제를 해결해 주겠지만 20여 년 전 아프리카 출장 때는 호텔비보다 본사와 연락하는 전화비가 더 많이 들었다.

War Correspondent(전쟁기자)

종군기자냐 전쟁기자냐

전쟁war은 국가의 정규군은 물론이고 반란군, 민병대, 용병 등 준군사 조직paramilitary 사이에 벌어지는 무력이 동반되는 격렬한 충돌이다.

지구상에는 전쟁이 끊이지 않는다. 전쟁은 뉴스 가치를 판단하는 데 중요한 기준인 폭력, 긴장, 갈등, 위기 등 다양한 요소를 갖고 있다. 당연히 사람들의 관심을 끌 수 있다. 언론이 전쟁을 보도하는 것은 거창한 명분도 있겠지만 비즈니스에 도움이 되기 때문일 것이다. 같은 전쟁도 사람의 관심을 못 끄는 전쟁은 언론이 제대로 보도하지 않는다. 자기 나라와 특별한 관계도 없고 영향력도 없는 먼 아프리카의 어떤 나라에서 내전으로 수많은 인명이 죽어도 기자가 가지 않을 때도 많다.

기자가 직접 전장에서 취재한 전쟁 기사가 신문에 실린 것은 오스만튀르크·영국·프랑스·사르데냐 연합군이 크림반도와 흑해를 둘러싸고 러시아와 벌인 크림전쟁(1853~1856년)부터라는 게 정설이다. 1854년부터 영국 《더 타임스》에 크림전쟁을 보도한 윌리엄 하워드 러셀William Howard Russell(1820~1907)이 최초의 전쟁기자로 꼽힌다.

전쟁기자는 영어로 war correspondent라고 한다. special correspondent나 combat correspondent로도 쓴다. 한국에서는 correspondent를

일반적으로 특파원이라고 한다. 워싱턴 특파원을 Washington correspondent라고 하는 식이다. 미국에서는 correspondent를 특정 분야나 지역을 담당하는 전문기자라는 의미로 많이 쓴다. 그래서 백악관 출입기자를 The White House correspondent, 의학 기자를 medical correspondent라고 한다. 하지만 언론사에 따라 다르다. 한 미국 현역 언론인에 따르면 통신사 로이터는 기자를 무조건 correspondent라고 하는데 블룸버그는 reporter라고 한다.

저널리즘 영화에는 전쟁을 취재하는 취재기자와 사진기자가 등장한다. 한국에서는 전쟁을 취재하는 기자를 보통 종군從軍기자라고 한다. 군대를 따라다니며 취재한다는 뜻이 들어 있다. '종군'이나 '기자'는 모두 일본에서 만든 단어다. 중국은 종군 대신 비슷한 뜻의 수군随军/隨軍을 쓴다. 전지战地/戰地기자로도 쓴다.

전쟁 영화에서는 기자들이 총알이 빗발치고 전후좌우에 포탄이 터지는 전장을 종횡무진하는 장면을 볼 수 있다. 특히 사진기자는 생생한 사진을 찍기 위해 전투 현장에 최대한 접근했다가 죽거나 다치는 경우도 많다. "만약 당신 사진이 만족스럽지 않다면 그건 충분히 가까이에서 찍지 않았기 때문이다." 전쟁 사진으로 유명한 로버트 카파Robert Capa(1913~1954)가 한 이 말은 사진기자들을 좀 더 위험한 위치에 가도록 만들었다고 한다. 망원렌즈도 없던 시대에는 좋은 사진을 찍으려면 위험을 감수하고 현장에 조금이라도 더 가까이 갈 수밖에 없었을 것이다. 이런 기자들에게 종군기자란 말은 어울리지 않을 수 있겠다는 생각도 든다.

1990년부터 30년 동안 40여 개 전쟁을 취재했다는 정문태 기자는 "종군이란 말을 쓰는 한 독립성을 생명처럼 여겨야 할 기자가 군대에 복속당한 존재일 수밖에 없다"라면서 자신을 '전선戰線기자'라고 한다. 정 기자가 자주 글을 쓴 ≪한겨레≫는 그를 '국제분쟁 전문기자'로 소개했다. 정 기자에 따르면 한국, 중국, 일본을 제외한 나라에서는 전쟁기자라는 호칭이 일반적이다(정문태, 2016: 21~23).

지금도 종군기자라는 표현이 더 어울리는 전쟁 취재기자도 있을 것이다. 2003년 이라크전 때 미국 국방부는 취재기자와 사진기자들한테 각자 동행(동참) 취재할 부대를 지정해 주었다. 임베디드 기자embedded reporter로 불린 이들은 군인들과 함께 먹고 자고 작전에 동행하면서 취재해서 전쟁을 보도했다. 왜 기자를 군에 배치했느냐는 질문에 미군 관계자는 "우리의 일은 전쟁에서 승리하는 것인데 그 일부가 정보전이다. 정보 환경을 지배하기 위해 시도하는 것이다"라고 답했다.

무장 군인들과 동행한다고 안전이 보장되는 건 물론 아니다. 국제 언론단체인 언론인보호위원회CPJ는 이라크전(2003년 3월부터 2011년 12월 종전 선언까지)에서 최소한 150명의 기자와 54명의 지원 인력이 숨졌다고 밝혔다. 이라크전에서 죽은 기자는 역대 어떤 전쟁 때보다 많았다. 미국 언론단체 프리덤포럼Freedom Forum에 따르면 제2차 세계대전(1939~1945년)에서 68명, 베트남전(1955~1975년)에서 66명의 기자가 희생되었다.

전쟁기자는 왜 비무장인가

영화에서 보면 전장을 취재하는 기자들의 보호장비는 'PRESS'라고 표시된 방탄복과 헬멧 정도다. 차에 페인트로 'PRESS'라고 쓰고 흰 깃발을 달고 다니기도 한다. 전장에서 기자들이 이렇게 허술하게 하고 다

▌미국 ATT-TACTICAL이 제조 판매하는 종군기자용 전신 방탄복.

니는 건 비전투원non-combatants이라는 신분status을 유지하기 위해서다. 그러자면 비무장이어야 한다. 비전투원은 원칙적으로 공격 대상에서 제외된다.

1949년 전쟁 희생자를 보호하기 위해 체결된 제네바협약Geneva conventions에는 기자들이 생명이 위태로운 상황에서 자신을 보호하기 위해 스스로 무장해야 한다거나, 하지 말아야 한다는 언급이 없다. 그러나 1977년 협약에 추가된 제1 의정서protocol 1에는 4부 민간인civilian population 부문에 기자journalist에 관한 조항(Section 3, Chapter 3, Article 79)이 들어갔다. 무력 충돌 지역에서 위험한 전문적 임무에 종사하는 기자는 민간인으로 간주한다는 것과 이들은 파견되어 이동 중인 군부대의 보호를 받아야 한다는 내용이다. 그러나 여기에는 '기자들이 민간인으로서의 지위에 불리한 영향을 미칠 수 있는 조치를 취하지 않는다면'이라는 단서가 붙어 있다.

이는 기자가 무장을 하면 민간인으로서 보호를 받지 못할 수 있다는 의미로 해석된다. 특히 전쟁 지역에서 무력 충돌을 취재 보도하는 기자가 적의 포격을 방어하기 위해 총을 들고 사격을 한다면 이는 기자가 아닌 전투원으로 인정될 수 있다. 또한 기자가 무기를 휴대한 채 체포되면 위험하거나 불리한 상황에 처할 수 있다.

CPJ가 "기자들은 절대 무기를 휴대하지 말아야 한다. 무장 경호원을 쓰면 중립적 관찰자라는 신분을 위험에 빠트릴 수 있다는 걸 알아야 한다"라고 강조하는 이유이기도 하다. 조엘 사이먼Joel Simon CPJ 사무총장은 "분쟁 지역에서 기자가 받을 수 있는 최대의 보호는 중립성을 인정받는 것"이라고 강조했다.

그러나 이라크전 당시에는 안전한 피난처도 없었고 반군은 민간인 복장을 하고 기자들을 공격 목표로 삼았다. 실제로 취재 과정에서 많은 기자와 지원 인력이 죽거나 부상하는 일이 발생했다. 전선이 불분명한 데다 언제 어디서 총알이 날아올지 모르는 상황에서 취재하는 일이 많아지자 언론사들은 기자들의 안전에 관한 정책을 재검토할 수밖에 없게 되었다.

전쟁을 취재하는 절대다수의 언론인들은 무기 휴대에 반대하고 있다. 하지만 기자도 상황에 따라 무장할 수 있다는 주장도 만만찮다. 기자도 일단 살아남아야 취재 보도라는 공익을 위한 봉사가 가능하다는 논리다. 이들은 언제든지 죽거나 납치당할 수 있는 전장에서는 무장 경호원과 동행해야 공익을 위해 봉사할 수 있다고 주장한다.

줄리아 앵윈Julia Angwin ≪월스트리트저널≫ 기자는 2003년 12월 29일자 신문에 이라크전을 취재하는 기자들의 무기 휴대 문제와 관련한 다양한 사례를 소개했다. 이 기사에 따르면 2003년 이라크에 파견된 ≪뉴욕타임스≫ 덱스터 필킨스Dexter Filkins 기자는 총을 휴대했다. 특히 고가의 취재 장비를 들고 다니는 TV 촬영팀은 무장 경호가 기본이 되었다. CNN 무장 경호원들은 2003년 4월 자신들을 공격하는 적에게 총을 쐈다. CNN은 이라크, 아프가니스탄, 소말리아에서만 무장 경호원을 썼다. 무기 휴대가 금지되었지만 현장에서 동행하는 군인들이 총이나 수류탄을 제공한 경우도 있다. 베트남전에서도 일부 기자가 무기를 휴대했다. 그러나 존 키프너John Kifner ≪뉴욕타임스≫ 기자는 '방탄조끼를 입고 취재하면 그게 장벽barrier으로 느껴진다'며 방탄조끼도 착용하지 않았다. ≪워싱턴포스트≫ 이라크 바그다드 지국장 라지브 찬드라세카란Rajiv Chandrasekaran은 "기사를 취재하기 위해 무기가 필요하다고 느끼면 취재를 하지 말아야 한다"라고 주장했다. 그는 위험한 상황에는 취재팀을 보내지 않았다. ≪인터내셔널헤럴드트리뷴≫ 특파원으로 1950년 한국전을 취재한 마거리트 히긴스Marguerite Higgins(1902~1966)는 자신도 카빈을 갖고 지프를 탔지만 당시 대부분의 종군기자가 어떤 종류든 방어용 무기를 갖고 있었다고 밝혔다(Higgins, 1951: 130).

전쟁기자는 왜 전장에 가나

왜 기자는 죽음을 무릅쓰고 전쟁을 취재하러 다닐까? 생계형도 있고 명예, 사명감, 프로정신, 때로는 정치적 야망 때문일 수도 있다.

영국 총리를 지낸 윈스턴 처칠(1874~1965)은 2차 보어전쟁(1899~1902년) 때 전쟁기자로 갔다가 영웅이 되었다. 1895~1899년 쿠바, 인도, 수단에서 장교로 전쟁을 경험한 처칠은 1899년 하원의원 선거에 실패했다. 2차 보어전쟁이 터지자 처칠은 런던의 ≪모닝포스트≫ 기자로 현지에 갔다. 처칠이 영웅이 된 것은 취재를 잘해서가 아니었다. 포로가 되었다가 영화보다 더 극적으로 수용소를 탈출해 생환한 스토리 덕분이었다. 그렇게 유명해진 처칠은 1900년 하원의원에 당선했다. 그리고 두 번에 걸쳐 약 8년 8개월 동안 총리를 지냈다.

암살된 미국 대통령 존 F. 케네디(1917~1963)는 해군 장교로 제2차 세계대전에 참전하고 1945년 3월 제대했다. 그는 1945년 4월 윌리엄 랜돌프 허스트의 신문사에 들어갔다. 그는 전쟁을 직접 취재하지는 않았지만 전후 처리를 논의한 포츠담 회담을 취재했다. 그는 1946년 하원의원 선거에서 당선하고 정치인으로 성공했다.

재키 카투 감독의 2017년 프랑스 영화 〈크레이지 인 러브Crazy in Love〉에는 전쟁 사진기자 디미트리(파비앵 앙바르 분)가 나온다. 그는 전쟁 취재의 이유를 "모험의 짜릿함, 도전, 여행, 자신의 경력을 위해서뿐만 아니라 변화를 위해서"라고 말한다. 전쟁은 마약처럼 그를 흥분시키고 그는 밤마다 악몽에 시달리며 정상적인 생활에 적응하지 못한다. 그래도 전쟁이 터지면 다시 현장에 달려간다.

군인보다 더 많은 전쟁을 경험한 전쟁기자들은 심각한 후유증에 시달리기도 한다. 스페인 내전부터 다섯 개의 전쟁을 취재하고 결국 지뢰를 밟아 숨진 사진기자 로버트 카파는 불안, 짜증, 우울증, 살아남은 자의 죄의식, 불안한 미래 등 심각한 외상 후 스트레스 장애PTSD에 시달렸다(커쇼, 2006: 269).

2012년 시리아 내전 때 순직한 여성 전쟁기자 마리 캐서린 콜빈Marie Catherine Colvin(1956~2012)은 왼쪽 눈을 실명하고 PTSD를 겪고도 전쟁 취재를 포기하지 않았다. 미국인인 콜빈은 1985년부터 영국 ≪선데이타임스≫ 기자로 전쟁을 취재했다. 그의 일대기를 다룬 영화 〈프라이빗 워A Private War〉에서 콜빈(로저먼드 파이크 분)은 PTSD로 입원한 군인과의 대화에서 "전쟁터에 가기 싫지만 일종의 강박증처럼 다시 간다"라고 말한다.

2003년 이라크전 때 40여 일 동안 임베디드 기자로 취재한 강인선 ≪조선일보≫ 워싱턴 특파원(현 편집국 부국장)은 종군기 『사막의 전쟁터에도 장미꽃은 핀다』를 썼다. 그는 1997년 캄보디아에 출장 갔다가 내전이 터지는 바람에 졸지에 종군기자가 되었는데 이라크전 취재는 자원했다. 기자들이 위험한 전쟁터에 뛰어드는 이유로 그는 "전쟁터 한 가운데로 들어간다는 매력을 뿌리칠 수 없었기 때문이다"라고 썼다(강인선, 2003: 5).

종군기자 관련 영화

위스키 탱고 폭스트롯(Whiskey Tango Foxtrot, 2016)

감독 글렌 피카라, 존 레쿼 | **출연** 티나 페이(킴), 마고 로비(타냐), 마틴 프리먼(이언) | **상영시간** 112분

〈위스키 탱고 폭스트롯〉 포스터.

아프가니스탄에서 미국의 테러와의 전쟁을 취재한 여성 종군기자 킴 바커 Kim Barker(1970~)의 회고록 『탈레반 셔플: 아프가니스탄과 파키스탄에서 보낸 낯선 날들The Taliban Shuffle: Strange Days in Afghanistan and Pakistan』을 바탕으로 만든 영화. 바커는 2004~2009년 ≪시카고트리뷴≫ 남아시아 지국장으로 인도와 파키스탄에서 근무했다. 신참인 킴과 먼저 자리를 잡은 타냐, 산전수전 다 겪은 베테랑 이언 등 세 명의 여성

종군기자가 아프가니스탄에서 테러와의 전쟁을 취재하며 좌충우돌 살아가는 모습을 보여준다. 여자들끼리 야한 얘기도 거침없이 하고 군인들의 성희롱 발언도 난무한다. 취재 현장에서는 남녀 구분이 없을 정도로 목숨을 건다. 특종 경쟁을 벌이다 죽거나 다치기도 한다. 우리가 TV로 보는 전쟁 뉴스 장면이 어떻게 촬영되는지도 가늠해 볼 수 있다. 술과 마약에 취하는 종군기자들의 밤 유흥 문화도 엿볼 수 있다.

웰컴 투 사라예보(Welcome to Sarajevo, 1997)

감독 마이클 윈터보텀 | **출연** 스티븐 딜레인(마이클 헨더슨), 우디 해럴슨(지미 플린), 머리사 토메이(니나), 에미라 누세빅(에미라), 케리 폭스(제인 카슨) | **상영 시간** 102분

1960년대부터 40년 동안 아시아, 아프리카, 중동, 유럽의 전쟁과 분쟁 현장을 누빈 영국 TV IHN의 마이클 니콜슨(1937~2016)이 1994년 쓴 『너태샤 이야기Natasha's Story』를 바탕으로 만든 영화. 전쟁의 참상을 보여주는 영화이면서 전쟁의 참상을 보도하는 기자의 윤리 문제도 제기한다. 니콜슨은 특히 1992년 보스니아-헤르체고비아의 전쟁고아들의 비참한 삶에 충격을 받았다. 너태샤는 그가 영국으로 입양한 전쟁고아. 영화에서 니콜슨 역할을 하는 헨더슨은 고아들의 비참한 현실이 공작 부부의 이혼 기사에 밀리는 현실에 분노한다. 미국 기자 플린

〈웰컴 투 사라예보〉 포스터.

은 고아에 관심을 보이는 헨더슨에게 "고아들은 자네 책임이 아니야. 자넨 여기 기자로 온 거야. 취재하고 보도하기 위해서"라며 이견을 보인다. 전쟁기자의 역할은 어디까지일까?

프라이빗 워(A Private War, 2018)

감독 매슈 헤인먼 | **출연** 로저먼드 파이크(마리 콜빈), 제이미 도넌(폴 콘로이), 스탠리 투치(토니 쇼) | **상영 시간** 111분

▌〈프라이빗 워〉 포스터.

영국 《선데이타임스》 여성 전쟁기자 마리 캐서린 콜빈의 일대기를 다룬 영화. 예일대에서 인류학을 전공한 콜빈은 스리랑카 내전을 취재하다가 로켓 추진 수류탄RPG 파편에 왼쪽 눈을 실명했다. 이후 안대를 차고도 전쟁과 내전 현장 취재를 포기하지 않았다. 그가 취재한 분쟁 지역은 스리랑카, 이라크, 아프가니스탄, 리비아, 시리아 등이다. 이라크에서는 집단 암매장 현장을 발견해 세상에 알렸고 그 충격으로 외상 후 스트레스 장애를 겪었다. 2012년 2월 시리아 홈스 취재 당시 그는 자신을 포함, 사진기자 등 몇 명만 폐허가 된 건물에서 CNN 인터뷰를 통해 현장 상황을 생중계하고 결국 목숨을 잃었다. 콜빈이 후배 기자에게 한 말이 인상적이다. "이건 살아 숨 쉬는 역사를 기록하는 일이야. 진실만을 찾아내야 해. 이곳 사람들 얘기를 보도하지

못한다면 여기 놀러 온 거나 다름없는 거야."

천 번의 굿나잇(A Thousand Times Good Night, 2013)

감독 에리크 포페 | **출연** 쥘리에트 비노슈(레베카), 니콜라이 코스터왈도(마카스) | **상영 시간** 117분

〈천 번의 굿나잇〉 포스터.

비노슈가 전쟁과 분쟁 지역을 다니는 사진기자 레베카로 나오는 영화. 기자로서의 삶과 한 가정의 주부와 아내이자 두 딸의 어머니로서의 역할과 정체성 때문에 고민하는 기자의 모습을 보여준다. 레베카는 아프가니스탄에서 자살폭탄 테러를 준비하는 여성을 촬영하고 테러 현장까지 따라가 사진을 찍는다. 계획된 테러를 막지 않고 실행에 옮길 때까지 기다려 사진을 찍는 것은 테러 조장 행위가 아닌가? 이 영화가 그런 고민을 제기하려는 의도로 만든 것 같지는 않다. 여성 종군기자는 실제 현실에서는 소수다. 그러나 여성 종군기자를 주인공으로 내세운 영화는 많다. 선정주의라는 비판에서 자유롭지 않을 것 같다.

한국전쟁 종군기자

한국전쟁(1950년 6월 25일~1953년 7월 27일 휴전)을 취재한 종군기자는 몇 명이나 될까? 정진석 한국외국어대 명예교수는 2020년 5월 15일 관훈클럽 세미나에서 6·25전쟁(한국전쟁) 당시 공식적으로는 24개국의 종군 특파원 238명, 비공식적으로는 약 600명이 취재했다고 밝혔다. 이는 제2차 세계대전 당시 동원된 기자의 절반에 해당하는 규모다. 전쟁 규모를 고려할 때 한국전쟁 종군기자의 수는 결코 적지 않다.

순직 종군기자

그렇다면 한국전쟁 당시 순직한 종군기자는 얼마나 될까? 한국기자협회가 주관해 1977년 4월 27일 경기도 파주 통일공원에 건립한 한국전 순직 종군기자 추념비에는 모두 18명의 명단이 새겨져 있다. 한국기자로는 ≪서울신문≫ 한규호 기자가 유일하게 들어가 있다.

추념비에 적혀 있는 18명의 이름, 출신, 소속을 그대로 옮기면 다음과 같다.

한규호(한국, 서울신문), 어니 필러(Ernie Peeler, 미국, Pacific Star & Stripes),

▌경기도 파주 통일공원에 1977년 4월 27일 건립된 한국전 순직 종군기자 추념비(왼쪽). 추념비 아랫부분에 순직자 명단이 새겨져 있다(오른쪽).

레이 리처즈(Ray Richards, 미국, INS), 윌슨 필더(Wilson Fielder, 미국, Time & Life), 맥시밀리엥 필로넹코(Maximilien Philonenko, 프랑스, AFP), 앨버트 힌튼(Albert Hinton, 미국, Journal & Guide), 스티븐 시몬즈(Stephen Simmons, 영국, Picture Post), 제임즈 서플(James Supple, 미국, Chicago Sun Times), 윌리엄 무어(William Moore, 미국, AP), 이언 모리슨(Ian Morrison, 영국, The Times), 크리스토퍼 버클리(Christopher Buckley, 영국, The Daily Telegraph), 찰즈 로제크란스(Charles Rosecrans, 미국, INS), 켄 이노우예(Ken Inouye, 미국, INS), 프랭크 에머리(Frank Emery, 미국, INS), 장 마리 드 프르몽빌(Jean Marie de Premonville, 프랑스, AFP), 윌리엄 그래이엄(William Graham, 미국, NY Journal of Commerce), 데리크 퍼시(Derek Pearcy, 영국, Reuters), 호르헤 테오도로(Jorge Teodoro, 필리핀/UN DPI)

미국의 언론박물관 뉴지엄Newseum의 인터넷 사이트에는 순직기자 추모관Journalists Memorial이 있다. 이곳에는 2021년 4월 현재 전 세계 취재 현장에서 순직한 언론인 2355명의 명단이 저장되어 있다. 여기서 한국 전쟁 당시 순직 기자를 검색해 보니 17명이 나왔다. 한국의 추념비 명단에 있는 테오도로는 없었다. 그는 유엔 공보국UN, Dept. of Public Information 직원이라서 '순직 기자' 추모 명단에는 들어가지 않은 것으로 보인다.

17명의 사망 원인 등을 분석해 보니 세 차례 비행기 추락 사고로 8명이 숨졌다(7명은 일본, 1명은 한국 해상에서). 3명은 지프를 타고 가다가 지뢰가 터져 숨졌다. 나머지 6명 중 2명은 타고 있던 지프가 탱크 공격을, 2명은 기관총 공격을 받아 죽었으며, 2명은 북한군에 의해 죽었다. 국적별로는 미국 10명, 영국 4명, 프랑스 2명, 한국 1명이다. 테오도로는 1952년 12월 27일 그리스 공군 수송기가 진해에서 이륙 중 추락한 사고로 숨졌다.

한규호 기자의 사망 경위는 "(1950년) 6월 29일 한국군 부대와 최전방 작전을 취재하던 중 살해되었다Killed June 29 while covering front-line action with South Korean army units"라고 적혀 있다. 일본 외신기자클럽FCCJ이 1998년 발행한 책 『일본의 외국 특파원들Foreign Correspondents in Japan』에는 한 기자가 "(1950년) 6월 29일 한국군의 서울 철수를 취재하다가 사망했다died on June 29, while covering the withdrawal of ROK forces from Seoul"라고 적혀 있다. 한 기자의 사망을 뒷받침하는 근거나 출처는 나오지 않았다(Pomeroy, 1998).

≪경향신문≫ 종군기자로 활동한 이혜복 전 대한언론인회 회장(1923~2013)은 「6·25 남침과 종군보도」라는 제목의 글에 한 기자에 관해 이렇게 적어놓았다. "6·25 첫날부터 서부전선 임진강 쪽 전황 보도에 골몰했던 서울신문 한규호 기자는 끝내 피신을 못 하고 북한군에 잡혀 순직, 일산에 있는 '6·25 참전 종군기자 추념비'에 기록된 단 한 분의 한국

인 종군기자로 기록되었다"(이혜복, 2003).

≪서울신문≫ 1950년 6월 27일 자에는 '임진강 제1선에서 한규호 특파원' 명의로 "임진강서 총반격/완전 격퇴는 시간문제"라는 제목의 기사가 실렸다. 한 기자의 마지막 기사였다. 한 기자가 피난을 못 가고 서울에 있다가 북한 정치보위부원에게 납치된 후 피살되었다는 주장이나 설이 있다. 한 기자의 죽음을 직접 목격한 사람이나 기록은 확인되지 않은 것으로 보인다.

『서울신문 100년사: 1904~2004』에는 한규호 기자가 "6월 28일 북한 내무서 요원에게 체포됐다"라면서 "한규호는 피살된 것으로 단정 지어졌다"라고 기록되어 있다. 근거는 이렇다. "한규호와 함께 체포되어 학살된 동아일보 사진부장 백운선의 부인이나, 서울신문 기자로 한규호에 이어 제2기로 육사 종군교육을 수료한 정성관의 증언도 그렇다. 1977년 한국기자협회는 그의 종군 순직 경위를 조사한 끝에 역시 같은 결론을 내렸다"(서울신문 100년사 편찬위원회, 2004: 358~359).

'단정 지어졌다'는 표현은 직접적인 증거가 없었기 때문이라고 볼 수 있다. 정진석 교수는 "1950년대와 1960년대 내무부와 공보처가 조사한 자료에 한 기자가 1950년 7월 25일 또는 9월 10일 납북으로 되어 있다"라고 말했다. 그는 "1956년 적십자사가 피랍인사의 신고를 받았을 때는 혹시 생존해 있을까 하는 희망에서였는지 한 기자의 부인이 신고한 적도 있다"라고 밝혔다(정진석, 2006: 62~63).

통일공원 추념비 건립에 깊이 관여한 전직 언론인은 "한 기자는 실종된 게 맞는다"라면서 "우리나라에서 벌어진 전쟁인데 순직 기자가 모두 외국인이라서 한국 기자 체면을 위해 (납북 여부가 분명치 않지만) 종군기자였던 한 기자를 명단에 넣었다"라고 필자에게 털어놓았다.

정 교수에 따르면 전쟁 중 납북된 언론인은 ≪동아일보≫의 장인갑 편집국장, 백운선 사진부장, 이길용 체육 전문기자 등 16명과 KBS 28명 등 모두 285명으로 추산된다. 이들은 모두 순직기자에 포함되지 않는다. 한 기자가 순직 종군기자인지 아닌지가 대단히 중요하지는 않지만 필자는 팩트를 확인하고 싶었다. 이걸로 '팩트가 확정되었다'고 말할 자신은 없다. 다만 추가 취재를 원하는 사람이 있다면 참고는 될 것으로 본다.

6·25전쟁을 취재한 한국 기자들은 독자적인 취재보다 군의 통제와 지휘에 많이 따랐던 것으로 보인다. 로이터통신 기자로 6·25전쟁을 취재한 지갑종 유엔한국참전국협회장은 2020년 6월 6일 자 ≪동아일보≫ 인터뷰에서 "지휘관들이 자신의 부대에서 기자가 죽었다는 소리를 듣고 싶지 않아서 전투 현장 접근을 철저히 막았다"라고 회고했다. 그는 "당시 전투 상황 브리핑을 시내 다방에서 주로 해서 '우리가 다방 출입 기자냐'라는 항의도 있었다"라고 말했다.

이혜복 전 회장은 "6·25 때 종군하면서 뼈저리게 느낀 것은 불편했던 교통편과 통신수단, 그리고 너무도 까다로운 검열 규정에 얽매여 현장에서 보고 느낀 생생한 상황을 충분히 후방 국민에게 알릴 수 없었던 점이다"라고 회고했다. 이 전 회장은 백선엽 1사단장의 1950년 10월 19일 평양 탈환 작전을 ≪동아일보≫ 김진섭, ≪서울신문≫ 김우용 종군기자와 함께 취재한 뒤 밤에 지프를 타고 서울에 돌아와 다음 날 기사를 썼다.

이 전 회장에 따르면 6·25전쟁을 취재한 한국 언론사의 '공식 종군기자'는 30여 명이다. 최초의 공식 종군기자는 1949년 10월 4일 태릉 육군사관학교에서 10여 일 훈련받은 한규호 기자를 포함한 20여 명의 군 출입기자였다. 이들은 신성모 국방부장관 명의의 '종군기자 수료증'을 받았다. 1950년 2월 26일에는 제2기로 기자 10여 명이 12일 동안 훈련받고 수료증을 받았다. 이 전 회장은 "이들은 지리산에 잠입한 반란군 잔당, 남파된 무장간첩들이 태백산, 소백산 등지에서 준동할 때 진압작전에 종군했고, 6·25 남침 이전 1949년부터 38선 전역에 걸쳐 산발적으로 일어난 북한군의 도발 사건에 특파돼 전황을 보도했다"라고 회고했다.

한국전쟁과 퓰리처상

한국전쟁을 취재한 외국 기자들은 위험이 컸던 만큼 상도 많이 받았다. 한국전쟁 보도로 퓰리처상을 받은 기자는 모두 9명이다. 1951년 국제보도international reporting 부문 퓰리처상은 이례적으로 한국전쟁을 취재한 3개 언론사 기자 6명이 받았다. ≪뉴욕헤럴드트리뷴≫ 호머 비거트Homer Bigart(1907~1991)와 마거리트 히긴스Marguerite Higgins(1920~1966), AP 렐먼 모린Relman Morin(1907~1973)과 돈 화이트헤드Don Whitehead(1908~1981), ≪시카고데일리뉴스≫ 키스 비치Keyes Beech(1913~1990)와 프레드 스파크스Fred Sparks(1916~1981)가 그들. 1951년 사진 부문 퓰리처상도 "끊어진 대동강 철교의 피난민" 사진을 찍은 AP 맥스 데스퍼Max Desfor(1913~2018) 사진기자에게 돌아갔다. 1952년 국내보도 부문 퓰리처상 역시 1950년 10월 15일 해리 트루먼 미국 대통령과 더글러스 맥아더 유엔군 사령관의 한국전쟁에 관한 웨이크섬 대화 기록을 1951년 4월 21일 자 ≪뉴욕타임스≫에 보도한 앤서니 레비에로Anthony Leviero(1905~1956) 기자가 받았다. 1954년 국제보도 부문 수상자인 ≪스크립스하워드계 신문Scripps Howard Papers≫의 짐 루커스Jim Lucas(1915~1971) 기자도 26개월 동안의 한국전쟁 취재 공로를 인정받았다.

미국 작가이자 저널리스트인 앙투아네트 메이Antoinette May가 쓴 히긴스 전기 *Witness to War*는 『전쟁의 목격자』라는 제목으로 2019년 한국에서 번역 출판되었다. 히긴스 외에 한국전쟁을 취재한 여성 기자는 마거릿 버크화이트Margaret Bourke-White(1906~1971)와 재미교포인 사라 박(1927~1957)도 있다. 버크화이트는 1936년 11월 23일 자 사진 중심의 시사 잡지 ≪라이프≫의 창간호 표지에 실린 미국 몬태나주 미주리강의 포트펙댐Fort Peck Dam 사진과 1943년 3월 29일 자 같은 잡지 표지의 이오시프 스탈린Iosif Stalin(1879~1953) 얼굴 사진 등을 찍은 사진작가로 유명하다. 뉴지엄 순직 기자 추모관에 있는 기록에 따르면 사라 박은 1952년 겨울부터 1953년까지 미국 ≪호놀룰루 스타불러틴≫ 소속으로 한국전쟁을 취재했나. 그는 1957년 하와이에서 쓰나미 취재 중 타고 있던 비행기가 추락해 순직했다.

여성 최초 퓰리처상 수상자

1951년 퓰리처상을 받은 히긴스는 한국에서 꽤 알려졌다. 곽경택·김태훈 감독의 2019년 한국전 영화 〈장사리: 잊혀진 영웅들〉에 나오는 여기자 매기(메건 폭스 분)가 히긴스를 일부 모델로 했다고 한다. 히긴스는 1951년 저서 *War in Korea*를 냈다. 한국에서 2009년 『자유를 위한 희생』이란 제목으로 번역 출판한 책 표지에는 '여성 최초 퓰리처상 수

▮ 한국전쟁 종군기자 마거리트 히긴스의 책 *War in Korea*(왼쪽)와 국내 번역 출판된 책 표지(오른쪽). 국내 출판된 표지에는 '여성 최초 퓰리처상 수상작!' 이라고 적혀 있다.

상작!'이라고 적혀 있다. 이 책의 앞뒤 표지, 표지 날개, 역자 후기에는 같은 표현이 모두 여덟 번이나 나온다. 상을 받기 전에 쓴 원서에는 당연히 그 표현이 한 번도 나오지 않는다.

국가기간통신사인 연합뉴스는 2010년 9월 2일 "6·25 종군기자 故 마거릿 히긴스 훈장 전수"라는 제목의 기사에서 "1950년 6·25전쟁이 발발할 당시 뉴욕 헤럴드 트리뷴의 도쿄 특파원이었던 히긴스 기자는 전쟁 당시 6개월 동안 생사를 넘나들며 각종 전투지를 누비면서 경험하고 들은 내용을 책으로 펴내 여성 최초로 퓰리처상을 받았다"라고 썼다. 연합뉴스는 전날인 9월 1일 히긴스의 딸 인터뷰 기사에도 "히긴스는 6·25전쟁 당시 종군기자로서 전투 현장을 누빈 뒤 1951년 'War In Korea(한국에서의 전쟁)'라는 저서를 펴내 여성 최초로 퓰리처상을 받았고…"라고 보도했다. 연합뉴스는 2016년 4월 29일에도 "6·25전쟁 취재

美 종군기자 히긴스 '5월의 전쟁영웅'"이라는 제목의 기사에서 다시 "임무를 무사히 마치고 귀국한 히긴스 기자는 6·25전쟁의 경험을 담은 '한국전쟁War in Korea'이라는 제목의 책을 펴내 여기자로는 최초로 퓰리처상을 받았다"라고 보도했다.

2005년 6월 27일 노무현 정부의 국정 브리핑도 히긴스를 '여성으로 첫 퓰리처상을 수상한 바 있는'이라고 소개했다. 이뿐만 아니라 많은 한국 언론이 기사와 칼럼에서 히긴스를 '여성 최초의 퓰리처상 수상자'로 보도했다.

그러나 히긴스는 최초로 퓰리처상을 받은 여성이 아니다. 최초로 퓰리처상을 받은 여성은 민나 르윈슨Minna Lewinson(1897~1938)이다. 르윈슨은 1918년에 신문 역사newspaper history 부문 퓰리처상을 헨리 비틀 허프Henry Beetle Hough(1896~1985)와 함께 받았다. 신문 역사 부문 퓰리처상은 1918년 딱 한 번 수상자를 내고 1925년 폐지되었다. 르윈슨과 허프는 당시 컬럼비아대 저널리즘스쿨 학생이었다. 수상작은 「미국 언론이 1917년 대중에게 제공한 서비스의 역사A History of the Services Rendered to the Public by the American Press During the Year 1917」라는 제목의 31쪽짜리 조사 보고서research report였다. 르윈슨은 1918년 ≪월스트리트저널≫ 최초의 여기자가 되었다.

두 번째지만 중요한 특전特電, correspondence 부문에서 최초로 퓰리처상을 받은 여성은 1937년 수상한, ≪뉴욕타임스≫ 최초의 여성 논설위원인 앤 오헤어 매코믹Anne O'Hare McCormick(1880~1954)이다. 1917년 처음 생긴 퓰리처상 보도reporting 부문은 1929년부터 1947년까지 국내외 특파원 기사가 대상인 '특전' 부문이 분리되었다. 19년 동안 20건(1941년 단체상 포함)이 선정되었는데 국제보도 17건, 국내보도 3건이어서 사실상 국제보도 부문 상이나 마찬가지다. 매코믹도 1936년 유럽에서 쓴 국제 기사로 수상했다. 보도 부문은 1942~1947년 4개 부문으로 나뉘었다가 1948년 지역, 국내, 국제 등 3개 부문으로 다시 조정되었다.

히긴스는 매코믹이 수상하고 14년이 지나서야 여성으로서는 세 번째 퓰리처상을 받았다. 하나 더. 히긴스의 *War in Korea*가 퓰리처상 수상작이라는 것도 틀렸다. 히긴스는 책이 아니라 1950년 한국전을 취재 보도한 기사들로 1951년에 퓰리처상을 받았다.

메이는 히긴스 전기 *Witness to War: A Biography of Marguerite Higgins*에 히긴스를 "In 1951, she was awarded the Pulitzer prize for overseas reporting: the first woman to be so honored"(May, 1983: 180)와 "She was the first woman to receive the prize for stories on actual combat"(May, 1983: 185)라고 썼다.

이 책의 번역서 『전쟁의 목격자』에는 이를 "1951년, 그녀는 해외 취재에 대한 공로를 인정받아 퓰리처상을 받았다. 그 영예를 얻은 최초의 여성이었다"(메이, 2019: 281)와 "그녀는 실제 전투에 관한 기사로 퓰리처상을 받은 최초의 여성이었다"(메이, 2019: 289)로 번역했다. 첫 번째 표현이 약간 논란의 소지가 있지만 대체로 맞는다고 할 수 있다. 그런데 이 번역서 뒤표지에는 히긴스를 '여성 최초의 퓰리처상 수상자'라고 잘못 소개하고 있다.

필자가 초년 기자일 때 기사에 최초最初, 최고最高, 최고最古, 최대最大, 최장最長, 최단最短이란 표현을 쓰면 선배나 차장, 부장이 "이거 확인해 봤어?"라고 물을 때가 많았다. 기자는 기사에 '가장' 또는 '제일'을 뜻하는 '최最'가 붙은 단어를 쓸 때는 그 뒤에 따라오는 내용이 맞는지를 확인하는 버릇이 있어야 실수를 덜하게 된다.

참고문헌

단행본 및 논문

국내

강인선. 2003. 『사막의 전쟁터에도 장미꽃은 핀다』. 서울: 조선일보사.

강준만. 2016. 『전쟁이 만든 나라, 미국』. 서울: 인물과 사상사.

그레이엄, 캐서린(Katharine Graham). 1997. 『캐서린 그레이엄 자서전: 워싱턴포스트와 나의 80년』. 뉴스위크 한국판 편집팀 옮김. 서울: 중앙일보사.

김용택. 1995. 『역사의 찰나: 실명과 투혼의 자전적 자취/김용택 보도사진집』. 서울: 삼정인쇄.

김재협. 1999. 「위법적 취재 관행과 법적 환경」. ≪언론 중재≫, 19권 2호, 62~79쪽.

마리노비치, 그레그(Greg Marinovich)·주앙 실바(Juan Silva). 2013. 『뱅뱅클럽』. 김성민 옮김. 서울: 월간사진.

메이, 앙투아네트(Antoinette May). 2019. 『전쟁의 목격자: 한국전쟁 종군기자 마거리트 히긴스 전기』. 손희경 옮김. 서울: 생각의힘.

모리스, 제임스 맥그래스(James McGrath Morris). 2016. 『퓰리처: 권력의 감시자는 왜 눈먼 왕이 되었는가』. 추선영 옮김. 서울: 시공사.

박용상. 1997. 『언론과 개인 법익』. 서울: 조선일보사.

뵐, 하인리히(Heinrich Böll). 2008. 『카타리나 블룸의 잃어버린 명예: 혹은 폭력은 어떻게 발생하고 어떤 결과를 가져올 수 있는가』. 김연수 옮김. 서울: 민음사.

브래들리, 벤(Ben Bradlee). 2009. 『≪워싱턴포스트≫ 만들기: ≪워싱턴포스트≫를 미국의 대표 언론으로 성장시킨 언론인 벤 브래들리 이야기』. 김영배 옮김. 서울: 프레시안북.

서울신문 100년사 편찬위원회. 2004. 『서울신문 100년사: 1904~2004』. 서울: 서울신문사.

셰퍼드, 알리샤 C.(Alicia C. Shepard). 2009. 『권력과 싸우는 기자들: 대통령을 권좌에서 끌어내린 두 기자, 그들의 진실을 향한 집요한 탐색』. 차미례 옮김. 서울:

프레시안북.
오웰, 조지(George Orwell). 1998.『동물농장』. 도정일 옮김. 서울: 민음사.
우드워드, 밥(Bob Woodward)·칼 번스틴[칼 번스타인(Carl Bernstein)]. 2014.『워터게이트: 모두가 대통령의 사람들』. 양상모 옮김. 서울: 오래된 생각.
이민웅. 2003.『저널리즘: 위기·변화·지속』. 서울: 나남출판.
이재경. 1997.「위장 취재와 몰래카메라 취재 보도의 윤리적 문제」. ≪언론중재≫, 여름 호.
이혜복. 2003.「6·25 남침과 종군보도」. ≪관훈저널≫, 여름 호(통권 87호), 30~40쪽.
장호순. 2007.『미국 헌법과 인권의 역사: 민주주의와 인권을 성장시킨 명판결』. 서울: 개마고원.
정문태. 2016.『전선기자 정문태 전쟁취재 기록: 기자가 복종할 대상은 오직 시민뿐이다 자신을 파견한 언론사마저 배반하고 시민 편에 서야 옳다』. 파주: 푸른숲.
정진석. 1995.『인물 한국 언론사: 한국언론을 움직인 사람들』. 서울: 나남출판.
______. 2001.『한국언론사』. 서울: 나남출판.
______. 2006.『6·25전쟁 납북: 끌려가고 살해된 언론인 284명 목사·신부·종교인 371명의 비극』. 서울: 기파랑.
채백. 2015.『한국 언론사』. 서울: 컬처룩.
카파, 로버트(Robert Capa). 2006.『그때 카파의 손은 떨리고 있었다: 전설적 포토저널리스트 로버트 카파의 2차대전 종군기』. 우태정 옮김. 서울: 필맥.
커쇼, 알렉스(Alex Kershaw). 2006.『로버트 카파: 그는 너무 많은 걸 보았다』. 윤미경 옮김. 서울: 강.
코바치, 빌(Bill Kovach)·톰 로젠스틸(Tom Rosenstiel). 2014.『저널리즘의 기본 원칙』. 이재경 옮김. 서울: 한국언론진흥재단.
헤밍웨이, 어니스트(Ernest Hemingway). 2017.『더 저널리스트: 어니스트 헤밍웨이』. 김영진 옮김. 서울: 한빛비즈.
히긴스, 마거리트(Marguerite Higgins). 2009.『자유를 위한 희생』. 이현표 옮김. 서울: KORUS(코러스).

국외

Berstein, Carl and Bob Woodward. 1976. *All the President's Men*. New York: Warner Books.

Bradlee, Ben. 1995. *A Good Life: Newspapering and Other Adventures*. New York: Simon & Schuster.

Campbell, W. Joseph. 2000. "Not likely sent: The Remington-Hearst 'telegrams'". *Journalism and Mass Communication Quarterly*, summer.

______. 2017. *Getting It Wrong: Debunking the Greatest Myths in American Journalism*. Oakland: University of California Press.

Ehrlich, Matthew C. 2004. *Journalism in the Movies*. Urbana and Chicago: University of Illinois Press.

Ehrlich, Matthew C. and Joe Saltzman. 2015. *Heroes and Scoundrels: The Image of the Journalist in Popular Culture*. Urbana, Chicago, and Springfield: University of Illinois Press.

Good, Howard (ed.). 2008. *Journalism Ethics Goes to the Movies*. Lanham: Rowman & Littlefield Publishers, INC.

Higgins, Marguerite. 1951. *War in Korea: The Report of a Woman Combat Correspondent*. New York: Doubleday.

Hilton, George W. 2002. *The Front Page: From Theater to Reality*. Hanover: Smith and Kraus, Inc.

Lynn, Kenneth S. 1995. *Hemingway*. Cambridge: Harvard University Press.

May, Antoinette. 1983. *Witness to War: A Biography of Marguerite Higgins*. New York: Beaufort Books.

Mnookin, Jennifer and Nancy West. 2001. "Theaters of Proof: Visual Evidence and the Law in Call Northside 777." *Yale Journal of Law & the Humanities*, Vol.13, Iss.2, Art.1.

Pomeroy, Charles. 1998. *Foreign Correspondents in Japan: Reporting a Half Century of Upheavals, from 1945 to the Present*. Singapore: Charles E. Tuttle Publishing.

Reston, James. 1992. *Deadline: A Memoir*. New York: Times Books.

Schanberg, Sydney H. 1985. *The Death and Life of Dith Pran*. New York: A Penguin Book.

인터넷 자료

시민 케인

http://fs2.american.edu/wjc/www/wjc3/notlikely.htm

https://dp.la/primary-source-sets/fake-news-in-the-1890s-yellow-journalism/sources/1771

https://www.nybooks.com/articles/1989/06/01/remembering-orson-welles/?lp_txn_id=999878

https://www.nybooks.com/articles/1989/08/17/rosebud/

https://www.salon.com/2000/07/28/kane/

https://www.wellesnet.com/orson-welles-the-meaning-of-rosebud-in-citizen-kane/

https://www.rfrajola.com/2k19/Hearst_telegram_2019.pdf

헤밍웨이와 겔혼

https://www.academia.edu/3608024/Visual_Resonance_of_Robert_Capa_s_Falling_Soldier

https://movies2.nytimes.com/books/99/07/04/specials/hemingway-diliberto.html

https://www.saturdayeveningpost.com/2018/11/the-female-war-correspondent-who-sneaked-into-d-day/

https://www.nytimes.com/1998/02/17/arts/martha-gellhorn-daring-writer-dies-at-89.html

https://web.archive.org/web/20140226064505/http://www.kcstar.com/hemingway/index.shtml

https://foreignpolicy.com/2014/04/22/did-robert-capa-fake-falling-soldier/

모두가 대통령의 사람들

https://www.thefacultylounge.org/2018/05/follow-the-money.html

https://www.youtube.com/watch?v=5ZeOgmnOl2c

https://www.youtube.com/watch?v=Ljbf0XIkCgI

http://www.columbia.edu/itc/journalism/j6075/edit/readings/watergate.html

https://www.commentarymagazine.com/articles/edward-epstein-3/did-the-press-

uncover-watergate/
https://historynewsnetwork.org/article/6813
https://mediamythalert.com/2010/01/24/the-post-took-down-a-president-what-a-myth/
https://news.northeastern.edu/2012/06/13/watergate-burgard/
https://www.columbiamissourian.com/news/local/watergate-gave-journalism-a-boost/article_892a114c-f832-5269-9f3f-825d518598b8.html
https://web.stanford.edu/class/comm1a/readings/feldstein-watergate.pdf
https://www.pressherald.com/2012/02/19/the-profound-lies-of-deep-throat_2012-02-19/

백악관을 무너뜨린 사나이

https://www.washingtonpost.com/politics/fbis-no-2-was-deep-throat-mark-felt-ends-30-year-mystery-of-the-posts-watergate-source/2012/06/04/gJQAwseRIV_story.html
https://www.vanityfair.com/news/politics/2005/07/deepthroat200507
https://scholarsarchive.byu.edu/etd/1064/?utm_source=scholarsarchive.byu.edu%2Fetd%2F1064&utm_medium=PDF&utm_campaign=PDFCoverPages

프로스트 VS 닉슨

https://www.huffpost.com/entry/ifrostnixoni-a-dishonorab_b_150948

스포트라이트

http://www.bishop-accountability.org/news5/2001_07_22_McNamara_A_Familiar_Pattern.htm
https://www.bostonglobe.com/news/special-reports/2002/01/06/church-allowed-abuse-priest-for-years/cSHfGkTIrAT25qKGvBuDNM/story.html#bgmp-comments
http://news.chosun.com/site/data/html_dir/2020/01/01/2020010100152.html
https://ccnmtl.columbia.edu/projects/caseconsortium/casestudies/14/casestudy/www/layout/case_id_14.html

https://docs.google.com/spreadsheets/d/1sJDpzYH_sMYuYHqkmZeJGIq_TEXGD jboYdSoew7UjZ8/edit#gid=1961296402
https://www.informationisbeautiful.net/visualizations/based-on-a-true-true-story/
https://www.chosun.com/site/data/html_dir/2019/03/12/2019031203675.html?utm_source=naver&utm_medium=original&utm_campaign=news&form=MY01SV&OCID=MY01SV

미스터 존스

https://www.nytimes.com/1933/03/31/archives/russians-hungry-but-not-starving-deaths-from-diseases-due-to.html
https://www.nytimes.com/1933/05/13/archives/mr-jones-replies-former-secretary-of-lloyd-george-tells-of.html
https://www.nytimes.com/1990/06/24/opinion/the-editorial-notebook-trenchcoats-then-and-now.html
https://www.garethjones.org/index.htm
https://www.garethjones.org/soviet_articles/soviet_articles.htm
http://news.bbc.co.uk/local/cambridgeshire/hi/people_and_places/history/newsid_8357000/8357028.stm
http://holodomorct.org/holodomor-facts-and-history/

챔피언 프로그램

https://www.si.com/more-sports/2012/10/22/david-walsh-lance-armstrong
https://www.huffingtonpost.co.uk/2012/12/21/david-walsh-lance-armstrong_n_2345484.html
https://www.theguardian.com/media/2014/apr/20/lance-armstrong-david-walsh-drug-addled-cycling

필로미나의 기적

https://www.nytimes.com/2013/11/30/world/europe/a-forced-adoption-a-lifetime-quest-and-a-longing-that-never-waned.html?_r=0
https://www.nytimes.com/2014/01/12/fashion/Philomena-True-Story-Michael-Hes

s.html?_r=0

콜 노스사이드 777

https://archives.cjr.org/critical_eye/call_northside_777_1948.php

https://www.law.northwestern.edu/legalclinic/wrongfulconvictions/exonerations/il/joseph-m-majczek.html

https://www.cjr.org/united_states_project/first-amendment-reporters-jail.php

익명의 취재원

https://www.chosun.com/site/data/html_dir/2017/12/26/2017122601251.html

http://www.hani.co.kr/arti/society/media/944867.html

섀터드 글래스

https://www.pdffiller.com/jsfiller-desk20/?requestHash=b418bc32828d50599dd0a7af3a94578f84d5905f0381ddd118d83bd83cf4a5aa&projectId=607762310#0fc607ec8cc9f1e8095a42b8386730a2

https://www.vanityfair.com/magazine/1998/09/bissinger199809

리처드 주얼

https://www.vanityfair.com/news/2018/06/sex-press-freedom-and-the-complicated-case-of-a-times-reporter

http://www.columbia.edu/itc/journalism/j6075/edit/readings/jewell.html

https://www.nytimes.com/2019/12/12/business/media/richard-jewell-kathy-scruggs.html

트루스

https://www.americanswhotellthetruth.org/portraits/helen-thomas

군중 속의 얼굴

https://www.theatlantic.com/magazine/archive/2020/11/jake-tapper-elia-kazan-trump/616471/

미국의 유명한 기사 조작·표절 사건

https://www.washingtonpost.com/archive/politics/1980/09/28/jimmys-world/605f237a-7330-4a69-8433-b6da4c519120/

https://www.washingtonpost.com/archive/politics/1981/04/19/the-players-it-wasnt-a-game/545f7157-5228-47b6-8959-fcfcfa8f08eb/

https://www.cjr.org/the_feature/the_fabulist_who_changed_journalism.php

https://www.nytimes.com/2003/05/11/us/correcting-the-record-times-reporter-who-resigned-leaves-long-trail-of-deception.html

더 포스트

https://www.poynter.org/business-work/2017/the-post-is-a-fine-movie-but-the-times-would-have-been-a-more-accurate-one/

https://www.bustle.com/p/how-accurate-is-the-post-the-meryl-streep-drama-recreates-a-thrilling-chain-of-events-7694652

https://www.cjr.org/the_feature/tom-hanks-meryl-streep-new-york-times-washington-post.php

충격과 공포

https://nieman.harvard.edu/news/2008/07/john-walcott-receives-first-i-f-stone-medal-for-journalistic-independence-for-pre-iraq-war-coverage/

위 스틸 시크릿: 더 스토리 오브 위키리크스

https://time.com/5568727/wikileaks-war-on-secrecy/

https://wikileaks.org/IMG/html/gibney-transcript.html

오피셜 시크릿

https://www.theguardian.com/world/2003/mar/02/usa.iraq

인사이더

https://www.vanityfair.com/magazine/1996/05/wigand199605

https://www.nytimes.com/1995/11/09/us/60-minutes-ordered-to-pull-interview-in

-tobacco-report.html
https://www.nytimes.com/1995/11/17/us/cbs-is-said-to-fear-unusual-legal-challenge-in-60-minutes-case.html
https://www.nytimes.com/1995/11/12/opinion/self-censorship-at-cbs.html
https://www.nytimes.com/1995/11/13/us/cbs-executives-killed-story-60-minutes-broadcast-says.html

미국의 내부 고발자들

https://www.youtube.com/watch?v=xuiDuoRJkOY

폴뉴먼의 선택

https://archives.cjr.org/critical_eye/absence_of_malice_1981.php
https://www.nytimes.com/1981/11/15/movies/a-movie-on-the-press-stirs-a-debate.html
http://encyclopediaofalabama.org/article/h-2990

비장의 술수

https://www.atlasobscura.com/articles/31-days-of-halloween-floyd-collins

더 트루스: 무언의 제보자

https://www.freedomforuminstitute.org/wp-content/uploads/2016/10/Jailed-subpoenaed-timeline1.pdf

뱅뱅클럽

https://www.nytimes.com/1993/03/26/world/sudan-is-described-as-trying-to-placate-the-west.html
https://www.nytimes.com/1993/03/30/nyregion/editors-note-513893.html
http://content.time.com/time/magazine/article/0,9171,165071,00.html
https://www.elmundo.es/elmundo/2011/02/18/comunicacion/1298054483.html
https://www.npr.org/2011/04/21/135513724/two-war-photographers-on-their-injuries-ethics

https://nypost.com/2012/12/05/a-picture-of-controversy/

신사협정

https://www.nytimes.com/1947/11/12/archives/gentlemans-agreement-study-of-antisemitism-is-feature-at-mayfair.html

위장 취재의 역사와 논리

https://www.latimes.com/la-oe-silverstein30jun30-story.html

킬링 필드

https://www.nytimes.com/1975/05/04/archives/cambodians-hold-250-more-aliens-500-at-border-wont-tell-of.html

https://www.nytimes.com/1975/05/09/archives/more-foreign-refugees-leave-cambodia.html

https://timesmachine.nytimes.com/timesmachine/1980/01/20/443442212.html

https://www.nytimes.com/2008/03/31/nyregion/31dith.html

해리슨의 꽃

https://www.nytimes.com/2002/03/03/movies/film-a-story-the-movies-can-t-get-right.html

https://lens.blogs.nytimes.com/2009/06/03/behind-the-scenes-tank-man-of-tiananmen/

https://time.com/3788986/tiananmen/

살바도르

https://www.nytimes.com/1975/05/04/archives/cambodians-hold-250-more-aliens-500-at-border-wont-tell-of.html

https://www.nytimes.com/1975/05/09/archives/more-foreign-refugees-leave-cambodia.html

https://www.latimes.com/archives/la-xpm-1988-09-15-ga-2882-story.html

http://www.laht.com/article.asp?ArticleId=354134&CategoryId=23558

https://www.theguardian.com/theguardian/2000/mar/23/features11.g21
https://elfaro.net/es/201003/noticias/1416/

War Correspondent(전쟁기자)

https://cpj.org/2013/03/iraq-war-and-news-media-a-look-inside-the-death-to/
https://cpj.org/reports/2008/07/journalists-killed-in-iraq/
https://www.un.org/en/genocideprevention/documents/atrocity-crimes/Doc.34_AP-I-EN.pdf
https://www.wsj.com/articles/SB107266320854789600

한국전쟁 종군기자

https://www.newseum.org/exhibits/online/journalists-memorial/
https://www.donga.com/news/article/all/20200605/101382470/1
http://blog.daum.net/jc21th/17781886
https://www.pulitzer.org/
https://news.naver.com/main/read.nhn?mode=LSD&mid=sec&sid1=100&oid=001&aid=0004637295
https://news.naver.com/main/read.nhn?mode=LSD&mid=sec&sid1=100&oid=001&aid=0004634949
https://www.yna.co.kr/view/AKR20160429020100014?input=1195m

지은이

/

권순택 權順澤

greatfalls@naver.com

1976년 고려대학교 영문학과 1학년생이던 어느 날 학교 게시판의 대학 영어신문 *The Granite Tower* 수습기자 모집 공고가 운명처럼 눈에 들어왔다. 고등학생 때 문학소년 행세는 좀 했지만 기자가 될 요량으로 영문학과에 간 건 아니었다. 2년 반 동안 영어신문 학생기자와 편집장까지 하고 군에 갔다. 제대 후 복학해서 졸업할 때가 되자 기자가 되는 것 말고 특별히 하고 싶은 것이 없었다. 1982년 10월 ≪동아일보≫ 기자가 되었고, 32년 만인 2014년 7월 정년퇴직했다. 전생에 사회부 기자였을 거라는 말을 들을 정도로 평기자 10년과 차장, 부장 5년 등 15년을 사회부에서 일했다. 워싱턴 특파원(2003년 1월~2006년 7월)과 논설위원(2006년 8월~2012년 7월)을 거쳐 2년 동안 출판국장으로 잡지와 책을 내다가 퇴직했다. 연세대학교 언론홍보대학원에서도 공부(석사)했으며, 재직 중 한국신문윤리위원(2007~2009년)을 지냈다. 퇴직 후에는 언론중재위원(2014~2017년)과 대학에서 강의(2014~2019년)도 했다. 영화를 즐겨 보는 취미와 오랜 언론인 경험을 살려, 저널리즘에 종사하거나 관심 있는 사람, 공부하는 학생들에게 도움이 될 만한 글을 써보자는 마음에서 이 책을 집필했다.

베테랑 저널리스트의 팩트체크

영화 속 저널리즘

지은이 권순택
펴낸이 김종수
펴낸곳 한울엠플러스(주)
편　집 이진경

초판 1쇄 인쇄 2021년 6월 16일
초판 1쇄 발행 2021년 6월 23일

주소 10881 경기도 파주시 광인사길 153 한울시소빌딩 3층
전화 031-955-0655
팩스 031-955-0656
홈페이지 www.hanulmplus.kr
등록번호 제406-2015-000143호

Printed in Korea.
ISBN 978-89-460-8078-2 03070 (양장)
978-89-460-8079-9 03070 (무선)

* 책값은 겉표지에 표시되어 있습니다.
* 이 도서는 강의를 위한 학생판 교재를 따로 준비했습니다.
강의 교재로 사용하실 때는 본사로 연락해 주십시오.

*이 책은 관훈클럽신영연구기금의 도움을 받아 저술 출판되었습니다.